Acesso ao
MATERIAL SUPLEMENTAR

Estude *online* com conteúdos complementares ao livro e que ampliam a sua compreensão dos temas abordados nesta obra.

Tudo isso com a **qualidade Saraiva Educação** que você já conhece!

Veja como acessar

No seu computador
Acesse o *site*
www.grupogen.com.br

No seu celular ou tablet
Abra a câmera do seu celular ou aplicativo específico e aponte para o *QR Code* abaixo.

1. Se você já tem cadastro, entre com seu *login* e senha. Caso não tenha, deverá fazê-lo neste momento.

2. Após realizar seu *login*, clique em "Ambiente de aprendizagem", disponível na parte superior. Você será direcionado para a plataforma.

3. Clique na aba "Meus Materiais Suplementares" e, em seguida, clique em "Adicionar novo material suplementar".

4. Em seguida, pesquise pelo título do livro e clique em "adicionar".

CB044262

Em caso de dúvidas, entre em contato pela página **www.editoradodireito.com.br/contato**

* O acesso a este material será disponibilizado somente durante a vigência da respectiva edição. Não obstante, a editora poderá franquear o acesso por mais uma edição.

FUTURE LAW   JURÍDICO DE SaaS   openexo

~~DEPARTAMENTO~~ JURÍDICO 5.0
& Operações Exponenciais

Coordenadores
**Aline Valente • Francisco Milagres
Guilherme Tocci • Ianda Lopes • Paulo Samico**

Organizadores e idealizadores
Guilherme Tocci • Paulo Samico

Prefácio por Salim Ismail • Epílogo por Piero Franceschi • Posfácio por Dione Assis • Textos por: Alessandra Salgueiro • Alexandre Miorin • Aline Fuke Fachinetti • Allan Nascimento Turano • Amanda Almeida • Amira Chammas • Ana Beatriz Couto • Ana Claudia Rebello • Ana Flávia Christofoletti de Toledo • Andreiu Marcelino • Andressa Guerra Felippe dos Santos • Beatriz Barboza • Bruno Feigelson • Bruno Gelio • Camila Tabatinga • Claudio Lottenberg • Daniel Bichuetti • Daniel Henrique Viaro • Daniel Marcelino • Daniela Maciel Santos • Fabiana Velasco • Fernanda Amador • Fernanda Freitas • Fernando Prado • Flávia Furlan • Gabriela Pereira Bratkowski • Gianpiero Sperati • Giovani dos Santos Ravagnani • Heitor Carmássio Miranda • Humberto Moisés • Indianara Dias • Isabela Câmara de Mesquita • Isabella Vilhena • João Paulo Prado • Josie Jardim • Julian Isidoro • Karina D'Ornelas • Karina Lanfredi • Lara Rocha Garcia Gonçalves • Leonardo Sant'Ana • Letícia Gaia • Luisa Abreu Dall'Agnese • Luiza Rehder • Marcelo Cardoso • Marcelo Horacio • Maria Eliza Belotto Farran • Mariana Macedo Gaida • Marília Nocetti • Marina Araújo • Mayara Barboza • Pamella Genovez • Patricia Secher Redenschi • Paula Ercole Bauléo • Paulo Silva • Rafael Marques Silva • Rafael Szarf • Renata Riedel • Silvana Quaglio • Tatiana Coutinho Moura • Thaís Timbó • Vanessa Fortunato Zaccaria • Veridiana de Assis • Viviane Bonello • Yuri R. Ferreira Rosino

saraiva jur

saraiva EDUCAÇÃO | **saraiva jur**

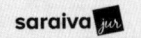

Uma editora do GEN | Grupo Editorial Nacional

Travessa do Ouvidor, 11 – Térreo e 6º andar
Rio de Janeiro – RJ – 20040-040

Atendimento ao cliente:
https://www.editoradodireito.com.br/contato

Diretoria editorial	Ana Paula Santos Matos
Gerência de produção e projetos	Fernando Penteado
Gerência de conteúdo e aquisições	Thais Cassoli Reato Cézar
Gerência editorial	Livia Céspedes
Novos projetos	Aline Darcy Flôr de Souza
Edição	Daniel Pavani Naveira
Design e produção	Jeferson Costa da Silva (coord.)
	Alanne Maria
	Lais Soriano
	Rosana Peroni Fazolari
	Tiago Dela Rosa
	Verônica Pivisan
Diagramação	Adriana Aguiar
Revisão	Daniela Georgeto
Capa	LSD	Legal Sensory Design

DADOS INTERNACIONAIS DE CATALOGAÇÃO NA PUBLICAÇÃO (CIP)
VAGNER RODOLFO DA SILVA – CRB-8/9410

S188j   Samico, Paulo
      Jurídico 5.0 & Operações Exponenciais / Paulo Samico, Guilherme Tocci; coordenado por Aline Valente... [et al.]. – 1. ed. – São Paulo: SaraivaJur, 2024.
      296 p.
      ISBN: 978-85-5362-844-5 (Impresso)
      1. Direito. 2. Jurídico 5.0. 3. Operações Exponenciais. I. Valente, Aline. II. Milagres, Francisco. III. Tocci, Guilherme. IV. Lopes, Ianda. V. Samico, Paulo. VI. Título.

2024-1500
CDD 340
CDU 34

Índices para catálogo sistemático:
1. Direito   340
2. Direito   34

Data de fechamento da edição: 8-7-2024

Nenhuma parte desta publicação poderá ser reproduzida por qualquer meio ou forma sem a prévia autorização da Saraiva Educação. A violação dos direitos autorais é crime estabelecido na Lei n. 9.610/98 e punido pelo art. 184 do Código Penal.

A opinião dos autores não reflete necessariamente a opinião institucional das empresas às quais eles estão vinculados atualmente. Os textos aqui publicados buscam estimular o debate sobre temas importantes, sempre prestigiando a pluralidade de ideias, a discussão propositiva e o compartilhamento de conhecimento prático e teórico de qualidade.

CARTA DE APRESENTAÇÃO
SELO *FUTURE LAW*

Leitoras e Leitores,

É com imensa alegria que escrevemos esta carta de apresentação do selo *Future Law*. A *Future Law* é uma *EdTech*, e nosso PTM (Propósito Transformador Massivo) consiste em preparar os profissionais e as organizações jurídicas para a realidade exponencial. Quatro grandes pilares nos movem: Inovação, Pessoas, Tecnologia e Gestão. E somos uma equipe apaixonada e comprometida a reinventar o Direito diariamente.

Somos constituídos por uma comunidade de entusiastas pela advocacia do futuro, formada pelos nossos *Hitmakers*, *Future Lawyers* e *Future Lovers*, e, de maneira coletiva, conseguimos aprender e compartilhar conhecimento e conexões para transformar a sociedade como um todo. Temos diversas metodologias de aprendizado e buscamos difundir os conteúdos sempre de forma prática, seja por meio dos nossos cursos, *podcasts*, *e-books*, livros, eventos e outros projetos específicos.

Queremos que você desfrute da obra que está em suas mãos. Importante ressaltar que o selo *Future Law* é a consolidação de uma grande parceria com a Editora Saraiva. Buscamos sempre encantar nossos leitores e, para tanto, escolhemos grandes autoras e autores que tenham vivido de maneira prática os temas mais inovadores, com uma clara missão: rechear nossas publicações através de trabalhos práticos, teóricos e acadêmicos.

Do fundo de nossos corações, desejamos que as pessoas profissionais do direito e outros profissionais atuantes do mercado jurídico sejam contemplados pelo nosso projeto editorial.

Junto da profusão e complexidade de temas abarcados pelo Direito, a *Future Law* se propõe a compreender como as novas tecnologias impactam o dia a dia do universo jurídico. Temas como Inteligência Artificial, *Legal Operations*, *Cripto*, Ciência de Dados, Justiça Digital, Internet das Coisas, Gestão Ágil, Proteção de Dados, *Legal Design*, *Visual Law*, *Customer Experience*, *Fintechs*, *Sandbox*, *Open Banking* e *Life Sciences* estão difundidos ao longo de todas as nossas publicações.

Somos jovens, mas intensos. Já são mais de 20 obras publicadas, paralelamente à publicação trimestral da *Revista de Direitos e Novas Tecnologias* (*RDTec*), coordenada pela *Future Law*, que já soma mais de 20 edições.

Por meio deste projeto, alcançamos uma fração do nosso intuito, produzindo conteúdo relevante e especializado para profissionais e estudantes obstinados que compartilham do nosso propósito e que compreendem que o futuro do Direito será daqueles que, hoje, conseguirem absorver esse conhecimento e aplicá-lo em prol da inovação e de um Direito mais acessível, intuitivo, diverso, criativo e humano.

Vamos viver essa experiência... Passe para as próximas páginas e aproveite a leitura!

Aline Valente | coCEO | *Future Law*

Tayná Carneiro | coCEO | *Future Law*

Bruno Feigelson | *Chairman* | *Future Law*

Saiba mais sobre nossos projetos em:

CARTA DE APRESENTAÇÃO
SELO JURÍDICO DE SAIAS

Criado em 2009, o grupo Jurídico de Saias é formado por mulheres advogadas atuantes em empresas (privadas ou públicas), associações ou entidades sem fins lucrativos. Nosso objetivo é o desenvolvimento profissional das mulheres nas carreiras do Direito, bem como a discussão sobre as questões de gênero e a implementação de ferramentas de aceleração na profissão. Nosso trabalho é para que as mulheres advogadas sejam protagonistas em suas respectivas áreas de atuação, colaborando para o desenvolvimento de novas lideranças femininas dentro da comunidade jurídica brasileira.

Algumas de nossas atividades são o *benchmark* jurídico; o desenvolvimento profissional com o apoio de trocas e mentoria; a divulgação de vagas no mercado jurídico; o fórum de discussão para debate sobre questões de gênero e muito mais. Caso você se enquadre nos critérios de seleção e queira se juntar a nós, nossa página do *LinkedIn* tem o caminho sobre como fazer parte!

Nós temos uma comunidade extremamente participativa. E precisamos ter, pois os números ainda militam em desfavor das mulheres. Dados do IBGE indicam que, embora sejamos 60,3% mais escolarizadas, continuamos a ganhar 21,2% abaixo do que os homens ganham. Segundo o Sebrae, somos referência em *soft skills* e destaque em iniciativas empreendedoras, mas, novamente citando o IBGE, ocupamos apenas 39% dos cargos de liderança.

Na advocacia, não é diferente. O primeiro estudo sobre o perfil demográfico da advocacia brasileira, conduzida pela OAB Nacional e pela FGV, revela mais indicadores que nos entristecem. Apesar de 50% da classe ser formada por mulheres, a maioria feminina impera em colegas que ganham até 2 salários mínimos. Entretanto, quando o recorte passa a ser 20 salários mínimos, 66% dos que possuem renda acima desse montante são homens. E mais um indicador do qual não nos orgulhamos: 26% das advogadas são mães solo.

Esta obra reúne 72 profissionais, dentre os quais 45 são mulheres. Todas as autoras foram escolhidas por suas competências, habilidades e autoridade em seus segmentos de atuação. Fatos como esses demonstram que podemos combater os indicadores vergonhosos que apresentamos anteriormente. Aqui, você encontrará mais de 60% de participação feminina, justamente em uma obra que tem o objetivo de colocar o ser humano no centro. *Jurídico 5.0 e Operações Exponenciais* já é lançado fazendo história.

Esta é a primeira obra que o Jurídico de Saias apoia que não está relacionada diretamente com o propósito do nosso grupo. Porém, com maioria de participação feminina, ela traz esse propósito à prática. Por isso, nossa comunidade apoiará, sempre que possível e quando fizer sentido, iniciativas que tenham essas mesmas diretrizes.

Convidamos os leitores a serem aliados de nossa causa e replicadores de nosso propósito. Venha com a gente e aproveite sua leitura!

Julho de 2024.

LinkedIn: https://www.linkedin.com/company/juridicodesaias/

CARTA DE APRESENTAÇÃO
SELO *OPENEXO*

Francisco Milagres[1]

Caros leitores,

Quando deixei as instalações inspiradoras da Singularity University (SU), situada no coração tecnológico do Centro de Pesquisa Ames da NASA, em 2013, uma chama de possibilidades ardia intensamente dentro de mim. O que vi lá foi muito além de apresentações esteticamente agradáveis e *startups* deslumbrantes do Vale do Silício. Eu estava decidido a capturar e transportar aquela energia vibrante e esse aprendizado profundo para o Brasil, obstinado a solucionar desafios locais com um impacto palpável.

Duas oportunidades fenomenais brotaram dessa inquietação, transformando não apenas a minha vida, mas também a de todos aqueles que trilharam esse caminho comigo. A primeira veio ao ser convidado por Lara Stein, criadora do *TEDx*, para me tornar um dos primeiros embaixadores globais e, posteriormente, coproduzir, em 2018, o primeiro evento oficial da SU no Brasil, em parceria com a HSM, que mais tarde adquiriu nossa licença.

A segunda, ainda pulsante e alinhada ao meu propósito atual, foi a *OpenExO*, uma plataforma global que materializa nossa visão, fundada por Salim Ismail, o visionário e primeiro CEO da Singularity University, autor do revolucionário *Organizações Exponenciais*.

Foi um simples *e-mail* de Salim, em 2016, que me conectou a um grupo diversificado de cerca de 150 ex-alunos, espalhados por todos os fusos horários, com o objetivo de amplificar a mensagem de um livro que logo se tornaria um manual para líderes ao redor do mundo. Além de ter o privilégio de ler a primeira edição, contribuí nas páginas da metodologia *ExO Sprint* em *Transformações Exponenciais* (2019) e participei da revisão de *Organizações Exponenciais 2.0* (2023). Esses livros não apenas delinearam os atributos das *ExOs*, mas também

---

[1] Consultor da Mirach Ventures, líder de projetos globais em estratégia, inovação e tecnologia. Instrutor, Consultor e Embaixador certificado pela *OpenExO*.

apresentaram um método comprovado para acelerar a transformação organizacional globalmente.

Com a metodologia *ExO Sprint*, catalisamos mudanças exponenciais em gigantes como VISA, Vodacom, Siemens Energy, entre outros. Por meio da *OpenExO*, unimos aprendizados, sucessos, fracassos, ferramentas, e uma comunidade global vibrante de quase 40.000 membros.

Foi dentro dessa comunidade que tive o prazer de me conectar com os visionários deste livro, advogados determinados a superar os desafios do direito corporativo por meio da tecnologia e da inovação. Nossa colaboração foi rápida e frutífera, culminando em uma obra coletiva enriquecida pela contribuição de dezenas de autores e instituições parceiras.

Represento aqui não apenas um entusiasta de inovação e tecnologia, mas também um embaixador da *OpenExO*, comprometido em endossar este livro, promover sua mensagem e inspirar equipes jurídicas a se moverem com a velocidade das empresas mais inovadoras do mundo.

Convido-os a explorar esta obra conosco e a se juntarem à *OpenExO*, compartilhando seus *insights* e descobrindo como estes brilhantes colegas podem auxiliá-los em sua jornada para um setor jurídico verdadeiramente exponencial.

Vamos juntos transformar o impossível em realidade.

Julho de 2024.
Saiba mais sobre a *OpenExO* em: <https://openexo.com>

PREFÁCIO
UM NOVO CAPÍTULO PARA O JURÍDICO NO BRASIL

Salim Ismail[1]

Como estrategista exponencial e autor do livro *Organizações Exponenciais 2.0*, acompanhei a aceleração vertiginosa da inovação global nas últimas décadas. Novas tecnologias disruptivas, como inteligência artificial, computação quântica e biotecnologia, estão redesenhando indústrias inteiras praticamente da noite para o dia.

Nos dez anos desde a primeira edição do livro, muitas plataformas surgiram, as quais, atualmente, usamos com nossas famílias, para trabalho, desenvolvimento pessoal ou até mesmo navegar pela pandemia recente.

Em meio ao turbilhão dessa revolução exponencial, surge uma questão premente: nossas estruturas legais e regulatórias estão adequadamente preparadas para esse futuro imprevisível? Não se trata apenas de apoiar as inovações diárias de produtos e serviços. Trata-se de acelerar a triangulação entre fato, valor e norma para garantir que as inovações sejam observadas sob a certeza legal que merecem. A hora dessa revolução é agora.

Essas questões não são apenas pontos de preocupação para a comunidade jurídica brasileira. Embora o Regulatory Sandbox, instituto que surgiu no Reino Unido em 2015, sirva como um ambiente experimental real no qual os participantes admitidos são temporariamente autorizados – e condicionados a regras específicas – para desenvolver inovações em atividades reguladas no mercado e ter suas atividades controladas, isso não é suficiente. O mundo jurídico precisa ir além. Precisamos de uma revolução na forma como pensamos, somos e agimos. Precisamos ajustar a mentalidade.

---

[1] Renomado autor, estrategista e inovador tecnológico, é palestrante, com publicações no *The New York Times*, *Bloomberg BusinessWeek*, *Fortune*, *Forbes*, *WIRED*, *Vogue* e *BBC*. Fundador da Singularity University, *Chairman* da OpenExO e autor do *best-seller Organizações Exponenciais*.

Os times jurídicos não são apenas executores de conformidade e mitigação de riscos. São catalisadores de inovação para empresas, especialmente aquelas que visam crescimento exponencial e em mercados inexplorados. No entanto, suas culturas, muitas vezes ancoradas em processos e controles rígidos, representam um desafio para a adoção de novas abordagens inovadoras. É hora de reconhecer seu potencial e capacitá-las a liderar o caminho.

Esse é um desafio significativo em mudanças disruptivas, nas quais a inovação é necessária para acompanhar as transformações dos negócios e do mercado. Como promover mentalidades mais ágeis e criativas em ambientes tradicionalmente conservadores? Essa é a grande questão.

Felizmente, o povo brasileiro tem uma rica cultura de criatividade e a capacidade de superar obstáculos de maneira inventiva. Ao longo de nossa história, observei o desenvolvimento de diversas soluções originais para problemas complexos, com poucos recursos.

E este livro traz um sopro de otimismo. Nele, talentosos advogados corporativos de importantes empresas brasileiras, selecionados por um grupo único de curadores, compartilham histórias inspiradoras de como estão promovendo mentalidades ágeis e centradas no cliente dentro de seus Jurídicos tradicionalmente conservadores. Juntos, seus autores e os leitores que aqui se aventuram a participar conosco nesta nova era inauguram uma nova fase para a comunidade jurídica brasileira, algo tão necessário neste momento que exige transformação.

O rascunho de um novo conceito de advocacia para a Revolução Industrial precisa ser iniciado de uma perspectiva coletiva, como uma comunidade. Não pode ser o ponto de partida de apenas uma pessoa. Criando consenso, fomentando o diálogo e desenvolvendo capacidade de execução, o profissional jurídico será verdadeiramente trazido para a nova realidade 5.0, a conhecida era da humanização.

Eu disse repetidamente que, no futuro, a métrica que definirá as organizações não será o ROI (Retorno sobre Investimento), mas o ROL (Retorno sobre Aprendizado). E isso só acontecerá se ajustarmos nossa mentalidade. O que vou dizer é impactante, mas as organizações precisam ser antifrágeis e adaptáveis antes de serem exponenciais, e é aí que acontece o ROL. Ouso dizer isso porque concordo com Reid Hoffman, fundador do *LinkedIn*, que disse: "Se você não se envergonhou do produto no lançamento, você lançou tarde demais". Nunca estaremos prontos. Nunca seremos perfeitos.

Evoluiremos muito mais rápido quando a profissão jurídica entender isso e se tornar mais ágil, com uma mentalidade proposital e intencional para fazer as coisas acontecerem de forma segura, ética e responsável. É hora de dar um novo passo em suas operações jurídicas – para torná-las exponenciais.

Leia histórias fascinantes de como esses profissionais visionários estão contornando burocracias muitas vezes sufocantes com criatividade e senso de urgência. Eles adotaram novas ferramentas e processos enxutos, permitindo-lhes acelerar a entrega de valor para seus negócios exponenciais sem comprometer os mais altos padrões de conformidade.

Essa liderança corajosa e inventiva me enche de esperança para o futuro. Mostra que, com a atitude e a abordagem corretas, podemos transformar até os ambientes mais resistentes

Prefácio

a mudanças em células de inovação. E podemos alcançar ainda mais com sua dedicação e compromisso.

    Seu papel é crucial nesta jornada. Convido você a mergulhar nestas páginas e se deixar inspirar. Juntos, podemos criar os quadros regulatórios ágeis e visionários que nosso mundo urgentemente precisa para navegar pelas disrupções à frente.

NOTA DOS COORDENADORES
JURÍDICO 5.0 E OPERAÇÕES EXPONENCIAIS

O que poderia ser uma continuação de *Departamento Jurídico 4.0 e Legal Operations*, obra coletiva lançada em 2022 e que contou com a participação de mais de 60 autores que se propuseram a cocriar uma obra que demonstrasse um Jurídico mais diverso, proativo e presente no *business*, acabou se transformando em uma obra que (também) pode ser lida de forma independente.

Jurídico 5.0 e Operações Exponenciais é uma continuação da série "Jurídico e...", mas também tem vida própria, ao eliminar o "departamento" e dar as boas-vindas ao "5.0" para o nosso mercado. Explicamos – é que esta obra coletiva possui três grandes ambições. A **primeira é eliminar por completo a nomenclatura "Departamento"**. Você concorda que é muito raro ouvirmos falar "Departamento" de Marketing, "Departamento" de Finanças ou "Departamento" de RH? Nenhuma dessas áreas usa mais o "Departamento". Por que no Jurídico seria diferente? Simples. Antigamente gostávamos da ideia de demonstrar "controle" e um certo grau de erudição e autonomia, quase como um CNPJ apartado da organização.

Hoje, a palavra "Departamento" não conversa mais com a realidade que queremos passar, algo de "soma" e "conexão". Veja, o vocábulo "Departamento" dá a ideia de divisão, de um núcleo apartado e segregado do resto da empresa, algo totalmente diferente da imagem que o Jurídico quer deixar como legado nessa ressignificação de um time mais acessível e integrado às áreas de negócios. "Departamento" dá um tom fechado, antiquado. Precisamos nos alertar com o seu uso e com a sensação que pode causar em nossos clientes. Perceba, durante a sua leitura, que os artigos dos nossos autores evitam essa palavra!

O ecossistema jurídico de inovação ressoa com bastante frequência a ideia de que precisamos estar próximos do nosso cliente, não é mesmo? Quando respiramos a organização, podemos ser reconhecidos como viabilizadores do negócio e uma área suporte proativa, propositiva e sinônimo de eficiência na missão de entregar segurança jurídica e promover a cultura ética para todos aqueles que usam nossos serviços. Como o cuidado mora nos detalhes... Talvez seja a hora de usar uma palavra que dá uma ideia oposta a essa. Sejamos menos Departamentos e mais Jurídicos. Sejamos menos unidades autônomas e "Departamentos", e mais "times jurídicos", "equipes jurídicas" ou "área jurídica", se for necessário usar a ideia de um coletivo. Ou simplesmente "Jurídico".

A **segunda ambição** vem a reboque da proposta de pararmos de usar a palavra "Departamento". Aqui, falaremos sobre a **construção da cultura de pertencimento, 100% focada em pessoas**. Não é segredo para ninguém que o Jurídico tem, dentre suas missões, o dever de ajudar a materializar o cenário de inclusão e equidade de que as organizações tanto falam. A ideia de diversidade não deve funcionar apenas na teoria e muito menos quando há datas simbólicas. A sociedade precisa de organizações que vivenciam a causa com exemplos práticos, benefícios corporativos tangíveis (e não decorativos) e a verdadeira construção da cultura de formar aliados. Pessoas.

A sensação de pertencimento ocorre quando os indivíduos, antes isolados em ilhas e com um olhar direcionado – seja para a sua realidade pessoal ou para a sua área –, passam a encarar a organização como um "todo", uma grande comunidade interligada e interconectada por uma rede de ambientes diversos. Não somos hipócritas: o grande propósito individual de estarmos trabalhando é para ganhar um bom salário, garantindo uma remuneração que possa atrair felicidade e a possibilidade de ascensão social. Mas... E se, mesmo pensando dessa forma, pudéssemos executar a ideia de uma comunidade, de um grupo entrosado, de uma nação? É nesse contexto que nasce a sensação de pertencimento. Pessoas.

O Jurídico pode ajudar nessa vertente de inúmeras formas. Pode começar pela acessibilidade de ferramentas, ambientes virtuais e instalações físicas, afinal existe um Estatuto da Pessoa com Deficiência, lei nacional que precisa ser cumprida. A área legal pode ajudar estimulando os colaboradores a serem intraempreendedores, como apoiadores da agenda corporativa em *ESG* em uma tradução de seus ideais filantropos que guardam relação com o plano de crescimento da empresa. Ou ainda... Consegue ser o protagonista da pauta racial e de gênero ao facilitar que o RH promova processos seletivos com vagas afirmativas para pessoas trans, pretas e pardas, por exemplo. Existem outras agendas igualmente importantes, basta o Jurídico ficar atento e descobrir como pode ajudar as... Pessoas.

Pessoas. Elas são o início, o meio e o fim. Seja uma organização centrada em seus colaboradores ou em seus consumidores, o conceito *people-centric* ou "centrada em pessoas", modelo amplo de gestão empresarial, surgiu no começo do século XX após experiências voltadas exclusivamente para o método de produção (como o fordismo ou o taylorismo). Não é objetivo deste livro em formato de obra coletiva se aprofundar na origem de qualquer conceito de cultura centrada em pessoas, afinal não se trata de uma obra voltada ao público de RH ou com essa finalidade. Todavia, não há como falar em exponencialização sem passar pelo capital mais valioso de uma organização: o capital humano. Pessoas.

A forma como uma empresa engaja e valoriza seu capital humano faz com que a organização seja mais produtiva, motivada e eficiente. No Jurídico não é diferente. Encantar pessoas é o maior legado que uma organização pode produzir. Hoje, na era da ansiedade, da depressão... Do *burnout* e de experiências de trabalho altamente tóxicas, traumatizantes e catalisadoras de insegurança psicológica (a angústia chamada "síndrome da segunda-feira"), pertencer a uma instituição que valoriza uma boa experiência para o seu colaborador e o respeita enquanto ser humano é um enorme privilégio. Pessoas.

É aqui que se desenha a ligação do pertencimento ao modelo de gestão exclusivamente centrado nas pessoas. Buscar o lucro ao trabalhar de maneira inteligente, sem usar as

Nota dos Coordenadores

pessoas como obstáculos ou como mera ferramenta descartável, mas sim trabalhar "com" as pessoas, como elemento estratégico para executar um plano de sucesso, é o caminho. Justamente em razão de os coordenadores que assinam esta obra concordarem com o fato de que um colaborador engajado é o maior ativo e promotor de uma organização... A experiência corporativa se aplica, por tabela, ao time jurídico. Uma pessoa que se sente reconhecida de verdade sempre entregará muito mais do que se espera dela.

Nós – e ousamos dizer, todos os autores que assinam esta obra –, por acreditarmos em cada linha do parágrafo anterior, defendemos a valorização do Jurídico corporativo. Um time forte, empoderado, ciente (e consciente) de seu poder enquanto área suporte (e líder!), que possui um salário competitivo em comparação ao mercado, um bom ambiente para se trabalhar, uma equipe detentora de um *pipeline* robusto e que forma sucessores dentro de casa, com líderes treinados no que se refere à arte de gerenciar (e encantar) pessoas e que avaliam a performance dos liderados com base em critérios objetivos e previsíveis. Aqui, descrevemos um time perene, consistente, uma equipe de altíssimo rendimento e performance e um verdadeiro trator de entregas.

Investimos boas linhas em nos aprofundar sobre a cultura do pertencimento, porque precisamos deixar como legado um mundo jurídico diferente daquele no qual ingressamos no início de nossas carreiras. Se conseguirmos ao menos plantar essa sementinha da necessidade de emplacar a cultura do pertencimento em 1% dos times jurídicos do país... Já ficaremos felizes.

Por derradeiro, ainda no pilar "pertencimento", convidamos a pessoa que estiver com esta obra a fazer sua leitura com um olhar atento em busca das seguintes reflexões: como fazer do meu time um espaço para a vivência da cultura do pertencimento? Qual é a identidade do meu Jurídico e como quero ser percebido na organização e no mercado? Como posso contribuir para que todos tenham orgulho de dizer: "eu faço parte do Jurídico da empresa XYZ"? E mais, aos leitores que acreditam que podemos dar apoio nessa agenda estratégica para as organizações... Como o Jurídico pode ser uma ferramenta de apoio à construção da sensação de pertencimento da empresa?

Essas perguntas podem ser respondidas ao alcançarmos, finalmente, **a terceira ambição** desta publicação: **as operações jurídicas exponenciais**. Estamos certos de que o excelente Prefácio escrito pelo ilustre Salim Ismail se debruçou sobre o que significam as famosas organizações exponenciais. Ele explicou melhor do que nós, mas vale um reforço.

Aliás, aqui é necessário fazer um parêntese. A ideia de produzir esta obra se deve ao fato de a clássica obra *Organizações Exponenciais* estar completando 10 anos em 2024. Contar com o brilhantismo de Salim e, ao mesmo tempo, inaugurar uma versão jurídica dessa ideia arrebatadora é um marco significativo para o cenário jurídico brasileiro.

Pois bem! Passado esse esclarecimento, é necessário resgatar as aulas de álgebra para entender o conceito de exponencialidade. Ou nem precisa ir tão longe (se fizermos uma regressão tão distante, certamente iremos nos chatear por termos investido tanto tempo para entender a fórmula de Bhaskara e não a usarmos com alguma frequência hoje em dia). Bem, exponencialidade ou crescimento exponencial é algo que cresce continuamente, de forma constante e com um limite desconhecido. Possui um padrão multiplicativo e tudo indica que, com os mesmos recursos e ferramentas (ou menos!), continuará a crescer em uma escala ainda maior, produzindo o dobro de resultados (ou mais!) em um mesmo período. Essa curva de crescimento é algo assustador.

Organizações exponenciais são, portanto, aquelas que, apesar das externalidades de um típico mundo disruptivo, apresentam resultados em proporções muito maiores do que empresas tradicionais. Pelo menos 10 vezes mais. É aqui que inauguramos o conceito de operações exponenciais. Veja, não podemos deixar de reconhecer que a forma como o Jurídico trabalha ainda funciona. Se não funcionasse, não produziríamos resultados. Afinal, da maneira como está, times jurídicos ainda entregam valor e conseguem desempenhar um bom papel para a organização.

Entretanto, a pergunta que fazemos aqui é: até quando isso funcionará? Sim, devemos parabenizar os profissionais que chegaram até aqui. Suas conquistas são realmente louváveis. Com inteligência jurídica, vocês emplacaram teses vencedoras; acertaram no provisionamento de processos; negociaram contratos complexos da forma certa! Essas habilidades e esses feitos, apesar de serem reconhecidos, podem estar com a validade batendo à porta. O futuro é incerto.

Não vamos provocar ansiedades e disseminar a cultura do caos. Vamos com calma. "O que te trouxe até aqui não é o que vai te levar adiante." Essa frase é título do livro de Marshall Goldsmith, educador estadunidense que corrobora com nosso entendimento que se desenha a seguir: para dar suporte a organizações exponenciais, um Jurídico precisa ser assertivo, ágil, criativo e altamente eficiente, ou seja... Desenvolver operações exponenciais.

Mas como chegar lá? Como fazer seu time ser reconhecidamente criativo? Como montar uma equipe ágil, inovadora, habilidosa tanto no trato com as pessoas (as *soft skills!*) quanto no rigor técnico (as *hard skills!*)? Como fazer um *mix* dessas habilidades (*power skills!*)? Como organizar o time para entregar sem expandir (afinal, sabemos das complicações em torno de *headcounts*), porém mantendo o número certo de pessoas de modo a não comprometer a saúde mental dos colaboradores?

A resposta está nos 6 D's exponenciais da Disrupção, lógica idealizada por Peter Diamandis sobre a Nova Economia:

1) **Digitalização.** A era do analógico acabou. Processos, serviços e sistemas que não estão digitalizados estão fadados à descontinuação, sobretudo em um modelo híbrido de trabalho (e cada vez mais remoto para atividades em que a necessidade da presença humana não interfere diretamente no resultado).

2) **Decepção.** Sim, é necessário passar pela "tempestade" antes da bonança. O crescimento exponencial esconde uma tímida alavancagem, e entender que é necessário resiliência e persistência pode ser o segredo para a ideia sobreviver e ganhar corpo para encarar um ritmo acelerado de crescimento.

3) **Disrupção.** Aqui é que a coisa definitivamente começa. É no cenário de inovação e de rompimento com o *status quo* em que há efetivamente a mudança. Quem nasceu nos anos 2000, provavelmente nunca peticionou pessoalmente em algum fórum.

Em alguns anos, os novos advogados nunca terão assinado um contrato à mão (ou manuseado até mesmo um carimbo!).

4) **Desmaterialização.** O Jurídico desmaterializado é aquele que se desmaterializa para outras áreas, seja se aventurando a analisar uma peça de marketing ou ajudando a entender a melhor solução logística para a entrega de produtos. Precisamos ser "engolidos" e aproveitados por outras áreas. Para o advogado corporativo e aquele profissional jurídico que quer ser lembrado como sinônimo de solução para o seu cliente, se "desmaterializar" do perfil jurista clássico que "só entende de leis" é fundamental – você vai se materializar, por um outro lado, como um profissional jurídico mais humano e com uma visão holística do negócio (mas com o diferencial competitivo da técnica jurídica).

5) **Desmonetização.** Com tanta oferta de soluções, produtos e serviços jurídicos propriamente ditos, podemos pular essa etapa, pois o que realmente precisamos é monetizar, e monetizar bem, certo? Brincadeiras à parte, aqui o Jurídico precisa demonstrar seu valor, de modo que não seja visto como custo, e sim como investimento. A atuação no Direito preventivo em uma abordagem mais estratégica, de negócios, fará com que sejamos "desmonetizados", pois a leitura que queremos ter é que "nenhum dinheiro pague o nosso envolvimento".

6) **Democratização.** A liderança colaborativa e não essencialmente hierárquica tem ditado tendências. Um Jurídico que democratiza conhecimento contribui para que seus profissionais espalhem o conhecimento jurídico para os demais colaboradores, de modo que, quando ensinam, os advogados aprendem outros conhecimentos na mesma proporção. Ter um cliente que entenda sobre formas de extinção de um contrato, cláusula de saída e multa não irá diminuir seu trabalho. Pelo contrário. Vai fazer com que você tenha tempo para entregar um contrato ainda mais estratégico, voltado para indicadores, dispositivos assertivos, e mirar em um *Smart Contract*, quem sabe?

Se pudéssemos cunhar um termo, talvez fosse "Jurídico Exponencial". Mas seria o mais adequado? Salim Ismail cunha o termo "Organizações Exponenciais" como aquelas que possuem um resultado pelo menos dez vezes maior se comparado aos seus pares, considerando o uso de novas técnicas que alavancam a produtividade, os processos e os demais mecanismos tecnológicos.

Veja que Salim usa a lógica da comparação. Não seria correto falarmos de "Jurídico Exponencial", pois cada Jurídico é único. Não seria justo compará-lo com times de outras empresas, posto que cada um possui estrutura, pessoas e objetivos diversos. Tampouco poderíamos comparar a times de outras áreas na empresa, já que uma equipe de finanças e uma equipe de RH possuem desafios completamente diferentes das metas jurídicas impostas a nós. Mas... E se as operações jurídicas (alô *Legal Ops!*) fossem exponenciais?

Operações Exponenciais podem ser maximizadas e ter seus resultados sempre questionados, melhorados e aperfeiçoados em termos de eficiência e eficácia. Uma

equipe jurídica com Operações Exponenciais é aquele time que expande e gera valor a um ritmo alto, nunca visto. Que tem metabolismo acelerado e apetite por resultados. Com processos escaláveis, inteligentes e ágeis, o sucesso é uma consequência natural do modo de pensar, ser, agir e fazer. Ah, e tudo isso com o mínimo de tempo e de recursos financeiros.

Na explicação da clássica obra sobre Organizações Exponenciais, é dito sobre as corporações que não se atentaram às rápidas mudanças que seu setor estava atravessando. Empresas como Kodak, Philco, Blockbuster e Nokia eram corporações gigantes, foram protagonistas e lideraram seus mercados, mas falharam em antever o futuro que se avizinhava – ou custaram a concordar com esse futuro, o que pode ser pior, uma vez que tiveram a chance de liderar as novas tendências do setor ao qual pertenciam. Será que situações similares a essas não poderiam acontecer com equipes jurídicas que não se atentam em aprimorar suas operações?

Quais seriam os principais atributos (internos e externos) de um time jurídico com operações exponenciais? E a estratégia de comunicação? Como tomar as decisões? E a gestão da informação e seu ciclo de vida? Como construir uma cultura e delimitar os indicadores-chave de desempenho?

Não queremos inventar novas teorias. Queremos demonstrar a aplicabilidade prática de tudo o que falamos. Queremos que você tenha nas mãos um manual de como ajudar a tornar as operações do seu time... Exponenciais.

Se iremos apresentar todas as respostas para que isso aconteça? Ora, falamos com humildade: não. Entretanto, com base nas experiências dos autores que dividem esta obra conosco, quando não tivermos como oferecer as respostas, certamente nutriremos o leitor com nossa visão crítica sobre como chegar nelas, de forma artesanal e compatível com sua "dor". Assim, é importante ter a cabeça aberta para observar novas oportunidades – que podem parecer loucura em uma outra realidade – e coragem para tomar a decisão de aproveitá-las. Com isso em mente, certamente você poderá dar um novo fôlego ao seu time.

POR QUE JURÍDICO 5.0?

Sim, a hora chegou. Há quem defenda que ainda estamos engatinhando na jornada 4.0. Você certamente encontrará quem diga que estamos na fase de transição do 4 para o 5.0. Mas a hora de iniciar o movimento de forma ~~lenta~~, gradual e segura é agora. Você entenderá por que o lenta está riscado mais à frente.

A Indústria 4.0 – também chamada de Revolução Industrial 4.0 em sua nomenclatura mais comum nos livros de história – pode ser sintetizada[1] como "a fase da digitalização" do setor de manufaturas. Iniciada entre 2010 e 2011, aqui começamos a falar sobre dados

---

[1] Sugerimos a leitura do artigo completo publicado pela Mckinsey & Company. Disponível em: https://www.mckinsey.com/featured-insights/mckinsey-explainers/what-are-industry-4-0-the-fourth-industrial-revolution-and-4ir. Acesso em: 31 mar. 2024.

Nota dos Coordenadores

e sua análise (e mineração) de maneira analítica e categorizada. Nesse contexto, também começamos a falar da interatividade do homem com a máquina e tivemos expressivos avanços na robótica.

Vamos de trás para frente. Se a Indústria 4.0 é conhecida como a "era da digitalização" e do *Big Data*, a Indústria 3.0 começou na segunda metade do século XX, no início da década de 1970, com a automação de vários setores que passaram a contar com sistemas eletrônicos integrados a uma escala nunca antes vista. Cerca de 100 anos antes, em 1870, observamos a eletricidade como força motriz para a base da indústria que conhecemos hoje (Indústria 2.0). Pouco mais de 100 anos atrás, em 1780, o vapor e a força da água eram o que sustentava a produção fabril (a 1ª Revolução Industrial).

A viagem no tempo de forma regressiva é proposital. Precisamos entender o passado para compreender o presente e tentar prever o futuro. Preparamos a imagem a seguir para ilustrar essa jornada entre séculos de modo que nossos leitores possam ter uma compreensão ainda mais assertiva:

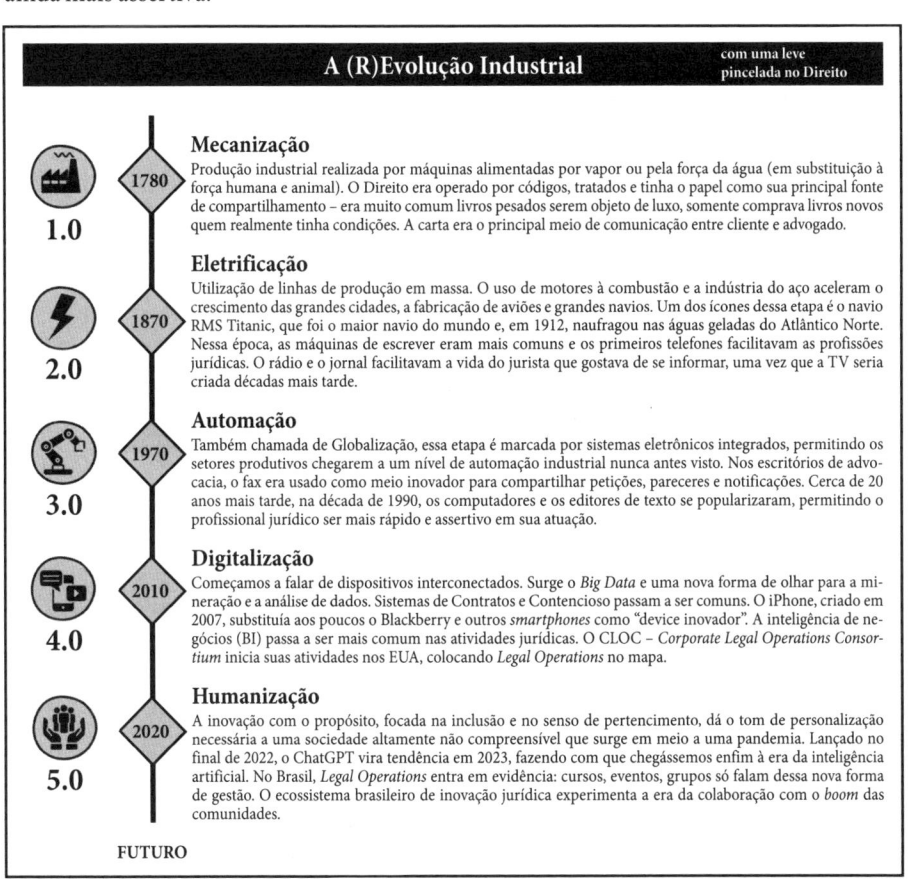

A (R)Evolução Industrial
com uma leve pincelada no Direito

1.0 — 1780 — Mecanização
Produção industrial realizada por máquinas alimentadas por vapor ou pela força da água (em substituição à força humana e animal). O Direito era operado por códigos, tratados e tinha o papel como sua principal fonte de compartilhamento – era muito comum livros pesados serem objeto de luxo, somente comprava livros novos quem realmente tinha condições. A carta era o principal meio de comunicação entre cliente e advogado.

2.0 — 1870 — Eletrificação
Utilização de linhas de produção em massa. O uso de motores à combustão e a indústria do aço aceleram o crescimento das grandes cidades, a fabricação de aviões e grandes navios. Um dos ícones dessa etapa é o navio RMS Titanic, que foi o maior navio do mundo e, em 1912, naufragou nas águas geladas do Atlântico Norte. Nessa época, as máquinas de escrever eram mais comuns e os primeiros telefones facilitavam as profissões jurídicas. O rádio e o jornal facilitavam a vida do jurista que gostava de se informar, uma vez que a TV seria criada décadas mais tarde.

3.0 — 1970 — Automação
Também chamada de Globalização, essa etapa é marcada por sistemas eletrônicos integrados, permitindo os setores produtivos chegarem a um nível de automação industrial nunca antes visto. Nos escritórios de advocacia, o fax era usado como meio inovador para compartilhar petições, pareceres e notificações. Cerca de 20 anos mais tarde, na década de 1990, os computadores e os editores de texto se popularizaram, permitindo o profissional jurídico ser mais rápido e assertivo em sua atuação.

4.0 — 2010 — Digitalização
Começamos a falar de dispositivos interconectados. Surge o *Big Data* e uma nova forma de olhar para a mineração e a análise de dados. Sistemas de Contratos e Contencioso passam a ser comuns. O iPhone, criado em 2007, substituía aos poucos o Blackberry e outros *smartphones* como "device inovador". A inteligência de negócios (BI) passa a ser mais comum nas atividades jurídicas. O CLOC – *Corporate Legal Operations Consortium* inicia suas atividades nos EUA, colocando *Legal Operations* no mapa.

5.0 — 2020 — Humanização
A inovação com o propósito, focada na inclusão e no senso de pertencimento, dá o tom de personalização necessária a uma sociedade altamente não compreensível que surge em meio a uma pandemia. Lançado no final de 2022, o ChatGPT vira tendência em 2023, fazendo com que chegássemos enfim à era da inteligência artificial. No Brasil, *Legal Operations* entra em evidência: cursos, eventos, grupos só falam dessa nova forma de gestão. O ecossistema brasileiro de inovação jurídica experimenta a era da colaboração com o *boom* das comunidades.

FUTURO

Fonte: Elaborado pelos coordenadores.

Cabe destacar alguns pontos. Segundo o CLOC[2], a evolução do papel de *Legal Operations* enquanto área multidisciplinar e responsável por engajar diversas áreas em estruturas jurídicas data de período anterior a 1990. A instituição lembra que o dever de alguns profissionais administrarem orçamentos, lidarem com prioridades, realizarem a gestão de pessoas e outras competências que hoje compõem a mandala de 12 competências por eles listadas não é algo novo. A seguir, traduziremos um importante recorte que o CLOC fez[3] em um de seus materiais gratuitos disponíveis no site oficial:

Evolução de *Legal Operations* — segundo o CLOC

Pré-1990
Foco em gerenciamento de risco
- Pouquíssimos problemas complexos.
- Gestão de parceiros externos com pressão de custo limitada.

1990 até meados de 2000
Insights estratégicos
- Pouquíssimos problemas complexos.
- Utilização forte de parceiros externos com alguma sensibilidade a custos.

Meados de 2000 até 2019
Business partner confiável
- Problemas jurídicos e de negócios altamente complexos.
- Uso estratégico da automação e de prestadores de serviços na busca de eficiência a custos reduzidos.

Presente
Inovação
- Estabelecimento de uma cultura de aperfeiçoamento contínuo.
- Uso estratégico da automação e de prestadores de serviços na busca de eficiência a custos reduzidos.

Fonte: CLOC – *Corporate Legal Operations Consortium*, 2020. Tradução livre do material gratuito "O que é Legal Ops?".

---

[2] CLOC é o acrônimo para *Corporate Legal Operations Consortium*, entidade americana criada em 2010 para disseminar a cultura de *Legal Operations* pelo mundo com o objetivo de tornar as operações jurídicas mais eficientes e eficazes.

[3] Tradução livre do material gratuito "O que é Legal Ops", disponibilizado em: https://cloc.org/what-is-legal-ops/. Acesso em: 31 mar. 2024.

Nota dos Coordenadores

Com essa evolução em um curto espaço de tempo – estamos falando de quase 35 anos –, fica fácil perceber que, ao fazer essa leitura em conjunto com a sociedade que vivenciamos, chegamos à era da Indústria 5.0. A computação na nuvem, a internet, sensores em *blockchain* já são uma necessidade. Quando falamos em conectividade e inteligência de dados... Tudo isso já virou essencial.

A inteligência na análise de dados é uma *skill* altamente avançada. Por falar em inteligência, a inteligência artificial, quando usada com *machine learning*, virou comum no segmento de negócios. Nós tivemos acesso a uma série[4] de ações comerciais produzidas ao longo dos últimos três anos que podem evidenciar que a IA já é comum no nosso dia a dia – nós é que não vemos.

Chegou a era da personalização e da humanização. A relação homem-máquina, por meio de uma realidade virtual ou aumentada, levou à evolução da robótica a um patamar nunca visto. Carros autônomos e veículos guiados irão nos mostrar um grande avanço da engenharia. A energia certamente será renovável e as nanopartículas farão com que a indústria se desenvolva a passos largos em um curto espaço de tempo.

A era 5.0 se inicia com uma definição taxativa feita pela União Europeia[5]: "ela coloca o bem-estar do trabalhador no centro do processo de produção e usa novas tecnologias para proporcionar prosperidade além dos empregos e do crescimento, respeitando os limites de produção do planeta". A definição, portanto, fala em sustentabilidade e dá um novo tom à pesquisa e à inovação, de modo que essa nova etapa seja centrada no ser humano (e por isso a "humanização") e altamente resiliente (inovaremos e erraremos muito mais).

Empresas, colaboradores, consumidores e a sociedade como um todo observarão a união das tecnologias digital e física para a busca de um maior bem-estar[6]. Como benefícios aos colaboradores, definitivamente iremos romper com o trabalho repetitivo, ficando ainda mais seguros com o avanço da robótica para ocupações consideradas altamente perigosas. Há substancial evolução na saúde mental das pessoas, dessa vez inseridas em um contexto mais diverso e inclusivo.

A Indústria 5.0, para as organizações, dará um salto em matéria de atração e retenção de talentos, uma vez que a indústria estará mais forte do ponto de vista competitivo e poderá dar mais atenção aos seus colaboradores. O foco virá a energia e a sustentabilidade dos recursos, sempre olhando para a redução de custos e a busca por maior otimização e eficiência produtiva. Finalmente, há a percepção do consumidor no centro do desenvolvimento de qualquer produto ou solução, criando opções altamente personalizáveis – ante o *boom* da

---

[4] Veja mais de 50 exemplos de como as marcas usam inteligência artificial em ações de marketing, com acesso livre disponível em: https://sweathead.com/artificial-intelligence-in-advertising-deck/. Acesso em: 31 mar. 2024.
[5] Tradução livre do *site* de Pesquisa e Inovação da União Europeia, disponível em: https://research-and-innovation.ec.europa.eu/research-area/industrial-research-and-innovation/industry-50_en. Acesso em: 31 mar. 2024.
[6] Recomendamos a leitura na íntegra. Disponível em: https://www.sciencedirect.com/science/article/pii/S0022435922000288. Acesso em: 31 mar. 2023.

inteligência artificial e o fato de que lidar com máquinas virou uma rotina. É a conexão com o *people-centric* do qual falamos anteriormente, mas de forma muito mais intensa.

Se pudéssemos resumir, a Indústria 5.0 vira uma espécie de rótulo, sustentada por três grandes pilares: a resiliência de processos e experimentos altamente disruptivos; a sustentabilidade como forte indicador diante dos recursos cada vez mais escassos, seja em matéria de energia ou de investimento financeiro; e, por fim, o olhar humano, colocando as pessoas no centro da tomada de decisão.

Será nesse momento que a busca pelo equilíbrio entre o homem e a máquina permitirá uma experiência melhor para todos. É a era da customização, dos sistemas cognitivos e da colaboração. Uma coisa podemos atestar: não é todo setor que já conseguiu chegar lá ou chegará nos próximos anos. Mas queremos nos preparar para eles. Afinal, nós, enquanto profissionais jurídicos, devemos estudar, nos desenvolver e cada vez mais nos capacitar para acompanhar a velocidade dessa mudança turbulenta que a sociedade está passando. Ainda que sejam conceitos novos, problemas nunca vistos e desafios ainda mais complexos... Pensar, ser e agir como um Jurídico 5.0 irá nos preparar para essa nova realidade. **Seja bem-vindo ao conceito e a essa nova realidade exponencial.**

A VIAGEM VAI COMEÇAR

Explicado o 5.0, vamos recapitular as três ambições: **(i)** um basta à cultura da segregação – precisamos colocar um fim à palavra "Departamento", vocábulo que segrega e aparta o Jurídico do resto da organização e que está cada vez mais em desuso; **(ii)** construção da ideia de pertencimento, sensação que provoca uma produtividade fora do normal e que é provocada a partir de iniciativas centradas nas pessoas, sejam elas consumidoras ou colaboradoras do Jurídico; **(iii)** e, por fim, buscar construir operações exponenciais, ou seja, aquelas operações com crescimento contínuo e com processos altamente eficientes e escaláveis.

Esta publicação está dividida em seis eixos. São eles: "Pessoas: Estruturas organizacionais"; "Processos: *Self Service e On Demand*"; "Tecnologia: Quando e como"; "*Data Driven*: O que não se mede, não pode ser gerenciado"; "*Legal*: A percepção da área pelo mercado"; e "*Ops*: Para além de *Legal*". Seja realizando sua leitura na ordem idealizada (recomendamos fortemente!) ou buscando uma ordem aleatória... Esperamos que você encontre respostas, construa boas reflexões, critique, conteste, mas, acima de tudo, que faça uma ótima leitura e aprecie seu exemplar de *Jurídico 5.0 e Operações Exponenciais*!

Boa viagem

Aline Valente
Francisco Milagres
Guilherme Tocci
Ianda Lopes
Paulo Samico

SUMÁRIO

CARTA DE APRESENTAÇÃO – SELO *FUTURE LAW* VII

CARTA DE APRESENTAÇÃO – SELO JURÍDICO DE SAIAS IX

CARTA DE APRESENTAÇÃO – SELO *OPENEXO* XI

PREFÁCIO – UM NOVO CAPÍTULO PARA O JURÍDICO NO BRASIL
Salim Ismail... XIII

NOTA DOS COORDENADORES – JURÍDICO 5.0 E OPERAÇÕES EXPONENCIAIS XVII

INTRODUÇÃO – O PROPÓSITO TRANSFORMADOR MASSIVO PARA UMA OPERAÇÃO JURÍDICA EXPONENCIAL
Guilherme Tocci e Paulo Samico XXXI

EIXO I – PESSOAS: ESTRUTURAS ORGANIZACIONAIS

1. Opinião da liderança em gente e gestão
   Gianpiero Sperati... 3

2. *Soft skills*: criatividade, curiosidade, adaptabilidade e resolução de problemas
   João Paulo Prado 5

3. Jurídicos enxutos e o relacionamento com a organização
   Alessandra Salgueiro, Beatriz Barboza e Karina Lanfredi................ 11

4. A aplicação assertiva das *soft skills* para aprimoramento da performance
   Ana Claudia Rebello... 15

5. Suporte ou líder de negócio?
   Andreia Marcelino.. 19

6. O Jurídico como viabilizador de negócio: principais desafios
   Isabella Vilhena e Marina Araújo 24
7. *Legal Experience*: UX e jornada do cliente interno
   Aline Fuke Fachinetti e Lara Rocha Garcia Gonçalves 29
8. Relacionamento entre o jurídico interno e os escritórios: como alinhar a cultura da empresa com os valores e as entregas dos parceiros para além dos custos
   Giovani dos Santos Ravagnani e Patricia Secher Redenschi 34
9. Trabalho remoto e a importância das conexões pessoais
   Fernanda Amador e Veridiana de Assis 38
10. A importância dos movimentos coletivos no avanço da pauta pela diversidade e inclusão: a história do Jurídico de Saias
    Ianda Lopes e Josie Jardim 44

EIXO II – PROCESSOS: *SELF SERVICE* E *ON DEMAND*

11. Opinião de conselheiro de administração
    Claudio Lottenberg 50
12. Quando começar uma área de *Legal Ops*
    Flávia Furlan e Ianda Lopes 52
13. Criando uma boa gestão de escritórios externos a partir de processos definidos
    Maria Eliza Belotto Farran 57
14. Estruturando processos para uma consultoria jurídica eficiente
    Fernanda Freitas e Karina D'Ornelas 61
15. A esteira centralizada de um Canal de *Speak Up* a partir do Jurídico, *Compliance* e *Privacy*
    Allan Nascimento Turano e Andressa Guerra Felippe dos Santos 70
16. Alinhamento de áreas internas *cross* em um setor regulado
    Paula Ercole Bauléo e Tatiana Coutinho Moura 78
17. Estratégias e desafios em projetos para inovação jurídica
    Marcelo Cardoso e Pamella Genovez 83
18. Como exponencializar o suporte jurídico para a área de marketing
    Amira Chammas e Marília Nocetti 91
19. Gestão do conhecimento e governança da informação: *Self Service* e *On Demand*
    Gabriela Pereira Bratkowski, Paulo Silva e Vanessa Fortunato Zaccaria 98

EIXO III – TECNOLOGIA: QUANDO E COMO

20. Opinião de CTO
    Humberto Moisés 106

21. Jurídico na "curva de adoção de inovação" de Rogers
    Ana Beatriz Couto e Bruno Feigelson 110

22. Desenvolvendo a mentalidade digital para exponencializar o atendimento jurídico
    Luiza Rehder 118

23. Tecnologia e Direito como meio para o *Core Business*
    Daniela Maciel Santos 125

24. Inovar pressupõe errar: como lidar com erros inéditos na implementação de soluções tecnológicas inovadoras?
    Heitor Carmássio Miranda 131

25. Gestão da mudança para projetos de tecnologia entre diferentes áreas
    Viviane Bonello 138

26. A importância de se pensar na extração de dados ao digitalizar a operação
    Amanda Almeida e Renata Riedel 141

27. Quando não usar tecnologia
    Isabela Câmara de Mesquita 148

EIXO IV – *DATA DRIVEN*: O QUE NÃO SE MEDE, NÃO PODE SER GERENCIADO

28. *Data Cleaning*: como lidar e o que fazer com os dados desestruturados
    Camila Tabatinga e Thaís Timbó 156

29. Transformando dados em resultados: uma perspectiva abrangente na criação de uma base de dados jurídica
    Alexandre Miorin e Fernando Prado 162

30. A importância da conectividade dos dados jurídicos nas empresas
    Julian Isidoro e Leonardo Sant'Ana 168

31. Conexão entre dados do Jurídico e Poder Público
    Daniel Marcelino 174

32. A exponencialidade da Inteligência Artificial na análise jurídica e empresarial: rumo a uma gestão estratégica baseada em dados
    Bruno Gélio e Marcelo Horacio 179

33. Tomada de decisão com base em dados
    Fabiana Velasco 186

EIXO V – *LEGAL*: A PERCEPÇÃO DA ÁREA PELO MERCADO

34. Um panorama do mercado jurídico no Brasil
    Silvana Quaglio 192
35. Comercial
    Rafael Szarf 197
36. Marketing
    Aline Valente 201
37. Finanças e controles internos
    Mayara Barboza e Yuri R. Ferreira Rosino 206
38. ESG
    Indianara Dias e Letícia Gaia 210

EIXO VI – *OPS*: PARA ALÉM DE *LEGAL*

39. HR Ops
    Mariana Macedo Gaida 220
40. Privacy Ops
    Luisa Abreu Dall'Agnese e Rafael Marques Silva 227
41. Tax Ops
    Ana Flávia Christofoletti de Toledo e Daniel Henrique Viaro 234
42. DevOps
    Daniel Bichuetti 238

NOTA DE ENCERRAMENTO – JURÍDICO 5.0 E OPERAÇÕES EXPONENCIAIS

Guilherme Tocci e Paulo Samico 243

EPÍLOGO – HOJE É O DIA MAIS DEVAGAR DO RESTO DAS NOSSAS VIDAS

Piero Franceschi 249

POSFÁCIO – JURÍDICO 5.0: DIVERSIDADE E INCLUSÃO COMO CHAVE PARA AS ORGANIZAÇÕES EXPONENCIAIS

Dione Assis 253

INTRODUÇÃO
O PROPÓSITO TRANSFORMADOR MASSIVO PARA UMA OPERAÇÃO JURÍDICA EXPONENCIAL

Guilherme Tocci[1]
Paulo Samico[2]

Buscando carona na obra de Salim, *Organizações Exponenciais*, podemos dizer com segurança que esse conceito é sobre como uma jovem empresa pode crescer, ser sustentável e maximizar seu potencial em um cenário superdesafiador, disruptivo e altamente instável como a era que vivenciamos. É fazer "mais" com o "mesmo" ou até mesmo com "menos".

Um time jurídico que se preze também precisa saber navegar nessas águas turbulentas e altamente desafiadoras. No Capítulo 3 de sua obra, Salim e os outros autores apresentam dois conceitos sobre os quais passaremos a nos debruçar: o Propósito Transformador Massivo (PTM), junto dos acrônimos **IDEAS, utilizado para refletir os atributos internos**, e **SCALE, usado para versar sobre as competências externas**.

---

[1] Ávido por inovação na prática do Direito, com uma carreira não tradicional no mundo jurídico. É Gerente Sênior Global de Legal Ops no Wellhub (Gympass) e Regional Group Leader do CLOC Brasil (Corporate Legal Operations Consortium). Candidato ao MBA pela FGV e formado em Direito pelo Mackenzie. Atuou em legaltech, jurídico interno e escritório de advocacia. Idealizador e coordenador dos livros *Legal Operations: como começar* e *Transformação jurídica: Criatividade é comportamento... Inovação é processo*, ambos pela SaraivaJur.

[2] Advogado. Legal Manager & Open Innovation na Mondelēz Brasil. Bacharel em Direito pela Universidade Federal do Rio de Janeiro (UFRJ), pós-graduado em Processo Civil e em Direito Regulatório pela Universidade do Estado do Rio de Janeiro (UERJ). Idealizador e coordenador dos livros *Departamento Jurídico 4.0* e *Legal Operations, Legal Operations: como começar* e *Transformação jurídica: Criatividade é comportamento... Inovação é processo*, todos pela SaraivaJur. Coordenador da coluna "Legal & Business" no *JOTA*. Professor, palestrante, LinkedIn Top Voice. Presidente e fundador da ACC Brasil, o capítulo da Association of Corporate Counsel no país.

Este artigo propõe a adaptação de alguns dados da obra original para os times jurídicos do Brasil, guardando relação com a realidade que vivenciamos. Diferentemente daqueles que gostam de lançar tendência e agir com verdades absolutas em uma verdadeira ode ao egocentrismo... Aqui não. Nós buscamos essa adaptação como uma versão embrionária que visa começar o debate. O leitor – e sobretudo o ecossistema de inovação – é livre para usar as ideias aqui ventiladas como ponto de partida para novos destinos. Pois bem. Vamos à ilustração:

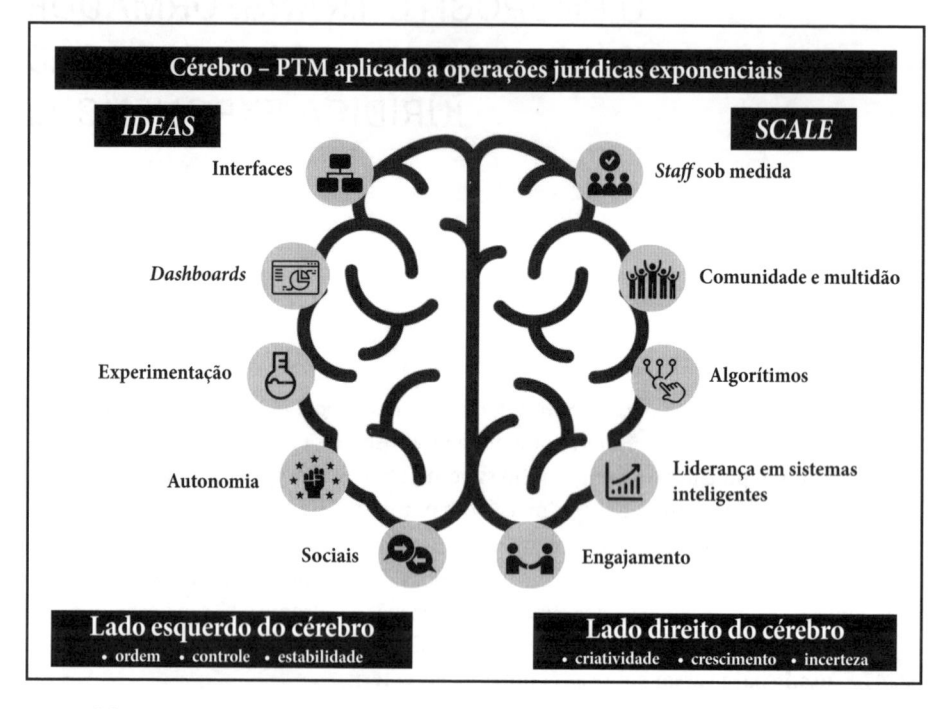

Cérebro – PTM aplicado a operações jurídicas exponenciais

IDEAS
- Interfaces
- Dashboards
- Experimentação
- Autonomia
- Sociais

SCALE
- Staff sob medida
- Comunidade e multidão
- Algorítimos
- Liderança em sistemas inteligentes
- Engajamento

Lado esquerdo do cérebro
- ordem • controle • estabilidade

Lado direito do cérebro
- criatividade • crescimento • incerteza

Fonte: Elaborado pelos autores.

Observe como os acrônimos estão divididos. O hemisfério *IDEAS* está do lado esquerdo, composto por ordem, controle e estabilidade. Já *SCALE*, por sua vez, está do lado direito, que versa sobre criatividade, crescimento e incerteza.

Para que possamos nos aprofundar nesse conceito, é necessário que a definição do PTM esteja clara para todos. **O Propósito Massivo Transformador nada mais é do que uma ambição coletiva.** É uma declaração do time para aquilo que se quer ser, o que se aspira realizar. Para que não ocorram conflitos com o PTM da empresa, ter clareza sobre a missão e a visão do seu Jurídico irá nortear o time. Agregue isso aos valores que devem ser reforçados nas condutas realizadas por cada membro.

Já a missão é a razão de o time existir. Visão é a situação em que se pretende chegar e quanto tempo demorará para isso. Veja um exemplo genérico:

Introdução

*A **missão** do Jurídico da empresa XYZ é proteger o negócio e dar assistência jurídica para que os projetos, processos e objetivos sejam alcançados dentro da legalidade e da ética.*

*Nossa **visão** é, até 2030, ser um time reconhecido como líderes jurídicos de negócio, estando com nossa base de ações judiciais controladas e contratos analisados em uma primeira versão em até 3 dias úteis.*

Grande demais? Genérica demais? Utópica demais? Talvez sim. Mas é um ponto de partida. **As declarações precisam ser curtas e impactantes.** O foco aqui é capturar corações e mentes e viabilizar a sensação de pertencimento do time. É necessário cultivar o envolvimento daquele que vai se identificar como "parte do Jurídico da empresa XYZ".

Caso não tenha problemas em criar um PTM para seu time jurídico, tenha em mente que ele precisa ser "transformador". Não tenha vergonha de colocar nele uma ambição grandiosa, que diferencie o time das demais equipes jurídicas de empresas do mesmo setor. Precisa ser algo empolgante! Veja:

*O **PTM** do nosso Jurídico é gerar impacto e viabilidade legal para todas as ações da nossa empresa ao conectar mentes, ideias e pessoas.*

Imagine que incrível, em cada projeto ou ação, um profissional jurídico do seu time sempre buscar o ponto de inflexão e se questionar: como estamos nos organizando para conectar e impactar a organização?

Insta reforçar também a importância da **liderança pelo exemplo** e da união de objetivos e propósitos pessoais das pessoas com as metas e os valores corporativos. Cada vez mais as pessoas estão buscando fazer a sinergia entre propósito pessoal e propósito profissional. Assim, se você tem um time altamente engajado com o voluntariado, conectar com a área ESG da empresa e estabelecer metas que atinjam os dois lados em uma atuação jurídica *pro bono* é a mais adequada conduta a ser feita!

Comecemos, finalmente, pela parte ***IDEAS***:

- **Interfaces:** Quais são as que seu time usa? Quais são os principais clientes? E as ações que você tem feito para intensificar o resultado? Os processos são padronizados e permitem ser automatizados? Dê atenção aos processos e seu fluxo de trabalho!
- **Dashboards:** Você tem usado eles a seu favor? Os indicadores presentes nos *Dashboards* estão sendo demonstrados para a liderança e acompanhados pelos demais tomadores de decisão? Utilizar os dados para perseguir a chamada experiência do usuário (a *legal experience*[3]) é a melhor forma de impactar os clientes internos. Precisamos repetir juntos: as decisões devem ser tomadas com o apoio dos dados, e não por mera intuição. Atuar em cima do que os clientes veem valor rapidamente vai associar

---

[3] Para entender um pouco mais sobre a experiência do usuário que pauta a jornada do cliente interno no Jurídico, recomendamos a leitura de um artigo específico. Disponível em: https://www.jota.info/opiniao-e-analise/artigos/legal-experience-o-ux-que-pauta-a-jornada-do-cliente-interno-no-juridico-29042023. Acesso em: 13 fev. 2024.

o Jurídico à simplificação e à remoção de barreiras e, sem dúvidas, trabalhará o *Net Promoter Score* (NPS) na prática. Precisamos dar um viva à nova era de monitoramento de fatores críticos em tempo real (e com o uso de dados).

- **Experimentação:** Você tem feito POCs (*Proof of Concept*, ou Prova de Conceito)? Você incentiva seu time a buscar novas soluções e tem dado confiança e espaço para que possam testá-las? Experimente novidades com os riscos controlados! Nas palavras de Mark Zuckerberg, "o maior risco é não correr nenhum risco". Para acompanhar as mudanças (as que fazem sentido para você e seu time), experimentar é preciso... e lidar com o fracasso também. Se errar, analisar o problema, melhorar o processo e aprender com ele é a melhor forma de tornar sua equipe encorajada a acertar. Lidar com o erro de forma inteligente é uma barreira cultural que deve ser capitaneada pela liderança jurídica.

- **Autonomia:** Você microgerencia ou delega decisões estabelecendo mecanismos adequados de controle? Como anda o nível de autogestão do time? Uma boa maneira de começar é estabelecer que os colaboradores destinem pelo menos 10% do seu tempo para se dedicar a projetos inovadores (método 70/20/10). Com autogestão e responsabilidade pela execução e pelo tempo de vida dos projetos, a moral do time aumentará à medida que forem se desenvolvendo e os resultados forem aparecendo.

- **Sociais:** Você tem incentivado o seu time a intensificar a busca pelo aprendizado das *soft skills*? E os treinamentos de oratória e comunicação? Houve algum tipo de ação em que a comunicação poderia ter sido mais bem estruturada? Orientar os clientes à regularização definitiva e à prevenção oportuna provoca agilidade, com rápido crescimento em termos de resultados e tomada de decisão mais eficiente. E as tecnologias de interação, o Jurídico possui algum padrão para a gestão da informação (consentimento, retenção etc.)? Pode parecer algo pequeno, mas estimule a utilização de documentos colaborativos em vez de trocar versões por *e-mail*. Use nuvens compartilhadas!

É importante estruturarmos algumas palavras para a Avaliação de Performance. Muitos profissionais jurídicos militam em favor de uma avaliação mais transparente, ágil (há um longo tempo de espera entre realização e reconhecimento, o que facilita o esquecimento) e totalmente efetiva. Introduzir OKRs (*Objectives and Key Results*, ou Objetivos e Resultados-Chave) também para as pessoas é uma ótima forma de evitar frustrações na equipe.

Para implementar essa nova ótica de avaliação, dê preferência máxima para a objetividade (e não para a subjetividade). Salim reflete que duas perguntas podem facilitar: **(i)** Onde quero ir (quais são seus objetivos individuais)?; e **(ii)** Como sei que estou chegando lá (quais são os resultados-chave que irão garantir que o progresso aconteça)?

Um exemplo para um advogado júnior do contencioso em relação ao item "i": quero ser um advogado pleno. Para realizar o "i", um ótimo exemplo para uma meta objetiva do "ii" poderia ser: "reduzir a base de ações judiciais em até 15% ao longo do corrente ano". Para uma advogada de contratos, poderia ser a redução do SLA (*Service Level Agreement* ou Nível de Serviço Acordado) em até 20%. Esses são exemplos que talvez ajudem! OKRs de sucesso requerem foco, simplicidade, *feedbacks* curtos e efetivos, transparência, acompanhamento e objetividade!

Por fim, implantar OKRs individuais é uma forma poderosa de combate à vaidade e à falta de transparência, que vai motivar pessoas e equipes, criando uma estrutura de controle para a gestão de um crescimento rápido e consistente do time jurídico, e minimizando a exposição a erros ou a interpretações altamente enviesadas (subjetivas).

Veremos, agora, a parte **SCALE**:

- **Staff sob demanda:** Em um mundo hiperacelerado, contamos cada vez mais com recursos externos, e não dedicados. Use isso como vantagem competitiva para melhoria contínua caso não possa ter uma equipe interna robusta (limitação de *headcount*). Contratar por projetos e priorizar os escritórios parceiros é uma ótima saída (mas garanta alguém interno para fazer a gestão, garantindo a efetividade da meta, afinal um Jurídico interno, que guarda identidade com as metas e com a organização, é essencial para as entregas estratégicas). Foco em agilidade, eficiência, aprendizagem e criação de laços consistentes!

- **Comunidade:** Transformar seu time (e seus clientes!) em uma grande comunidade é uma ótima ideia. As pessoas certas virão até você. O legítimo interesse em "fazer dar certo" irá surgir. Parceiros (escritórios e demais fornecedores) devem entender a pegada. Precisa haver envolvimento e a sensação de pertencimento! Aqui, a cobrança pelo desempenho e a identificação é fundamental. Um Jurídico agregador e viabilizador de negócio, por exemplo, não pode ficar dizendo "não" sem demonstrar alternativas (e isso vale para escritórios também). Quando o Jurídico vira comunidade, a empresa se torna uma nação muito mais fácil.

- **Algoritmos:** Seus sistemas possuem um algoritmo? Sua plataforma de consultas jurídicas utiliza o aprendizado de máquina para melhor servir o cliente interno? Chega de intuição, a decisão jurídica precisa ser lastreada por dados e estatística. Se todas as decisões de negócios são baseadas em dados, as do Jurídico precisam ser também. Isso garantirá operações jurídicas exponenciais. Para obter êxito, Salim recomenda adotar quatro passos em relação aos dados: *reunião* (coleta eficiente); *organização*; *aplicação* (extração e identificação de tendências); e, por fim, *exposição* (usando ao máximo APIs – *Application Programming Interface* ou Interface de Programação de Aplicação com outros sistemas, se for necessário).

- **Liderança em sistemas inteligentes:** Adaptamos esta parte para gerar uma reflexão. Faz sentido desenvolver um sistema dentro de casa? Para ser o dono dos sistemas e *softwares* mais inteligentes da organização, basta uma licença ou um *SaaS* (*Software as a Service*). Nada de absorver um trabalho que não precisa ser seu, sobrecarregando o TI e impactando seu orçamento todos os anos. Busque soluções de prateleira, investigue sobre a existência de APIs (interface de programação de aplicações), produtos já testados pelo mercado (e nada de personalizá-las a ponto de engessar novos *updates*!) – isso permitirá mais agilidade, constante atualização e redução de custos.

- **Engajamento:** Favoreça e cultive o surgimento do espírito colaborativo no time. O comportamento humano, se instigado com base em propósito, metas claras, perspectiva de carreira e um bom clima organizacional, pode ser o catalisador de feitos impactantes. Possibilite, incentive e instigue que as pessoas se engajem para o time. Em sua obra, Salim sugere que o engajamento tenha alguns atributos, os quais adaptamos a seguir:
    o transparência da avaliação;
    o autoeficácia (noção de controle, ação e impacto);
    o pressão dos pares;
    o despertar de emoções positivas;
    o *feedback* instantâneo (com ciclos curtos);
    o regras, metas e recompensas simples e autênticas (com base em regras claras e avaliações não subjetivas);
    o treinamentos internos com base em gamificação (e criação de uma competição saudável).

Criar uma estratégia para que os membros do time jurídico sejam influenciadores do time por toda a organização certamente fará com que as operações jurídicas sejam exponenciais. E isso é possível por meio da paixão e do propósito. O resultado fica ainda mais instigante quando o time jurídico passa a ser reconhecido por toda a organização pelo seu engajamento, entrosamento e entrega de resultados.

É o fim da velha dor do Jurídico só ser envolvido quando há problemas ou quando o projeto está no fim. É o início da participação da equipe jurídica na construção de grandes projetos e na consultoria preventiva. É dessa forma que times jurídicos inovadores, criativos e donos de operações exponenciais passam a se portar.

EIXO I
PESSOAS: ESTRUTURAS ORGANIZACIONAIS

Para iniciar a jornada 5.0, é essencial que o debate comece pela humanização. Aqui, você encontrará textos sobre *soft skills*, gestão de pessoas, cultura da diversidade, equidade, inclusão, pertencimento e *legal experience*.

1
Opinião da liderança em gente e gestão

Gianpiero Sperati[1]

Aprendi cedo que há uma diferença importante entre "mapa" e "terreno". O "mapa" é o playbook, o manual que você tem na mão sobre como fazer algo. O "terreno", nesse caso, é o que efetivamente está à sua frente, a realidade. Algumas vezes pode haver conflito entre o mapa e o terreno – o primeiro pode indicar que você deve seguir andando em frente, mas, quando você tira os olhos do mapa e olha à sua frente, encontra obstáculos – um rio, uma montanha – que não deveriam estar ali. Nesses casos, é claro, é sempre melhor seguir o terreno do que o mapa.

Temos um fenômeno parecido acontecendo em muitas empresas: há uma proliferação de playbooks – guias, manuais, artigos – falando sobre holocracia, skills-based organizations, gig economy, trabalho remoto, revisões de propósito da empresa, estrutura organizacional e cultura, mas com poucos exemplos reais e aplicações práticas para impulsionar verdadeiras transformações. Isso vale para todas as áreas das empresas, mas é especialmente verdadeiro para o Jurídico e outras áreas de backoffice, em que os riscos de tomar decisões fora do processo ou do padrão estabelecido podem ter consequências catastróficas e custos pesados para a empresa.

Então, como abordar esse dilema entre inovar e seguir processos? Para conduzir discussões como essa, um dos maiores "gurus" de temas ligados à cultura e às estruturas organizacionais, Josh Bersin, costuma começar perguntando: "Qual problema você quer resolver?". Essa pergunta é simples, mas fundamental. Quaisquer discussões sobre os temas supramencionados, como estrutura organizacional, deveriam ser precedidas dessa pergunta. Dou um exemplo: tenho participado de muitas discussões sobre trabalho remoto. Quantos dias por semana são ideais? Seguimos a mesma regra para todos os setores da empresa? Como podemos lidar com as exceções? Como comunicar isso à empresa? Pois bem, se você tem clareza do problema a ser resolvido, todas as respostas ficam mais fáceis. Em um ambiente

---

[1] Internacionalista graduado pela PUC-SP, com MBA em Gestão Empresarial pela FGV-SP. Teve passagens pela Ambev, Pearson e Gupy, atuando nas áreas de Vendas, Atendimento ao Cliente e principalmente Recursos Humanos.

no qual o mais crítico é reter seus top performers e cujos competidores tenham implementado políticas de jornada de trabalho flexível, pode ser importante que você também adote políticas mais intensas no que diz respeito ao trabalho remoto. Já uma empresa que esteja preocupada em fortalecer a cultura pode preferir ter mais momentos presenciais, pois costuma ser mais fácil fortalecer comportamentos dessa forma.

Então, se você começou fazendo a pergunta "qual problema quero resolver?", em seguida vale entender como a cultura e a estrutura organizacional vão apoiar (ou dificultar) a mudança que você pretende implementar para tornar sua área capaz de entregar resultados exponenciais. Aqui, existem dois elementos que provavelmente estarão presentes nessa jornada de transformação: a cultura da sua empresa e as lideranças.

Quando falamos de cultura, há diversos livros, artigos e vídeos sobre o tema. Não vamos tentar redefinir o que é cultura aqui, mas apenas deixar claro que, para essa discussão, cultura significa quais comportamentos são incentivados e quais são desestimulados. Por exemplo, para realizar transformações importantes na empresa, é necessário aceitar que haverá erros ao longo do caminho. Para que as pessoas topem isso, é preciso ter um ambiente de segurança psicológica. Além disso, igualmente importante é reconhecer as pessoas que estão na direção correta. Entenda que reconhecer as pessoas pode, sim, significar aumentos salariais e promoções, mas não se restringe a isso – há diversas formas relevantes de reconhecer alguém. Por fim, também é importante repensar seu "modelo de gestão". Quais rituais, rotinas e processos são críticos para sua cultura e vão apoiar essa transformação? Alguns mais comuns vão desde a forma que você avalia e promove as pessoas até o modo como as reuniões semanais são conduzidas – por exemplo, nestas, discute-se apenas um *follow up* de tarefas operacionais ou o tempo que é utilizado para falar de cultura, pessoas e mudanças sendo promovidas? Lembre-se de que não falar de um assunto também passa um recado importante para as pessoas.

Por fim, todas as intenções de mudança, ideias novas e projetos passam pela liderança. Nesse bloco, é importante pensar sobre como as lideranças de sua área ou empresa estão preparadas para duas tarefas críticas em qualquer processo de transformação: executar e comunicar. A execução, como Ray Dalio já disse, é o que costuma separar o sucesso do fracasso. Então, é importante que a liderança defina ou saiba o que precisa ser feito, quando precisa ser feito e por que precisa ser feito. E é aqui que a frente de comunicação entra. No "porquê". Se as pessoas não souberem o motivo das mudanças que estão sendo – ou serão – implantadas, é bem provável que a execução e, por consequência, o sucesso dessa transformação da organização exponencial fiquem comprometidos.

Em suma, esses momentos de mudança não são fáceis. Ainda que haja diversos manuais e guias interessantíssimos disponíveis para apoiar essa jornada, sugiro começar sempre pela pergunta: "Qual problema deverá ser resolvido?". Em seguida, independentemente do problema em si, pensar em como a cultura da sua empresa irá alavancar ou dificultar a implantação dessa mudança sem esquecer o papel-chave que cada um dos líderes de sua organização deverá desempenhar também.

2

Soft skills: criatividade, curiosidade, adaptabilidade e resolução de problemas

João Paulo Prado[1]

Tenho a crença de que todo e qualquer ambiente formal de educação deveria, antes de tudo, focar no processo de aprendizagem. Muito mais do que no resultado da aprendizagem em si. Exatamente o contrário do que a maior parte das faculdades de Direito fez e faz com os milhões de bacharéis ou estudantes de Direito no Brasil.

Sei que o leitor que se interessou por este artigo está em busca de desenvolvimento nos *soft skills* mencionados no título que possam ajudá-lo na advocacia corporativa. Prometo que vou entregar isso, mas não da forma que você espera. Justamente por isso, vamos começar com uma reflexão sobre o que, provavelmente, foi o seu processo de aprendizagem – já afirmo que foi o meu processo –, para, aí sim, conseguirmos construir um novo caminho para o desenvolvimento que estamos buscando[2].

O que uma escola ou uma faculdade deveria entregar aos estudantes? Antes de tudo, a satisfação pelo processo de conhecimento, o prazer da aprendizagem. Essa deveria ser a missão de toda e qualquer instituição que se propõe a ser um ambiente formal de ensino. E, para isso, o foco do ensino deve ser o crescimento pessoal, o desenvolvimento do indivíduo, e nunca um resultado direto.

Focar apenas no resultado gera duas consequências péssimas para o aprendizado: a primeira é que quem foca no resultado se envergonha do fracasso. Com isso, evita o erro, elemento fundamental para o aprendizado, e não se desenvolve de maneira adequada; a segunda é que quem foca exclusivamente no resultado sofre com o percurso e passa a entender a aprendizagem como uma tortura que deve ser enfrentada apenas para que a finalidade seja cumprida.

---

[1] VP Jurídico, M&A, Compliance e Relações Governamentais do Grupo Salta Educação. Formado em Direito na UFRJ, mestre em Direito Público com foco em políticas educacionais e pós-graduado em Estratégias de Negócios e Administração pela FDC.

[2] De forma proposital, por vezes, uso a primeira pessoa do singular e outras vezes a primeira pessoa do plural. Tudo o que for minha crença ou minhas impressões estará no singular. Sempre que tratar de desenvolvimento, aprendizagem ou evolução profissional, usarei o plural – já que nós vamos evoluir juntos enquanto lemos e aplicamos as propostas deste capítulo.

Não é que o foco no resultado não funcione para um objetivo específico. Você deve conhecer dezenas de pessoas que apenas queriam ser aprovadas em um concurso e encontraram motivação suficiente para sofrer ao longo de anos e encarar conteúdos difíceis e tortuosos. Sim, quando temos uma motivação em mente, conseguimos transpor barreiras. Mas esse não deveria ser o fundamento de uma instituição de ensino. As pessoas que saem da faculdade até podem vir a ser aprovadas em um concurso, mas não serão apaixonadas pelo processo de conhecimento. Logo, não terão prazer em se desenvolver em outras frentes e não serão *lifelong learners* – aquelas que estão em constante evolução profissional ao longo da vida.

A faculdade de Direito é um exemplo clássico de aprendizagem focada em resultado. Já peço perdão àquelas instituições de ensino e seus diretores acadêmicos que lutam pela disrupção no ensino jurídico. Mas a imensa maioria segue o caminho do resultado. De forma simples e direta, o que a maioria das faculdades propõe a seus alunos? Aprovação para concurso público ou preparação para atuação na advocacia, que se inicia com o treinamento para aprovação na prova da OAB e termina com o aprimoramento de um profissional apto a vencer um litígio. O advogado de escritório deve ser sempre melhor do que o outro contra quem tem uma disputa. Desde o primeiro período da faculdade, somos orientados exclusivamente ao resultado. E não importa qual é o resultado, errar não é uma opção – seja em uma prova ou em um tribunal.

Eu sempre me questionei por que tantos estudiosos do Direito fazem questão de se comunicar de maneira a não serem compreendidos. Isso sempre me pareceu uma loucura. Escrever de modo rebuscado ou falar latim é muito mais difícil do que escrever ou falar de forma simples. E ainda faz com que as pessoas não compreendam a mensagem. Então, por que fazem isso? Tenho duas hipóteses para o uso excessivo do *juridiquês*. A primeira é que, se quem escuta não entende por falta de vocabulário, é porque é inferior ao locutor. Isso coloca o profissional do Direito em uma posição de superioridade hierárquica. Logo, o advogado se sente intelectualmente melhor do que aquele que o escuta. A segunda hipótese é que, se a pessoa não entende, as chances de identificar um erro são menores.

A consequência é que saímos da faculdade com bastante conteúdo e, quanto melhor for a faculdade, mais bem preparados para um eventual concurso ou para dar soluções técnicas a litígios. Mas, por outro lado, o gosto pelo aprendizado sai menor do que quando entramos. Além disso, criatividade, curiosidade, adaptabilidade e resolução de problemas não são apenas habilidades ignoradas na nossa formação. Pior do que isso, são habilidades desestimuladas pela forma como a construção do conhecimento ocorre. Pense em alguém que está se preparando para o concurso da magistratura e reflita qual dessas habilidades citadas contribui para o resultado que ele deseja alcançar. Será que essa pessoa precisa ser criativa?

Como estamos em busca de desenvolvimento, o reconhecimento é a primeira etapa essencial. A hipótese que trago aqui é simples: fomos forjados a focar em resultado. Isso fez com que ignorássemos o processo de aprendizagem, fôssemos pessoas avessas a erros e compreendêssemos o aprendizado como algo doloroso. Fez, também, com que valorizássemos muito mais o conteúdo pragmático do que os conhecimentos interdisciplinares ou transversais. Valorizamos mais o estudo de legislação, jurisprudência e doutrina do que o aprendizado de uma nova habilidade socioemocional. Por outro lado, desenvolvemos grande capacidade de leitura, mesmo com um conteúdo mais pesado ou sem sentido para as nossas vidas. Somos concentrados e focados. Conseguimos assimilar conteúdos densos e nos manter dedicados, mesmo que tenhamos que ler três ou quatro vezes a mesma coisa para entender o básico. A boa notícia é que o aprendizado de outras habilidades é muito mais simples e satisfatório do que tudo que enfrentamos ao estudar o Direito.

Pois bem, reconhecidos os desafios, o próximo passo é entender que o processo de aprendizagem, principalmente das habilidades de que vamos tratar aqui, depende de dois fatores contra os quais sempre fomos educados a lutar: ser vulnerável e cometer erros. Você não precisa ser mais criativo ou curioso do que ninguém, apenas precisa reconhecer que está se desenvolvendo. Abra o coração e foque no seu crescimento. Erre muito. Não se envergonhe disso. As pessoas reconhecidamente mais criativas do mundo são recriminadas por diversas sugestões que dão. Você acha que uma campanha de marketing maravilhosa nasceu sem que houvesse centenas de recusas? Quantas ideias ruins foram dadas até que aquela ideia maravilhosa surgisse?

Passada a etapa inicial, vamos nos preparar para aprender: seja protagonista do seu processo de aprendizagem. Não importa o que você deseja aprender. Uma nova língua, um instrumento, a melhor forma de fermentação de pão. Não importa. Assuma o protagonismo e desenvolva outras habilidades conforme você aprende o que gosta. Assumir o protagonismo significa exercitar a criatividade para desenvolver seus próprios recursos de aprendizagem. Nunca vou me esquecer de um amigo uruguaio, fluente em português, que aprendeu a nossa língua assistindo ao seriado *Chaves*, dublado em português, que a TV por satélite dele capturava no interior do Uruguai. Se o modelo não está funcionando, se adapte, busque novas formas. Use a curiosidade como modo de incentivo ao aprendizado. Antes do que você quer aprender, busque o porquê, a motivação daquele aprendizado. O conhecimento que nos encanta é aquele que nos intriga.

Todo conhecimento deve ser contextualizado, deve resolver um problema real. Sem uma motivação, o conhecimento é inútil, não é interessante ou instigante. Repare que criatividade, curiosidade, adaptabilidade e resolução de problemas são habilidades básicas do processo de conhecimento em si. O desenvolvimento dessas habilidades está relacionado a tudo que aprendemos com paixão, desde que cada etapa do aprendizado seja mais importante do que o resultado final. Até porque, se estamos constantemente aprendendo coisas novas, o processo não tem fim.

Agora que já entendemos como construir um processo de aprendizagem mais adequado, vamos para duas dicas fundamentais, a partir das quais cada um pode montar o seu próprio processo com todos os *soft skills* que estamos tratando neste texto. Primeiro, saiba lidar com os erros. O melhor aprendizado é o estudo orientado. Não basta estudar a ermo. Temos que saber o que estudar e como nos desenvolver, e isso só acontece se tivermos consciência daquilo que não sabemos. Consciência que, naturalmente, vem do cometimento de erros e *feedbacks*. Quanto mais nos expomos, mais erramos e nos abrimos para novos *feedbacks*. Tomar nota de tudo que é relevante e atacar especificamente o que precisamos desenvolver é essencial em um mundo lotado de informações e infinitas opções de aprendizagem.

Ainda sobre erros, tenho dois ensinamentos que repito o tempo todo: pode errar, mas não cometa o mesmo erro novamente; pode errar, mas não cometa um erro que te tire do jogo. Ou seja, entenda o erro, aprenda e não repita; gerencie os riscos do seu erro. Um médico não pode se expor a um erro que custe a vida de um paciente, assim como nós não podemos cometer erros que custem a operação das empresas em que trabalhamos.

A segunda dica é: *soft skills* são habilidades aprendidas com base em hábitos. Não adianta apenas ler, assistir a palestras ou aulas. É preciso praticar com constância, por meio da implementação de hábitos a sua rotina. É justamente sobre esses hábitos que trataremos. Vou citar alguns exemplos. Mas, como protagonista do seu desenvolvimento, construa seus próprios hábitos com base nos erros que identificou e *feedbacks* que recebeu.

Ao longo da minha carreira, um dos maiores elogios que recebi é que sou um gestor jurídico que fala poucas vezes *não*. E, de fato, esse é um hábito que incorporei à maneira como lido com os problemas corporativos. Meu hábito número 1 é: evite falar "não" de pronto. Quando alguém vem perguntar se pode ou não fazer alguma coisa, a reação imediata de um advogado de formação é tentar enquadrar aquele pedido entre legal ou ilegal e responder se a pessoa está ou não autorizada a fazer. As demais áreas da empresa detestam essa nossa visão cartesiana do que é possível ou não é possível. Na maior parte das vezes, reduzimos a pergunta a uma interpretação pequena dos fatos e enquadramos de forma não compatível com a realidade corporativa. A análise tem que ser muito maior.

Em primeiro lugar, precisamos entender a motivação daquele pedido, compreender os demais fatores que influenciam o que está sendo solicitado. Se depois do pedido a minha mente reagiu negativamente de imediato, eu sigo dois caminhos: o pedido pode, de fato, ser um absurdo e romper barreiras éticas e legais insuperáveis, e então a resposta é "não", já que pode se enquadrar em um erro que nos tira do jogo – o que é muito raro de acontecer; ou a resposta é "da forma como você está me propondo, acho que não funciona. Explica melhor para mim o que você precisa, qual é o seu problema e onde necessita chegar para tentarmos uma solução em conjunto".

A partir daí, um novo mundo muito mais complexo se abre. Entender do negócio em que se está inserido, como funcionam os processos internos, quais são as dores das áreas, quanto aquele pedido custa para a empresa (sim, entender quanto custa é muito relevante – por diversas vezes, "já respondi que sim" porque o custo do "não" era maior do que o risco de aceitar aquela mudança) são pontos fundamentais para o desenvolvimento de novas habilidades.

Existem pontos relevantes em relação ao "não" que nós, advogados, falamos. Não adianta tentar justificar com base legal ou jurisprudencial, as outras pessoas da empresa não compreendem essa lógica e não vão ficar satisfeitas com esse "não". É muito comum acharem que leis ou decisões são simplesmente absurdas; e, quando usamos o "não" de forma racional e construtiva, ao longo do tempo, as pessoas passam a respeitar as nossas negativas. Já ouvi diversas vezes: "opa, se você está dizendo que 'não', então é que 'não' dá mesmo".

O que o **hábito n. 1** me ensinou é que um advogado criativo não precisa ser pintor abstrato ou fazer sugestões maravilhosas de nomes para uma nova unidade de negócio. Ele precisa entender que os problemas que recebe no dia a dia são desafios corporativos. A nossa rotina não se resume ao estudo frio das normas, mas deve estar diretamente conectada ao propósito e aos objetivos da empresa. Além disso, aprendi que o que se entende por criatividade no ambiente corporativo nada mais é do que a conexão entre o conhecimento jurídico e o conhecimento da empresa, que possibilita uma compreensão global e uma apresentação de soluções que compatibilizem a legalidade abstrata com as necessidades daquele negócio. No final das contas, a nossa criatividade é demandada para resolução de problemas ou redução de impactos potenciais (problemas já existentes).

O **hábito n. 2** é: não se esconda no Jurídico. A zona de conforto de um advogado é a sua posição junto de outros colegas do time. Quantas vezes já cheguei ao escritório querendo apenas sentar na minha posição e ficar lendo e respondendo os *e-mails*. Mas, em geral, o Jurídico de uma empresa é visto como a área que freia a evolução e que só gera despesas para o negócio. Essa visão terrível não é irrazoável e, na maioria das vezes, é culpa da postura do próprio Jurídico. Passar alguns dias em outras áreas e, principalmente, na ponta do negócio, chão de fábrica ou em contato direto com o cliente, como costumamos falar, é essencial.

A curiosidade corporativa deve estar relacionada a dois eixos centrais: entender a fundo o negócio em que estamos envolvidos e questionar se os nossos paradigmas normativos são de fato aplicáveis à realidade da nossa empresa. Pense que o legislador ou os juízes, quando decidiram sobre algum tema, pensaram em abstrato ou em um caso concreto que pode ser completamente diferente da demanda da sua empresa. Entender o motivo pelo qual aquela decisão, seja legislativa ou judicial, foi tomada e comparar com a realidade do negócio em que estamos inseridos é praticar a habilidade da curiosidade.

Devemos ter em mente que os negócios se transformam em uma velocidade muito maior do que as leis são promulgadas ou as decisões judiciais são proferidas. A nossa base de conhecimento jurídico está sempre obsoleta em relação ao nosso negócio. Isso demanda não apenas uma visão curiosa da nossa atividade, mas outra habilidade, a adaptabilidade.

E aí entra o **hábito n. 3**: nunca reaja a um *feedback*. Se você recebeu um *feedback*, escute, tome nota, pergunte detalhes, peça exemplos. Apenas se aprofunde, mas nunca reaja. Esse hábito é difícil demais para nós, advogados. Aqui, o nosso senso de disputa de poder e zero erros aflora e a tendência, quando ouvimos um *feedback*, é naturalmente a defesa. Quando digo reagir, quero dizer se defender, negar, falar que o outro está errado. Lembre-se: *feedback* é a percepção de alguém sobre você ou algo que você fez. Essa percepção é da pessoa e ela não está errada, nunca. Você pode não concordar com a percepção, mas algo aconteceu para que aquela pessoa pensasse daquela forma. Em um *feedback*, a percepção é o que importa e deve ser melhorada.

Para quem lê este artigo, pode parecer que sou uma maravilha de profissional com todos esses hábitos e habilidades. Mas não é verdade. Adaptar-se, receber *feedbacks* e assumir erros são desafios constantes para mim. Lembro-me de um caso em que eu defendia com unhas e dentes um argumento besta, de maneira radical e enfática, em uma reunião de diretoria. A diretora de Gente e Gestão me chamou na maior tranquilidade do mundo, algumas horas depois, e me deu um livro de presente, *Inteligência Emocional*, de Daniel Goleman. Ela apenas me falou: "quando chegar a parte do sequestro da amígdala, você vai entender o que aconteceu hoje". Desde então travo uma batalha para usar não apenas o hábito de não reagir, mas estimular o *feedback* sobre diversas coisas que trabalho ou desenvolvo ao longo da minha jornada. Ser adaptável significa aprender com as experiências e se ajustar às demandas, saber ouvir as críticas, aceitar os erros como forma de crescimento e estar consciente do processo de autodesenvolvimento.

O **hábito n. 4** é o da troca de chapéus. Esse é um hábito que desenvolvemos com diversas crianças por meio de um projeto chamado "Laboratório de Inteligência de Vida" nas nossas escolas. O objetivo desse hábito é desenvolver a empatia entre as crianças. Quando aplicamos ao ambiente de trabalho, precisamos reconhecer que o Jurídico é apenas uma pequena peça dentro de uma engrenagem muito maior e mais complexa. E que, apesar de termos sido treinados para falar latim, ler textos difíceis, nós não somos o oráculo da solução dos problemas complexos. Ao contrário, entender o desafio das áreas (trocar o chapéu), reconhecer que temos diversas limitações e que não resolveremos os problemas da empresa como heróis é um grande passo para o desenvolvimento da habilidade de resolução de problemas. O espaço para a resolução de problemas é essencialmente deliberativo e colaborativo. Um diálogo aberto e construtivo entre as áreas faz com que novas alternativas se desenvolvam.

Existe um exemplo que sempre dou para o meu time: um cliente está conversando com a atendente e pedindo para ajustarem um erro no contrato. O cliente está irritado porque precisa buscar o filho em poucos minutos. A atendente abre o chamado e pede prioridade no atendimento ao time Jurídico. Passam-se dez minutos e a atendente liga novamente para o time, questionando se o ajuste foi feito. A advogada, irritada com a pressão, responde que é impossível fazer esse ajuste em apenas dez minutos, pois tem muito trabalho no colo. Dez minutos pode ser pouco tempo para uma advogada que está a quilômetros de distância do problema, mas é uma eternidade para a atendente que está ouvindo os berros do cliente, questionando como uma simples mudança pode demorar tanto tempo. Trocar de chapéus em pequenas situações gera muito mais empatia e consciência sobre a necessidade de priorização na solução de problemas.

O desenvolvimento de algumas *skills* depende de transformações amplas enquanto profissionais do Direito. Mais do que isso, depende da transformação daquilo que acreditamos ser o processo de aprendizagem. Comece repensando o que você aprende e a forma como adquire conhecimentos. Reconheça os desafios que a nossa formação nos impõe para adaptação ao mundo corporativo. Vencida essa etapa, construa os hábitos que nos obrigam a praticar essas novas habilidades diariamente. Não tenho dúvidas de que, em tempos de internet, plena disponibilização de conteúdo e inteligência artificial, essas habilidades serão muito mais valiosas no ambiente corporativo do que o uso do latim ou a legislação decorada.

3 Jurídicos enxutos e o relacionamento com a organização

Alessandra Salgueiro[1]
Beatriz Barboza[2]
Karina Lanfredi[3]

Otimizar recursos e buscar eficiência são requisitos decisivos para o sucesso das empresas. Essa realidade impacta diretamente a área jurídica, impulsionando a adoção de equipes enxutas.

Mais do que mera redução de pessoal ou custos, as estruturas enxutas representam uma filosofia de gestão focada na otimização dos processos internos. Essa abordagem, de priorizar atividades estratégicas e agregar valor à organização, exige uma mudança cultural, com foco na colaboração, na comunicação eficaz e no uso de tecnologia.

Assim, a implementação de uma abordagem enxuta traz uma série de benefícios significativos para as empresas. Vejamos:

1) **Redução de custos:** reflete na diminuição dos gastos com *headcount* e infraestrutura para isso. Além disso, promove um aumento da eficiência, por meio da agilização dos processos jurídico-comerciais, com otimização do tempo e dos recursos disponíveis.

---

[1] Advogada, graduada em Direito pela Universidade Cândido Mendes. Possui LL.M em Litigation pela FGV, especialista em Contratos e Direito do Entretenimento. Atualmente, ocupa o cargo de Diretora Jurídica da Rock World, sendo responsável pelos eventos Rock in Rio Brasil, Rock in Rio Lisboa, The Town, Lollapalooza, Game XP e Global Citizen (no Brasil). Possui vasta experiência no mercado corporativo e em escritórios de advocacia, acumulada ao longo de 20 anos de carreira.

[2] Advogada de contratos, formada na Universidade Presbiteriana Mackenzie, atualmente parte do jurídico interno da empresa Rock in Rio, elaborando e negociando contratos de produção, operação e engenharia para os eventos Lollapalooza, The Town e Rock in Rio. Com uma sólida bagagem profissional, também possui experiência no mercado varejista, tendo trabalhado na área regulatória do Magazine Luiza e em diversos escritórios de advocacia, abrangendo campos como Propriedade Intelectual, Concorrência, Direito Público, Direito do Consumidor e Direito Ambiental. Por fim, possui especialização em Privacidade e Proteção de Dados pela escola Data Privacy Brasil.

[3] Graduada em Direito pela Universidade Cândido Mendes. LLM em Direito Empresarial e especialista em *Compliance*, ambos pela FGV, e membro do CWC (*Compliance Women Committee*). Especialista em contratos, atua no mercado imobiliário há mais de 13 anos e no corporativo desde 2019. Sócia da KLLM Advogados e Coordenadora Jurídica da Rock World, com a entrega de grandes eventos: Game XP 2019, Rock in Rio 2019 e 2022, The Town 2023 e Lollapalooza 2024.

2) **Melhoria da tomada de decisões:** essa abordagem possibilita uma análise mais assertiva de riscos e oportunidades, com foco em resultados estratégicos. Além disso, ao liberar o Jurídico para se concentrar em atividades que agregam valor à organização, é possível direcionar o foco para o negócio, potencializando sua competitividade.

3) **Melhoria da comunicação:** promove maior fluidez no diálogo entre o Jurídico e as demais áreas da empresa.

4) **Uso estratégico da tecnologia:** por meio da adoção de soluções de *legaltechs* ou até mesmo de tecnologia já disposta pela organização, contribui para a otimização de tarefas e processos, tornando o trabalho da área jurídica mais produtivo e eficaz.

Para um modelo jurídico enxuto ser efetivo, é indispensável uma integração sólida da equipe com a organização. Isso requer alinhamento estratégico do Jurídico com a visão e os valores da empresa, estabelecimento de comunicação eficaz entre todas as áreas, fluxo de demandas bem definido e capacitação dos colaboradores em noções básicas de Direito e *compliance*. Essas medidas garantem uma colaboração harmoniosa e decisões mais conscientes, reduzindo riscos e promovendo uma cultura de conformidade.

Um Jurídico enxuto promove uma integração mais próxima com as diversas áreas da empresa, concentrando-se na agilidade, na eficiência e na estratégia. Uma equipe menos inchada demanda a eliminação de processos redundantes e burocráticos. Além disso, a automação de tarefas operacionais possibilita que a equipe não cresça de tamanho proporcionalmente ao crescimento da organização, tendo papel essencial no poder de escalabilidade e exponencialidade do negócio, inclusive capacitando os advogados a adotar uma abordagem generalista para lidar com todas as áreas da empresa.

A comunicação direta e fluída entre a equipe jurídica e as demais áreas da organização é essencial para garantir respostas rápidas e soluções eficazes para as dores do negócio. Uma comunicação frequentemente clara assegura que todos trabalhem em conformidade para alcançar os objetivos da empresa. Essa colaboração multidisciplinar fortalece a sinergia organizacional e contribui para o sucesso coletivo da empresa.

A cultura de *compliance* cultivada por essa estrutura menor não apenas reforça a conformidade legal, mas também estabelece um ambiente de negócios mais seguro e confiável para todos os *stakeholders* envolvidos. Essa abordagem proativa não só protege a reputação da empresa como também fortalece a confiança dos clientes, investidores e demais partes interessadas, promovendo a sustentabilidade e o crescimento perene do negócio.

Destaca-se, ainda, a tomada de decisões mais assertivas, uma vez que um Jurídico reduzido concentra mais informações e, consequentemente, compreende melhor as necessidades em comum de cada uma das áreas da empresa, podendo fornecer análises jurídicas e estratégias mais precisas, auxiliando as demais áreas na tomada de decisões mais assertivas, em consonância com a legislação vigente e com os melhores interesses da organização.

Uma alternativa para se trabalhar com alta concentração de informações é pensar em projetos de gestão do conhecimento e governança da informação, como a criação de uma intranet para o Jurídico, ou apenas uma página do time no site interno da empresa. Dessa forma é possível estruturar uma área com mais autonomia para os clientes internos e menos demandante para o Jurídico enxuto.

O desenvolvimento de soluções inovadoras é possível por meio da colaboração interdisciplinar, permitindo a criação de soluções personalizadas que otimizam os processos e geram valor para a organização. Esses benefícios, aliados a uma melhoria do clima organizacional, promovem um ambiente de trabalho mais colaborativo, produtivo e positivo para todos os colaboradores, reforçando o papel estratégico para o sucesso da empresa.

Assim, a princípio, é crucial definir claramente os objetivos e as prioridades da área, alinhando-os com a estratégia geral da empresa. Isso envolve identificar as principais áreas de atuação do Jurídico e as necessidades específicas de suporte legal de cada estrutura ou área de negócio. Com uma compreensão clara de suas responsabilidades e metas, é possível direcionar melhor os seus recursos.

Além disso, é importante contar com uma equipe jurídica altamente qualificada e multifuncional. Em vez de focar em uma grande equipe de advogados especializados em diferentes áreas do Direito (pense em contratar recursos externos para demandas específicas!), um Jurídico enxuto se beneficia de profissionais versáteis e com habilidades diversificadas. Isso permite maior flexibilidade na abordagem de questões legais complexas e melhor adaptação às mudanças nas demandas legais da empresa.

Outro aspecto-chave na estruturação de um Jurídico enxuto é a adoção de tecnologias e ferramentas digitais adequadas. A automação de processos rotineiros, como preenchimento de formulários padronizados, gerenciamento de documentos e acompanhamento de prazos, não só otimiza as operações como também minimiza erros humanos e garante maior consistência nos procedimentos.

Além disso, os sistemas de gestão jurídica desempenham papel essencial na eficiência e na eficácia do Jurídico, disponibilizando:

1) **O registro de informações:** garante o armazenamento de dados de maneira acessível e segura, facilita o acesso rápido a informações relevantes e ajuda na manutenção de conformidades regulatórias e na mitigação de riscos legais.
2) **A geração de relatórios detalhados:** podem incluir diversas informações sobre o desempenho da área, *status* de casos e processos, o tempo gasto em projetos específicos, entre outros dados relevantes para a organização. Com base nos dados gerados, a liderança pode tomar decisões de forma estratégica e embasada, alocar recursos de maneira mais eficiente e demonstrar o impacto positivo da equipe nas operações e resultados da empresa.

Diante disso, a implementação de sistemas de gestão jurídica pode aumentar significativamente a eficiência operacional da área, reduzindo o tempo gasto em tarefas administrativas e permitindo que os profissionais se concentrem em questões mais estratégicas e de maior valor agregado.

Ainda, a avaliação regular do desempenho e dos resultados da área é essencial para garantir sua eficácia contínua e fazer ajustes conforme necessário. Isso envolve monitorar métricas-chave, como tempo de resposta, taxa de resolução de problemas e satisfação do cliente interno, e realizar avaliações periódicas para identificar áreas de melhoria e oportunidades de otimização.

Por exemplo, ao verificar processos que estão consumindo mais tempo do que o necessário, é possível identificar a necessidade de revisão dos fluxos desse processo. Do mesmo modo, os *feedbacks* de outras áreas podem revelar lacunas na prestação de serviços e pontos que precisam ser aprimorados, viabilizando a discussão da melhor forma de solucionar essas lacunas.

Em resumo, a estruturação enxuta envolve a definição clara de objetivos, a formação de uma equipe qualificada e versátil, o uso adequado de tecnologia, a promoção da colaboração *cross* (entre áreas) e a avaliação regular de desempenho. Ao adotar essas práticas, o Jurídico se torna um parceiro estratégico fundamental para o sucesso e a sustentabilidade da organização.

Dessa forma, considerando o exposto, otimizar recursos e buscar eficiência são requisitos para o sucesso das empresas, e essa realidade tem impacto direto na nossa área, impulsionando a adoção de um modelo enxuto. Ao liberar o Jurídico para se concentrar em atividades que agregam valor à organização, o foco é direcionado para o negócio, potencializando sua competitividade.

Reforçamos que a estruturação de um Jurídico enxuto não se limita apenas à redução de custos, trata-se da implementação de uma abordagem estratégica que impulsione a eficiência, a inovação e a integração com diversas áreas da empresa. Para alcançar a eficiência, é crucial otimizar os fluxos internos, automatizar tarefas repetitivas e compreender as necessidades dos clientes internos, visando encontrar soluções funcionais e adaptáveis.

Essa estrutura não só permite uma gestão mais eficaz dos recursos, como também facilita a gestão da equipe, por se tratar de uma equipe reduzida, e promove o fortalecimento do Jurídico com diversas áreas estratégicas da empresa, uma vez que prioriza uma cultura de proximidade para compreender as necessidades e adaptar soluções aplicáveis. Essa integração não só amplia a eficácia do time, mas também reforça sua posição como um parceiro essencial para o sucesso da organização.

4 A aplicação assertiva das *soft skills* para aprimoramento da performance

Ana Claudia Rebello[1]

Independentemente de quanto conhecimento técnico um profissional possua, certamente esse não será o fator determinante para garantir o seu sucesso em uma organização.

É claro que o conhecimento técnico pode ajudá-lo a desempenhar melhor as suas tarefas, mas a forma como um profissional se comporta no ambiente de trabalho é o que realmente fará diferença para a sua evolução no mundo corporativo.

As organizações já perceberam que os chamados *soft skills* são importantes divisores de água quando se buscam profissionais de alta performance. Performar bem tem relação não somente com a obtenção de bons resultados, mas também com a contribuição para um ambiente de trabalho colaborativo e saudável.

Não faltam estudos para concluir que ambientes saudáveis contribuem para uma maior produtividade do time, e a formação de ambientes saudáveis, por sua vez, depende, fundamentalmente, do comportamento dos colaboradores e líderes.

Por isso, um profissional que não tenha a compreensão exata da importância do seu comportamento, e de como ele pode impactar o seu ambiente de trabalho, pode acabar estagnado na carreira, ainda que esteja muito bem-preparado tecnicamente.

Portanto, se há interesse em se mover mais rapidamente na carreira, é importante entender o que é valorizado pelas organizações, pelos líderes e pelos recrutadores em geral, ou se perderá boas oportunidades profissionais.

Este artigo não pretende exaurir ou esgotar todos os *soft skills* valorizados pelas empresas, mas lançar luz sobre alguns deles, considerados relevantes. A boa notícia é que são todos comportamentos que podem ser desenvolvidos e não dependem do caráter ou de alguma característica inata, estando ao alcance de qualquer pessoa desenvolvê-los.

---

[1] Advogada pela Universidade do Estado do Rio de Janeiro com MBA em Projetos de Negócios do Setor Elétrico pelo IBMEC/RJ. Possui 20 anos de experiência em cargos de alta liderança na área jurídica. Eleita uma das Executivas Jurídicas mais admiradas em 2024 pela *Revista Análise Editorial*. Também é graduada em psicologia, é escritora e mentora de carreira.

CRIATIVIDADE

Quando se fala em criatividade, muitas pessoas pensam se tratar de algo totalmente fora do padrão, que seja disruptivo e muito inovador. E, ao pensar assim, podem julgar que, por sempre terem sido pessoas "normais", e nunca terem criado algo de extraordinário, não se enquadram no conceito de pessoas criativas. Mas, quando se fala em criatividade no ambiente de trabalho, estamos falando de coisas muito simples, que estão ao alcance de qualquer um.

O que se espera de uma pessoa criativa é que ela olhe para as atividades realizadas como se nunca tivessem sido feitas antes. Então, em vez de simplesmente repetir o que sempre foi feito, de forma automática, o profissional analisa qual seria a maneira mais eficaz de alcançar o resultado esperado, "partindo do zero".

Outro caminho pode ser começar questionando se o que vem sendo feito até então para resolver determinado problema continua fazendo sentido e se é realmente um caminho eficaz para alcançar o objetivo pretendido. Criatividade nada mais é do que lançar um olhar novo sobre algo.

Uma excelente ferramenta para estimular a criatividade é fazer perguntas para si mesmo e para os outros, fazer provocações.

É interessante como muitas pessoas fazem algo repetidamente por anos ou décadas a fio apenas porque aprenderam daquela forma, mas, quando começamos a questioná-las por que fazem daquela maneira e não de outra, na maioria das vezes não sabem responder. Talvez isso aconteça porque nunca se questionaram a respeito.

Em regra, as organizações estão dispostas a pagar melhores salários aos colaboradores e líderes que entreguem maior eficiência; e toda eficiência exige, em maior ou menor grau, o exercício da criatividade. Afinal, já há uma máxima popular no sentido de que "não dá para se alcançar um resultado diferente fazendo as coisas sempre da mesma forma!".

Para ser mais eficiente, é preciso rever processos de trabalho, reduzir etapas, cortar custos, em suma: mudar a forma de fazer, fazer diferente. Às vezes, poucos ajustes ou ajustes muito simples podem trazer grande eficiência a um processo ou atividade, tornando-os mais produtivos. Conversar com pares, clientes internos, líderes e subordinados pode ajudar muito no exercício da criatividade. A pessoa criativa é humilde o suficiente para investigar outros pontos de vista, buscar colaboração.

Podem existir pessoas no time que enxergam uma forma diferente de fazer as coisas, mas que nunca se sentiram à vontade ou estimuladas a contribuir. Se apenas forem perguntadas sobre o que elas fariam de diferente diante de um problema antigo, poderão revelar um "tesouro escondido". Quanto mais os colaboradores e líderes se sentirem seguros em contribuir, mais será possível obter respostas úteis para uma solução criativa.

O profissional pode falar com as pessoas em particular ou criar grupos de discussão para analisar um determinado tema. Quanto mais diversificado o time, mais diferentes serão as percepções e maior será a chance de se encontrar uma solução que leve em consideração todos os aspectos do problema identificado.

Por último, mas não menos importante, uma pessoa criativa deve entender que cometer erros faz parte do processo. Grande parte das organizações já percebeu isso e tem apoiado a tolerância a erros no ambiente de trabalho. É claro que os riscos precisam ser calculados, mas não dá para criar um ambiente propício à criatividade em um contexto empresarial conservador e rígido demais.

CURIOSIDADE

A inquietação própria de uma pessoa curiosa pode fazer toda a diferença para o alcance dos resultados de uma organização. O profissional curioso é aquele que não se conforma apenas com as informações que chegam ao seu conhecimento de maneira passiva, mas que busca, de forma voluntária, compreender melhor os aspectos do negócio em que atua.

Esses profissionais vão em busca de informações disponíveis no mercado, investigam dados que possam ser relevantes para o resultado da organização, comparam as informações de sua empresa com as de outras empresas no mesmo setor. Por atuarem assim, conseguem garantir uma vantagem competitiva para a empresa em que trabalham, pois estão sempre um passo à frente das demais em termos de informação e análise desses dados.

Sem dúvida alguma, as empresas valorizam os profissionais curiosos, porque vão além do esperado, se diferenciando dos profissionais conformados que, em vez de buscarem informações, trabalham apenas com o que chega facilmente ao seu conhecimento.

ADAPTABILIDADE

Há uma frase frequentemente atribuída a Darwin, segundo a qual "não é o mais forte que sobrevive, nem o mais inteligente, mas o que melhor se adapta", relacionada à evolução das espécies. Porém, essa é uma realidade perfeitamente aplicável também à vida profissional.

As organizações enfrentam mudanças o tempo todo. Além de mudanças de controle, que são fruto de reestruturações societárias, como fusões e aquisições, as empresas podem passar por alterações na sua estrutura de governança ou na sua forma de gestão, que alterem parcial ou totalmente a maneira de trabalhar. Além disso, as corporações também estão sujeitas a mudanças na sua cultura organizacional, como resultado de um planejamento estratégico empresarial ou de uma pesquisa de clima laboral.

Em todos esses casos, os profissionais que se adaptam rapidamente às novas regras da sua organização são vistos como mais maduros, colaborativos e flexíveis, e levarão vantagem em relação aos demais. Os colaboradores que ficam presos à forma de trabalhar do passado, reiterando as vantagens de manter as práticas antigas, são vistos como travas que podem atrasar ou arruinar a mudança pretendida, principalmente pelo potencial de contaminar o clima laboral como um todo.

Isso não tem relação com o mérito da mudança em si. Não importa se a prática antiga era melhor ou pior do que a nova prática requerida pela organização. Como dito na oração de São Francisco, é preciso ter força para mudar o que pode ser mudado, resignação para aceitar o que não pode ser mudado e sabedoria para distinguir uma coisa da outra.

Portanto, se a sua companhia está avaliando uma determinada mudança e coletando informações para a tomada da decisão, não há nenhum mal em defender a manutenção de uma prática anterior, demonstrando-se as vantagens e os benefícios da sua permanência.

Entretanto, se a organização já tiver decidido mudar a maneira de trabalhar e os profissionais já tiverem recebido instrução clara nesse sentido, não é mais momento de se insurgir contra a mudança. Se a decisão já foi tomada, não há dúvidas de que a organização irá valorizar e recompensar aqueles profissionais que busquem se adaptar mais rapidamente e colaborar com a mudança pretendida.

RESOLUÇÃO DE PROBLEMAS

As empresas se deparam com desafios novos todos os dias, seja por mudança na legislação, no quadro político, na necessidade de cortar custos, eventos climáticos, problemas de gestão/clima laboral, entre outros.

Quando isso acontece, as organizações se apoiam nos profissionais que têm "olhar de dono" e que se envolvem diretamente na solução do problema. Esses profissionais sentem que têm responsabilidade em ajudar a organização a encontrar um caminho para a solução dos obstáculos apresentados. Esse é um comportamento muito valorizado no mundo profissional, talvez um dos mais importantes.

Infelizmente nem todos os colaboradores adotam essa postura. Existe uma massa de pessoas nas organizações que apenas busca fazer suas tarefas cotidianamente, sem tentar compreender o impacto delas na organização ou, ainda, sem ter interesse em descobrir o que poderiam fazer para ajudar a companhia a superar as dificuldades.

É justamente nos momentos de crise que as organizações conseguem diferenciar mais facilmente os colaboradores que se tornam reféns dos problemas, seja por indiferença ou falta de comprometimento, e aqueles que, de forma proativa, se dedicam a superá-los e, portanto, são valiosos para os negócios.

CONCLUSÃO

Assim, se o profissional deseja se destacar no mundo corporativo, e construir uma carreira de sucesso, é muito importante estar atento ao desenvolvimento dos *soft skills* que podem lhe garantir um diferencial competitivo no mercado de trabalho.

Uma das formas de identificar as habilidades que precisam ser trabalhadas é buscar um *feedback* genuíno 360º, ou seja, perguntar e estar pronto para ouvir – com honestidade – seus superiores, pares, clientes internos e colaboradores, sobre seus pontos fortes e a melhorar.

A partir daí, o profissional deve trabalhar para aprimorar essas habilidades e comportamentos, visando não apenas desenvolver sua carreira, mas também contribuir de maneira diferenciada para o futuro da organização em que atua.

5
Suporte ou líder de negócio?

Andreia Marcelino[1]

Uma pergunta que ouço constantemente de colegas, sobretudo em início de carreira e mentorados que advogam ou querem advogar em empresas (o denominado advogado *in-house*), é: devemos dar suporte ou ser um líder de negócio nas empresas?

Essa é, com certeza, uma pergunta difícil e complexa, e, para respondê-la, precisamos antes realizar um *overview*, voltando ao tempo em que as empresas começaram a ter os advogados *in-house*[2] de maneira mais usual.

Estamos falando do início dos anos 1980, quando empresas começaram a perceber que muitos temas que levavam para os escritórios de advocacia não eram resolvidos pelos sócios, mas sim por advogados mais juniores, sendo que o advogado sênior e o sócio eram pagos por hora. Nessas situações, percebeu-se que muitos advogados estavam descontentes pela dificuldade de se tornarem sócios de uma grande banca, então, ao final dos anos 1980, já se observava um número mais significativo de advogados trabalhando *in-house*, especialmente em empresas de grande porte.

Nesse período, era bem comum que o advogado e/ou a área jurídica ficassem na diretoria financeira. Os advogados *in-house* basicamente faziam pareceres e revisavam petições, e o valor agregado era que, como entendiam um pouco sobre o negócio, respondiam mais rápido que um escritório de advocacia e com custo inferior.

Nos anos 1990, começa a ser cada dia mais comum a existência de um diretor jurídico, passando essa área a ter mais voz nas empresas. O Jurídico passa a ser realmente visto como uma área essencial de suporte ao negócio, e as lideranças das empresas começam a pedir suporte aos advogados *in-house* e a entender a relevância do seu conhecimento jurídico agregado ao conhecimento do *business*.

---

[1] Advogada com 24 anos de carreira *in-house* em grandes empresas, especialista em Direito do Consumidor e Direito Contratual. Entusiasta das inovações jurídicas, apaixonada por tornar a linguagem jurídica mais simples e por gerir gente.

[2] As informações desse *overview* têm origem na minha vivência e em histórias que ouvi nos meus quase 25 anos de advocacia *in-house*.

Meu ingresso no mercado dos jurídicos *in-house* se deu no final do século passado. Eu era uma advogada júnior que emitia pareceres sobre riscos jurídicos e geria uma grande carteira de processos, e as gerentes jurídicas reportavam para o diretor financeiro.

Certo dia, acompanhei minha gerente em uma reunião de *board* para falar sobre um tema de *leasing* e o aumento da cotação do dólar. Nosso parecer falava que a opção trazida pelo negócio tinha um alto risco jurídico. Iniciada a reunião, um dos diretores perguntou: "Se o que queremos executar tem alto risco, o que podemos fazer para que o risco seja menor?". Eles nos deram 30 minutos para pensar. Voltamos com três opções, todas de risco médio.

Após apresentarmos as três opções, o GM (*General Manager*) perguntou para a minha gerente: "Qual devemos seguir?". Então minha gerente respondeu: "Eu recomendo...". Porém, antes que ela terminasse, o GM a cortou e disse: "Você é uma executiva desta empresa, recebe PLR como todos nesta mesa, com base nos objetivos e resultados, precisa escolher uma das opções".

Ela escolheu uma das nossas recomendações e, ao justificar, o diretor financeiro lembrou que essa opção teria impacto em um dos compromissos financeiros da organização. Então, ela escolheu outra opção e, nesse momento, o diretor comercial lembrou que, naquela hipótese, iríamos para uma situação semelhante a um caso que havia gerado repercussão reputacional ruim para a empresa. Por fim, concluiu-se que a terceira opção era um risco mais alinhado às metas, aos objetivos e à visão da empresa... E assim seguimos.

Esse dia foi um divisor de águas na minha carreira, pois entendi que, para ser um advogado *in-house*, não basta ter conhecimento jurídico, é necessário ter conhecimentos financeiros (não dá para ir a uma reunião, ouvir sobre ROI, ROE, *net sales* e achar que é outra língua) e entender de contabilidade (advogados gestores de processos devem conhecer a CPC-25 e ter na ponta da língua regras de provisão). Além disso, não tem como falar dos riscos jurídicos de uma fábrica sem conhecer o seu funcionamento, sem realizar visitas periódicas, é necessário saber as peculiaridades dos seus produtos e/ou serviços, conhecer quem são seus maiores concorrentes e como eles atuam. Para entender o negócio, também é preciso saber sobre os custos e a margem de lucro dos produtos, quais os objetivos e planos de crescimento da empresa e qual é sua missão. Sem essas informações, não há diferencial; sem diferencial, não há por que o negócio buscar o Jurídico para a tomada de decisões.

Aqui, é importante destacar que não estou falando que o advogado deve ter *expertise* financeira, contábil, mas sim que ele precisa ter noções básicas, precisa entender quais são as engrenagens do negócio. E vale ressaltar que essas não são habilidades para o advogado *in-house* ser um líder de negócio, essas habilidades são essenciais para que tanto o advogado *in-house* quanto a área jurídica da empresa sejam vistos como um suporte indispensável ao negócio. Somente um corpo jurídico preparado, com um olhar amplo e sem juridiquês, poderá ser o que o mercado denomina de *business partner*.

Em outra empresa, agora em um momento com mais experiência e responsabilidade, eu acreditava que estava tudo bem com nosso principal cliente interno, que não tínhamos problemas. Essa área tinha um novo diretor, um expatriado que estava conosco fazia seis meses, e não consegui agendar um *onbording*³. Na correria, isso pareceu irrelevante, até porque essa área sempre nos consultava e percebia o Jurídico como um conselheiro. Ocorreu, então, que diversas ações (de valores consideráveis) começaram a chegar. Ao apurar a razão de tais ações, descobrimos que ocorreu a tomada de decisões sem consultar previamente o Jurídico. Quando consegui entender o ocorrido, descobri que as decisões haviam sido tomadas pelo novo diretor, e quando lhe perguntei por que não buscaram o Jurídico preventivamente, a resposta foi: "Minha experiência com advogados sempre foi péssima, vocês falam outra língua, demoram, não trazem soluções". Portanto, ao optar por não fazer o *onbording*, não percebi que não tinha conquistado um dos meus principais clientes internos, e, assim, ele não só não procurou o Jurídico, como convenceu seu time, que já estava conosco fazia tempo, de que não havia necessidade de inserir o Jurídico no projeto. O resultado foi desastroso, com tomada de decisões arriscadas, que geraram muito prejuízo para a empresa.

Naquele momento, eu descobri que o advogado *in-house* precisa ser *business partner*. O *business partner*, além de ter conhecimento jurídico (imprescindível), conhece e fala a língua do negócio, tem conhecimento do mercado financeiro, de política e, sobretudo, de temas ligados à empresa (missão, objetivos etc.). Além disso, possui *soft skills* e trabalha constantemente para conquistar seus clientes internos. Ele tem como missão demonstrar que o Jurídico é parte essencial da engrenagem para que a empresa possa fazer negócios sustentáveis a longo prazo.

Se você está se perguntando se o *business partner* não seria um líder de negócio, entendo que, em um primeiro momento, o *business partner* é aquele que contribui para formar estratégias e viabilizar negócios. Uma área jurídica ou um advogado dificilmente será um líder de negócio se não for um *business partner,* porém, a depender do contexto, ele pode ser um *business partner* e não ser um líder de negócio.

A figura do advogado *business partner* é essencial nas empresas, pois ele é detentor de conhecimento técnico-jurídico, de conhecimento estratégico do negócio, de conhecimento da cultura corporativa e está atrelado ao dia a dia do negócio, tudo isso com *soft skills*⁴.

Quando um Jurídico tem seus advogados efetivamente como *business partners,* naturalmente o negócio sentirá confiança em suas recomendações e, como consequência, passará a ver a área como conselheira.

Aqui, é importante observar que o objetivo do advogado *in-house* e/ou do time jurídico não é que o negócio adote opção que implique em menos riscos. O objetivo é aconselhar, e trazer fatos e evidências que permitam que os riscos sejam conhecidos, mapeados e assumidos com clareza, pois assumir risco faz parte do negócio. E quanto de risco se irá correr no caso concreto depende do apetite e do momento da empresa, e até da economia do país, por isso, para trazer riscos e mitigações coerentes, é fundamental que o advogado *in-house* conheça de finanças, de política e do negócio. Quanto mais fortalecido como *business partner*,

---

³ Reunião de integração e adaptação de novos colaboradores nas organizações.
⁴ Para maiores detalhes sobre *soft skills*, consultar: FIA. *Soft skills: o que são, tipos principais e como desenvolver*. 1-4-2024. Disponível em: https://fia.com.br/blog/soft-skills/.

mais conselheiro ele será, e de forma natural se tornará um líder de negócio, tomando decisões estratégicas e auxiliando os demais membros do *board* na tomada de decisões.

O que observo é que a área jurídica, muitas vezes, passa por um processo de fortalecimento na empresa: inicia como uma área de suporte, passa a ser um *business partner*, consolidando-se em um conselheiro, que, por fim, se torna um líder de negócio. Um ponto importante que merece destaque é que esse processo é cíclico; cada vez que ocorre uma mudança no *board*, a área jurídica precisa realizar esse processo novamente. É e claro que, quando há mudança na gestão do Jurídico, esse processo também precisa ser retomado.

No caso concreto, a estrutura da empresa também impacta em ser líder de negócio, área de suporte. Se a empresa possui um CLO (*Chief Legal Officer*)⁵, este, naturalmente, é um *C-Level* e, portanto, um líder de negócio. Nesse caso, quando um novo advogado ingressa, ele necessariamente já precisa ter o perfil de conselheiro. Em empresas com CLO, se os gerentes e, sobretudo, os diretores jurídicos não conseguem fazer um papel de conselheiro, o CLO pode muitas vezes ser uma cadeira sem voz na mesa do *board*.

Já em empresas nas quais há um *General Counsel* ou um diretor jurídico, este pode ou não ter uma cadeira no *board* de executivos da organização. Caso não tenha, para obtê-la, a área necessita passar pelo processo de área de suporte a conselheiro do negócio, para então o *General Counsel* ou Diretor Jurídico se tornar um líder de negócio.

Portanto, podemos concluir que o Jurídico necessariamente precisa ser uma área de suporte para garantir que a empresa faça negócios sustentáveis a longo prazo. Suporte, nesse caso, de maneira macro, sendo um verdadeiro *business partner*, ou seja, precisa conhecer o negócio, seus objetivos, desafios financeiros, econômicos, políticos, sociais, precisa falar a linguagem do negócio, trazer não só a análise de risco como também caminhos a serem trilhados, sempre visando a realização de negócios sustentáveis a longo prazo. Além disso, deve ter *soft skills* para entender seus clientes internos, cativá-los, trazê-los para o mesmo caminho. E que a organização perceba o Jurídico como parte essencial da engrenagem da empresa, incluindo-o nos projetos de novos produtos, serviços, inovações, e, com isso, consolidando, de forma natural e orgânica, os gestores jurídicos, que passam a ser líderes de negócio.

Por fim, outro ponto relevante é que o Jurídico precisa participar das inovações, de novos produtos/serviços, de mudanças estratégicas desde o início. O que percebo é que, muitas vezes, mesmo sendo o Jurídico um líder de negócio, isso não ocorre. Essa participação é fundamental e, para estar presente, é preciso usar muito de seus *soft skills*, é essencial sempre ter alguém do Jurídico participando desde o começo dos projetos, na reunião de *kick off*.

Esse é um ponto de muita atenção, o qual vejo muitos líderes deixando de lado, pois, com equipes reduzidas e muitas atividades, fica realmente difícil estar sempre presente. Aqui,

---

[5] Para saber a diferença entre CLO e *General Counsel*, vide MORGAN PHILIPS GROUP. *Chief Legal Officer vs. General Counsel*. Disponível em: https://www.morganphilips.com/en/insights/chief-legal-officer-vs-general-counsel#:~:text=CLOs%20typically%20shoulder%20a%20more,business%20development%20and%20corporate%20activities.

deixo como recomendação que, se não for possível ter alguém do Jurídico em todas as reuniões de novos projetos, que se entenda quais são os projetos mais relevantes para a empresa e, nestes, não se abra mão de ter alguém, ainda que seja só um ouvinte, pois o Jurídico precisa estar presente (priorização). Além disso, explique para a sua equipe a importância de estar presente nessa reunião, para que o Jurídico realmente seja parceiro de negócios.

O caminho de suporte a líder de negócio é árduo, cíclico, ou seja, necessita de cuidados constantes, mas é extremamente gratificante ser um Jurídico com voz, relevância e influência na empresa, um verdadeiro líder de negócio.

REFERÊNCIAS

FIA. *Soft skills: o que são, tipos principais e como desenvolver.* 1-4-2024. Disponível em: https://fia.com.br/blog/soft-skills/. Acesso em: 13 maio 2024.

MORGAN PHILIPS GROUP. *Chief Legal Officer vs. General Counsel.* Disponível em: https://www.morganphilips.com/en/insights/chief-legal-officer-vs-general-counsel#:~:text=CLOs%20typically%20shoulder%20a%20more,business%20development%20and%20corporate%20activities. Acesso em: 13 maio 2024.

6   O Jurídico como viabilizador de negócio: principais desafios

Isabella Vilhena[1]
Marina Araújo[2]

Na era digital, da inteligência artificial, do ChatGPT, da jurimetria e de tantas outras incríveis ferramentas, nos questionamos quais são e/ou serão os principais desafios do Jurídico ("o temido Jurídico") dentro das estruturas corporativas.

Nos tópicos a seguir, listamos três desafios que nos pareceram (depois de horas de debate e alguma vivência corporativa) os mais relevantes. E o mais interessante de se notar é que todos os desafios aqui listados não envolvem, estritamente, o conhecimento técnico-jurídico ou seu aprimoramento, mas habilidades interpessoais e – as famosas – *soft skills*.

DESAFIO #01 – MUDANÇA DE *MINDSET*

Até poucos anos atrás, os times jurídicos de qualquer empresa, das maiores às menores, eram vistos com certo temor. O "Jurídico" costumava ser o *player* que dizia se era possível ou não realizar determinado projeto, emitir pareceres, vetar ideias. Era consultado somente quando o problema já existia. Esse papel era relativamente confortável para o advogado corporativo, responsável por chancelar ou barrar o que vinha de outras áreas: ideias, contratos, projetos. Há cerca de mais ou menos dez anos, os advogados corporativos passaram a ser cobrados por resultados. Passamos a ser questionados por conhecer e aplicar novas tecnologias – e aí, então, surgem os profissionais de *Legal Operations*, advogados ou não, que buscam otimizar o trabalho do Jurídico, utilizando inteligências artificiais para análises preditivas, mineração de dados, entre outras ferramentas tecnológicas que tornaram o modelo tradicional de "Jurídico" um tanto obsoleto (ainda bem!).

Por mais eficiência e inovação que a tecnologia traga para o Jurídico, sua utilização ainda enfrenta certas barreiras. Em muitas empresas, o orçamento é a principal delas. Em

---

[1] Mãe da Marina. Advogada. Mestre (LL.M) em Direito Aeronáutico e Espacial pela McGill University. Especialista em Contratos e Direito Empresarial. Atualmente, Gerente Jurídica da LATAM Airlines Brasil.

[2] Mãe do João Gabriel e da Maria Eduarda. Advogada. Pós-graduada em Gestão de Negócios pela Fundação Dom Cabral (Programa de Especialização em Gestão). Especialista em Direito Minerário e Empresarial. Atualmente, Gerente Jurídica da Kinross Brasil Mineração S.A.

tantas outras, há uma resistência dos próprios advogados corporativos em conhecer e utilizar novas tecnologias – pouco se fala, mas muitos profissionais possuem uma insegurança evidente relacionada ao uso de TI: o medo de serem substituídos pelas máquinas. A verdade é que a inteligência artificial, por mais avançada que seja, possui limitações, e que toda a experiência adquirida por um bom profissional humano em anos de prática não é reproduzida pela tecnologia em sua integridade. É preciso que os advogados corporativos deixem os receios de lado e entendam que não serão substituídos por máquinas, mas por outros advogados que saibam utilizá-las bem. Esse é o futuro.

Portanto, o primeiro desafio para que o Jurídico possa, efetivamente, ser viabilizador e parceiro do negócio é a **mudança de mentalidade**. Tal mudança tem que ocorrer individualmente, mas também a nível de gestão.

Individualmente, cabe aos advogados corporativos conhecer e dominar as novas tecnologias, assim como difundi-las. Ferramentas de gestão de contratos não substituem advogados que conhecem o dia a dia da empresa, que possuem o histórico de suas operações; elas apenas otimizam o tempo desses advogados e sua interface com as áreas solicitantes de contratos, permitindo que o profissional da área jurídica possa se dedicar às atividades verdadeiramente intelectuais e pessoais, fazer mais em menos tempo. Este é o principal objetivo de investir em inovação e tecnologia: ganho em eficiência, sem substituição profissionais competentes por *softwares*.

Coletivamente (ou corporativamente), há que se vencer a barreira do orçamento. A alta gestão das empresas precisa levar em consideração que é necessário investir em tecnologia e inovação para o Jurídico. Há uma famosa frase de Edwards Deming, consultor norte-americano, que diz: "Em Deus, nós confiamos. Todos os outros tragam dados"[3]. Dados são fundamentais para atestar a quantidade e garantir a qualidade dos trabalhos que vêm sendo realizados, inclusive, pelo Jurídico corporativo. Por exemplo: saber quantos contratos o seu time recebe é uma métrica relevante, que permite identificar momentos de pico de solicitações e preparar a equipe adequadamente para a alta demanda. Investir em ferramentas que propiciem métricas torna a operação mais eficiente, qualquer que seja a área envolvida.

Além das questões envolvendo tecnologia, o advogado corporativo tradicional vem tendo que se adaptar a uma nova realidade (e nem tão nova assim): a do Jurídico como parceiro do negócio. O modelo antigo de "chancelar ou vetar" não é mais o que se espera do advogado *in-house*. É preciso conhecer o negócio principal da empresa, todas as suas vertentes e, mais do que isso, empenhar-se em trazer soluções quando uma ideia ou projeto não puderem ser executados ou apresentarem riscos demais. É preciso, portanto, trazer soluções.

Evidentemente, o trabalho consultivo do Jurídico tem como escopo apontar riscos, e isso não deve deixar de ser feito. O que se advoga aqui é pela proatividade do advogado corporativo: apontar riscos é essencial, mas sugerir soluções e possibilidades também o é – e

---

[3] Original, em inglês: "In God, we trust. All others bring data".

mesmo em situações extremas há possibilidades. Em um cenário, por exemplo, no qual determinado fornecedor deseja retirar a cláusula de multa de descumprimento em um contrato de prestação de serviços por considerá-la "muito onerosa", pode-se considerar que uma multa menor é compatível com o serviço que seria prestado, ou, em último caso, considerar trocar o fornecedor, já que essa cláusula é bastante relevante no sentido de trazer segurança jurídica para a contratação e a realização do serviço.

O que trazemos acima é a figura do advogado corporativo como *business partner* – em tradução literal, o Jurídico como parceiro do negócio. Ser um *business partner* exige *soft skills* um pouco diferentes daquelas do advogado tradicional, empenhado em confrontar e defender um determinado ponto de vista. Exige compreender diversos pontos de vista, propor soluções, viabilizar com segurança em vez de meramente confrontar. Exige, ainda, que pensemos, repensemos e estejamos abertos ao novo, a mudar de opinião, a aceitar a inovação como algo que irá nos beneficiar, e não nos substituir.

Em seu livro *Pense de Novo*, Adam Grant[4] diz que:

> Somos ágeis em reconhecer quando os outros precisam rever seus conceitos e questionamos a capacidade de julgamento de especialistas sempre que buscamos uma segunda opinião sobre um diagnóstico médico. Infelizmente, porém, quando se trata do que nós mesmos sabemos e pensamos, preferimos *sentir* que estamos certos a *estar* de fato certos. No dia a dia, fazemos vários diagnósticos, que vão desde quem devemos contratar a quem devemos nos casar. Precisamos desenvolver o hábito de formar a nossa própria "segunda opinião".

"Formar a nossa própria segunda opinião" implica na mudança de mentalidade pela qual advogamos aqui. O advogado *in-house* não pode mais se contentar em ser apenas aquele que veta ou aprova, mas aquele que pensa, repensa, quantas vezes forem necessárias, para que o negócio se concretize da maneira mais segura para a empresa.

DESAFIO #02 – O PARCEIRO ESTRATÉGICO – MENOS JURIDIQUÊS E MAIS PARCERIA

Em um cenário empresarial cada vez mais complexo, dinâmico (não se pode esquecer do contexto VUCA[5], já evoluído para BANI[6]) e regulamentado, o Jurídico desempenha papel

---

[4] GRANT, Adam. *Pense de novo*. Rio de Janeiro: Sextante, 2021. p. 25.
[5] VUCA – acrônimo para volatilidade, incerteza, ambiguidade e complexidade (BENNETT, Nate; LEMOINE, G. James. What VUCA Really Means for You. *Harvard Business Review*, jan.-fev. 2014. Disponível em: https://hbr.org/2014/01/what-vuca-really-means-for-you?language=pt).
[6] BANI – acrônimo para fragilidade, ansiedade, não linearidade e incompreensibilidade (KRAAIJENBRINK, Jeroen. What BANI Really Means (and How It Corrects Your World Review). *Forbes*, 22 jun. 2022. Disponível em: https://www.forbes.com/sites/jeroenkraaijenbrink/2022/06/22/what-bani-really-means-and-how-it-corrects-your-world-view/?sh=5fb371e411bb). Para maiores definições, consulte: https://www.vuca-world.org/vuca-bani-rupt-tuna/.

crucial na mitigação de riscos e no sucesso do negócio. Cada vez mais, somos exigidos em dinamicidade e agilidade, e buscamos nos posicionar como um parceiro – realmente – estratégico de negócios, participantes ativos das tomadas de decisões, "traduzindo" o juridiquês e permitindo a completa compreensão da informação (sejam números, figuras, gráficos, mapas, entre outros). Ficou para trás a figura do advogado trancado e fechado em uma sala, preocupado apenas em elaborar defesas, contestações, acompanhar processos.

Para alcançar isso, é essencial que os advogados não apenas compreendam as nuances legais, mas também tenham uma visão abrangente dos objetivos e desafios enfrentados pela empresa e seu negócio, bem como conheçam o mercado no qual está inserido.

Isso implica uma colaboração estreita com outras áreas, desde o desenvolvimento de produtos até o marketing e as operações, a fim de identificar proativa e antecipadamente possíveis obstáculos legais e encontrar soluções que impulsionem o crescimento do negócio, bem como a viabilização dele.

Uma parceria eficaz entre o Jurídico e a operação/negócio permite que inúmeras e melhores oportunidades e soluções sejam criadas, antecipando riscos e obstáculos, bem como a decisão de mitigá-los ou evitá-los. Isso significa que os advogados não estão lá apenas para dizer "não" ou para impedir iniciativas arriscadas, mas também para oferecer orientação estratégica – de forma tão completa e precisa – que permita à empresa avançar com confiança, ainda que isso implique em assunção de calculados e determinados riscos. Essa mentalidade proativa não apenas reduz os custos associados a litígios e multas como também agrega (e como agrega) valor ao negócio, ajudando a identificar oportunidades de crescimento e expansão em conformidade com as regulamentações pertinentes.

Além disso, a integração do Jurídico nos processos de tomada de decisão, desmistificando o juridiquês e auxiliando executivos na compreensão e na quantificação do risco, desde o início dos projetos, evita atrasos e obstáculos, que poderiam surgir mais tarde. Isso inclui, por exemplo, revisão de contratos, aconselhamento sobre questões de propriedade intelectual, orientação quanto a processos e procedimentos (antevendo possíveis "gargalos"), análise de riscos em transações comerciais e a garantia de conformidade com regulamentações específicas da indústria. Ao trabalhar em estreita colaboração com outras áreas da empresa e adequar a resposta ao público-alvo (quase como a área de marketing), os advogados, sem dúvida, alinham orientações legais aos objetivos comerciais da corporação, garantindo a perpetuação e o crescimento do negócio.

DESAFIO #03 – O AMIGO – POR VEZES, CONFIDENTE – SINCERO

É claro que para uma parceria ser, de fato, estratégica – como exaltamos anteriormente –, é preciso que haja (muita) confiança. Confiança de mão dupla.

Empresas, seus executivos e dirigentes buscam – e deveriam cada vez mais – confiar em seus Jurídicos, confidenciando a eles (nós) a realidade e a integralidade dos fatos, por mais duras que sejam.

Não se deve ver o Jurídico como uma entidade julgadora, distante e reativa, chamada apenas em tempos de crise e que defere julgamentos aos outros, determinando culpabilidade. O Jurídico deve, e advogamos nesse sentido, ser reconhecido como confidente, a quem se pode tudo contar, mas que lhe falará o que precisa ser dito – doa a quem doer. Popularmente falando (sem qualquer juridiquês), seria aquele grande amigo que lhe quer bem, fala verdades e oferece orientação franca e honesta, mesmo quando as notícias são difíceis de digerir. Tal posicionamento não significa que entendemos o advogado interno, por mais parceiro do negócio que seja, como aquele que sempre aquiesce e cede às vontades e aos desejos dos executivos, da operação/negócio. O "não" deve ser dito quantas vezes forem necessárias – mais uma vez, doa a quem doer.

Na constante busca por resultados (deveras imediato), é a voz do Jurídico que soa como o lembrete necessário da realidade. E, precisamente, é essa dose de realismo e objetividade que protege empresas e executivos, garantindo a sustentabilidade do negócio.

O Jurídico é (ou deveria ser) aquele a quem tudo se confia e entrega, sem rodeios, segredos ou meias-verdades. Como baluarte da integridade, da ética e da conformidade, cabe a nós, advogados internos, ouvir, analisar, recomendar e orientar, sem qualquer julgamento, almejando sempre a perenidade da empresa e do negócio.

Ter, portanto, o Jurídico como o amigo que fala verdades não é apenas uma escolha sensata, mas uma necessidade vital em um contexto empresarial, econômico e social (VUCA ou BANI que o digam) cada vez mais desafiador. Sua orientação, seu direcionamento ou seu conselho pode não ser o que se quer ouvir ou o mais fácil, mas é, com certeza, o que se precisa para garantir a prosperidade com integridade e confiança no futuro.

Afinal, entendemos que o Jurídico deve andar lado a lado com o negócio, buscando sempre ajudar a pavimentar a estrada! Por aqui, defenderemos que o time jurídico seja sempre lembrado como "o querido Jurídico".

REFERÊNCIAS

BENNETT, Nate; LEMOINE, G. James. What VUCA Really Means for You. *Harvard Business Review*, jan.-fev. 2014. Disponível em: https://hbr.org/2014/01/what-vuca-really-means-for-you?language=pt. Acesso em: 13 maio 2024.

GLAESER, Waltraud. VUCA, BANI, RUPT or TUNA. *VUCA-World*. Disponível em: https://www.vuca-world.org/vuca-bani-rupt-tuna/. Acesso em: 13 maio 2024.

GRANT, Adam. *Pense de novo*. Rio de Janeiro: Sextante, 2021.

KRAAIJENBRINK, Jeroen. What BANI Really Means (and How It Corrects Your World Review). *Forbes*, 22 jun. 2022. Disponível em: https://www.forbes.com/sites/jeroenkraaijenbrink/2022/06/22/what-bani-really-means-and-how-it-corrects-your-world-view/?sh=5fb371e411bb. Acesso em: 13 maio 2024.

7

Legal Experience: UX e jornada do cliente interno

Aline Fuke Fachinetti[1]
Lara Rocha Garcia Gonçalves[2]

A *User Experience* (UX)[3], desde sua concepção pelo pioneiro Don Norman, enquanto atuava na Apple ao final dos anos 1990, transformou fundamentalmente a forma como interagimos com produtos e serviços. Em sua obra *O Design do Dia a Dia*, Norman defendia uma abordagem de *design* centrada no usuário, ressaltando a importância de criar produtos não apenas funcionais, mas verdadeiramente intuitivos e agradáveis[4]. Esse princípio revolucionário ultrapassou as fronteiras do *design* de produto, influenciando campos diversos, como o marketing, a arquitetura e o atendimento ao cliente.

No mundo dos negócios, a UX tornou-se um diferencial competitivo. Corporações de todos os portes passaram a investir em UX para garantir que a experiência do usuário seja continuamente positiva, desde a pesquisa até o pós-compra. E essa ênfase na experiência dos usuários tem sido um motor para inovações e tem redefinido as expectativas do consumidor em diversos setores.

---

[1] Gerente de Proteção de Dados Pessoais na Edenred, Região Américas. LL.M em Innovation, Technology and the Law na University of Edinburgh como Chevening Alumni. Especialista em Direito Empresarial pela FGV Direito SP. Bacharel em Direito pela PUC-SP. Cofundadora e Diretora da Associação Juventude Privada. 40 under 40 pelo Global Data Review e Fellow of Information Privacy pela IAPP. IAPP Women Leading Privacy Section Leader e ex-membro do conselho consultivo da IAPP Women Leading Privacy Board. CAIDP Research Group Member. Vice-presidente da Comissão de Direito Digital e *Compliance* da 17ª subseção da OAB/SP. Certificada como DPO/BR, Privacy Manager (CIPM), Privacy Professional (CIPP/E) e Google Project Management. Curso Executivo de Gestão e Inovação em Projetos na ISCTE Lisboa e de Privacy Law and Policy na University of Amsterdam.

[2] Data Protection Officer na Edenred Brasil. Doutora e Mestre em Direito Político e Econômico pela Universidade Presbiteriana Mackenzie, com foco em Inovação, Saúde, Proteção de Dados e Inteligência Artificial. Visiting Scholar pela Columbia Law School (EUA). Especialista em Inovação e Empreendedorismo pela Stanford Graduate School of Business (EUA). Professora e Advogada de Direito Digital, Inovação, *Compliance* e Proteção de Dados. Foi Gerente de Inovação no Hospital Israelita Albert Einstein e liderou a área de produtos do dr.consulta.

[3] Em tradução livre, "Experiência do Usuário".

[4] NORMAN, Donald. *O design do dia a dia*. Rio de Janeiro: Rocco, 2006.

Com sua influência em constante expansão, a UX está redefinindo o que significa criar não apenas produtos, mas também experiências e soluções mais significativas e cativantes. Esse impacto se estende para além das fronteiras tradicionais, atingindo setores, áreas e organizações que, por muito tempo, foram marcados pela rigidez e pela burocracia.

No universo jurídico, essa transformação é especialmente relevante. A tradicional percepção de burocracia no Direito muitas vezes cria uma desconexão entre profissionais jurídicos e seus clientes, erguendo barreiras invisíveis que comprometem a eficácia e a satisfação de ambas as partes[5]. Ao adotar os princípios de UX, podemos derrubar esses muros, aproximando o Direito dos que necessitam dele. A implementação de uma experiência centrada no usuário promete não apenas melhorar a eficiência dos serviços jurídicos, mas também transformar a interação entre profissionais e clientes, tornando-a mais humana, compreensível e, acima de tudo, eficiente.

A redefinição do papel do Jurídico, ao adotar práticas centradas no usuário, traz benefícios que transcendem a mera satisfação do cliente. Nas áreas internas, essa mudança eleva a percepção do Jurídico, destacando-o como elemento estratégico e essencial no negócio. Ele vai além das funções tradicionais de conformidade e mitigação de riscos, emergindo como um catalisador de inovação e crescimento empresarial. Tal transformação reflete tendências observadas em setores como financeiro e tecnológico, em que a digitalização tem redefinido o papel dessas áreas como geradoras ativas de valor[6]. Alinhando-se com os objetivos e as experiências do cliente, o Jurídico torna-se um parceiro vital na jornada empresarial, não apenas impulsionando a eficiência operacional, mas também atuando como protagonista na inovação estratégica.

Para prestadores externos de serviços jurídicos e escritórios de advocacia, essa evolução abre uma janela de oportunidades para se destacarem no mercado. Integrando a filosofia de UX em suas operações, eles se estabelecem como consultores estratégicos, preocupados mais em resolver problemas reais, o que faz com que agreguem valor real aos negócios de seus clientes. Essa abordagem promove relações mais profundas e duradouras, posicionando esses profissionais como colaboradores na formulação e na execução de estratégias de negócios.

Essa jornada rumo a uma experiência jurídica ou *Legal Experience* (LX) mais humanizada e centrada no usuário também impulsiona uma transformação prática dentro das operações jurídicas. É nesse cenário que o campo de *Legal Ops* emerge como um catalisador vital para a reinvenção do Jurídico. Assim, inspirando-se tanto na filosofia da UX como nas competências de *Legal Ops*, os profissionais que interagem com o Direito têm a oportunidade de, finalmente, transcender o papel tradicional de executores de tarefas burocráticas,

---

[5] TOCCI, Guilherme; SAMICO, Paulo. *Legal Experience*: o UX que pauta a jornada do cliente interno no jurídico. JOTA. Disponível em: https://www.jota.info/opiniao-e-analise/artigos/legal-experience-o-ux-que-pauta-a-jornada-do-cliente-interno-no-juridico-29042023. Acesso em: 26 jan. 2024.

[6] STRIKWERDA, Johannes. Shared Service Centers: From Cost Savings to New Ways of Value Creation and Business Administration. *Shared Services as a New Organizational Form (Advanced Series in Management)*, Emerald Group Publishing Limited, Leeds, v. 13, p. 1-15, 2014. Disponível em: https://doi.org/10.1108/S1877-636120140000013000.

Eixo I – Pessoas: Estruturas organizacionais

assumindo um novo papel como facilitadores e criadores de experiências jurídicas significativas, acessíveis e alinhadas com as dinâmicas contemporâneas. Para além das fronteiras corporativas, ao adotarem uma abordagem mais inovadora, positiva e inclusiva, os profissionais do Direito podem fomentar sua democratização, promover o acesso à justiça, quebrar barreiras e desfazer preconceitos ligados ao universo jurídico, fortalecendo uma interação mais próxima e transparente entre cidadãos e o sistema legal.

É nesse contexto que entendemos que podemos – e devemos – aplicar técnicas de UX na forma como lidamos com o Direito em todas as suas camadas. Diante disso, fazemos um convite para cada vez mais explorarmos essas duas vertentes – UX e atendimento jurídico –, seja por profissionais inseridos no ambiente corporativo com seus clientes internos, seja por prestadores de serviço e escritórios. Propondo uma visão inovadora e integrada, buscamos estabelecer novos padrões e práticas que reflitam uma compreensão mais profunda das necessidades e expectativas dos nossos clientes, sejam internos ou externos, e, por extensão, contribuir para o avanço do setor jurídico como um todo e daqueles que com o Jurídico interagem.

Para efetivamente implementar a *Legal Experience*, nossas experiências mostram cinco possíveis passos estratégicos a serem aplicados, moldáveis às características de cada organização ou área:

1) **Autoanálise ("conheça-te a ti mesmo"):** realize uma análise aprofundada de sua área ou organização, avaliando forças, fraquezas e percepções internas e externas. Inclua pesquisas de satisfação e entrevistas com clientes para um entendimento completo.

2) **Mapeamento da jornada ("odisseia" do cliente):** documente a jornada do cliente, detalhando cada etapa e emoção vivenciada. Esse processo começa com empatia, elemento essencial no *design*, que nos permite mergulhar profundamente nas necessidades e perspectivas de quem recebe nossos serviços e nossas entregas. Utilize técnicas de *design*, como a criação de *personas*, para uma análise mais aplicada.

3) **Plano de ação (estratégia):** elabore uma estratégia jurídica que seja tanto flexível quanto adaptável, com o objetivo de simplificar, aprimorar e clarificar os serviços jurídicos. Para isso, estabeleça metas específicas e trace táticas pragmáticas para alcançá-las, incorporando *benchmarks* regulares para monitorar e guiar o progresso. Esse plano deve enfatizar a importância da clareza e da simplicidade na interação com clientes e na apresentação de informações legais. Inspirado na obra de Daniel Kahneman sobre tomada de decisão, integre esses princípios de clareza e simplicidade no cerne da *User Experience* em serviços jurídicos. Essa abordagem não apenas melhora a acessibilidade e a compreensão dos clientes, mas também promove uma tomada de decisão mais informada e confiante, alinhando-se com as melhores práticas de UX para criar uma experiência jurídica mais intuitiva e envolvente. Um ponto importante ao elaborar um plano de ação estratégico para a implementação da *Legal Experience* é definir não apenas o que deve ser feito, mas também aquilo que não deve ou não precisa ser feito. Relembramos a célebre frase "ter foco é dizer 'NÃO'" ou o ditado que diz que o sucesso está nos "nãos" que são

ditos. Tais reflexões ressaltam a importância de uma abordagem estratégica e consciente na determinação de atividades que são verdadeiramente essenciais e benéficas, evitando o desperdício de recursos, energia e tempo.

4) **Fomentando a inovação (além do jurídico):** cultive uma mentalidade interdisciplinar, buscando inspiração e colaboração fora do campo jurídico. Incorpore avanços como a inteligência artificial (IA) para automatizar tarefas e gerar *insights* mais profundos. Utilizando IA, podemos automatizar tarefas rotineiras e analisar grandes volumes de dados jurídicos, proporcionando *insights* mais profundos e personalizados para os clientes. Conforme destaca Richard Susskind, em *O Advogado do Amanhã*[7], a IA não substitui os advogados, mas os equipa com ferramentas para oferecer uma experiência mais rica e eficiente.

5) **Sempre em *Beta* (prototipagem e *feedback*):** Leonardo da Vinci era conhecido por sua abordagem iterativa ao criar suas obras. Adote uma abordagem iterativa, criando protótipos de novos processos e coletando *feedback* para refinamentos contínuos. Além disso, lembre-se de que as necessidades (suas e dos clientes) evoluem, exigindo adaptabilidade constante.

São apenas cinco passos estruturantes. Mais do que meras atividades, eles permitem uma mentalidade diferente, bem como o desenvolvimento de habilidades de empatia e *soft skills* – já que as habilidades técnicas (*hard skills*) são o mínimo que um time jurídico precisa ter, deixando de serem consideradas diferenciais. Essa mentalidade fará com que exista uma abordagem mais humana, compreensiva não só no atendimento, mas também na construção de um ambiente em que o Jurídico é parte integral do negócio.

Todo o tema de UX tem sido impactado, também, pelas novas tecnologias. Por isso, neste artigo, fazemos um convite à exploração. A velocidade com que a era digital, incluindo a inteligência artificial, modifica os espaços e a prática assusta e suscita dúvidas sobre eventual substituição. O medo do novo sempre permeou a humanidade na mesma medida que o novo sempre fez parte da humanidade. A LX oferece um caminho dinâmico e evolutivo, não exatamente por ser uma ferramenta *one size fits all*[8], mas por ser uma mentalidade abrangente e adaptativa.

Alguns autores[9] têm se debruçado nesse exercício de futurologia. Relatórios chegam a indicar números de substituição da força de trabalho humana[10], mas permanecem unânimes

---

[7] SUSSKIND, Richard. *Tomorrow's Lawyers:* an introduction to your future. 2. ed. Oxford: Oxford University Press, 2017.
[8] Em tradução livre: "tamanho único que serve a todos".
[9] SUSSKIND, Richard. *The Future of the Professions:* How Technology Will Transform the Work of Human Experts. Updated Edition. Oxford: Oxford University Press, 2022.
LEE, Kai Fu. *2041:* Como a inteligência artificial vai mudar sua vida nas próximas décadas. Rio de Janeiro: Globo Livros, 2022.
[10] ELLINGRUD, Kweilin; SANGHVI, Saurabh; DANDONA, Gurneet Singh et al. Generative AI and the future of work in America. *McKinsey Global Institute*, 26 jul. 2023. Disponível em: https://www.mckinsey.com/mgi/our-research/generative-ai-and-the-future-of-work-in-america. Acesso em: 10 fev. 2024.

em afirmar que a empatia humana, a capacidade de sociabilização, a resiliência e a criatividade para resolução de conflitos não serão substituídas, nem a cultura ou mentalidade preparada para receber o novo, entendê-lo e adaptá-lo às necessidades do seu cliente.

A LX, portanto, não vai morrer com a inteligência artificial, justamente porque ela se embasa em habilidades não substituíveis. Ao contrário: vai trazer elementos que podem impulsionar cada um dos cinco passos da jornada aqui proposta, para lidar com esses momentos com eficiência e priorização clara: foco proativo e estratégico na necessidade e nas dores do cliente, sem questões desnecessárias. Apropriar-se do tema e promover uma experiência jurídica positiva é um caminho, esperamos, sem volta.

REFERÊNCIAS

ELLINGRUD, Kweilin; SANGHVI, Saurabh; DANDONA, Gurneet Singh et al. Generative AI and the future of work in America. *McKinsey Global Institute*, 26 jul. 2023. Disponível em: https://www.mckinsey.com/mgi/our-research/generative-ai-and-the-future-of-work-in-america. Acesso em: 10 fev. 2024.

LEE, Kai Fu. *2041*: Como a inteligência artificial vai mudar sua vida nas próximas décadas. Rio de Janeiro: Globo Livros, 2022.

NORMAN, Donald. *O design do dia a dia*. Rio de Janeiro: Rocco, 2006.

STRIKWERDA, Johannes. Shared Service Centers: From Cost Savings to New Ways of Value Creation and Business Administration. *Shared Services as a New Organizational Form (Advanced Series in Management)*, Emerald Group Publishing Limited, Leeds, v. 13, p. 1-15, 2014. Disponível em: https://doi.org/10.1108/S1877-636120140000013000. Acesso em: 10 fev. 2024.

SUSSKIND, Richard. *The Future of the Professions*: How Technology Will Transform the Work of Human Experts. Updated Edition. Oxford: Oxford University Press, 2022.

SUSSKIND, Richard. *Tomorrow's Lawyers*: an introduction to your future. 2. ed. Oxford: Oxford University Press, 2017.

TOCCI, Guilherme; SAMICO, Paulo. Legal Experience: o UX que pauta a jornada do cliente interno no jurídico. *JOTA*. Disponível em: https://www.jota.info/opiniao-e-analise/artigos/legal-experience-o-ux-que-pauta-a-jornada-do-cliente-interno-no-juridico-29042023. Acesso em: 26 jan. 2024.

8

Relacionamento entre o jurídico interno e os escritórios: como alinhar a cultura da empresa com os valores e as entregas dos parceiros para além dos custos

Giovani dos Santos Ravagnani[1]
Patricia Secher Redenschi[2]

Advogados de times jurídicos comumente se deparam com os seguintes questionamentos: por que contratar escritórios de advocacia se a empresa já conta com um corpo interno de advogados? Se esse mesmo Jurídico terceiriza funções para escritórios de advocacia externos, qual a função dos advogados *in-house*? Como justificar as empresas terem um custo "duplicado" com advogados, internos e externos?

Na grande maioria das vezes, tais questionamentos advêm de outros profissionais que não atuam no Direito ou que nunca chegaram a conhecer a fundo os papéis desempenhados por Jurídicos internos e escritórios de advocacia. Para começar a tentar esclarecer alguns aspectos desses questionamentos que, de primeira, podem parecer simples e inocentes, antes é importante confessar que, humildemente, discordamos da suposta relação de "substituição" de um profissional pelo outro. Parte dos que pensam dessa forma, com todo respeito, não entende a relação de cada uma das funções.

Prova disso é o que diz o 2023 Enterprise Legal Reputation (ELR) Report[3], elaborado pela Onit, uma desenvolvedora de *softwares* jurídicos, que trouxe dados relacionados à visão que o Jurídico passa para as demais áreas da empresa, de forma geral.

A pesquisa questionou 4.000 funcionários de empresas não jurídicas e 500 profissionais jurídicos corporativos. Dentre diversos aspectos, os dados apresentaram que grande parte da pressão sofrida pelos Jurídicos advêm da dificuldade em apresentar justificativas de seus

---

[1] Advogado. Diretor Jurídico da Buser. Mestre e Doutorando em Direito pela USP. Especialista em Gestão de Negócios pela USP/Esalq.
[2] Advogada, graduada pela Pontifícia Universidade Católica de São Paulo (PUC-SP) e pós-graduada pela mesma instituição. Atualmente é advogada da Buser.
[3] "The Enterprise Legal Reputation Report" é um relatório desenvolvido pela empresa de desenvolvimento de *softwares* Onit, que buscou estudar como os Jurídicos influenciam diretamente a materialidade, o crescimento e a eficiência dos negócios (tradução livre). Disponível em: https://www.onit.com/elr/?utm_source=securedocs-elr-chapter1. Acesso em: 26 mar. 2024.

gastos e custos[4]. Além disso, menos da metade dos times jurídicos (44%) consegue relatar às equipes executivas qual é o retorno sobre o investimento (ROI) dos custos do Jurídico, em grande parte vindos da contratação de advogados externos[5].

Ou seja, a maioria dos núcleos jurídicos objeto do estudo em comento entende que gastos com advogados (sejam externos ou internos) resumem-se apenas a custos, e não conseguem traduzir para as diretorias internas a importância dos advogados internos e externos para o modelo de negócios desempenhado pela empresa. Isso porque, se possuem dificuldade em justificar tais gastos, está também retratada uma grande falha em demonstrar que os custos do Jurídico, na realidade, devem ser interpretados como investimentos que podem trazer retornos.

Nossas experiências profissionais, que já estiveram nos "dois lados", tanto como advogados de escritórios de advocacia como dentro de Jurídicos internos, demonstraram que os custos de advogados, tanto *in-house* quanto *outside counsels*, devem ser vistos como investimentos para o aperfeiçoamento de toda e qualquer companhia. Não saber demonstrar que os gastos advindos do Jurídico possuem valor de investimento retrata um buraco fundo de falta de alinhamento entre o Jurídico interno e os escritórios externos.

Os Jurídicos corporativos passam, cada vez mais, a serem vistos sob uma ótica diferenciada: antes a área jurídica significava apenas o cumprimento de um requisito protocolar de toda e qualquer companhia; atualmente, com o advento dos conceitos de Advocacia 4.0, economia compartilhada e tecnologias disruptivas que passam a integrar a realidade da maioria das empresas, desde as tradicionais e consolidadas até as novas, que buscam desbravar mercados, o time de advogados passou a assumir um papel de cunho estratégico para grande parte dos modelos de negócios que querem sobreviver em meio à economia atual.

Os conceitos de produtos centrados no cliente, utilização de inteligências artificiais, quebra de paradigmas e disrupção de *status quo* é o que diferencia as empresas que prosperam no mercado, e isso, ao fim e ao cabo, perpassa diretamente por aspectos jurídicos com os quais se deverá lidar. Para essas situações, as áreas jurídicas ganham holofotes que antes jamais chegavam a seu alcance.

E, nos casos em que escritórios de advocacia são contratados, a aliança com o Jurídico deve ser encarada como se fossem um só, protagonista único, agindo em sinergia e complementaridade. Nesses casos, não há como considerar que tais contratações de escritórios de advocacia poderiam ser enquadradas tão somente como simples gastos ou despesas protocolares, e tampouco devem ser interpretadas como se fossem da mesma valia ou como se tivessem os mesmos objetivos.

Jurídico interno e escritório externo são, na realidade, contratações complementares que importam em grandes investimentos para o florescimento e o desenvolvimento das

---

[4] De acordo com a pesquisa, em tradução livre, "86% dos jurídicos corporativos reconhecem estar enfrentando pelo menos alguma pressão das equipes executivas em relação à otimização de gastos".
[5] Da pesquisa foram obtidos dados de Jurídicos da França (que representam 58%), dos Estados Unidos (com 49%), da Alemanha (com 39%) e do Reino Unido (significando 25%) sobre essa dificuldade.

empresas que buscam navegar nas questões mais atuais de qualquer companhia. É certo, assim, que a contratação correta e acertada do time externo de escritórios vai além de um simples gasto necessário – tornando-se essencial para, em conjunto com o Jurídico corporativo, atingir as metas e os objetivos da companhia.

É evidente que, para que a relação entre jurídico e escritórios chegue em tal patamar de parceria complementar, é necessário que haja claro alinhamento da cultura da empresa com os valores e as entregas dos escritórios. Somente assim há chances de se facilitar e demonstrar para o restante da organização, de forma clara e objetiva, como o Jurídico é central para o dia a dia e para o caminhar saudável do negócio.

De toda forma, seja para a justificativa de alocação dos custos, seja mesmo para auxiliar nas novas fases dos negócios das empresas, fato é que a parceria travada entre jurídicos e escritórios de advocacia possui uma importante função na elevação do papel do Jurídico das empresas, com a mudança da visão de que o advogado (seja ele interno ou externo), que antes era um simples coadjuvante, agora é um dos protagonistas da empresa e da prosperidade dos modelos de negócios da atualidade.

Para isso, contudo, uma importante (e deveras difícil) missão é sempre manter a conformidade de pensamentos entre os *in-house* e os *out side counsels*, a partir de alguns passos básicos:

1) ALINHAMENTO DAS PRIORIDADES E DO MOMENTO DA EMPRESA

Toda empresa tem metas claras. O Jurídico, por sua vez, tem suas missões e objetivos alinhados a essas metas. Por isso, é de suma importância tê-los em consideração no momento da contratação de escritórios de advocacia externos e na alocação de demandas e de prioridades.

Pode parecer óbvio, mas a contratação de escritórios de advogados externos para lidar com questões secundárias ou terciárias para o negócio reacende o pensamento arcaico de que os gastos do Jurídico representam somente custos a serem cortados. Ao alocar energias e investimentos nos objetivos e nas metas da empresa, a contratação externa e a atuação dos internos são vistas de maneira a contribuir para o funcionamento e o andamento da empresa.

2) RELAÇÃO DE TRANSPARÊNCIA

Uma vez definidos e alinhados os objetivos e as metas anteriormente indicados, é de suma importância que eles sejam compartilhados com os advogados externos dos escritórios.

A demonstração da relevância da contratação não é essencial apenas para que o trabalho seja conduzido com maestria, mas também para que a empresa seja representada sempre por profissionais que acompanhem e compreendam o momento pelo qual a empresa está passando, lidando com as demandas pelo fio condutor adequado.

Para muito além do ideal de que "não se deve guardar segredos de seus advogados", a transparência deve se dar de modo a atingir também o alinhamento de ideias, metas, discurso e, principalmente, a tranquilidade de que ambas as partes podem conversar e discutir abertamente sobre quaisquer temas.

Isso engloba também a sinceridade quanto aos pontos que agradam e aos que incomodam, os que precisam ser melhorados e desenvolvidos, de maneira a comportar ajustes ao longo do percurso. Não é demérito algum reconhecer que certo advogado externo ou determinado escritório foram excelentes e cumpriram seus papéis por muito tempo, mas que, passado certo período, será necessário realizar ajustes ou alterações.

3) RESPEITO PARA ALÉM DO SELO

O sucesso do Jurídico – considerando a unicidade entre os advogados internos e os escritórios – somente pode ser atingido a partir do mútuo respeito pelos profissionais que atuam de forma conjunta. Isso advém não apenas de eventual selo que o escritório carrega, mas do profissional envolvido, pelas suas ideias e pela forma de conduzir os assuntos. Do mesmo modo, o escritório e o advogado externo devem ter respeito pela empresa, pelos seus valores e pelas metas globais e específicas do jurídico.

Tais elementos subjetivos importam muito – talvez até mais do que qualquer reconhecimento de um certo escritório ou vasto currículo de um advogado.

O estabelecimento dos três elementos supramencionados tende a, de maneira clara e objetiva, estabelecer quais são os pontos mais caros da empresa e o que o escritório tem a oferecer, de forma a melhor alinhar a cultura da empresa com os valores e entregas dos escritórios.

Somente a partir desse claro alinhamento que os escritórios externos e os Jurídicos conseguem prosperar na relação, trazendo a tal sinergia já abordada, de modo a transparecer que a atuação do Jurídico, alinhada com a contratação de escritórios de advocacia, é um investimento para a empresa, e não apenas custos a serem reduzidos.

REFERÊNCIA

ONIT. *The 2023 Enterprise Legal Reputation Report*. Disponível em: https://www.onit.com/elr/?utm_source=securedocs-elr-chapter1. Acesso em: 26 mar. 2024.

9 Trabalho remoto e a importância das conexões pessoais

Fernanda Amador[1]
Veridiana de Assis[2]

Há quem pense que o trabalho remoto é um fenômeno pós-pandemia da Covid-19. Mas a verdade é que sua história começou muito antes dela. O conceito de trabalhar remotamente tem suas raízes em movimentos históricos e, coincidentemente ou não, sempre esteve relacionado aos avanços tecnológicos ao longo do tempo.

No início do século XX, com a Revolução Industrial, surgiram as primeiras práticas do que viria a ser o atual modelo de trabalho remoto. Os empregados começaram a realizar atividades relacionadas ao trabalho em suas próprias residências, muitas vezes utilizando correspondência postal para se comunicar com seus empregadores.

Já na segunda metade do século XX, com o avanço das tecnologias de comunicação, tais como, na época, o telefone e o fax (sim, ele existiu!), novas oportunidades para o trabalho remoto foram surgindo e os profissionais começaram a realizar atividades de escritório em suas casas, permitindo uma maior flexibilidade de horários e a redução de deslocamentos.

---

[1] Executiva jurídica com mais de 20 anos de atuação em empresas de capital aberto no Brasil e multinacionais de setores altamente ou menos regulados. Com sólida formação em negócios e ampla experiência jurídica na liderança e gestão de equipes internas e escritórios de advocacia externos, é formada pela Universidade Cândido Mendes/RJ, com LL.M em Direito Corporativo pelo IBMEC, especialização em Direito Internacional pela Fordham Law/NY e MBA em Gestão Empresarial pela FGV. Sua trajetória profissional é marcada pela diversidade e multidisciplinariedade, com passagens por áreas de consultoria empresarial, gestão de litígios, operações financeiras complexas, transações no mercado de capitais, fusões e aquisições, bem como regulatório, *Compliance*, *ESG* e governança corporativa. Atualmente, lidera as áreas de contencioso e *legal operations* da Mondelēz Brasil, e também atua no Programa Cocoa Life, que promove ações de sustentabilidade na cadeia produtiva do cacau. Para além do universo profissional, é uma apaixonada por esportes, em especial o *triathlon* e a corrida, assim como por viagens de natureza.

[2] Advogada, formada há 20 anos pela Universidade de Coimbra, possui MBA pela FGV, extensão em Direito de Nova York pela FGV e certificação em *Compliance* pela SCCE com CCEP-I. Atualmente, é Gerente Sênior na Mondelēz International, liderando equipes de profissionais jurídicos que apoiam as funções comerciais da empresa em diversos domínios. Suas competências principais incluem liderança estratégica, direito contratual e corporativo, negociação internacional e direito concorrencial. É apaixonada por direito concorrencial e direito aeronáutico, e por criar impactos positivos nas comunidades onde atua. Tem ampla experiência em negociar contratos internacionais complexos em diversas jurisdições e indústrias.

Foi então que, ao final do século XX, com o surgimento da internet e o desenvolvimento de novas tecnologias de comunicação, como o *e-mail* e as ferramentas de videoconferência, o trabalho remoto começou a ganhar popularidade em alguns setores, como os de tecnologia e serviços financeiros. Empresas pioneiras, como a IBM e a Microsoft, começaram a experimentar modelos de trabalho remoto para aumentar a flexibilidade na rotina dos seus colaboradores e, em contrapartida, reduzir os custos operacionais.

No entanto, foi o século XXI, mais precisamente o ano de 2020, que marcou uma profunda mudança no mundo do trabalho, e, com a pandemia, o trabalho de casa ou *home office* se tornou uma prática generalizada. Em meio a *lockdowns* e medidas de distanciamento social, obrigatórias para a segurança e a proteção de seus empregados, as empresas foram forçadas a garantir a continuidade de seus negócios atuando à distância, e milhões de trabalhadores de todo o mundo foram abruptamente introduzidos ao trabalho remoto[3].

No Brasil, em estudo realizado em 2020 pelo Instituto de Pesquisa Econômica Aplicada (IPEA)[4], o Brasil ocupava a 45ª posição, com 25,65% da população em regime de teletrabalho durante a pandemia, em uma lista de 86 países liderada por Luxemburgo, com 53,4%. Em maio do mesmo ano, dados do Instituto Brasileiro de Geografia e Estatística (IBGE) apontavam que 13,3% da mão de obra ocupada do país estava em trabalho remoto, o que correspondia a 8,7 milhões de pessoas.

Em outubro de 2023, dados mais recentes da estatística experimental divulgada pelo IBGE indicaram que pouco mais de 15 milhões de pessoas trabalhavam de casa no final de 2022, alcançando o patamar de 15,6% da população ocupada do país[5]. Com isso, o trabalho remoto, que inicialmente parecia ser uma solução temporária para um problema urgente, revelou-se uma transformação definitiva na forma como as empresas operam e as pessoas trabalham.

Considerando essa onda rápida de mudança nas organizações do trabalho nos últimos anos, o objetivo aqui é explorar as oportunidades advindas do trabalho remoto, que, por um lado, geraram enormes benefícios às empresas e aos seus colaboradores, mas, por outro, também criaram grandes desafios. O principal deles, e que se destaca cada vez mais, é a dificuldade de estabelecer e manter conexões pessoais na era digital, desafio esse que pode ser superado por meio de algumas soluções práticas que serão apresentadas a seguir.

No início da transição do modelo presencial para o modelo remoto, a atenção estava voltada para desafios relacionados à necessidade de rápida adaptação pelas empresas e por

---

[3] Trabalho remoto aqui referido como toda forma de trabalho à distância, incluindo trabalho de casa ou *homework*, *homeoffice* e teletrabalho.

[4] GÓES, Geraldo Sandoval; MARTINS, Felipe dos Santos; NASCIMENTO, José Antonio Sena do. Nota Técnica: Potencial de teletrabalho na pandemia: um retrato no Brasil e no mundo. *Carta de Conjuntura*, IPEA, n. 47, 2020. Disponível em: https://www.ipea.gov.br/portal/images/stories/PDFs/conjuntura/200608_nt_cc47_teletrabalho.PDF. Acesso em: 30 mar. 2024.

[5] CAMPELO, Aloisio; OLINTO, Roberto; TOBLER, Rodolpho. Home office no Brasil: percepções e avaliações dos trabalhadores. *Blog do Ibre – FGV*, 30 jan. 2024. Disponível em: https://blogdoibre.fgv.br/posts/home-office-no-brasil-percepcoes-e-avaliacoes-dos-trabalhadores. Acesso em: 30 mar. 2024.

seus empregados, do aprimoramento ou da criação de infraestrutura tecnológica, de garantir a devida proteção e segurança de dados, bem como de adotar protocolos de ergonomia e condições de bem-estar para viabilizar adequadamente o trabalho no ambiente doméstico. De maneira geral, é possível dizer que esses foram os desafios de curto prazo e, talvez, os mais fáceis de serem solucionados, principalmente por serem medidas de ordem prática.

Em paralelo às necessidades de curto prazo, nascia o maior desafio de todos, aquele que não é finito (pelo menos não até agora) e requer um cuidado constante: o de criar e manter a **conexão** entre as pessoas. Por trás das preocupações iniciais das empresas com a produtividade, o engajamento e o desempenho, o distanciamento físico presente no modelo de trabalho remoto trouxe à tona a importância de desenvolvermos *soft skills* fundamentais para nossa adaptação e evolução enquanto profissionais nesse novo ambiente de trabalho na era digital.

É indiscutível que os seres humanos são relacionais e que as interações face a face são essenciais para construir relacionamentos sólidos, além de promover a **colaboração**, e principalmente para fortalecer a cultura organizacional. Portanto, é evidente que ter conexões pessoais fortes no local de trabalho tem impacto direto nos níveis de engajamento e produtividade dos empregados. No entanto, estabelecer conexões robustas em tempos de trabalho remoto merece uma atenção especial em encontrar maneiras de cultivar um senso de comunidade e pertencimento mesmo à distância.

Para tornar isso possível, os líderes e liderados devem assumir um compromisso importante com a promoção de uma cultura de comunicação aberta, com **clareza** e empatia, que incentive a troca de ideias e de experiências profissionais e pessoais, além de estimular a diversidade e um ambiente de trabalho seguro. A distância ou pouca interação pessoal geram isolamento e dificultam o senso de coletividade da equipe, assim como também reduzem a eficiência e dificultam a resolução de conflitos. É importante refletir que a praticidade da comunicação escrita, por *e-mails* ou mensagens instantâneas, deve ser acompanhada de uma linguagem clara, para que depois não se converta em mais tempo dedicado para resolver resultados insatisfatórios decorrentes de mal-entendidos ou falhas na comunicação.

E se está claro que, em tempos de trabalho remoto, as comunicações por escrito, sejam elas por *e-mails* ou mensagens instantâneas, serão necessárias e vão existir, como cuidar da **comunicação** com quem está do outro lado da rede? No caso de líderes, por exemplo, promover interações virtuais para o alinhamento de expectativas e trocas de informações contribui significativamente para o desenvolvimento e o empoderamento dos times. É fator--chave para garantir que seus liderados entendam e tenham as informações necessárias para desempenhar suas atividades sem se sentirem sozinhos e em isolamento. Na era digital, o famoso ditado "o combinado não sai caro" é valioso e, para saber onde ou com quem buscar a informação correta, é fundamental se comunicar de maneira simples e objetiva.

Na tentativa de estabelecer conexões pessoais no trabalho remoto, é preciso estar atento para não cair na armadilha do excesso de reuniões e fazer mau uso do tempo em agendas pouco ou nada produtivas. Uma competência essencial para escapar disso é a **concepção crítica**, mais conhecida como pensamento crítico. É exercitando essa habilidade que, seja qual for a sua função no local de trabalho, analisar de forma ampla o propósito da reunião e ter a capacidade de propor sugestões construtivas para as agendas que se apresentem contribuirá para identificar as melhores ocasiões para promover interações casuais no ambiente de trabalho remoto e dedicar um tempo de qualidade para gerar conexões verdadeiras entre os colaboradores. Afinal, ninguém aguenta mais sobreviver a *mais uma reunião que deveria ser um e-mail*.

E como fugir das armadilhas e desvantagens do trabalho remoto? Seja criativo! Estudos demonstram que a **criatividade** é estimulada em equipes que compartilham ideias e trabalham em conjunto na resolução de problemas, além de ser essencial para enfrentar desafios e manter a motivação. Segundo a teoria da troca social, equipes com relações sociais mais fortes tendem a ser mais inovadoras e eficazes. A criatividade no trabalho remoto também desempenha papel relevante na promoção do bem-estar mental dos empregados, mitigando problemas como a ansiedade e a depressão, que se destacam em caso de solidão no trabalho, e contribuindo para a construção de um ambiente dinâmico e inspirador. Pausas criativas para um cafezinho ou *happy hour on-line*, *check-in* e *check-out* divertidos ao abrir e encerrar reuniões virtuais, além de espaços para colaboração virtual, são exemplos de iniciativas simples para alavancar novas ideias e abordagens com foco nas conexões pessoais.

Se você chegou até aqui, deve ter percebido que há muitos "C's" neste artigo. É que eles estão relacionados às chamadas competências do trabalhador do futuro: colaboração, comunicação, concepção crítica e criatividade. Essas *soft skills* foram apontadas pela *National Education Association* (NEA) como as mais relevantes para a educação básica dos indivíduos e, por não terem ligação com o conhecimento técnico, são as mesmas habilidades essenciais que as pessoas, sejam elas líderes ou liderados, devem explorar em suas trajetórias profissionais.

Além das quatro *soft skills* amplamente reconhecidas, aventuramo-nos em acrescentar outros dois "C's". Esses, por sua vez, foram inspirados em nossas vivências pessoais e profissionais. São eles a **conexão** e a **clareza**, já citadas anteriormente. Nesse exercício criativo, inúmeros outros "C's" foram surgindo, tais como a **confiança**, o **conhecimento** e a **coragem**. Entendemos que o trabalho remoto, assim como qualquer mudança ou novo modelo de trabalho, envolve ter **coragem** e disposição para assumir riscos e propor novas ideias mesmo à distância, promovendo a inovação, a **colaboração** e o **crescimento** profissional.

Acreditamos que, para superar o maior desafio do trabalho remoto, que é o de criar conexão sólida entre as pessoas, é necessário estabelecer relações de **confiança**, em que as pessoas se sintam confortáveis de serem autênticas, com segurança e respeito no ambiente de trabalho, mesmo que virtual, gerando **credibilidade** mútua e **comprometimento** das equipes. A dificuldade, de fato, não é o desempenho dos empregados em casa ou qualquer barreira tecnológica que surgiu lá no começo. A produtividade, como se sabe, é algo alcançável. Contudo, ela depende de uma cultura de confiança e transparência, em que os empregados estejam conectados entre si, motivados e com propósito.

É inegável que o trabalho remoto também gerou muitos benefícios, tanto às empresas quanto aos empregados. Algo que parecia distante se tornou realidade de um dia para o outro, e ficou ainda mais evidente que tudo pode ser reformulado, revisitado e inovado, trazendo inúmeras vantagens e um novo olhar sobre as coisas. Difundir o **conhecimento** sobre a importância das conexões pessoais no trabalho remoto e seus impactos positivos para as pessoas e organizações não é apenas necessário, é essencial. Estabelecer diretrizes específicas para o trabalho remoto, incluindo horários de disponibilidade, canais de **comunicação** preferenciais e metas claras, garante que todos os membros da equipe estejam alinhados e informados.

Entre os benefícios do trabalho remoto estão a redução das idas aos escritórios e, com isso, a economia do tempo de deslocamento, maior flexibilidade para **conciliar o trabalho e a vida pessoal**. Mas, como tudo na vida tem dois lados, aqui é preciso ter disciplina e foco para não cair novamente nas armadilhas do *home office*. As organizações e seus líderes devem cuidar para que as equipes se organizem e separem as rotinas profissional e pessoal, dedicando seu tempo livre para atividades de lazer e descanso. O equilíbrio é imperioso e promover encontros presenciais, além de ações *in loco* para fortalecer os laços entre os membros da equipe e criar um senso de comunidade, é indispensável na **construção de conexões pessoais** por meio de iniciativas sustentáveis para maior satisfação no trabalho e melhor qualidade de vida.

Ainda que a adoção do trabalho remoto em todo o mundo tenha sido acelerada e forçada por um incidente mundial de saúde, trata-se de uma disrupção inevitável e que chegaria como resultado inerente dessa nova era digital, inaugurada ao final do século XX pela Terceira Revolução Industrial, que gerou incontáveis avanços tecnológicos e que nos conduziu ao momento atual, em que vivenciamos a Quarta Revolução Industrial[6]. Essa Quarta Revolução é marcada, principalmente, pela automatização e digitalização de inúmeros processos, e começou a se manifestar entre 2010 e 2011. Há, no entanto, ainda, quem defenda que estamos vivenciando a transição para a Quinta Revolução[7], indicando, para tanto, a personalização e a humanização na era da inteligência artificial, que teve seu crescimento exponencial a partir de 2020, com seu ápice em 2023.

Assim, enquanto exploramos ambientes de trabalho virtuais recém-conhecidos e passíveis de inúmeras novas descobertas, é determinante que as empresas e os profissionais avancem na jornada de adaptação e adoção de iniciativas e processos que assegurem o aproveitamento máximo dos benefícios do *home office* para ambas as partes, mas sem perder o valor das conexões pessoais.

---

[6] Para maiores referências, consultar: https://www.mckinsey.com/featured-insights/mckinsey-explainers/what-are-industry-4-0-the-fourth-industrial-revolution-and-4ir. Acesso em: 30 mar. 2024.

[7] Para maiores referências, consultar: https://www.sciencedirect.com/science/article/pii/S0022435922000288. Acesso em: 30 mar. 2024.

REFERÊNCIAS

CAMPELO, Aloisio; OLINTO, Roberto; TOBLER, Rodolpho. Home office no Brasil: percepções e avaliações dos trabalhadores. *Blog do Ibre – FGV*, jan. 2024. Disponível em: https://blogdoibre.fgv.br/posts/home-office-no-brasil-percepcoes-e-avaliacoes-dos-trabalhadores. Acesso em: 30 mar. 2024.

GÓES, Geraldo Sandoval; MARTINS, Felipe dos Santos; NASCIMENTO, José Antonio Sena do. Nota Técnica: Potencial de teletrabalho na pandemia: um retrato no Brasil e no mundo. *Carta de Conjuntura*, IPEA, n. 47, 2020. Disponível em: https://www.ipea.gov.br/portal/images/stories/PDFs/conjuntura/200608_nt_cc47_teletrabalho.PDF. Acesso em: 30 mar. 2024.

10

A importância dos movimentos coletivos no avanço da pauta pela diversidade e inclusão: a história do Jurídico de Saias

Ianda Lopes[1]
Josie Jardim[2]

Os argentinos têm uma expressão muito interessante que eles usam para falar de uma situação difícil, que exige extremo esforço: "remar en dulce de leche". Não é difícil imaginar a dificuldade de movimentar um barco remando na densidade do doce de leite, não é mesmo? Pois então, é assim que nos sentimos quando avaliamos os dados sobre diversidade e inclusão no mundo corporativo. Seguimos remando forte, estamos exaustas de tanto esforço e, mesmo assim, saímos muito pouco do lugar.

E não é por não discutirmos o tema. Falar de diversidade está na moda, mas, embora o assunto esteja na pauta em variados círculos, os avanços seguem lentos. Um exemplo de que o ritmo atual está longe do ideal é que, segundo a 17ª edição do Global Gender Gap[3],

---

[1] Atualmente, é Diretora Jurídica para Uber no Brasil, tendo assumido a posição em abril de 2023. Foi para a Uber após muitos anos de experiência em consultoria corporativa. Trabalhou por 15 anos na GE em diferentes áreas jurídicas, sendo os últimos 7 como General Counsel Latin America para o negócio de energia renovável da empresa. Antes da GE, trabalhou na Accenture e na Hewlett Packard do Brasil. Suas habilidades em gestão, sua experiência em aconselhamento jurídico, paixão pelo trabalho em time e desenvolvimento de talentos são os pontos fortes de sua carreira. É apaixonada e engajada em iniciativas relacionadas a diversidade e inclusão. Na GE do Brasil, liderou a Rede de Mulheres por 3 anos e fora da GE idealizou e lidera o premiado programa de mentoria para mulheres negras estudantes de direito (anunciado pelo LACCA – categoria *ESG* em 2020). Também foi repetidamente reconhecida pela *Revista Análise Editorial* como uma das Executivas Jurídicas e Financeiras Mais Admiradas do Brasil. É vice-presidente do Conselho da Plan International Brasil, ONG que tem como objetivo garantir os direitos e promover o protagonismo das crianças, adolescentes e jovens, especialmente meninas. É formada em Direito pela Universidade de São Paulo e especialista em contratos comerciais pela PUC-SP. Mora em São Paulo com o marido e três filhos.

[2] Formada em Direito pela PUC-SP, com especialização em Direito Contratual (PUC-SP) e Direito do Terceiro Setor (FGV). Atualmente, é Diretora Jurídica da Amazon no Brasil. Anteriormente, atuou como Diretora Jurídica da General Electric e da Motorola. É a idealizadora do Jurídico de Saias, grupo formado por mais de 2.000 mulheres que atuam em jurídicos de empresas, e autora de vários artigos sobre gestão de times jurídicos e diversidade. Recebeu diversos prêmios, dentre eles: Maria Imaculada Xavier Silveira, concedido pela OAB/SP para mulheres que trabalham em prol da igualdade de gênero; Apollo Award/Architects of Meritocracy, pelo trabalho desenvolvido pelo Jurídico de Saias; além de ter sido eleita por seus pares, por nove vezes consecutivas, como a Executiva Jurídica Mais Admirada do Brasil, concedido pela *Revista Análise Editorial*.

[3] Relatório do Fórum Econômico Mundial de 2023.

demoraremos 131 (isso mesmo: cento e trinta e um!!!) anos para atingir a equidade de salário entre homens e mulheres. Em outras palavras, até o ano de 2154, mulheres igualmente competentes, exercendo exatamente a mesma função, continuarão tendo remuneração menor que seus colegas do gênero masculino.

Já está comprovado que a diversidade traz um impacto positivo nos negócios, no lucro e no resultado das empresas. Empresas com maior diversidade nos quadros de gestão tiveram *Return on Equity* (ROE) 53% maior na média do que empresas que não são diversas. O EBIT dessas empresas foi 14% mais alto[4]. No Brasil, um país que, segundo os dados da última pesquisa do IBGE, é formado por 51,5% de mulheres e 45,3% de pessoas pretas e pardas, temos somente 4,7% dos cargos de alto escalão ocupados por negros e apenas 13,6% ocupados por mulheres[5]. Ao exilar dos cargos de gestão mulheres e pessoas pretas e pardas, estamos condenando as empresas e seus investidores a resultados financeiros menos promissores. Além de errado, é também um mau negócio.

Na área jurídica, as estatísticas não são muito diferentes. É pequena a quantidade de mulheres, pessoas com deficiência, negros e membros da comunidade LGBTQIAPN+ em grandes bancas de advocacia, nos Jurídicos das empresas e em cargos públicos. O pouco avanço que tivemos deu-se apenas na base da pirâmide. Vemos mais estagiários pretos em grandes escritórios e observamos um percentual significativo de mulheres como advogadas júnior. Mas contamos nos dedos aqueles que chegam a se tornar sócios de escritórios e juristas em cortes superiores.

E o que podemos fazer para que as mudanças efetivamente ocorram? Nossa aposta está nos movimentos coletivos.

Nenhuma mudança que implica mexer nas estruturas da sociedade acontece de forma natural. É preciso que exista um movimento que vá escancarando os problemas para que as mudanças ocorram. Foi assim com a melhoria dos direitos trabalhistas obtida pela força dos sindicatos; com o direito ao voto feminino, obtido após anos de luta das sufragistas. Foi assim com o movimento negro em várias partes do mundo e pelo fim do *apartheid* na África do Sul. Quem detém o privilégio não irá abrir mão dele, simplesmente. É preciso que os minorizados, os que são colocados à margem da sociedade, lutem por seus direitos constantemente e de forma coletiva. É preciso que os aliados saiam de seus lugares de privilégios e juntem-se à luta.

A luta coletiva pode e deve ocorrer em várias instâncias. Devemos lutar pelo avanço em nossas respectivas carreiras e também para que outros grupos minorizados da sociedade tenham condições adequadas de crescimento e ascensão. Foi com esse intuito que, em 2009, iniciamos o **Jurídico de Saias**. Éramos 14 colegas atuantes em times jurídicos de empresas com vontade de estabelecer uma rede de apoio, um lugar seguro para discutirmos nossas carreiras, desafiando o *status quo* e quebrando o famoso teto de vidro. Na época, percebemos

---

[4] Relatório Mckinsey "Por que a Diversidade é importante?", de 2015.
[5] Censo IBGE 2022.

que nossos pares homens saíam na frente quando o assunto era *networking*. Eles frequentavam eventos em que todos os palestrantes eram homens, indicavam uns aos outros para cargos de relevância e casos importantes, sócios homens seguiam indicando outros homens para se tornarem sócios de escritórios. Enquanto isso, as mulheres seguiam a rotina de sair do escritório e correr para casa (onde a divisão de trabalho segue desproporcional), perdendo a chance de estabelecer relações que são extremamente importantes na trajetória de crescimento profissional. Criamos o Jurídico de Saias porque queríamos, por meio da união dessas mulheres, achar a forma feminina de desenvolver nossa própria rede, o nosso *network*.

O grupo cresceu exponencialmente em pouco tempo. Atualmente, somos mais de 2.500 advogadas *in-house*, em diversos níveis dentro das organizações, de advogadas recém-formadas a diretoras. O crescimento no número de mulheres advogadas mostrou – a nós mesmas e ao mercado como um todo – que somos relevantes e temos muita força. Tornamo-nos um coletivo com o devido peso, influência e importância. Tornamo-nos uma referência para advogadas mais jovens, um alvo de cobiça para aqueles que querem vender seus serviços, um apoio importantíssimo umas às outras tanto em questões pessoais ("alguém me indica uma babá de confiança, por favor?") quanto em questões profissionais ("quem tem dicas de advogado externo *expert* na matéria XYZ pra me indicar?"). Tornamo-nos uma voz importante no mercado jurídico brasileiro. A visibilidade fez a pauta coletiva ecoar com mais força. O barulho que fazemos – no caso do Jurídico de Saias, relativamente à diversidade de gênero – se amplia e, com ele, as mudanças vão acontecendo, mesmo que ainda não no ritmo desejado.

Nossa agenda não é estanque nem é autocentrada. Nesses quase 15 anos de existência, nosso grupo também se transformou e evoluiu. Demo-nos conta de que, para além da questão de gênero, é importante abraçar também as mulheres advogadas negras. Descobrimos juntas a necessidade da luta pela pauta da interseccionalidade, já que feminismo que não engloba **todas** as mulheres não é feminismo real. A partir dessa constatação, nos organizamos não somente para acolher advogadas negras no nosso grupo, mas para atuar intencionalmente para que essas advogadas, que muitas vezes entram na faculdade de Direito sem nenhum referencial de carreira, tenham nossa ajuda na jornada. Assim nasceu o nosso programa de mentoria do Jurídico de Saias para alunas pretas de Direito, que já está na sua 5ª edição e já ajudou mais de 60 estudantes.

Notamos, inclusive, que outros tantos coletivos se organizaram nos últimos anos, alguns declaradamente inspirados pela história do Jurídico de Saias. Apoiamo-nos mutuamente, debatemos pautas, desenvolvemos programas e projetos conjuntos. **Não se trata de competição, mas de sororidade, palavra que virou moda nos últimos anos, mas que no Jurídico de Saias é vivida diariamente.**

Nessa trajetória, abraçamos também causas que vão muito além das nossas próprias carreiras ou da carreira das jovens advogadas. Por meio de nossa vivência e desejo de mudança, buscamos atuar em diversas frentes com o intuito de servir de base para a construção de políticas públicas benéficas para grupos historicamente minorizados. Nossa atuação nesse sentido vai além do individual de quem podemos alcançar, e busca atingir todo o coletivo no que diz respeito à questão de gênero em todas as suas interseccionalidades. Assim, contribuímos com movimentos de luta por direitos das mulheres, encampamos o debate sobre a necessidade de uma maior participação feminina e de mulheres negras nos tribunais e nas diversas esferas do Legislativo e Executivo. Apoiamos projetos de lei que, direta ou indiretamente, afetam positivamente as mulheres, como é o caso da ampliação da licença-paternidade. Apoiamos mulheres progressistas para tribunais superiores, para a presidência da OAB, para Ministras e tantos outros cargos de relevância nos vários poderes da República.

Desde a criação do Jurídico de Saias, muitas mudanças no mercado jurídico em que atuamos puderam ser notadas. Longe de presumir que elas foram apenas resultado da criação e da atuação desse nosso coletivo, mas o fato é que, por exemplo, há 10 anos, quando o Jurídico de Saias estava iniciando, o mercado reconheceu menos mulheres como grandes diretoras jurídicas e a maioria dos profissionais renomados na área eram homens. Hoje, o cenário é diferente. Se analisarmos, por exemplo, o ranking da *Análise Editorial*, revista jurídica que todos os anos publica um ranking indicando os Executivos Jurídicos Mais Admirados, em 2015, dos 50 eleitos, apenas 12 eram mulheres. Já em 2023, dos 65 eleitos, éramos 35 mulheres[6]. Esse é só um exemplo de como o movimento coletivo agita as estruturas e traz mudanças.

A voz de cada uma de nós sozinha não teria a força e a potência que a voz de todas nós juntas tem. As mudanças que conseguimos na área jurídica certamente não teriam acontecido se cada uma de nós estivesse remando sozinha. O "dulce de leche" não ficou mais leve e menos denso, mas agora certamente temos a força do coletivo, que ajuda imensamente na hora de puxar o remo.

Temos uma voz e, mais importante que isso, não temos medo nem nos furtamos a usá-la.

REFERÊNCIA

HUNT, Dame Vivian; LAYTON, Dennis; PRINCE, Sara. A importância da Diversidade. *McKinsey & Company*, jan. 2015. Disponível em: https://www.mckinsey.com/capabilities/people-and-organizational-performance/our-insights/why-diversity-matters/pt-BR. Acesso em: 13 maio 2024.

---

[6] *Revista Análise Editorial.*

EIXO II
PROCESSOS: *SELF SERVICE* E *ON DEMAND*

Pessoas engajadas ajudam a definir processos eficientes e mais conectados com a operação da organização. Entenda como o *Legal Operations* está conectado com o mapeamento de processos internos e fluxos (com ou sem tecnologia) para atender o seu cliente interno sem precisar de um time dedicado a isso.

11

Opinião de conselheiro de administração

Claudio Lottenberg[1]

Organizações mais rentáveis, produtivas e velozes são conhecidas como exponenciais. Como membro do Conselho de Administração de diversas empresas, tenho o dever e a missão de ser um guia norteador para o negócio, participando ativamente das decisões estratégicas que garantam que a atividade lucrativa seja rentável tanto para o investidor quanto para o público consumidor.

Quando fui convidado para fazer parte desta obra, refleti sobre como poderia contribuir e resolvi começar pela incerteza. Existe uma famosa citação atribuída ao pacifista, filósofo e Nobel de Literatura, Bertrand Russell, que diz o seguinte: "O problema do mundo de hoje é que as pessoas inteligentes estão cheias de dúvidas, e as pessoas idiotas estão cheias de certezas". Você tem certeza demais?

Precisamos ter muito cuidado com pessoas cheias de certezas demais. Parte significativa do tempo de uma pessoa da alta liderança – sobretudo membros de Conselho – é questionar, refletir, provocar, suscitar dúvidas e despertar um exame de consciência sobre as atitudes que serão tomadas. Então, antes de levar uma ideia para um Conselho Administrativo, reunião de *board* ou até mesmo para seu gestor imediato, faça essa autorreflexão. Pessoas cheias de certezas acabam por ser replicadoras e somente são capazes de repetir o que falam. Cuidado para não serem um "eco". Ser "fonte" faz a diferença e dá o total destaque que o Jurídico merece enquanto um importante guardião da mitigação de riscos da operação.

As incertezas fazem parte da mecânica estratégica de toda e qualquer organização. Para aqueles que se ocupam da estratégia, a visão de médio e longo prazo é fundamental e, portanto, todo cuidado é pouco, porque o bom resultado de hoje não garante o de amanhã. Nada

---

[1] Graduado em Medicina pela Escola Paulista de Medicina da Universidade Federal de São Paulo (1984), Mestre em Oftalmologia pela Escola Paulista de Medicina da Universidade Federal de São Paulo (1990), Doutor em Medicina (Oftalmologia) pela Universidade Federal de São Paulo (1994). Possui aperfeiçoamento em Urgências Oftalmológicas pela Manhattan Eye Ear and Throat (1989). Ex-Secretário de Saúde da cidade de São Paulo. Atualmente, é presidente do Conselho da Sociedade Beneficente Israelita Brasileira Albert Einstein e da Confederação Israelita do Brasil. Também é presidente institucional do Instituto Coalizão Saúde.

que se decidir em termos de caminhos passará incógnita desse princípio ao longo do tempo. Por isso, sempre digo que aquilo que não começar no Jurídico terá mais chance de acabar no Jurídico.

E por que não começar pelo Jurídico, dentro de uma organização, a busca pelo respeito à tolerância, à liberdade religiosa, de opinião, e o desejo de ser implacável na punição para quem viola princípios sagrados e fundamentais que garantem a convivência entre desiguais e a perenidade de uma empresa? Em relação ao desrespeito, à discriminação e às atitudes preconceituosas, o Jurídico não deve se eximir: precisa ser enérgico. O mundo de 2024 não admite mais discursos odiosos, que deveriam apenas ficar ilustrados em episódios tristes de nossa história. "Para que nunca se negue, para que nunca se esqueça e para que nunca mais se repita", qualquer ato que ofenda os direitos humanos merece uma resposta à altura.

Ainda nessa linha, de forma particular, o pensamento jurídico pode e deve influenciar como que mapeando riscos, garantindo que a empresa esteja em conformidade com as leis e os regulamentos relevantes. E isso não para por aí, pois as questões legais podem influenciar as estratégias de marketing, o desenvolvimento de produtos e a expansão internacional – o que, em alguns casos, mistura o cenário estratégico com o tático e o operacional. Nem sempre isso é desejável, mas muitas vezes é necessário.

Em suma, o pensamento jurídico é fundamental para garantir que as estratégias de uma organização sejam eficazes e sustentáveis a longo prazo. Perceber que a área está evoluindo com as inovações que o mundo moderno fornece, acompanhando o progresso de novos produtos e serviços e lutando para continuar sendo associado à segurança, à previsibilidade e à inteligência, faz-me ter a certeza de que podemos acelerar ainda mais. Que o ambiente de negócios siga firme em relação à exponencialização, pois certamente estaremos bem assistidos. Nunca abri mão dessa ferramenta e, pelo contrário, fiz dela uma peça permanente de minha atuação em qualquer oportunidade – espero que outros profissionais também tenham esse posicionamento. Essa, sim, é uma certeza que vale a pena ter.

12

Quando começar uma área de *Legal Ops*

Flávia Furlan[1]
Ianda Lopes[2]

O uso de métodos, ferramentas e tecnologia já faz parte da realidade de diversas áreas, e no Jurídico não é diferente. A natureza do mundo atual é tão não linear e imprevisível[3] que a mudança na prática do Direito deixa de ser uma opção e se torna absoluta necessidade.

Apesar de haver certa resistência – o que vem da própria natureza formal e ritualística da profissão –, é fato que a adaptação ao cenário da atualidade será necessária, não apenas para que o profissional jurídico se mantenha produtivo, mas também para que suas atividades gerem o resultado pretendido.

Exemplo simples de como as inovações (e com elas a tecnologia) já são realidade na área jurídica – e o profissional não pode viver alheio a elas – é o processo eletrônico no Brasil. Desde 2006, com a edição da Lei n. 11.419, havia previsão legal de que o Poder Judiciário

---

[1] Advogada. Graduada pela Universidade Federal de Santa Catarina. Pós-graduanda pela Pontifícia Universidade Católica do Paraná (PUCPR). Atualmente, advogada na empresa Uber e embaixadora do CLOC Brasil.

[2] Atualmente, é Diretora Jurídica para Uber no Brasil, tendo assumido a posição em abril de 2023. Foi para a Uber após muitos anos de experiência em consultoria corporativa. Trabalhou por 15 anos na GE em diferentes áreas jurídicas, sendo os últimos 7 como General Counsel Latin America para o negócio de energia renovável da empresa. Antes da GE, trabalhou na Accenture e na Hewlett Packard do Brasil. Suas habilidades em gestão, sua experiência em aconselhamento jurídico, paixão pelo trabalho em time e desenvolvimento de talentos são os pontos fortes de sua carreira. É apaixonada e engajada em iniciativas relacionadas a diversidade e inclusão. Na GE do Brasil, liderou a Rede de Mulheres por 3 anos e fora da GE idealizou e lidera o premiado programa de mentoria para mulheres negras estudantes de direito (anunciado pelo LACCA – categoria *ESG* em 2020). Também foi repetidamente reconhecida pela *Revista Análise Editorial* como uma das Executivas Jurídicas e Financeiras Mais Admiradas do Brasil. É vice-presidente do Conselho da Plan International Brasil, ONG que tem como objetivo garantir os direitos e promover o protagonismo das crianças, adolescentes e jovens, especialmente meninas. É formada em Direito pela Universidade de São Paulo e especialista em contratos comerciais pela PUC-SP. Mora em São Paulo com o marido e três filhos.

[3] Em 2018, o antropólogo Jamais Cascio criou o conceito de Mundo BANI – *brittle* (frágil), *anxious* (ansioso), *nonlinear* (não linear) e *incomprehensible* (incompreensível) –, em contraponto ao Mundo VUCA, que foi cunhado no início da década de 1980 e cujas características – *volatility* (volátil), *uncertainty* (incerto), *complexity* (complexo) e *ambiguity* (ambíguo) – permeavam a sociedade até então. De acordo com o autor, a Nova Era já instalada demanda reações diferentes aos problemas e conflitos que agora surgem, e, portanto, *soft skills* tornaram-se ainda mais importantes para, em conjunto com as novas ferramentas tecnológicas, apurar dados e organizar informações para permitir a tomada de decisão de forma mais assertiva.

poderia desenvolver sistemas eletrônicos de processamento de ações judiciais por meio de autos digitais. Isso, de fato, foi realizado ao longo dos anos seguintes e, conforme relatório do Conselho Nacional de Justiça (CNJ), alcançou uma realidade de 87,3% das ações em andamento e 99% de casos novos no ano de 2022[4].

Hoje em dia, não temos dúvidas de que o treinamento e o uso dos sistemas eletrônicos são essenciais para a atividade do escritório de advocacia ou do Jurídico interno. Quem não se adaptou a essa realidade no momento adequado, certamente teve o desenvolvimento de suas atividades prejudicado à época.

Porém, a implementação do processo eletrônico é apenas um exemplo pontual do cenário que vivemos. Todos os dias, inovações, novas ferramentas e tecnologias são inseridas em nossas rotinas, e nós, advogados e operadores do Direito, temos que nos adaptar. Precisamos também estar aptos a um mundo em que a crescente complexidade demanda criatividade e inovação na busca de novas soluções e vias alternativas para solucionar problemas.

Mas, então, onde é que *Legal Ops*, que, em termos bem resumidos, nada mais é do que a área voltada para a otimização e a eficiência das demandas do Jurídico, se encaixa nesse contexto?

A área de *Legal Ops* vem exatamente para proporcionar a entrada organizada, planejada e efetiva da criatividade, da inovação e da tecnologia no ambiente jurídico.

No universo jurídico, grande parte dos maiores desafios atuais não está relacionada com questões técnicas, mas sim com a necessidade de desenvolvimento e de atuação voltada para a compreensão de dados, da tecnologia, das pessoas e do negócio.

Além disso, é importante ter essa compreensão e atenção em conjunto, com um olhar holístico, já que o entendimento desses aspectos de maneira isolada nos levará a conclusões que são, do mesmo modo, isoladas e, como tais, incapazes de aumentar a eficiência do Jurídico.

Essa atuação, até então inédita, exige um modelo de gestão que inclua mais do que somente a "bolha jurídica"; a visão do advogado e do time jurídico deve ser institucional e global – um bom exemplo é o do time jurídico que administra um contencioso de alta complexidade. Nesse caso, a visão estratégica global será essencial para a condução dos trabalhos, de modo a extrair o melhor resultado possível de acordo com o cenário em que a área se encontra, e, além disso, para entregar resultados que de fato estejam conectados com os objetivos da empresa ou escritório.

É nesse contexto de inovação, mudança e desconforto que surge a necessidade de implementação da área de *Legal Ops* no escritório ou empresa… Pensar em inovação é pensar em eficiência: como fazer nosso trabalho da melhor maneira, com mais facilidade, gastando menos tempo nas tarefas repetitivas, sendo mais efetivo e fazendo sobrar tempo para olhar com maior cuidado e dedicação os temas mais complexos e estratégicos?

---

[4] Disponível em: https://www.cnj.jus.br/wp-content/uploads/2023/09/sumario-executivo-justica-em-numeros-200923.pdf, p. 11.

Para ser mais eficiente e obter alta performance jurídica, é primordial que se tenha dados e informações para medir o desempenho do trabalho feito pelos advogados da equipe. A área de *Legal Ops* vai permitir que esses dados sejam conhecidos e medidos por meio da implementação de métodos e/ou ferramentas que irão ajudar o time de advogados a entender o volume, a qualidade e o resultado do seu trabalho. A partir daí, a equipe poderá focar no desenvolvimento e na otimização de processos para atingir o máximo de eficiência e utilizar a tecnologia como aliada.

Dizendo de outra forma, *Legal Ops* surge com a necessidade de inserção efetiva de métricas e de inovação no universo jurídico. Ademais, a necessidade da área advém da demanda pela implementação de um modelo de gestão que irá entender o Jurídico de maneira sistêmica e otimizar os processos internos para que o tempo de trabalho dos advogados possa ser utilizado com foco nas atividades estratégicas, além de fornecer dados estruturados e padronizados para viabilizar a tomada de decisão de maneira assertiva.

O momento de criação da área de *Legal Ops* também passa pela análise da necessidade de o Jurídico deixar de atuar como "ferramenta acessória", ou seja, agindo quando já instalado o problema, e se tornar efetivamente parceiro do negócio. *Legal Ops* retira o time jurídico de uma posição subsidiária e o inclui, desde o início, na participação das decisões e na criação de ideias para o desenvolvimento da empresa ou do escritório.

A área dá suporte às operações jurídicas, mas não como objetivo-fim, e sim como meio de se obter alta performance e entrega de resultados de acordo com a estratégia do negócio e/ou escritório; a sua função é tática, e não operacional.

Além do que já vimos, a área de *Legal Ops* também é essencial na demonstração do valor do Jurídico para a empresa. O que vemos hoje são empresas em que a constante é a necessidade de redução de custos e a busca de aumento da lucratividade. Nesse sentido, os dados geridos e organizados por *Legal Ops* servem para demonstrar o valor que o respectivo time jurídico agrega à empresa ou ao escritório, bem como para fomentar a sua integração e proximidade com a atividade central da organização. Em tempos de inteligência artificial, isso é especialmente importante.

Portanto, em linhas gerais, temos que a busca por alta performance jurídica, a implementação de modelo de gestão integrado com uso de tecnologias e inovação e a demanda por demonstração do valor do Jurídico e sua transformação em parceiro do negócio são fatores externos relevantes que demonstram o "momento/necessidade" de implementação da área de *Legal Ops*.

Quanto à questão do "momento/quando", para iniciar uma área de *Legal Ops*, somos da opinião de que não há um momento único e exato para tal. No entanto, por tudo o que dissemos ao longo deste artigo, a necessidade de se ter uma área que meça dados, faça a gestão de indicadores e estabeleça processos é urgente, especialmente se o Jurídico interno, o escritório ou a empresa quiser se manter relevante e alinhado com as necessidades do mundo em que vivemos atualmente.

É preciso entender que a resposta sobre "quando implementar uma área de *Legal Ops*" é variável e individual, mas atravessa necessariamente a constatação de que a nossa realidade mudou e precisamos nos adaptar.

Esse "quando" pode ser visto, por exemplo, no momento em que a empresa ou o escritório realiza perguntas que já não são mais assertivamente respondidas pelo Jurídico, pois as informações estão dispersas, despadronizadas e não são capazes de compreender a estratégia do negócio com um olhar integral. Essa mesma resposta também pode ser obtida a partir da dificuldade encontrada em demonstrar a efetividade e a importância da área jurídica para a corporação.

Para não correr o risco de obter a falsa impressão de que o momento não é o adequado, é preciso ter cautela para não serem estabelecidos objetivos inflexíveis e superestimados sem a devida atenção para as dores e capacidades específicas e individuais da empresa ou do escritório, já que as expectativas estarão em desacordo com o que efetivamente é possível e também necessário alcançar.

Nós, advogados, já estamos com sobrecarga de dados e somos constantemente questionados sobre como tornar o processo mais eficiente. Assim, a despeito da importância de se perguntar sobre o cenário em que o Jurídico se encontra, é preciso se colocar em ação.

Claro que, num *mundo ideal*, assim que identificada essa necessidade de organização de dados, processos e inserção de inovação, haveria orçamento específico, contratações especializadas e seria possível "parar a máquina" para analisar os passos a serem dados. Porém, na maior parte dos casos, estamos com o carro em movimento enquanto precisamos trocar os pneus. A operação está acontecendo, os problemas jurídicos se acumulando e precisamos estabelecer a área de *Legal Ops*. Diríamos mais, a implementação de uma área de *Legal Ops*, na maioria das vezes, é feita com o carro não somente em movimento, mas em movimento acelerado! Ainda assim, acreditamos que isso não pode ser um obstáculo intransponível, não podemos esperar por respostas ideais para começar.

É muito comum que, como operadores do Direito, não aceitemos o "erro" como uma possibilidade. Ao contrário, a tônica é de que busquemos nos cercar de todas as análises e possibilidades para evitar que a falha ocorra. No entanto, embora seja um grande desafio, fato é que na implementação de práticas inovadoras é preciso aceitar o "erro" como parte da rotina.

As perguntas, as tentativas e uma eventual falha – que, na verdade, se trata de uma conclusão de *como não fazer* e, como tal, acaba por ser uma resposta positiva – são mais importantes do que o processo perfeito. Até mesmo porque a realização de perguntas para melhorar a performance também é um indicativo da maturidade do Jurídico sobre a necessidade de se dar um próximo passo voltado para a implantação da área de *Legal Ops*.

É preciso ter cuidado para não se agarrar a uma questão operacional como barreira, pois isso pode transformar o processo na tentativa de entrega de um projeto perfeito e idealizado, caso em que a busca por concretizar apenas o modelo ideal irá impedir qualquer avanço, seja de que importância e tamanho for.

Para a implementação de uma área de *Legal Ops* será necessário encarar o *mundo possível* no qual pequenas mudanças, mediante a utilização dos processos já existentes, representam grandes vitórias, e esse mundo é certamente variável conforme o contexto individual de cada empresa ou escritório.

Dentro desse *cenário possível*, a gestão e a organização do conhecimento e da informação já existente permitirão que se passe ao próximo passo da atividade sem retomar repetidamente o estágio anterior. Para que isso ocorra, será preciso internalizar a ideia de que as estruturas não mais precisam, necessariamente, ser verticalizadas, cenário em que os papéis de cada um estão especificados detalhadamente e o modelo de pirâmide prevalece, de modo que quem está na base dificilmente consegue colaborar com ideias ou participar de projetos que estão fora do previsto em seu escopo de trabalho. Redes de cooperação, ou seja, o estabelecimento de conexão entre profissionais diferentes, com incentivo à multidisciplinaridade, serão imprescindíveis não apenas para facilitar, mas para possibilitar que o processo de implementação da área de *Legal Ops* ocorra.

Exemplificando o descrito *supra*, em situação hipotética na qual o Jurídico está encontrando dificuldades em cumprir ordens judiciais no prazo legal, a área de *Legal Ops* precisa se relacionar com o responsável pelo recebimento das correspondências, entender o procedimento realizado desde o ingresso do primeiro documento que dá o *start* no fluxo e seguir coletando informações de todos os passos sucessivos. A área de *Legal Ops* conseguirá fazer isso mediante conexão e contato com todos os profissionais e as áreas responsáveis na empresa pela cadeia de recebimento das ordens judiciais, para só então organizar esse conhecimento e pensar em eventual mudança que possa alcançar maior eficiência. A cooperação de todos os envolvidos, portanto, é fundamental.

Levando tudo o que dissemos em conta, para o leitor que se questiona se é o momento de iniciar a área de *Legal Ops* no seu Jurídico interno ou escritório, em vez de uma resposta pronta, propomos que você encare e responda às seguintes perguntas:

- O Jurídico em que você trabalha está adaptado ao ambiente criativo e inovador que revolucionou e continua revolucionando a prática do Direito?
- Já é realidade da sua empresa ou do seu escritório o uso de um modelo de gestão integrado com o uso de tecnologias e inovação adequadas às suas necessidades?
- Você consegue responder se alcançaram alta performance jurídica e se os resultados obtidos pelo Jurídico estão alinhados com a estratégia e os objetivos da empresa?

Caso você não tenha respondido "sim" para essas perguntas, o seu "quando começar uma área de *Legal Ops*" já tem resposta. Mãos à obra!

REFERÊNCIA

CNJ. *Sumário Executivo – Justiça em números 2023*. Disponível em: https://www.cnj.jus.br/wp-content/uploads/2023/09/sumario-executivo-justica-em-numeros-200923.pdf. Acesso em: 14 maio 2024.

13

Criando uma boa gestão de escritórios externos a partir de processos definidos

Maria Eliza Belotto Farran[1]

Uma das dificuldades mais comuns que um advogado interno pode encontrar ao longo de sua carreira *in-house* é gerir de forma eficiente seus escritórios externos. Essa dificuldade pode aparentar ter raízes diferentes: carteira de processos muito extensa, pluralidade de escritórios que auxiliam no patrocínio das ações, alta demanda consultiva de seus *stakeholders*, falta de visibilidade da própria carteira ou até falta de priorização nessa gestão. Mas, se eu disser que, frequentemente, essa dificuldade tem uma raiz única, você acreditaria? Grande parte das vezes, o que falta é ter bons processos definidos, interna e externamente. Desenhar tanto o seu quanto o fluxo de trabalho que você espera de seus parceiros de negócios pode ajudá-lo, e muito, a fazer essa gestão de forma eficiente, de maneira que lhe traga resultados.

É claro que apenas processos claros desenhados não bastam. É necessário ter rotina nessa gestão e, por isso, a periodicidade e a disciplina precisam fazer parte do seu dia a dia. É essencial, também, que se tenha transparência com os parceiros e, de forma alguma, deve-se evitar conversas difíceis. Com isso em mente, o dia a dia de quem trabalha fazendo essa gestão deve melhorar significativamente.

1. DESENVOLVENDO O PROCESSO

1.1 Definindo objetivos

Constantemente vejo uma tendência de algumas pessoas em querer "começar pelo começo". Isso pode resultar em um foco prematuro nos detalhes operacionais, sem uma compreensão clara dos objetivos gerais e das expectativas em relação aos escritórios externos. Antes de mergulhar nos detalhes de como os processos devem ser executados, é fundamental dedicar tempo para entender qual é o grande objetivo por trás da gestão dos escritórios externos. O que se espera alcançar com essa parceria? Quais são os resultados desejados?

---

[1] Gerente Jurídica Sênior na 99/DiDi. Bacharel em Direito pela PUC-SP, especialista em Direito do Trabalho pela FGV-SP e em Direito Empresarial pelo Insper.

Somente depois de ter uma visão clara desses objetivos é que se pode começar a desenvolver processos específicos para alcançá-los. Isso garante que estes sejam direcionados para os resultados desejados e evita o risco de se perder em atividades que não contribuem efetivamente para esses objetivos.

Portanto, em vez de começar pelo "como", é essencial começar pelo "porquê". Entender o propósito e os resultados esperados fornecerá uma base sólida para o desenvolvimento de processos claros e eficazes que impulsionarão o sucesso da gestão de escritórios externos. Importante ver que os "porquês" de cada um muda: para alguns, será a redução de custos, aumento da eficiência operacional; para outros, pode ser até a melhoria na qualidade do serviço jurídico prestado.

1.2 Analisando as necessidades e as expectativas

Entenda quais são suas necessidades e expectativas, assim como do jurídico interno e da empresa como um todo. Isso pode envolver a identificação de áreas de prática jurídica que requerem suporte externo, a avaliação de recursos e competências necessárias nos escritórios externos e a definição de critérios de seleção para escolher os parceiros adequados. Invista tempo entendendo e alinhando as expectativas de todos os envolvidos no processo de gestão.

1.3 Atribuindo responsabilidades e prazos

Cada processo deve ter responsabilidades claramente atribuídas a indivíduos ou equipes específicas, com prazos para a conclusão de cada etapa. Isso ajuda a garantir que todos saibam o resultado (seja um serviço único ou contínuo) que se espera, e quando e como as tarefas devem ser concluídas.

Ao desenvolver esses processos, é importante envolver todas as partes interessadas relevantes ou que tenham alguma participação nessa gestão: advogados internos, gerentes de projeto, líderes de equipe e, é claro, os próprios escritórios externos. Isso garantirá que os processos sejam realistas, práticos e adequados às necessidades específicas da organização.

1.4 Documentando os processos

Se há uma dica que posso considerar de ouro, é esta. Uma vez que os objetivos e as necessidades tenham sido claramente definidos, e todos saibam suas responsabilidades, é hora de documentar os processos de gestão de escritórios externos. Isso inclui detalhar cada etapa do processo, desde a seleção inicial dos escritórios externos até a avaliação contínua de seu desempenho. A documentação deve ser clara, concisa e acessível a todos os envolvidos.

Essa documentação garante, no mínimo: **(i)** padronização e consistência – todos seguem as mesmas diretrizes e os mesmos procedimentos; **(ii)** clareza e transparência – todos sabem o que se espera das partes envolvidas; **(iii)** facilidade de treinamento e integração – novos membros se familiarizam de maneira muito mais rápida; **(iv)** melhoria contínua

– cria-se uma base de avaliação, facilitando a visualização de ineficiências e oportunidades de automatização; e (v) redução de riscos – é mais difícil haver erros quando há um desenho claro de cumprimento de etapas e responsabilidades.

Documentar todo o processo se torna ferramenta valiosa que proporciona uma base sólida para o sucesso a longo prazo da colaboração entre o Jurídico interno e seus parceiros externos.

1.5 Implementando monitoramento e reportes

O monitoramento regular do desempenho dos escritórios externos por meio de relatórios (ou outras formas de reporte) permite avaliar sua eficiência, qualidade e conformidade com os padrões estabelecidos. Isso ajuda a identificar áreas de melhoria e oportunidades de otimização, garantindo que os escritórios externos estejam cumprindo adequadamente suas responsabilidades e contribuindo para os objetivos da organização.

Além disso, os reportes periódicos fornecidos podem proporcionar *insights* valiosos não apenas sobre o desempenho e a eficácia dos escritórios, mas permite que os gestores tomem decisões fundamentadas e estratégicas com base nos dados coletados. É possível identificar tendências, padrões e áreas problemáticas que exigem atenção especial, orientando, assim, a alocação de recursos e o desenvolvimento de ações de melhoria.

Esse monitoramento constante por meio dos reportes também promove a transparência e a prestação de contas em relação às atividades dos escritórios, criando um ambiente de confiança e colaboração.

2. MANTENDO A GESTÃO DE PROCESSOS DEFINIDOS: A ROTINA E A COMUNICAÇÃO EFETIVA

Além de definir processos claros, é fundamental estabelecer uma rotina consistente para a gestão de escritórios externos. Isso inclui a definição de prazos regulares para revisões de desempenho, reuniões de acompanhamento interna e externa e atualizações de *status*. Ter uma rotina estabelecida ajuda a garantir que nada fique pelo caminho e que todos os envolvidos estejam alinhados e informados sobre o progresso dos processos.

É extremamente necessário entender como aquele processo tem sido realizado. O que tem funcionado muito bem? Isso pode ser replicado para os demais? E quais as dores encontradas? Não há problema algum em mudar a rota e redesenhar seus processos quando eles já não se mostrarem suficientes.

Mas, para entender esse diagnóstico, é preciso ter disciplina, que representa papel crucial nessa equação. É importante aderir rigorosamente à rotina estabelecida, mesmo quando surgirem desafios ou contratempos inesperados – o que é extremamente comum. Isso requer comprometimento e dedicação por parte de toda a equipe envolvida na gestão de escritórios externos. E dessa forma que os processos evoluem.

Ainda, a transparência e a comunicação aberta são elementos-chave para o sucesso de qualquer gestão de escritórios externos. Isso envolve compartilhar informações relevantes de maneira clara e oportuna, bem como manter linhas de comunicação abertas entre o Jurídico interno e os escritórios externos.

Uma prática recomendada é realizar reuniões periódicas de *status*, em que haja discussão de progresso dos processos, identificação de quaisquer problemas ou preocupações e colaboração na busca de soluções. Além disso, é importante estabelecer canais de comunicação eficazes para lidar com questões urgentes ou imprevistas que possam surgir durante o curso dos processos. Não tenha medo de ter conversas difíceis com quem você espera um resultado, principalmente com escritórios externos. Escolha parceiros que naturalmente se sintam parte da organização com você. Aqueles que vão entender suas prioridades e que trabalhem juntos para resultados.

CONCLUSÃO

Criar uma boa gestão de escritórios externos a partir de processos definidos é fundamental para o sucesso profissional, que, consequentemente, promove o sucesso do Jurídico e da empresa como um todo. Ao desenvolver processos claros, implementar uma rotina consistente e fomentar a transparência e a comunicação aberta, os advogados internos podem garantir que os escritórios externos estejam alinhados com seus objetivos e trabalhando de maneira eficiente para alcançá-los. Essa abordagem não só melhora a eficiência operacional como também fortalece as relações com os parceiros externos e contribui para resultados mais positivos em longo prazo. Não tenha medo de colocar no papel e redesenhar seu processo de gestão quantas vezes for preciso. Gaste tempo pensando em cada uma das etapas faladas aqui: uma vez bem estruturado, não há dúvidas de que você trará eficiência para o seu dia a dia.

14

Estruturando processos para uma consultoria jurídica eficiente

Fernanda Freitas[1]
Karina D'Ornelas[2]

INTRODUÇÃO

Não é novidade que, tanto no ambiente corporativo quanto nos escritórios de advocacia, a busca pela melhor eficiência traduz um comportamento estimulado muitas vezes no seu limite. Organizar pessoas, estrutura e processos para desenvolver atividades de forma certa com o menor uso de recursos e tempo possível requer do gestor uma atuação que aprofunde conceitos de gestão mais tradicionais e vá muito além de competências técnico-jurídicas. A criação de efetivo valor para o negócio, mediante iniciativas e procedimentos com reflexo direto em eficiência, muitas vezes, demanda pensamento e ação sequenciais que extrapolam a zona de conforto de boa parte dos líderes de jurídicos corporativos.

Gerir orçamentos apertados, lidar com um mercado de trabalho estruturado em desafios educacionais, ter o olhar do negócio do seu cliente – interno ou externo – como principal referencial, tratar com relevância temas humanitários, conseguir se comunicar com eficácia com os mais diversos interlocutores são elementos que por vezes parecem não caber em uma receita com medidas minimamente estabelecidas, na busca pelos resultados esperados dos gestores jurídicos. Uma mistura robusta e responsável requer dimensionar adequadamente

---

[1] Advogada, graduada pela Universidade do Estado do Rio de Janeiro – UERJ. Pós-graduada em Direito Tributário pelo Instituto Brasileiro de Estudos Tributários – IBET e em Direito Societário e Mercado de Capitais pela FGV Direito Rio Escola de Desenvolvimento Profissional. LLM em Corporate Law pela New York University. Mestre em Direito da Regulação pela FGV Direito Rio. MBA em Varejo Físico e Digital pela USP/Esalq. Atualmente, é Diretora Jurídica no Grupo Soma e Presidente do Conselho de Administração no Pro Criança Cardíaca.

[2] Advogada, graduada pela Universidade Federal do Rio de Janeiro – UFRJ. Pós-graduada em Direito Civil-Constitucional pela Universidade do Estado do Rio de Janeiro – UERJ. Especializações em Direito Ambiental e Direito Empresarial pela FGV Direito Rio. Pós-graduanda em Direitos Humanos, Responsabilidade Social e Cidadania Global pela Pontifícia Universidade Católica do Rio Grande do Sul – PUCRS. Mestranda em História da Arte na Escola de Belas Artes da UFRJ, onde estuda conflitos políticos e socioculturais. Atualmente, Consultora Jurídica Sênior em sustentabilidade corporativa no Grupo Soma. Integra o Subcomitê de Ética da Companhia e o Comitê de Ética do Pro Criança Cardíaca. Conselheira do Capitalismo Consciente da Filial Santa Catarina.

todos os ingredientes em etapas, de maneira estratégica e estruturada, para que se alcance soluções transformacionais.

Por mais instigante que seja a tarefa de encontrar o equilíbrio na organização de um time jurídico, identificando a variedade de profissionais necessária para tocar as demandas a que a organização está sujeita e balanceando-a com os serviços externos contratados – tudo limitado pela não rara escassez de recursos alocados à área –, os desafios do gestor jurídico não se encerrarão aí. Na verdade, esse é apenas o começo.

A sensação é de que as empresas nunca passaram por tantas provações como ultimamente. Combinações de negócios em meio a múltiplas operações diversificadas são cada vez mais frequentes. A pressão regulatória atenta à busca por investimentos mais responsáveis, aliada às mudanças no comportamento do consumidor, gera novas ambições. A noção de risco ganha contornos jamais vistos diante de fatores como eventos climáticos extremos e uma competição de mercado cada vez mais acirrada. Essas realidades impactam não apenas as áreas essenciais do negócio, mas também funções estratégicas de suporte, como o Jurídico.

Desenvolver soluções criativas e garantir velocidade nas respostas tornou-se ainda mais essencial. O Jurídico, atento a tais transformações, assume o compromisso de ser um catalisador de soluções, facilitando a execução do planejamento estratégico da organização, em vez de ser uma fonte de obstáculos. E, se a capacidade de priorização de demandas e direcionamento de urgências já era habilidade inerente da respectiva área[3], atualmente a adoção de variadas técnicas de gestão torna-se crucial para a obtenção da efetiva eficiência, dado que a necessidade de resolução de temas com os mais variados e singulares desafios, dentro de prazos que parecem não encontrar espaço nas 24 horas de um dia, tem sido cada vez mais recorrente.

Mas como estruturar processos capazes de sustentar não apenas a segurança jurídica tão almejada, mas também agilidade e criatividade diante do atual cenário? Como lidar com demandas cada vez mais complexas e não gerar novos ofensores, como custos não orçados ou dificuldades na gestão do tempo e das prioridades? Além disso, como manter uma equipe conectada, motivada e de alto impacto diante de novas expectativas e novos referenciais de trabalho?

1. OS CONCEITOS DE *LEGAL OPERATIONS* E A EFICIÊNCIA NA GESTÃO JURÍDICA

A maturidade profissional e a consciência do contexto cultural, político e econômico em que estamos inseridos nos levam a reconhecer que riscos e vulnerabilidades também

---

[3] GRUPO DE JURÍDICOS INTERNOS. O Departamento Jurídico e a arte de lidar com demandas urgentes. *JOTA*, jun. 2023. Disponível em: https://www.jota.info/opiniao-e-analise/artigos/o-departamento-juridico-e-a-arte-de-lidar-com-demandas-urgentes-30062023. Acesso em: 18 mar. 2024.

guardam grandes oportunidades[4] para buscar novos conhecimentos e entender que nem sempre a solução se encontra nos melhores manuais já escritos. É preciso mergulhar fundo nas peculiaridades de cada organização para um mapeamento adequado das suas dores e possibilidades, começando pelas situações que merecem atenção mais imediata e perseguindo saídas que, uma vez identificadas, representarão apenas uma lapidação da estratégia definida.

Os conceitos de *Legal Operations* trazidos com mais força nos últimos anos no cenário brasileiro refletem um cenário rico para o estabelecimento de processos internos que gerem o tipo de eficiência que hoje se requer dos jurídicos corporativos. E, naturalmente, é muito sedutor ao respectivo gestor ter a possibilidade de estar em um ambiente corporativo que estimule, com recursos adequados, o desenvolvimento de competências de gestão de finanças, planejamento estratégico, análise de dados e gerenciamento de projetos, tudo alinhado com a tecnologia necessária para abraçar essas atividades na sua maior potência.

Na prática, ter na área profissionais dedicados a possibilitar que a equipe entregue mais resultado, no menor tempo e com a maior otimização de recursos, implementando conceitos sofisticados de gestão jurídica e se mantendo engajado, é privilégio de um grupo de times ainda restrito. De fato, nem sempre é possível começar com uma área de *Legal Operations* estruturada, como as melhores diretrizes indicam. O direcionamento de recursos internos para contratação de um líder específico para essa área e a formação de um time mínimo para o direcionamento das demandas que essas atividades envolvem não costumam ser uma realidade acessível, em um primeiro momento, para grande parte das empresas. É um caminho que, em regra, se constrói aos poucos.

Assim, a criação imediata de uma célula específica de *Legal Operations* pode não ser a saída mais adequada a todos os ambientes jurídico-corporativos. Ao menos não em uma fase inicial. Em muitas situações, é necessário buscar soluções alternativas que correspondam ao referencial mais adequado para o cenário posto, consideradas as peculiaridades daquele ambiente. O desafio, portanto, é superar o modelo mental tradicional de que uma organização não deve se dedicar a esse tipo de estratégia simplesmente pelos entraves naturais que, a princípio, poderiam impedi-la de atingir os melhores níveis de aplicação dos conceitos de *Legal Operations* desde o marco zero. **Mas como, então, efetivamente implementar conceitos de *Legal Operations* sem uma área dedicada e com recursos limitados?**

2. REFERENCIAL REAL: *LEGAL OPERATIONS* PARA O AMBIENTE DE UM JURÍDICO CORPORATIVO

Para ilustrar esse tipo de situação, partimos aqui de um referencial real: um jurídico já dimensionado de maneira razoavelmente adequada para as demandas da empresa, estruturado de forma a privilegiar a atuação dos seus integrantes dentro de suas *expertises*, em

---

[4] BELLAGUARDA, Flávia. Mudanças climáticas – a ousadia de pensar e agir diferente. *Ateha Life*. Disponível em: https://ateha.life/empreendedorismo-de-impacto/a-ousadia-de-ressignificar/. Acesso em: 18 mar. 2024.

equipes individualizadas por áreas de atuação, que absorva internamente muitas das tarefas jurídicas tradicionais, mas que também conte com o apoio de consultorias externas em temas específicos. É o caso de um time jurídico que evoluiu até encontrar essa estrutura sólida, condizente com o porte e os tipos de demandas que lhe são apresentadas, e que, com o tempo, se viu apto a dedicar-se a iniciativas que trouxessem efetiva sofisticação à sua atuação, em busca de um nível de eficiência mais profundo.

Nesse caso específico, em determinado momento, os conceitos de *Legal Operations* passaram a alcançar o time de maneira transversal e orgânica. O tema surgiu inicialmente em interações com potenciais prestadores de serviços na apresentação de ferramentas de tecnologia capazes de simplificar fluxos e procedimentos do setor, reforçando conceitos como a utilização de dados para tomada de decisões e o uso de métricas para medição das atividades da área. Nesse mesmo tempo, especialmente a liderança do time passou a participar de eventos dedicados ao assunto e as interações com o mercado evoluíram para reuniões direcionadas com outras empresas, para melhor compreensão da experiência de cada uma. **Essa foi a etapa de ambientação sobre o tema.**

E aí já estava fomentado um interesse inicial por buscar o "novo" para a área, capaz de motivar o grupo a explorar possibilidades de implementar uma estrutura que trouxesse conceitos de *Legal Operations* e fizesse sentido para aquele ambiente. Já se tinha a dimensão de que a formação imediata de uma célula dedicada a esses procedimentos não seria o referencial do time e que o caminho a percorrer dependeria de soluções que considerassem, de forma específica e criativa, o perfil daquele grupo.

Nesse contexto, passou-se a dedicar tempo à avaliação das características e necessidades da equipe, identificando suas principais dores. Afinal, já se entendia que o primeiro momento da adoção desses novos conceitos não contemplaria todas as doze competências[5] sugeridas pelo *Corporate Legal Operations Consortium* (CLOC)[6], fundado em 2010, nos Estados Unidos, e tido como referência sobre o tema, mas que parte daqueles referenciais que de fato seriam úteis para o direcionamento das questões que ainda poderiam ser aprimoradas naquele ambiente.

A liderança da área, então, passou a realizar encontros periódicos com todo o time e com clientes internos, para identificar os tópicos mais sensíveis a serem explorados e que mereceriam dedicada urgência na solução. Por exemplo, os debates deixaram evidentes ineficiências de parâmetros e procedimentos de acompanhamento das despesas com fornecedores da área, o que demandava um controle financeiro específico do Jurídico e

---

[5] As doze competências sugeridas pelo CLOC são: "Optimization & Health", "Training e Development", "Knowledge Management", "Practice Operations e Project Management", "Strategic Planning", "Service Delivery Models", "Firm & Vendor Management", "Technology", "Business Intelligence", "Financial Management" e "Information Governance", cujas traduções e conceituações poderão ser mais bem compreendidas no editorial da *CLOC Brasil Insights*. Disponível em: https://www.legaloperations.com.br/cloc-brasil-insights-jota. Acesso em: 18 mar. 2024.

[6] Disponível em: https://cloc.org/. Acesso em: 18 mar. 2024.

independente daqueles realizados pela empresa como um todo, bem como a implementação de mecanismos de gestão de parceiros.

Verificou-se também a necessidade de nivelamento do time em relação a conhecimentos úteis para o desenvolvimento de atividades típicas de um jurídico corporativo, como o uso de planilhas, a elaboração de apresentações e o desenvolvimento de *soft skills*, chamando a atenção para oportunidades no âmbito de treinamento e desenvolvimento do time. Da mesma forma, ficou evidente a necessidade de padronizações em determinados posicionamentos jurídicos perante os clientes internos, ressaltando a necessidade de aprimoramento na gestão do conhecimento do próprio Jurídico. **Essa foi a etapa de observação e mapeamento.**

Essa fase trouxe a percepção de que o time ainda não estava pronto para viabilizar um projeto envolvendo *Legal Operations* na sua essência. Os conceitos sobre o tema ainda não permeavam o vocabulário da equipe, que se mostrava carente de maior envolvimento no assunto. A busca pelo engajamento dos colaboradores da área notoriamente dependia de maior entendimento da importância das ações que já tinham sido mapeadas pela liderança. Nesse sentido, tornou-se evidente a necessidade de promover capacitações e *workshops* para disseminar o conhecimento necessário e alinhar as práticas diárias da equipe com as demandas de *Legal Operations*.

A boa notícia é que o mercado estava àquela época – e notadamente ainda está – sedento pela troca de informações e experiências sobre o assunto. O Jurídico conseguiu evoluir no seu letramento sobre *Legal Operations* com a participação de outros *players* de mercado, que se disponibilizaram a compartilhar a sua jornada na busca da implementação de mecanismos de eficiência jurídica. Aqui, vale reforçar como um traço forte dessa jornada a importância de reaprender a escutar e dialogar, investindo-se na força das conexões e nos sinais de avanço. Acreditar na colaboração entre diferentes times jurídicos para a implementação de soluções inovadoras.

Em paralelo, o time teve a possibilidade de participar de eventos e seminários externos sobre o tema, que contribuíram para trazer visões diferentes acerca das mais diversas vertentes de *Legal Operations*, permitindo-os formar uma massa crítica quanto ao que de fato já se alinhava com as necessidades do time e aquilo que poderia aguardar uma nova oportunidade para ser explorado. **Essa foi a etapa de letramento do time.**

Todas essas fases foram essenciais para que se alcançasse o nível de maturidade certo da liderança e da equipe para conduzir o projeto de trazer ao Jurídico atividades de melhoria contínua, que buscassem integrar as diversas especialidades de cada integrante e envolver ainda mais o time jurídico com outras áreas da companhia, causando real impacto em termos de entrega de valor para a empresa, tangíveis e intangíveis, nas suas mais variadas possibilidades. Cada novo conhecimento vinha acompanhado da curiosidade em saber mais sobre o assunto, o que, por sua vez, passou a se revestir de novas ideias para implementação daquele projeto, de modo que ele pudesse trazer ainda mais benefícios para a área.

Nessa nova etapa, era necessário definir como operacionalizar tudo aquilo que já tinha sido absorvido, especialmente considerando o referencial de não se despender, ao menos em um primeiro momento, recursos financeiros relevantes para a viabilização da empreitada. Afinal, no ambiente corporativo, muitas vezes os projetos precisam de alguma materialização para se mostrarem viáveis e atraírem o interesse de setores responsáveis pela alocação de recursos na organização.

Sem prejuízo dos aspectos positivos de outras formas de organização, a divisão do time por áreas de especialidade traz inúmeros benefícios, notadamente em relação à qualidade do serviço prestado ao cliente interno. Com profissionais capazes de entender as singularidades do negócio e transitar em mais de uma especialidade, mas também com conhecimento específico em determinados temas, alia-se a agilidade demandada dos jurídicos corporativos e o grau mais adequado de profundidade que muitas demandas requerem. Nessas situações, é possível direcionar temas razoavelmente complexos dentro da própria área, concentrando a contratação de assessores externos apenas em assuntos mais específicos.

Ocorre que essa forma de divisão do Jurídico também traz desafios. Em determinados casos, a depender do nível de independência de cada área dentro do próprio time e da dinâmica empregada no desenvolvimento dos trabalhos do setor, o isolamento dos profissionais em células de especialidade pode gerar distanciamento entre os diferentes núcleos do próprio Jurídico. Os vínculos estabelecidos entre os membros do mesmo núcleo tendem a ser mais fortes do que aqueles estabelecidos com os demais membros, muitas vezes prejudicando a integração da área jurídica como um todo.

O ambiente jurídico aqui utilizado como referência buscou aliar a implementação de iniciativas de *Legal Operations* com a visão de que, para o projeto acontecer e trazer os resultados esperados, as pessoas precisariam atuar de maneira transversal, isto é, os diferentes times internos precisariam trabalhar em conjunto e criar novos núcleos entre si. Outro traço forte dessa trajetória é a visão de que a combinação de profissionais com as mais diversas especialidades, habilidades e interesses dentro daquele time jurídico seria rica para trazer maior inovação à área, sob o racional de que perspectivas diferentes trazidas por um grupo diversificado de talentos tendem a gerar soluções mais inovadoras e assertivas[7].

Nesse contexto, o desenvolvimento do projeto de *Legal Operations* no referido ambiente jurídico considerou a divisão do time em grupos específicos (denominados *Squads*), cada um coordenado por duas líderes do setor e composto por integrantes de cada uma das áreas internas. Assim, por exemplo, um dos *Squads* tem como cocoordenadoras as lideranças das áreas trabalhista e de contratos e contou com integrantes provenientes das áreas imobiliária, societária, cível, de propriedade intelectual, entre outras. Outro *Squad* conta com as lideranças das áreas societária e imobiliária e com integrantes provenientes das áreas de contratos, trabalhista, cível e internacional, entre outras. E assim por diante. **Essa é a etapa de formação dos *Squads*.**

---

[7] CAMPOS, Dilma. Termômetro da diversidade ajuda empresas a avançar na agenda ESG. *Revista HSM Management*, mar. 2024. Disponível em: https://www.revistahsm.com.br/post/termometro-da-diversidade-ajuda-empresas-a-avancar-na-agenda-esg. Acesso em: 18 mar. 2024.

Considerando os temas prioritários identificados na etapa de observação e mapeamento, foram criados quatro *Squads*, sendo um deles dedicado ao tema da Gestão Financeira e de Fornecedores, outro ao tema de Treinamento e Gestão de Conhecimento, um terceiro direcionado para Análise de Dados e o último dedicado a *Visual Law* e *Legal Design*. Esses *Squads* foram estimulados a identificar, dentro dos seus escopos de atuação, uma ampla gama de assuntos que poderiam ser explorados e, com base neles, apresentar projetos estruturados para implementação das ações de *Legal Operations*.

Para ilustrar a dinâmica, o *Squad* de *Visual Law* e *Legal Design* trouxe, para apreciação de todo o time, projetos que consideraram, por exemplo, a criação de uma identidade visual específica para o Jurídico, bem como a seleção de determinadas modalidades de contratos para se iniciar a implementação de conceitos de *Legal Design* nos documentos produzidos pela área. O *Squad* de Treinamento e Gestão de Conhecimento apresentou o projeto de criação de uma biblioteca para o Jurídico, a realização de cursos internos para desenvolvimento de habilidades específicas e até a criação de um *podcast* sobre assuntos jurídicos de interesse da área.

Por sua vez, o *Squad* de Gestão Financeira e de Fornecedores, além de outras frentes, trouxe o projeto de criação de *Business Intelligence* (BI) específico para gestão de orçamento da área e de controle de pagamentos de fornecedores. E, por fim, o *Squad* de Análise de Dados apresentou um projeto de parametrização dos sistemas internos de gestão de contencioso para extração de dados capazes de subsidiar a tomada de decisões, bem como criação de métricas específicas para medição dos resultados do setor. A partir da seleção dos projetos prioritários, cada *Squad* passou a atuar na sua execução, com cronograma e prazos definidos. **Essa é a etapa de implementação**, naturalmente contínua.

Desenvolver os projetos dos *Squads* requer comprometimento e engajamento do time, uma vez que os seus integrantes também são responsáveis pelo desenvolvimento das atividades de rotina do setor, cada um nas suas especialidades. Cabe aos líderes dos *Squads* buscar equacionar as atividades de *Legal Operations* e as demandas decorrentes das áreas de atuação original de cada integrante, sempre em comunicação constante com cada um dos colaboradores.

A estratégia estabelecida considerou que os projetos se encerrariam em um semestre. Os *Squads*, portanto, deveriam atuar de modo que as atividades de *Legal Operations* que estavam em construção em cada núcleo fossem concluídas nesse prazo. No final de tal período, são feitas reflexão de monitoramento do trabalho e avaliação do que foi desenvolvido até então, permitindo a decisão de continuidade do projeto ou do seu encerramento, caso a entrega tenha sido realizada na sua completude. **Essa é a etapa de monitoramento e avaliação.**

A estratégia desenvolvida pelo Jurídico para a implementação inicial de conceitos de *Legal Operations* consistiu, portanto, na seguinte estrutura:

LEGAL OPERATIONS
Etapas de uma implementação em sistema de *Squads*

ETAPA 1	ETAPA 2	ETAPA 3	ETAPA 4	ETAPA 5	ETAPA 6
Ambientação sobre o tema	Observação e mapeamento	Letramento do time	Formação dos *Squads*	Implementação dos projetos	Monitoramento e avaliação

Fonte: Elaborado pela autora Fernanda Freitas.

CONSIDERAÇÕES FINAIS

A dinâmica de *Squads* de *Legal Operations* permite a cada um do time conhecer temas de inovação e gestão de projetos estratégicos, ampliando suas capacidades e possibilidades de atuação de maneira orgânica. Com os primeiros resultados, viu-se uma equipe ainda mais engajada em fazer diferente, em expandir os seus conhecimentos e explorar novos caminhos. Além disso, aquele desafio antes mencionado, de integração do time como um todo, acabou sendo superado com sucesso, na medida em que os *Squads* requerem atuação conjunta e colaborativa. E não menos importante: essa forma de trazer os conceitos de *Legal Operations* para a área permitiu identificar aqueles profissionais que de fato têm interesse e aptidão para – quem sabe um dia – compor uma área especialmente dedicada ao tema.

O projeto é mais complexo do que esse espaço nos permite discorrer e, naturalmente, tem intempéries que poderão ser exploradas em um futuro artigo. De toda forma, os delineamentos apresentados conseguem evidenciar que, mediante uma análise das especificidades e necessidades de cada Jurídico, é possível trazer o tema de *Legal Operations* a uma determinada estrutura sem que, em um primeiro momento, já sejam necessários dispêndios e estruturas que muitas vezes não estão à imediata disposição.

Conforme os caminhos vão sendo desenhados, os receios se transformam em ações, que acabam nos puxando de um lugar desafiador do incômodo para então sermos efetivos e disruptivos. Ao olhar para os talentos de cada integrante do time, criar novas conexões, senso de pertencimento, e investir em conhecimento, torna-se mais fácil e aprazível potencializar os recursos que já estão disponíveis no nosso dia a dia para soluções criativas, sólidas e coerentes, que trarão não só mais eficiência para os setores jurídicos corporativos, mas também engajamento e proficiência.

REFERÊNCIAS

BELLAGUARDA, Flávia. Mudanças climáticas – a ousadia de pensar e agir diferente. *Ateha Life*. Disponível em: https://ateha.life/empreendedorismo-de-impacto/a-ousadia-de-ressignificar/. Acesso em: 18 mar. 2024.

CAMPOS, Dilma. Termômetro da diversidade ajuda empresas a avançar na agenda ESG. *Revista HSM Management*, mar. 2024. Disponível em: https://www.revistahsm.com.br/post/termometro-da-diversidade-ajuda-empresas-a-avancar-na-agenda-esg. Acesso em: 18 mar. 2024.

CLOC BRASIL. *CLOC Brasil Insights*. Disponível em: https://www.legaloperations.com.br/cloc-brasil-insights-jota. Acesso em: 18 mar. 2024.

GRUPO DE JURÍDICOS INTERNOS. O Departamento Jurídico e a arte de lidar com demandas urgentes. *JOTA*, jun. 2023. Disponível em: https://www.jota.info/opiniao-e-analise/artigos/o-departamento-juridico-e-a-arte-de-lidar-com-demandas-urgentes-30062023. Acesso em: 18 mar. 2024.

15

A esteira centralizada de um Canal de *Speak Up* a partir do Jurídico, *Compliance* e *Privacy*

Allan Nascimento Turano[1]
Andressa Guerra Felippe dos Santos[2]

INTRODUÇÃO

A inovação disruptiva proporciona novas tendências tecnológicas que impactam a vida humana, tanto no âmbito pessoal quanto no profissional[3]. Áreas do conhecimento têm se tornado obsoletas, ou passado por sensíveis transformações, e o mercado de trabalho, por sua vez, tem se mostrado cada vez mais exigente quanto aos *hard* e *soft skills* dos colaboradores. Nesse cenário de pressão intensa combinado com as questões sociais vivenciadas, a saúde mental dos colaboradores é temática imprescindível na pauta de ambientes corporativos.

De acordo com a Organização Pan-Americana da Saúde (OPAS), aproximadamente 300 milhões de pessoas no mundo sofrem de depressão e ansiedade[4]. Em complemento, a Organização Mundial da Saúde (OMS) afirma que o investimento em tratamento de saúde e bem-estar mental gera um retorno quatro vezes maior em produtividade[5].

A construção de uma estrutura capaz de incentivar todo o ecossistema de interação da empresa a denunciar os mecanismos de opressão, preconceito, assédio e qualquer outra forma de violência, proporcionando segurança e escuta ativa, além de ser procedimento

---

[1] Advogado e *Data Protection Officer* (*DPO*) da SAF Botafogo. Foi Diretor do Departamento Nacional de Registro Empresarial e Integração – DREI. Doutorando em Propriedade Intelectual e Inovação pelo INPI. Mestre em Direito e Políticas Públicas pela UNIRIO. Possui LL.M em Direito Empresarial pela FGV. Bacharel em Direito pela UFRJ. Professor de Direito Comercial Convidado na FGV e Substituto na UFRJ.

[2] Advogada no Jurídico Geral da SAF Botafogo. Pós-Graduanda em Direito Digital pelo ITS-Rio. Bacharela em Direito pela PUC-Rio. Pesquisadora do Núcleo Legalitè da PUC-Rio. Assistente de ensino da FGV no LL.M. em Direito Civil e Empresarial, com foco em Direito Digital e Societário.

[3] A ideia de inovação disruptiva é explorada por William J. Abernathy e Kim B. Clark no artigo Innovation: Mapping the winds of creative destruction. *Research Policy*, v. 14, Issue 1, North Holland: Elsevier, 1985.

[4] Disponível em: https://g1.globo.com/saude/noticia/2023/02/27/por-que-o-brasil-tem-a-populacao-mais-ansiosa-do-mundo.ghtml. Acesso em: 18 mar. 2024.

[5] Disponível em: https://www.who.int/news/item/13-04-2016-investing-in-treatment-for-depression-and-anxiety-leads-to-fourfold-return. Acesso em: 18 mar. 2024.

mandatório para a manutenção de bons profissionais e um ambiente de trabalho decente[6], tornou-se uma das vertentes de investimento na saúde mental no ambiente corporativo.

O Canal de *Speak Up*, conhecido no Brasil vulgarmente como Canal de Denúncias, é uma exigência legal, que se resume na fixação de uma esteira centralizada para recebimento e acompanhamento de denúncias.

Neste artigo, compartilharemos nossa visão sobre o procedimento de implementação concreto do Canal, desde a sua concepção, passando pela relevância da designação dos membros, até o processo de reavaliação contínua para ajustes em busca da mais ampla efetividade. Por fim, apresentaremos alguns dos desafios identificados na aplicação e na manutenção do procedimento em um ramo de negócio que vem em busca exponencial da profissionalização: o do futebol.

1. RELAÇÃO DO CANAL DE *SPEAK UP* COM O PROGRAMA DE INTEGRIDADE E CONFORMIDADE

A exigência da implementação do Canal de *Speak Up* ganhou maior notoriedade com a Lei n. 14.457/2022, que estabelece diversas obrigações para promoção das mulheres no mercado de trabalho e das condições psicofísicas seguras para a execução do labor. A fixação de procedimentos para recebimento e acompanhamento de denúncias sobre assédio sexual e outras violências no âmbito do trabalho é tratada no art. 23, II, da referida lei[7].

Ocorre que essa lei não surgiu de uma lacuna regulatória. Do contrário, a Lei n. 12.846/2013 – Lei Anticorrupção –, quando sugere a implementação do Programa de Integridade e Conformidade, requer[8], como uma das iniciativas, canais de denúncias seguros e efetivos para uma boa governança. São exemplos de eventos tratados por esses programas: as violações ao Código de Ética e políticas internas, o cometimento de atos ilícitos ou a obtenção de qualquer tipo de vantagem indevida pelos integrantes da empresa.

Evidente, então, a sinergia entre o Canal de *Speak Up* e o Programa de Integridade, sendo certo que o primeiro é englobado pelo segundo, e ambos são fundamentais para a prevenção e a mitigação dos riscos, tais como a aplicação de multas administrativas decorrentes de fiscalização do Ministério do Trabalho e Emprego, um alto *turnover* pela

---

[6] Ressalta-se que Saúde e Bem-Estar, bem como Trabalho Decente e Crescimento Econômico constam nos 17 Objetivos de Desenvolvimento Sustentável da ONU, sendo os Objetivos 3 e 8, respectivamente.

[7] "Art. 23. Para a promoção de um ambiente laboral sadio, seguro e que favoreça a inserção e a manutenção de mulheres no mercado de trabalho, as empresas com Comissão Interna de Prevenção de Acidentes e de Assédio (Cipa) deverão adotar as seguintes medidas, além de outras que entenderem necessárias, com vistas à prevenção e ao combate ao assédio sexual e às demais formas de violência no âmbito do trabalho: (...) II – fixação de procedimentos para recebimento e acompanhamento de denúncias, para apuração dos fatos e, quando for o caso, para aplicação de sanções administrativas aos responsáveis diretos e indiretos pelos atos de assédio sexual e de violência, garantido o anonimato da pessoa denunciante, sem prejuízo dos procedimentos jurídicos cabíveis."

[8] A regulação da legislação era conduzida pelo Decreto n. 8.420/2015, que previra o Programa de Integridade em seu art. 41. Em 2022, o Decreto n. 11.129 revogou integralmente a referida expressão regulatória e passou a dispor do tema a partir do seu art. 56.

inadequação do ambiente corporativo saudável, condutas fraudulentas e antiéticas dos colaboradores e supressão da diversidade e inclusão.

Assim, não basta a mera formalidade e existência, pois um *Compliance* idôneo promove a cultura ética que reflete no dia a dia empresarial e na tomada de decisão da alta liderança (*C-Level*), dos colaboradores e dos parceiros, criando uma sensação de pertencimento e confiança capaz de gerar o sentimento de dono e superar o medo ou o receio de retaliação ou demissão posterior à acusação.

O investimento em um Canal de *Speak Up* íntegro, seguro, imparcial e confidencial, com a escolha cuidadosa dos profissionais competentes como responsáveis pela condução dos casos, incentiva a credibilidade, gera boas condições de trabalho e é parte integrante do gerenciamento dos riscos que demandam intervenção organizacional direta e imediata com medidas disciplinares da apuração dos fatos.

2. POR QUE CENTRALIZAR EM ÁREAS ESTRATÉGICAS?

A confiabilidade do Canal de *Speak Up* tem relação direta com a boa atuação dos profissionais selecionados para a execução da função investigativa em uma comissão de apuração de denúncias, isso porque a confidencialidade procedimental e o bom relacionamento na empresa são requisitos primordiais para a sustentabilidade e a disseminação do mecanismo.

Os profissionais envolvidos, que podem ser internos (funcionário da empresa) ou externos (empresa terceira especializada), devem possuir como *soft skills* boa comunicação, sensibilidade, empatia e equilíbrio emocional, e, como *hard skills*, experiência em investigações internas, compreensão regulatória e sancionatória, certificações e treinamentos atualizados das melhores práticas no procedimento investigativo.

Designada a equipe responsável, é necessário promover a identificação e a atualização do mapeamento dos riscos envolvidos no negócio, pois a atuação não deve se restringir ao formato passivo de recebimento de denúncias, mas também à busca de estabelecer uma relação de confiança entre todas as áreas da empresa. Busca-se agir de maneira proativa e preventiva, e não somente repressiva.

Ademais, o trabalho em tela poderá envolver a elaboração dos seguintes documentos: (i) Regimento Interno da Comissão, utilizado para definir as pessoas envolvidas, as regras e as normas gerais de conduta dos membros; (ii) Plano de Investigação, em que fixa as diretrizes do recebimento à conclusão das denúncias; (iii) Termo ou Cláusula de Confidencialidade e Proteção de Dados, pessoais ou não, para os responsáveis; (iv) Modelo de Relatório das Entrevistas; e (v) Relatório de Conclusão com a sugestão das medidas cabíveis para cada denúncia.

De pronto, pelas atribuições, responsabilidades e competências de cada área corporativa, a primeira correspondência de setor para a composição do *Speak Up* é a área de Integridade e Conformidade, também batizada de *Compliance*, que tem por objetivo criar, difundir e consolidar uma cultura e uma prática de respeito às normas jurídicas e éticas[9]. É dever do *Compliance* aplicar e sancionar aqueles que desviam a conduta, prezando pela reputação e pela integridade do ambiente.

Em seguida, é notória a relevância da contribuição do setor jurídico para o Canal, tendo em vista ser composto por profissionais com capacitação técnica para avaliar as necessárias adequações às normas em geral, em especial nos âmbitos trabalhista, cível, penal e empresarial. A orientação desses profissionais é imprescindível para a definição das medidas cabíveis para as denúncias e o risco de exposição. Por exemplo, em caso de uma investigação de assédio moral que se prove somente por testemunhas e relato da vítima, a demissão do denunciado por justa causa, em caso de judicialização futura, poderá ser revertida a critério do juiz na Justiça do Trabalho.

O *Privacy*, termo estrangeiro usualmente utilizado para qualificar quem trabalha com Privacidade e Proteção de Dados, é um setor relativamente novo no Brasil, que foi impulsionado pela entrada em vigor da Lei Geral de Proteção de Dados Pessoais (Lei n. 13.709/2019). A sua contemporaneidade é combinada com o tratamento de dados pessoais em massa e possui fundamento na garantia de direitos constitucionais.

Considerando o aprimoramento constante de indivíduos com intenções maliciosas capazes de gerar um incidente de segurança, vulgarmente conhecido por uma de suas espécies, o "vazamento" de dados, o *Privacy*, em resumo, se responsabiliza pela adequação às normas e à segurança dos dados no melhor estado da arte para mitigação dos riscos e remediação de incidentes.

Ora, quão sensível é o conteúdo do Canal de *Speak Up* para justificar a presença do *Privacy* na equipe responsável pela apuração da acusação? **Muito sensível.** Os relatos são altamente sigilosos, porque a utilização indevida tem atributo discriminatório e, em muitos casos, de risco à vida. Por exemplo, as denúncias sobre assédio sexual podem causar à vítima um constrangimento irreparável e despertar nela a necessidade de abreviar sua própria existência.

Dadas a relevância e a sensibilidade das questões tratadas, o Canal deve ser conduzido por profissionais experientes e imparciais que tenham autonomia para dialogar entre si sobre as investigações, direcionar o denunciante ao atendimento médico e psicológico necessário e deliberar sobre as ações que serão tomadas pela empresa de forma motivada.

Por fim, o Programa de Conformidade e Integridade em que deve estar inserido o Canal é, por sua própria natureza e razão de existir, multidisciplinar. Não é excessivo afirmar que todas as áreas devem participar do seu desenho e sua implementação. No entanto, especificamente com relação ao Canal de *Speak Up*, recomendamos a seleção de ao menos um profissional do *Compliance*, um do Jurídico e um do *Privacy* para a execução da gestão. Estes, com colaboração e proatividade, devem atuar de maneira preventiva – identificando os riscos

---

[9] FRAZÃO, Ana. Compliance *e políticas de proteção de dados*. São Paulo: Revista dos Tribunais, 2021.

e elaborando medidas antes da materialização – e repressiva – na investigação da denúncia e nas providências tomadas.

3. DESAFIOS NA IMPLEMENTAÇÃO DE UM CANAL DE *SPEAK UP* NA SAF BOTAFOGO

A priori, cumpre esclarecer que a SAF Botafogo emergiu da promulgação da Lei n. 14.193/2021, que criou a figura das Sociedades Anônimas do Futebol como um novo tipo societário, com as suas especificidades, para explorar atividades relacionadas ao futebol no Brasil. Trata-se de um modelo recente e uma nova opção de profissionalização para atuação dos clubes.

O Botafogo de Futebol e Regatas (BFR), associação carioca centenária, em 2022, cindiu o seu setor de futebol das demais modalidades olímpicas. A SAF Botafogo foi constituída com plena autonomia de gestão do futebol, enquanto que o BFR mantém os demais esportes. São entidades distintas com uma propriedade intelectual em comum: o Botafogo.

É dizer que, considerando tão somente o aspecto moderno, a SAF Botafogo possui um clima organizacional e margem de inovação semelhantes aos de *startups*, entretanto, com o legado centenário de conquistas e títulos do BFR. Trata-se de uma realidade *sui generis* que se complementa com os desafios de instituição de fluxos corporativos no ambiente de futebol que não possui estrutura similar a qualquer outra empresa. Por exemplo, a remuneração do CEO é menor que a de alguns funcionários da SAF Botafogo, como os atletas e alguns membros da comissão técnica.

Sendo assim, listamos alguns desafios e aprendizados na implementação do Canal de *Speak Up*, parte do Programa de Integridade e Conformidade da empresa: (I) recursos financeiros escassos para direcionar um alto investimento ao tema; (II) mudança de cultura e confiabilidade; (III) importância da diversidade e inclusão; (IV) utilização da tecnologia de terceiros e recursos humanos internos; e (V) evitar as armadilhas do inconsciente.

As dívidas dos clubes de futebol atingem o patamar de bilhão[10] e o endividamento do setor é crônico ao longo da história. Mesmo com iniciativas atuais para recuperação da saúde financeira[11], os recursos ainda são limitados.

A mudança de cultura depende do engajamento dos líderes. É como se diz no jargão: "a palavra convence, mas o exemplo arrasta". O comprometimento da alta direção com relação à efetividade de um Canal de *Speak Up* costuma refletir também o engajamento dos

---

[10] MORENO, Guilherme; CARA, Thiago. Ranking de maiores dívidas tem "trio do bilhão" e Corinthians quase lá, mas nem só isso explica problema do seu clube. *ESPN*, jun. 2023. Disponível em: https://www.espn.com.br/futebol/brasileirao/artigo/_/id/12104427/ranking-maiores-dividas-trio-bilhao-corinthians-quase-la-nem-so--isso-explica-problema-seu-clube. Acesso em: 18 mar. 2024.

[11] SAMPAIO, Lucas. Justiça aceita recuperação extrajudicial do Botafogo e suspende execução de dívidas. *Infomoney*, jan. 2024. Disponível em: https://www.infomoney.com.br/business/justica-aceita-recuperacao-extrajudicial-do-botafogo-e-suspende-execucao-de-dividas/#:~:text=No%20fim%20do%20ano%20passado,anualmente%20por%20IPCA%20%2B%206%25. Acesso em: 18 mar. 2024.

subordinados em sua estruturação e o nível de adesão do seu uso pelos colaboradores em geral. Ademais, a credibilidade é construída continuamente pelos profissionais envolvidos no Canal, que devem dar transparência do andamento ao denunciante, bem como conduzir de forma neutra e célere, reforçando a mensagem de que tais atos não são aceitos e serão combatidos pela organização.

A seleção dos profissionais internos para o tratamento dos casos deve ser pensada em três esferas: as competências comportamentais, as competências técnicas e a diversidade de pessoas, refletindo sobre a inclusão de grupos minorizados. Nesse sentido, a SAF Botafogo, mesmo selecionando profissionais de diferentes áreas, como Jurídico, *Compliance*, Estratégia e Projetos e Gente e Gestão, notou a necessidade de implementar um Comitê Especializado[12] composto apenas por mulheres para tratamento de casos que envolvam assédio moral e sexual contra a mulher e qualquer tipo de preconceito.

Outra questão relevante é a internalização das pessoas envolvidas na esteira do *Speak Up*. Apesar da possibilidade de terceirizar a tarefa, entendemos que, dada a sensibilidade e a interface com todas as áreas, os funcionários internos são fundamentais para humanização e proximidade do Canal. Entretanto, utiliza-se a tecnologia de terceiros para registro, controle da triagem e atualização do *status* das denúncias. A despeito disso, segue trecho com as demais vantagens:

> Uma das vantagens das investigações internas conduzidas por profissionais da própria empresa é que eles já estão inseridos e conhecem a cultura corporativa, podendo com isso ter mais facilidade para navegar no ambiente empresarial. Mesmo que se opte pela condução de uma investigação com profissionais externos, cabe ao profissional de *Compliance* interno ou da área responsável transmitir ao profissional de fora da empresa sua visão quanto aos aspectos culturais[13].

Por fim, os membros da comissão que possuem função investigativa e decisória devem evitar os vieses inconscientes. É uma tarefa altamente complicada, no entanto, trazer as questões ao consciente minimiza eventual impacto direto na condução dos casos, sem prejuízo de solicitar um impedimento quando não houver possibilidade de separação que interfira na imparcialidade.

CONCLUSÃO

O objetivo principal deste artigo foi trazer a reflexão sobre a relevância da implementação do Canal de *Speak Up* com planejamento e seleção cuidadosa de seus membros, que devem ser comprometidos e experientes para a contribuição efetiva dos hábitos de

---

[12] LINKEDIN. SAF Botafogo. Disponível em: https://www.linkedin.com/posts/saf-botafogo_safbotafogo-vamos-botafogo-aezdiferente-activity-7175881567637037056-E21g?utm_source=share&utm_medium=member_desktop. Acesso em: 18 mar. 2024.

[13] FRANCO, Isabel. *Guia prático de* Compliance. Rio de Janeiro: Forense, 2019. *E-book*.

transparência, fiscalização e ética[14], bem como na manutenção do ambiente corporativo ideal e inclusivo para todos.

A esteira centralizada do Canal, com a presença estratégica das áreas internas de *Compliance*, Jurídico e *Privacy*, visa propor uma aproximação regulatória que tem potencial assertivo no mapeamento dos riscos e na proposição de medidas administrativas compatíveis com a ordem jurídica brasileira, especialmente quanto à proteção dos dados pessoais dos envolvidos.

Não são recomendações que guiam para um caminho perfeito, pois os procedimentos devem ser revistos continuamente e pensados de acordo com a realidade de cada estrutura empresarial. Entretanto, o Canal de *Speak Up* nunca poderá perder a sua essência de fomentar a segurança e o bem-estar dos colaboradores e parceiros para manifestação de suas denúncias e angústias. O desprezo a esse investimento pode gerar alto impacto no negócio, porque, após a pandemia, os empregos priorizam uma atmosfera que cuida e atende os anseios psicológicos e físicos[15].

Assim, a boa investigação permite que a empresa aplique justiça organizacional, adote medidas para reduzir seus riscos e suas vulnerabilidades, colabore efetivamente com as autoridades, quando for o caso, reduzindo eventuais penalidades, fortaleça seus processos internos e a confiança dos seus *stakeholders*[16].

REFERÊNCIAS

ABERNATHY, William J.; CLARK, Kim B. Innovation: mapping the winds of creative destruction. *Research Policy*, v. 14, Issue 1, North Holland: Elsevier, 1985.

CARVALHO, Rone. Por que o Brasil tem a população mais ansiosa do mundo. *BBC*, fev. 2023. Disponível em: https://g1.globo.com/saude/noticia/2023/02/27/por-que-o-brasil-tem-a-populacao-mais-ansiosa-do-mundo.ghtml. Acesso em: 18 mar. 2024.

CHRISTIANSEN, Olaf. Speak-up Channels. Disponível em: https://www.bertelsmann.com/company/essentials/compliance/speak-up/. Acesso em: 18 mar. 2024.

FISHER, Jen; SILVERGLATE, Paul H. The C-suite's role in well-being. *Deloitte*, jun. 2022. Disponível em: https://www2.deloitte.com/us/en/insights/topics/leadership/employee-wellness-in-the-corporate-workplace.html. Acesso em: 18 mar. 2024.

FRANCO, Isabel. *Guia prático de* Compliance. Rio de Janeiro: Forense, 2019. *E-book*.

---

[14] SCANDELARI, Gustavo B. Compliance *e prevenção corporativa de ilícitos:* inovações e aprimoramentos para programas de integridade. São Paulo: Almedina, 2022. *E-book*.

[15] FISHER, Jen; SILVERGLATE, Paul H. The C-suite's role in well-being. *Deloitte*, jun. 2022. Disponível em: https://www2.deloitte.com/us/en/insights/topics/leadership/employee-wellness-in-the-corporate-workplace.html. Acesso em: 18 mar. 2024.

[16] FRANCO, Isabel. *Guia prático de* Compliance. Rio de Janeiro: Forense, 2019. *E-book*.

FRAZÃO, Ana. Compliance *e políticas de proteção de dados.* São Paulo. Revista dos Tribunais, 2021.

LINKEDIN. SAF Botafogo. Disponível em: https://www.linkedin.com/posts/saf-botafogo_safbotafogo-vamosbotafogo-aezdiferente-activity-7175881567637037056-E21g?utm_source=share&utm_medium=member_desktop. Acesso em: 18 mar. 2024.

MORENO, Guilherme; CARA, Thiago. Ranking de maiores dívidas tem "trio do bilhão" e Corinthians quase lá, mas nem só isso explica problema do seu clube. *ESPN*, jun. 2023. Disponível em: https://www.espn.com.br/futebol/brasileirao/artigo/_/id/12104427/ranking-maiores-dividas-trio-bilhao-corinthians-quase-la-nem-so-isso-explica-problema-seu-clube. Acesso em: 18 mar. 2024.

SAMPAIO, Lucas. Justiça aceita recuperação extrajudicial do Botafogo e suspende execução de dívidas. *Infomoney*, jan. 2024. Disponível em: https://www.infomoney.com.br/business/justica-aceita-recuperacao-extrajudicial-do-botafogo-e-suspende-execucao-de-dividas/#:~:text=No%20fim%20do%20ano%20passado,anualmente%20por%20IPCA%20%2B%206%25. Acesso em: 18 mar. 2024.

SCANDELARI, Gustavo B. Compliance *e prevenção corporativa de ilícitos:* inovações e aprimoramentos para programas de integridade. São Paulo: Almedina, 2022. E-book.

WORLD HEALTH ORGANIZATION. *Investing in treatment for depression and anxiety leads to fourfold return.* 13 abr. 2016. Disponível em: https://www.who.int/news/item/13-04-2016-investing-in-treatment-for-depression-and-anxiety-leads-to-fourfold-return. Acesso em: 18 mar. 2024.

16

Alinhamento de áreas internas *cross* em um setor regulado

Paula Ercole Bauléo[1]
Tatiana Coutinho Moura[2]

Estamos todos sentindo uma grande mudança de rotina no mundo corporativo, e os times jurídicos fazem parte disso. Hoje, nos deparamos com uma realidade de mais tecnologia, mais informação, mais rapidez, mais resultado, mais pressão e, na contramão disso tudo, temos menos tempo, menos recursos financeiros, menos pessoas, menos saúde mental. Como sobreviver a tudo isso? Enxergando esse cenário caótico como uma oportunidade para construir um novo formato de trabalho dos advogados e das equipes jurídicas, muito mais focado em eficiência e estratégia de negócio.

Era muito comum o Jurídico ser acessado pelas outras áreas como uma ferramenta apenas de interpretação dos documentos jurídicos. Frases como "me ajuda a entender esse contrato?" e/ou "o que essa cláusula quer dizer?" faziam (ou ainda fazem) parte da rotina dos advogados. Fato é que somos muito mais que isso, afinal, hoje os advogados do mundo corporativo precisam ser vistos como "pessoas de *business* com *skills* jurídicos", ou seja, entregamos resultados, assim como as outras áreas. Arriscamos dizer que a denominação de áreas como *front office* e *back office* ficou para trás, afinal, o foco é um só: dados, eficiência, estratégia e resultado.

Em setores altamente regulados, o papel do Jurídico, independentemente se os advogados possuem atuação consultiva ou contenciosa, vai muito além de somente trazer mais governança e proteção para os negócios. Exige ainda mais alinhamento com as demais áreas da empresa, e, de preferência, de forma prévia, na definição da estratégia, na concepção dos projetos e no nascimento das primeiras ideias.

---

[1] Advogada, graduada pela Universidade Paulista em 2009. Pós-graduada em Direito Contratual pela PUC-SP. Atualmente é *Legal Manager* na Diageo Brasil, com foco em *Legal Marketing, Supply, Regulatory* e *Corporate Law*. Na Aba desde 2022, como Líder do Grupo de Trabalho de Inteligência Artificial.

[2] Advogada, graduada pela Universidade Federal do Estado do Rio de Janeiro em 2004. Pós-graduada em Direito Empresarial pela Fundação Getulio Vargas. Especialização em Direito Tributário e Direito e Economia nos Negócios. Atualmente é Head of Legal na Diageo Brasil.

As diversas restrições impostas por leis, normas, portarias, regimentos internos nas áreas regulatória, comercial, de marketing, concorrencial etc. transformaram (ainda bem) o papel dos jurídicos internos, que passaram a ter cada vez mais protagonismo nas empresas. Ao lado de somente proteger, o Jurídico passou a acelerar, viabilizar e até liderar transformações de negócio, sendo responsável por novas vias de crescimento, novas formas de fazer negócio, propaganda, exposição de produtos, entre outros.

Além do mapeamento de restrições já impostas em outros mercados, que poderiam vir, em algum momento, a impactar as empresas locais, os Jurídicos internos, por conhecerem com profundidade as operações específicas de cada empresa, e por estarem em contato com diversas áreas da organização, passaram também a ter papel relevante na antecipação de tendências, o que vai muito além de somente mapear restrições já impostas em outros países. Tal qual uma área de marketing ou comercial, que precisa antecipar tendências e perfis de consumo de seus consumidores, o Jurídico passou a ter a função estratégica de antecipar novas legislações e restrições que possam vir a impactar a atuação das empresas, antecipando também caminhos alternativos para a condução dos negócios.

Essa nova perspectiva trouxe outra evolução no modelo de atuação dos Jurídicos internos. Antes apenas *business partners*, os gestores jurídicos passaram a atuar como verdadeiros *business players*, exercendo papel essencial nas transformações de negócio das grandes corporações. O Jurídico que mapeia cenários, antecipa tendências e traz soluções alternativas, atuando como *business player*, é, hoje, peça fundamental em projetos empresariais de expansão, criação de novas rotas ao consumidor, desenvolvimento de novos produtos e eficiência logística e tributária, por exemplo. Além disso, ao atuar com a área de marketing, desafiando o *status quo* em matéria de publicidade e propaganda, acaba também sendo responsável pelo desenvolvimento de novas formas de comunicação com os consumidores.

Esse cenário desafiador, somado a um ambiente de cada vez mais concorrência, fez com que a atuação dos Jurídicos passasse a incluir, além do alinhamento interno prévio e da atuação próxima às áreas de negócio, um conhecimento profundo da estratégia da empresa a longo prazo (como a empresa gostaria de estar posicionada daqui a 5, 10 anos?). Somado a isso, passou a ser essencial também ter cada vez mais um olhar externo, com o mapeamento e o desenvolvimento de relacionamento próximo aos *stakeholders* externos. Assim, a participação dos Jurídicos em Associações Setoriais é cada vez mais relevante. As Associações, por representarem todo um setor, ou segmento de negócio, têm muito mais força para mover agendas, muitas vezes governamentais, no interesse de todos. Com Comitês Jurídicos atuando de forma estratégica, as Associações podem se tornar a força motriz de muitas pautas que uma empresa sozinha não conseguiria mover.

De acordo com o ACC Chief Legal Officers Survey 2023, quando perguntados sobre as questões que têm maior probabilidade de causar os maiores desafios jurídicos para suas organizações, 66% dos CLOs disseram que são as regulamentações específicas do setor, seguidas pelas de proteção de dados, com um aumento de 4% em relação ao ano anterior, chegando a 59%, e fusões e aquisições, com 38%. Mais CLOs, nos EUA, consideram as regulamentações como o maior desafio (68%) em comparação com os da Europa (52%), e mais de

40% dos CLOs na Ásia e na Europa esperam que as mudanças políticas sejam o principal desafio, em comparação com apenas 32% nos EUA.

Nesse cenário tão complexo, os advogados entram como parceiros de negócio para liderar as agendas propostas, viabilizar caminhos e oportunidades, acelerar as entregas e proteger o negócio. E é nesse cenário que mudamos as perspectivas das atividades e entregas do Jurídico, tornando-a uma área essencial para os resultados das organizações. Ou seja, o Jurídico se senta na mesa para fazer parte da estruturação do desafio, do projeto em si e dos entregáveis.

Mas, se estamos lotados de consultas diárias para responder, de contratos para preparar e revisar, assinaturas para coletar, como vamos conseguir ser esse "novo" Jurídico? Só vemos uma resposta: deixando o "antigo" Jurídico para trás. É preciso ter curiosidade para buscar no mercado oportunidades e *insights* que possam ser aplicados tanto às necessidades da área quanto do negócio, tudo sempre alinhado com a estratégia da companhia à qual ele pertence.

E, para evoluirmos, precisamos falar dela: a tecnologia. Apenas a tecnologia poderá tanto absorver um trabalho sem valor (operacional) quanto trazer dados para demonstrar a eficiência do Jurídico. Criar formulários automatizados para os serviços da área irá gerar um painel de controle de demandas e prazos, e, a partir disso, a tomada de decisão será com base em dados, o que demostra muito valor.

Agora, trazendo uma visão mais detalhada sobre o dia a dia de um setor regulado em marketing, por exemplo, a função do advogado de *Legal Marketing* se torna um braço extremamente estratégico e essencial para essa área tão importante para o negócio. Afinal, "quem é visto é lembrado", e isso se aplica muito bem às marcas, pois num universo em que os consumidores recebem uma avalanche de informações pelas redes sociais, como chamar a atenção do público para gerar os "hypados" engajamento e *talkability*? É necessário cada vez mais encontrar caminhos que se conectem com o consumidor por meio de conversas atuais, *claims* objetivos e claros sobre o produto e experiências inovadoras. É aqui que o advogado entra como protagonista, ajustando as ideias criativas do marketing e das agências de publicidade, para que se mantenha dentro desse desenho cativante, mas sempre respeitando a legislação e a autorregulamentação.

Sobre a autorregulamentação, é impossível falar de publicidade e não trazer o Conar para esta conversa. O Conselho Nacional de Autorregulamentação Publicitária (Conar) é uma organização não governamental que visa promover a liberdade de expressão publicitária e defender as prerrogativas constitucionais da propaganda comercial. Sua missão inclui principalmente o atendimento a denúncias de consumidores, autoridades, associados ou formuladas pelos integrantes da própria diretoria. Seu Código traz limites e formatos para publicidade em diversos segmentos, como: bebidas alcoólicas, educação, médicos, turismo etc. Não seguir o Código Brasileiro de Autorregulamentação Publicitária (CBAP) pode trazer graves impactos para os negócios que dependem de publicidade, pois a autorregulamentação caminha lado a lado com a possibilidade de os setores conversarem, se alinharem, se atualizarem de maneira mais rápida e eficiente, diferentemente da legislação, que sempre traz muitas lacunas e morosidade para o dia a dia corporativo.

Os influenciadores trazem outro tema para o chapéu do Jurídico. Não basta apenas escolher determinada pessoa com muitos seguidores para falar da sua marca, essa pessoa precisa ser ética, verdadeira/real, comprometida, e ter atitudes alinhadas com o propósito da marca – novamente o advogado entra em ação para discutir e destacar pontos que possam trazer algum risco reputacional e/ou indenizatório para a marca, além, obviamente, da estruturação dessa contratação por meio de um contrato simples, objetivo e com uma linguagem clara e pertinente para os envolvidos.

Outro tema super-recente que não podemos deixar de falar é o uso da Inteligência Artificial como recurso criativo para os materiais de marketing, seja por meio de textos, imagens, áudios, vídeos, ideia criativa etc. Fato é que muito se fala, mas ainda é cedo para termos opiniões concretas sobre os riscos que o uso dessa tecnologia pode trazer para indivíduos e empresas. A Associação Brasileira dos Anunciantes (ABA), capitaneada pela Sandra Martinelli, foi pioneira no tema e lançou, em parceria com o escritório Opice Blum, Bruno Advogados Associados, o Guia Aba sobre Impactos da Inteligência Artificial Generativa na Publicidade, o qual eu (Paula) tenho muito orgulho de ter sido a Líder do Grupo de Trabalho de Inteligência Artificial da ABA, que concretizou essa entrega.

Os fatores de risco da IA estão pautados em vieses e discriminação, resultados injustos e antiéticos e resultados irrelevantes e imprecisos. Para mitigar esses riscos, é importante considerar a natureza da informação que está sendo compartilhada com a IA (confidencialidade), contrato com o prestador de serviço de IA (agências), supervisão humana, conteúdo de marketing para uso publicitário/externo, violação de propriedade intelectual de terceiros, uso para criação de imagens e uso de dados pessoais.

O tema aqui é muito denso e espera-se que, com a regulamentação da União Europeia ("AI Act"), haja um grande avanço e impacto nos outros países. No Brasil, o lançamento da regulamentação de IA poderá ocorrer na realização do encontro da Cúpula de Líderes do G-20 a ser sediada no Rio de Janeiro. Ambos os eventos – regulação na Europa e no Brasil – acontecerão em 2024, ano que parece ser promissor para a IA.

De maneira resumida, o advogado está presente em todas as ramificações da publicidade: construção das campanhas e dos *claims* de marketing; discussão sobre escolhas dos influenciadores e suas atitudes nas redes sociais; definição de riscos certos em prol de maior visibilidade do produto e marca; contratos simples e claros que tragam apenas o que é essencial; e uso de ferramentas tecnológicas (AI) para evoluir os materiais publicitários.

Já com relação à regulamentação de produtos importados, existe um tripé muito eficiente que consiste no trabalho triangulado das seguintes áreas: Jurídico, Relações Corporativas e Regulatório. Esse tripé discute e viabiliza caminhos sólidos e ágeis para viabilizar ações junto ao Ministério da Agricultura. Rotulagem, no Brasil, é um assunto que vem sendo muito discutido atualmente, pois não existe mais padrão global, ou seja, a rotulagem dos produtos importados, para serem liberados no Brasil, precisa estar de acordo tanto com a legislação brasileira que envolve o aspecto regulatório referente a denominação e *claims* do produto quanto com o Código de Defesa do Consumidor.

A Anvisa, por sua vez, é uma importante agência que regulamenta, controla e fiscaliza os produtos e serviços que envolvam risco à saúde pública. Muito está se falando sobre as mudanças na rotulagem nutricional de alimentos embalados com a inclusão das informações na parte da frente do produto e as mudanças na tabela nutricional.

Ou seja, ser advogado nunca foi, não é e nunca será uma profissão fácil, pois lidamos com problemas e desafios diários. No setor regulado, então, a criatividade é nossa aliada, assim como o envolvimento nos temas certos, para que o trabalho eficiente e com foco nas metas da empresa seja executado com excelência.

Por fim, é importante também destacarmos que toda essa revolução, em termos de atuação estratégica por parte dos Jurídicos internos, teve impacto também nos escritórios de advocacia. Visando atender às demandas corporativas, os escritórios também tiveram que evoluir para propor soluções "fora da caixa", deixando de lado a advocacia "tradicional" e não mais entregando apenas *Legal Opinion* com o texto da lei, contratos revisados com cláusulas-padrão. O mercado pede que os escritórios entreguem soluções, ideias, exemplos práticos/*cases* globais, e tudo alinhado com a prática e a realidade de cada empresa.

Isso tudo que dividimos aqui não significa que existe caminho certo ou errado, apenas representa nossa visão prática de todo esse processo de mudança com o qual estamos lidando no dia a dia corporativo regulado. Cada um tem sua experiência, cada empresa possui suas diretrizes e seus pilares de cultura, e isso tudo deve ser sempre respeitado. O que não podemos é nos fechar em um modelo do passado e não abrir espaço para a inovação jurídica nos apoiar e facilitar os próximos dias.

17
Estratégias e desafios em projetos para inovação jurídica

Marcelo Cardoso[1]
Pamella Genovez[2]

Dentro do universo jurídico, principalmente em Jurídicos internos, existe uma forte tendência de otimizar processos, para tornar o time e as entregas cada vez mais eficientes. De forma inversamente proporcional, temos um orçamento restrito e possibilidades/necessidades mais amplas diante de um mundo exponencialmente tecnológico e integrado.

Qual seria o caminho ou a estratégia, então, para que essas duas realidades possam convergir de modo a alcançar os melhores resultados possíveis? Aliar-se à gestão de projetos e à sua metodologia pode ser uma grande alternativa, pois a figura do gestor de projetos ganha cada vez mais destaque, tomando nova forma.

Isso porque, atualmente, não basta apenas um gráfico de Gantt para a apresentação de um cronograma e a criação de um reporte de *status* aos interessados de um projeto; essa figura, o gestor de projetos, precisa estar cada vez mais perto do seu cliente como facilitador: **entender e traduzir as necessidades, muitas vezes questionando sobre sua viabilidade, de maneira que se alcance realmente aquilo que se pretende desde o momento inicial.** Ou seja, essa figura apresenta-se de forma estratégica e vital para a concretização de um projeto.

Antes de adentrar na gestão do projeto em si, é importante responder o que se entende por projetos. De acordo com o PMBOK, projeto é um conjunto de atividades temporárias, realizadas em grupo, destinadas a produzir um produto, serviço ou resultado único. Um projeto é sempre temporário, no sentido de ter um início e um fim definidos no tempo, e, por isso, um escopo e recursos bem estabelecidos.

---

[1] Especialista em Gestão Estratégica de Dados e membro da *Corporate Legal Operations Consortium* (CLOC), atuando também como coordenador de conteúdo na *International Legal Technology Association* (ILTA). Formado em Sistemas de Informação, possui especializações em *Business Intelligence* (BI), além de uma extensão focada em Inteligência Artificial (IA) e *Analytics*.

[2] Advogada, formada pela Universidade Presbiteriana Mackenzie, pós-graduada em Direito Processual Civil e Direito Civil pela Escola Paulista de Direito. Pós-graduada, também, em Gestão de Negócios e Projetos pela FIA – GPRO. Atualmente, é Supervisora na empresa Mercado Livre, responsável por projetos voltados para o Jurídico.

Diante dessa explicação, voltemos ao universo jurídico. As maiores oportunidades são desde identificar processos repetitivos que não agreguem valor e possam ser automatizados ou mesmo eliminados, até pensar em aplicações de capas de tecnologia mais avançadas, como o uso da inteligência artificial em seu dia a dia, mantendo-se em linha com os *hypes* que aparecem. Daí, surgem ideias, possíveis projetos para resolver as dores sentidas e poder desfrutar de todo esse mundo, porém é preciso um esforço do Jurídico.

É extremamente importante que o time jurídico faça um exercício de leitura de processos. Responder perguntas como "quem são os envolvidos?", "quais são os passos dessa esteira?", "onde estão os *gaps* que geram incômodo?" auxilia, muitas vezes, os próprios interessados a entender o que necessitam, alterando a solicitação inicial, porém ajudando muito na entrega final, evitando, assim, grandes desvios de planejamento e execução. Tudo isso forma um escopo robusto, que serve de norte para os envolvidos e que, claro, pode estar sujeito a mudanças.

E é isso que encontramos no dia a dia? Com certeza não. Muitas vezes, nem mesmo a definição do projeto está completa, ele está sendo desenhado e melhorado no dia a dia e o escopo segue de forma incremental. Se a realidade está tão distante do mundo ideal, como podemos agir de modo a garantir uma entrega de qualidade, atendendo às necessidades, e, ainda, manter todos os interessados cientes dos eventuais desvios, suas causas, e do acompanhamento do desenrolar desse projeto?

A gestão de projetos apresenta algumas metodologias possíveis: tradicional, ágil ou híbrida. No modelo tradicional, temos um projeto que se estrutura do início ao fim, tomado o escopo de maneira mais rígida, estimando o tempo, os responsáveis e as tarefas que deverão ser executadas visando a conclusão do projeto.

O modelo ágil, bastante voltado para a implementação de produtos, se estrutura de forma mais flexível, em que pequenos entregáveis são trabalhados e executados em períodos fixos – geralmente curtos – de tempo denominados de *sprints*, além de haver uma metodologia própria de comunicação entre a equipe do projeto e junto dos *stakeholders* da iniciativa. Aqui, a iteração é mais presente e a gestão de mudanças pode acontecer de maneira mais orgânica.

Por fim, o modelo híbrido traz o que seria a mescla desses dois mundos: muitas vezes baseada em um escopo definido e uma prévia de cronograma, que permite, porém, o processamento em *sprints* e a entrega de produtos mínimos viáveis (MVPs), passíveis de melhorias e aperfeiçoamentos em segundas versões. Atualmente, entretanto, a tendência aponta para o uso mais fortalecido da metodologia ágil, considerando que leva a entregáveis consistentes, mais rápidos, porém passíveis de serem revisitados em uma segunda versão. Por ser um modelo mais flexível, ele consegue demonstrar a evolução desses entregáveis ao cliente e adequar-se a resultados com menos recursos, inclusive menos recursos desperdiçados.

Dentro do mundo jurídico, essa linguagem mais técnica e relacionada à metodologia de gestão acaba recaindo ao time responsável, por impulsionar e concretizar os objetivos dos projetos. Por ser um terreno relativamente novo para essa competência, mais que a metodologia utilizada, o foco deve estar em traduzir-se bem aos envolvidos e interessados pela iniciativa. Essa tradução acontece pela **comunicação**, fato totalmente alinhado ao que o CLOC (*Corporate Legal Operations Consortium*) tem apontado como um dos principais motores de sucesso relacionados a projetos nos últimos anos.

A atuação do gerente de projetos, mais que técnica e exata, precisa ser de um facilitador: disposto a entender, traduzir e comunicar. Entender e apontar riscos, além de propor caminhos junto aos interessados, sempre como forma de chegar ao resultado pretendido que lhe foi apresentado. Sem instâncias de comunicação (seja por meio de documentos formais de reporte ou por reuniões estruturadas, como requer o ágil), dificilmente o produto será alcançado, pois o mundo jurídico está começando a entender e conhecer como funciona o modelo de gestão de projetos, competência esta ainda muito nova nesse âmbito.

E é justamente nesse ponto que está presente a multidisciplinaridade da gestão de projetos. Nessa linha, pensamos em projetos sendo executados para e relacionados ao universo jurídico, porém serão poucos aqueles que terão conhecimento nessa área. Os gestores de projetos podem ser engenheiros, administradores e até mesmo arquitetos, sendo um universo muito plural em termos de formação. Entretanto, são essas *soft skills* que farão a diferença, e não o diploma do gestor. A habilidade e a disposição em se apresentar, ter escuta ativa, fazer as perguntas corretas para um devido mapeamento são imprescindíveis e serão capazes de extrair dos interessados aquilo que realmente seja necessário, podendo até ser diferente daquilo que se requer inicialmente.

Estando, também, em constante evolução, mais recentemente tem se falado da figura do VMO (*Value Management Office*), que apresenta um papel mais provocativo e transformacional; ele está centrado em analisar atividades administrativas e estratégicas, seja em Jurídicos internos ou em escritórios de advocacia, como forma de identificar oportunidades que possam ser desenvolvidas e revertidas em valor. Novamente, de processos bem identificados, surgem as oportunidades que, trabalhadas em projetos, entregam resultados e valor aos seus usuários. Dessa forma, essa figura e o que entendemos por PMO (*Project Management Office*) se complementam: enquanto um apresentará papel mais provocativo e investigativo, o outro terá conduzirá para a consecução das iniciativas.

Ultrapassadas essas linhas gerais, e tendo-se compreendido em que se aplica o gestor de projeto, como ele traduz e conduz, fazendo uso da metodologia mais adequada, o projeto como um todo, uma pergunta que pode surgir é: "Mas como saber se o projeto foi exitoso ou não? Considera-se a entrega completa ou mesmo a apresentação de um MVP ou há outros elementos envolvidos nessa análise?".

A resposta está na segunda suposição, afinal, o sucesso do projeto não se limita apenas à sua entrega dentro do prazo acordado. Atualmente, esse êxito é mensurado por meio de diversos novos KPIs, que abrangem desde a pontualidade (cumprimento das tarefas dentro das datas acordadas ou *sprints* definidos) até a variação de custos estimados, sem deixar de considerar, é claro, a satisfação do cliente, representada pelo conhecido CS (*Customer Success*).

Nessa linha, seguem alguns exemplos de como mensurar o sucesso da entrega:

1) CUMPRIMENTO DE PRAZOS

Manter o cronograma em dia não só assegura a entrega pontual como também fortalece a confiança entre a equipe e os *stakeholders*. Lembrando sempre que, por ser uma competência em construção no mundo jurídico, essa apresentação realista e transparente auxilia na construção da boa relação e na criação de confiança não só entre as pessoas, mas principalmente na maneira como se está conduzindo o projeto em si.

Prazos respeitados contribuem para a eficiência operacional, evitando atrasos desnecessários. Para trabalhar de modo a garantir esse cumprimento de prazos, é essencial estabelecer metas realistas e comunicar claramente as expectativas temporais, bem como um devido alinhamento ao alcance do projeto. Mudanças podem surgir ao longo do projeto, porém, quanto mais distantes ou abertas elas forem perante o desenho inicial, maior é o risco de desvio temporal por essas alterações.

De toda forma, diante ou não de um processo de possível gestão de mudanças, a honestidade na definição de prazos e as expectativas dos interessados contribuem significativamente para o sucesso global do projeto.

2) ORÇAMENTO E CONTROLE DE CUSTOS

Como mencionado anteriormente, a estimação de custos de um projeto está intimamente relacionada ao que se definiu como alcance. Quando incidem alterações nessa rota por mudanças propostas, estaremos diante de desvios não só de tempo, mas também de custo – e custo é algo que todos desejam evitar.

A melhor forma de trabalhar nessa estimativa também vem na linha da parceria e da transparência. Diante do alcance definido, será necessário ao gestor de projetos um tempo para entendimento e aprofundamento, buscando a solução e os devidos custos envolvidos. É certo que, muitas vezes, não será possível contemplar com exatidão os valores envolvidos, mas eventuais estimativas ou orçamentos precisam ser apresentados da forma mais transparente possível, de modo a gerar a consciência e o entendimento de até onde se pode chegar.

Trabalhar estimando custo a mais, como uma "gordura", não é efetivo, da mesma forma que considerar um prazo "maior", quando diante do armado de **providências *vs.* tempo** (cronograma, diante do modelo tradicional e da quantidade de *sprints*, dentro do modelo ágil). Isso não somente coloca em risco o controle como também prejudica a imagem do projeto para seu cliente e sua empresa, uma vez que existirão questionamentos no cenário de contemplação de custo tanto a menor como a maior, mostrando uma inexatidão no manejo desse ponto relacionado ao projeto.

3) SATISFAÇÃO E ACEITAÇÃO DO CLIENTE

O objetivo maior do projeto é a entrega de um produto que represente valor para seus interessados. Desse modo, a percepção do cliente sobre a entrega do projeto serve como uma janela para novas oportunidades e, como já mencionado, o segredo para que essa percepção seja positiva está diretamente ligado à comunicação eficaz do gestor de projetos com os *stakeholders* (todas as partes interessadas ao projeto).

Usar uma linguagem simples e direta com o cliente é um diferencial crucial no entendimento, fugindo ao tecnicismo, que, se necessário, deve ser utilizado somente pelo time de projeto. Esse princípio é particularmente vital no contexto jurídico, em que a formação técnica nem sempre é presente, e muitos termos e conceitos desse universo podem ser desconhecidos, assim como a linguagem jurídica também pode ser ao gestor de projetos, dada a possível multidisciplinaridade presente nessa cadeira.

É essencial que o gestor de projetos tenha essa percepção aguçada e saiba adaptar a mensagem para atender ao seu público, garantindo uma compreensão efetiva e gerando cada vez mais sinergia para o impulsionamento do projeto desde seu início até sua entrega.

Nota-se que grande parte do conceito de sucesso está relacionado à satisfação do cliente, porém, além disso, há a aceitação pelos interessados. Esse ponto está relacionado a entregar aquilo que foi pedido, no prazo alinhado e observado o custo estimado.

A experiência do gestor de projetos ajuda a lidar com cenários em que a expectativa se desloca da possibilidade de entrega, e a comunicação e a transparência acabam sendo um motor de aproximação, pois, mesmo em um cenário em que seja necessária a aplicação das técnicas de gestão de mudança, essa transparência e a apresentação de novas datas – e mesmo planos de trabalho, se necessário – mantêm a confiança estabelecida entre as partes.

Tudo isso só reforça que uma das maiores habilidades – e talvez a mais importante – para a condução de projetos dentro do mundo jurídico é a comunicação. Sem a disposição do gestor em divulgar informações – desde um acompanhamento até uma notícia crítica –, traduzir termos técnicos para garantir entendimento, dispor de tempo para realizar uma correta entrevista de modo a entender o que se pede e o que se pretende, o sucesso do projeto pode estar diretamente afetado por ruídos comunicacionais.

KPIS DE QUALIDADE E EFETIVIDADE DO PROJETO

A ideia de usar indicadores-chave de desempenho (KPIs) em projetos é bem clara, pois essas métricas nos ajudam a entender como as coisas estão indo. Elas não só mostram o desempenho geral como também apontam onde precisamos prestar mais atenção. É como ter uma bússola confiável para tomar decisões informadas e corrigir o curso quando necessário.

Quando as equipes definem KPIs, elas conseguem se comunicar melhor com as partes interessadas, garantindo que todos estejam na mesma página em relação às metas e resultados esperados. Além disso, os KPIs ajudam a usar os recursos de maneira mais eficiente, o que aumenta a chance de entregar o projeto com sucesso.

Em resumo, usar KPIs é fundamental para garantir que os projetos continuem no caminho certo, permitindo avaliação, aprendizado e adaptação ao longo do ciclo do projeto.

Alguns exemplos de KPIs mais utilizados:

- **Índice de desempenho de prazo:** mede a aderência do projeto diante do cronograma definido e apresentado;
- **Variação de orçamento:** compara os custos reais do projeto com os custos estimados à medida que o projeto avança;
- **Número de projetos cancelados:** pode ser um indicador importante para avaliar a eficácia da seleção de projetos e a gestão de recursos;
- ***Backlog* de tarefas e projetos atuais:** mede a quantidade de trabalho pendente e ajuda a identificar gargalos ou áreas que precisam de atenção;
- **Custo real do trabalho executado:** calcula os custos reais incorridos até o momento no projeto;
- **Custo orçado do trabalho executado:** compara os custos reais com o valor planejado para o trabalho executado. Isso ajuda a avaliar o desempenho financeiro do projeto;
- **Horas planejadas *vs.* horas efetivamente gastas:** compara as horas de trabalho planejadas com as horas reais gastas no projeto. Isso ajuda a entender se o projeto está dentro do cronograma e do orçamento.

MUDANÇAS NO PROJETO – QUAL O IMPACTO DA MUDANÇA NÃO PLANEJADA?

No plano hipotético e ideal, um projeto nasceria de uma necessidade ou oportunidade mapeada em processos com linhas delimitadas e bem definidas do que se pretende. Entretanto, estamos diante do mundo real, ou seja: com o avanço do projeto e a construção de soluções, algumas novas rotas são sugeridas como forma de otimizar aquilo que inicialmente já estaria em processo de otimização. É um modo de aproveitar a oportunidade e chegar em resultados possivelmente ainda melhores e maiores.

Entretanto, no âmbito da gestão de projetos, similar à construção de uma casa, esse processo de modificação do escopo se compara a redesenhar a planta de uma casa durante seu processo de construção. À medida que novas necessidades surgem, ajustar os planos torna-se essencial para assegurar que o resultado final satisfaça integralmente as expectativas. Esse é um momento normalmente crítico, pois é exigido que se entenda o grau da mudança sugerida; os impactos que ela pode trazer *versus* os benefícios que ela representa em termos de valor na realização do projeto. No entanto, é essencial equilibrar essas mudanças para evitar atrasos e custos excessivos, assegurando uma base sólida para o êxito do projeto, à semelhança do cuidado empregado na edificação de uma casa. Os principais fatores atingidos pela requisição de mudanças em um projeto já em curso são o tempo e o custo, que podem ser melhor observados na figura a seguir:

Custo de Correção

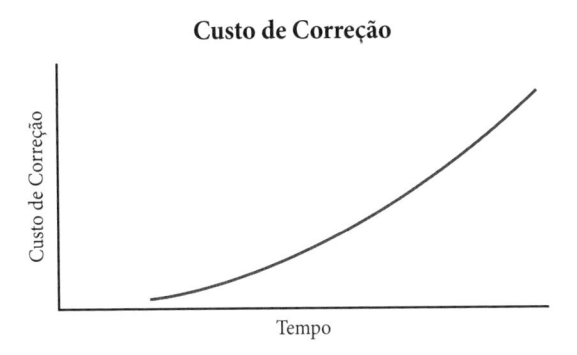

[Gráfico: eixo Y "Custo de Correção", eixo X "Tempo", curva exponencial crescente]

Fonte: COUTINHO, Ítalo. Engenharia de Custos e Orçamentos T.05 – Apostila 1.1-Gerenciamento de Custos e Orçamento. 2014. p. 27.

De modo proporcional, quanto mais tempo for investido para a realização de uma mudança, maior será o custo para alcançar essa medida. Aí entram a *expertise* e a visão do gestor de projetos; é sempre importante e interessante entender: a mudança é essencial? Podemos avançar com a entrega de um MVP mais alinhado com o que foi desenhado e considerar essa proposta para uma segunda versão, em que serão contemplados custos e tempos para sua implantação? A mudança sugerida, em si, é um novo projeto?

Todas essas perguntas precisam ser avaliadas e respondidas para que, apresentando as possibilidades aos interessados, todos estejam cientes da estratégia que se vai adotar para que, juntos, trabalhem e defendam os esforços e impactos desprendidos pelo projeto.

O PODER DAS LIÇÕES APRENDIDAS – A FORÇA DA COMUNICAÇÃO

O projeto foi entregue, seus clientes estão satisfeitos e você possui KPIs de avaliação, inclusive financeira, diante do que foi desenvolvido. O que foi possível aprender com isso? Acreditamos fortemente que essa é uma das partes mais interessantes para os interessados e também para quem está à frente da condução do projeto. Nem tudo saiu como planejado, correto? O que faltou?

Em um projeto em que a comunicação flui e todos estão bastante dispostos para a realização dos objetivos, a etapa final das lições aprendidas pode trazer uma experiência e visão em caso de novos projetos que possam surgir. Assim, um repasse conjunto entre aquilo que funcionou e o que não funcionou tão bem pode engajar e alinhar ainda mais as áreas de projeto e os clientes internos para que, em novas necessidades, o êxito do projeto possa ser perseguido com ainda mais ênfase.

Atualmente, entretanto, pela quantidade de demanda e por uma ânsia de resultados breves e rápidos, essa etapa acaba muitas vezes sendo menosprezada e sequer realizada. É, entretanto, rica e pode apoiar nesse processo de parceria e construção das *skills* dentro do universo jurídico. É o caso, então, de pensar em maneiras de propor ou apresentar essas lições para os envolvidos, como forma de gerar curiosidade e conhecimento sobre a competência, de modo que o valor dessa fase seja, tanto quanto a entrega, reconhecido.

Ao incluir uma área de projetos no Jurídico, ampliamos nossa abordagem estratégica. Isso vai além da simples gestão de processos legais. A sinergia entre o Jurídico e a gestão de projetos não só fortalece a eficiência operacional como também capacita a organização a enfrentar desafios legais de maneira proativa. Essa integração entre a *expertise* jurídica e as práticas de gerenciamento de projetos é essencial para o sucesso global da empresa.

18

Como exponencializar o suporte jurídico para a área de marketing

Amira Chammas[1]
Marília Nocetti[2]

A IMPORTÂNCIA DA ÁREA DE MARKETING NO DESENVOLVIMENTO DOS NEGÓCIOS

Sabemos que a área de marketing tem se tornado fundamental para o desenvolvimento de qualquer negócio, por ser uma ferramenta indispensável para as organizações potencializarem seus negócios. Isso porque o marketing desempenha papel crucial na sustentabilidade dos negócios em um ambiente globalizado e acelerado. A visibilidade e o reconhecimento das marcas, por exemplo, são fundamentais para a diferenciação das organizações e seus produtos no mercado altamente competitivo, aumentando o engajamento, estabelecendo uma conexão emocional e lealdade entre os clientes e as marcas.

Para isso, o marketing aposta em campanhas publicitárias, promoções e produção de conteúdo para que as organizações consigam alcançar seu público-alvo e convencê-lo a experimentar seus produtos ou serviços.

Além disso, pesquisas de mercado e inteligência de dados visando entender as necessidades, as preferências e os comportamentos de seu público-alvo são cruciais para o desenvolvimento de produtos e serviços que atendam às demandas do mercado em que as organizações atuam de forma eficaz.

---

[1] Executiva Jurídica, de *Compliance*, Governança Corporativa e *ESG*, com mais de 25 anos de experiência em empresas nacionais, multinacionais, auditoria (*Big Four*) e escritório de advocacia de grande porte. Professora e Palestrante em temas relacionados a Gestão Jurídica, *Compliance* e *ESG*. Mestre em Administração e Desenvolvimento de Negócios (Gamificação na Gestão Jurídica), com MBA em Gestão Empresarial, Pós-graduação em Direito Tributário e em Direito Empresarial. Apontada como Executiva Jurídica e de *Compliance* Mais Admirada do Brasil em pesquisas coordenadas pela *Revista Análise Editorial*. Eleita como uma das Gestoras Jurídicas mais influentes do país pela revista internacional *The Legal 500* – "General Counsel Powerlist: Brazil". Atualmente é Diretora Jurídica, *Compliance* e Governança Corporativa do Grupo Gramado Parks.

[2] Advogada, graduada pela FMU. Pós-graduada em Direito Ambiental pela UFPR. Atualmente, Gerente Jurídica na Mondelēz.

Quando o assunto é receita, o marketing também desempenha papel extremamente relevante, criando estratégias de precificação, promoção e distribuição que contribuem para o crescimento e o sucesso das organizações. O marketing, portanto, está intrinsecamente ligado à inovação e à capacidade de adaptação das organizações às demandas dos consumidores. Ao acompanhar as tendências do mercado e as mudanças nas preferências do consumidor, as empresas podem ajustar suas estratégias de marketing e lançar produtos ou serviços inovadores que atendam às necessidades emergentes do mercado.

Como podemos ver, o marketing exerce função estratégica e essencial para os negócios, como a construção e o fortalecimento de marcas, a geração/maximização de receitas e a promoção da inovação; e, para que possa desenvolver suas atividades de maneira célere e eficiente, é essencial que o advogado desempenhe papel estratégico no apoio às atividades desenvolvidas pela área de marketing, fornecendo orientação jurídica especializada, direcionada, identificando oportunidades e mitigando riscos legais de todas as atividades e serviços produzidos por esses profissionais.

O atendimento jurídico presente, ágil e participativo proporciona a conformidade legal, por exemplo, adequação das campanhas à legislação vigente, proteção da marca, avaliação da viabilidade do lançamento de novos produtos, entre outros.

Passamos, agora, a traçar algumas formas de atendimento jurídico que podem potencializar os trabalhos do marketing e, assim, gerar ainda mais eficiência para as organizações.

NOVO PERFIL DO ADVOGADO E O SUPORTE PARA OUTRAS ÁREAS DAS ORGANIZAÇÕES

Inicialmente, é relevante destacar que o profissional do Direito precisa estar adaptado ao meio em que está inserido para que seus serviços sejam facilmente incorporados por seus parceiros de negócio. Nas últimas décadas, em busca de adaptação às necessidades e demandas do mercado, o advogado tem se apropriado de novas ferramentas comportamentais para prestar serviços voltados aos seus clientes, sempre com foco na eficiência e no resultado das organizações.

O mercado de trabalho passou por transformações profundas, impulsionadas por diversos fatores, como avanços tecnológicos, processos de globalização e mudanças socioeconômicas. Essas mudanças não apenas redefiniram a natureza do trabalho, mas também transformaram as relações entre os profissionais e passaram a exigir uma adaptação de sua forma de atuação. A automação e a inteligência artificial revolucionaram a maneira como o trabalho é realizado em diversos setores, substituindo tarefas repetitivas e previsíveis por processos automatizados. Isso gerou pressões competitivas, aumentou a necessidade de adaptação dos profissionais e resultou em uma demanda crescente pela busca do desenvolvimento de habilidades comportamentais e competências para sua diferenciação no mercado.

Resiliência, capacidade de se reinventar e adaptabilidade se tornaram qualidades cada vez mais valorizadas na atuação do profissional do Direito. Desde sua vestimenta até o olhar voltado para os resultados dos negócios, o novo advogado precisa entender como se adaptar às necessidades de seus clientes e, para isso, é essencial adotar uma abordagem proativa e colaborativa para entregar serviços jurídicos de alta performance e com grande impacto no resultado das organizações.

GARANTINDO CONFORMIDADE E MITIGANDO RISCOS EM ORGANIZAÇÕES EXPONENCIAIS

Todos os dias as empresas enfrentam desafios cada vez maiores para garantir conformidade legal e mitigar riscos na busca pela competitividade em seu mercado de atuação. No desenvolvimento dos trabalhos de marketing não é diferente, e o advogado deve garantir a conformidade com as regulamentações e acompanhar, constantemente, os projetos de marketing, desde sua concepção até a entrega do produto idealizado. O desenvolvimento de novas técnicas e a agilidade no atendimento jurídico são necessários para que a área de marketing desenvolva suas atividades de modo a cumprir com a legislação vigente e entregar seus projetos para as organizações dentro dos prazos, alavancando as vendas.

O time jurídico e as organizações enfrentam desafios diários, em um ambiente de negócios dinâmico e em constante evolução. Os modelos de negócios tradicionais, baseados em hierarquia e burocracia, mostram-se cada vez mais inadequados para lidar com a velocidade e a complexidade do ambiente de negócios atual. E é nesse contexto que surge o conceito de **organizações exponenciais**, um paradigma que promete revolucionar a maneira como as empresas operam e se adaptam ao futuro do trabalho. A obra *Organizações Exponenciais*[3] propõe valiosas reflexões sobre como as empresas podem se adaptar e prosperar em um ambiente de mudança exponencial, devendo, porém, se adaptar para evitar resistir às mudanças que ocorrerem.

As organizações exponenciais são inspiradas pelos princípios da escalabilidade e buscam maximizar o potencial humano e tecnológico para criar impacto em uma escala exponencial. Nesse ambiente de oportunidades, o Jurídico deve adotar tecnologias e ferramentas inovadoras para aumentar sua eficiência operacional e garantir a entrega da conformidade.

FERRAMENTAS E TECNOLOGIAS PARA EXPONENCIALIZAR O SUPORTE JURÍDICO

Plataformas de gerenciamento de contratos, inteligência artificial e ferramentas de análise de dados para agilizar processos de revisão e aprovação de contratos e materiais de marketing, entre outros, são os grandes diferenciais para que o Jurídico possa entregar um atendimento à altura da escalabilidade das demandas da área de marketing. Além da

---

[3] ISMAIL, Salim; MALONE, Michael; GEEST, Yuri Van. *Organizações exponenciais*. São Paulo: Singularity University/HSM, 2018.

tecnologia, manter o espírito inovador dos times e a colaboração entre equipes multidisciplinares pode potencializar as entregas necessárias do time jurídico.

Vejamos alguns exemplos de como usufruir da tecnologia no atendimento à área de marketing:

(i) **Plataformas de gerenciamento de contratos:** essas plataformas podem ser utilizadas para criar contratos autoexecutáveis para parcerias, acordos de publicidade e licenciamentos, reduzindo a necessidade de intervenção do advogado, simplificando o processo de revisão e aprovação e agilizando significativamente o processo de aprovação de contratos relacionados aos projetos de marketing, garantindo conformidade e minimizando riscos. Além disso, inteligência artificial (IA) e *Machine Learning* (ML) podem ser aplicadas na revisão automatizada de contratos, na detecção de cláusulas de alto risco, como questões de privacidade de dados e propriedade intelectual, e na análise de riscos em campanhas de marketing. Essas tecnologias permitem que o time jurídico seja mais proativo na identificação e na mitigação de potenciais problemas jurídicos futuros.

(ii) **Ferramentas de gerenciamento de projetos, comunicação e colaboração:** para facilitar a colaboração entre diferentes equipes, é essencial contar com ferramentas de gerenciamento de projetos e colaboração, tais como Asana, Trello e Microsoft Teams, para que as equipes trabalhem de maneira colaborativa em projetos, compartilhando documentos, atribuindo tarefas e acompanhando o progresso em tempo real. Isso promove uma comunicação mais eficiente e uma coordenação mais eficaz entre as equipes.

(iii) **Análise de dados e inteligência de negócios (*Business Intelligence* – BI):** para tomar decisões estratégicas, o Jurídico pode se beneficiar do uso de ferramentas de análise de dados e BI que permitem monitorar tendências, identificar padrões de conformidade e avaliar o impacto das atividades de marketing nas métricas de negócios. Ao integrar dados jurídicos e de marketing, o Jurídico pode oferecer valiosas contribuições para otimizar as estratégias e mitigar riscos para as organizações.

(iv) **Soluções de gerenciamento de conformidade:** para garantir conformidade com regulamentações e diretrizes legais em constante mudança, pode-se pensar em soluções que automatizam o monitoramento de mudanças regulatórias, fornecem orientações atualizadas sobre melhores práticas e ajudam a garantir que todas as atividades de marketing estejam em conformidade com a normatização vigente. Isso reduz o risco de multas e penalidades, além de acelerar o conhecimento e a disseminação das informações aos advogados.

PERFIL COMPORTAMENTAL DO NOVO ADVOGADO (*SOFT SKILLS*) NO ATENDIMENTO À ÁREA DE MARKETING

Ao adotar uma abordagem orientada pela tecnologia e pela inovação, as organizações podem aprimorar a conformidade jurídica, mitigar riscos e impulsionar os negócios de forma ágil. Por outro lado, é importante fomentar no time jurídico a capacidade de se adaptar rapidamente às mudanças no ambiente de negócios. No contexto do Jurídico, isso significa estar atento às tendências para atender a área de marketing e agir proativamente. Isso pode envolver a atualização de políticas internas e a adoção de soluções de gerenciamento de conformidade, de acordo com a governança de cada organização. Adicionalmente, o aprendizado contínuo e o desenvolvimento de habilidades comportamentais são fundamentais para garantir que suas equipes estejam preparadas para entregar suas metas e seus objetivos.

O advogado pode e deve fornecer educação e treinamento contínuos à equipe de marketing sobre questões legais relevantes, garantindo que todos os membros estejam cientes das leis e regulamentações aplicáveis para que possam tomar decisões respaldadas nas regras vigentes.

Ressalta-se que, nas organizações exponenciais, a colaboração entre diferentes áreas funcionais é fundamental para impulsionar a inovação e o crescimento. O advogado pode desempenhar papel de liderança ao colaborar de maneira próxima à área de marketing, compreendendo suas necessidades e desafios específicos e oferecendo soluções jurídicas personalizadas que promovam a agilidade e a conformidade nos projetos desenvolvidos.

Outro comportamento importante do advogado é oferecer soluções estratégicas e soluções de contratos e campanhas publicitárias executáveis, bem como ajudar a identificar oportunidades de negócios e a mitigar riscos em projetos de marketing inovadores, como também em projetos para lançamento de produtos, parcerias e campanhas de maneira proativa.

Todas essas habilidades comportamentais do advogado no suporte à área de marketing podem atestar eficiência e promover a inovação em sua forma de atuar, garantindo conformidade legal e impulsionando o crescimento sustentável das organizações.

ASPECTOS IMPORTANTES A SEREM OBSERVADOS NO ATENDIMENTO JURÍDICO À ÁREA DE MARKETING

Os aspectos listados a seguir são relevantes e devem ser observados na atuação do advogado em relação ao atendimento das demandas da área de marketing:

1) PRIVACIDADE DE DADOS E SEGURANÇA CIBERNÉTICA

Hoje em dia, os dados são extremamente valiosos e, por isso, ameaças cibernéticas e suas possíveis violações de dados estão em alta. Nesse aspecto, as empresas enfrentam desafios jurídicos diários e o Jurídico deve apoiar e atuar na implementação de medidas de segurança robustas para proteger os dados dos clientes e evitar violações de dados, bem como precisa estar preparado para responder prontamente a qualquer violação de dados. Considerando o alto volume de dados utilizados pela área de marketing e a sua importância para o desenvolvimento de campanhas e promoções, é de extrema importância que esses pontos sejam seguidos para evitar multas gravosas e crises reputacionais para a organização.

2) PRÁTICAS TRANSPARENTES

Os consumidores estão cada vez mais conscientes de suas escolhas e consumo. Práticas enganosas, publicidade ou avaliações inverídicas de produtos estão sujeitas a ações por parte das autoridades regulatórias e podem prejudicar seriamente a reputação da marca em seu mercado. Por isso, o Jurídico deve garantir que as práticas e os projetos de marketing sejam transparentes, honestos e estejam em conformidade com as leis e os regulamentos vigentes.

3) RESPONSABILIDADE POR CONTEÚDO PRODUZIDO EM REDES SOCIAIS

As empresas enfrentam desafios relacionados à responsabilidade pelas respostas e por todo o conteúdo de marcas e produtos disponibilizado em suas redes. Esse conteúdo deve ser desenvolvido com extrema consciência, já que as empresas podem ser responsabilizadas por conteúdo difamatório, ilegal ou indevido publicado (até mesmo por usuários) em suas plataformas. Conteúdo que extrapole limites éticos ou que afete qualquer pessoa não deve prosperar. Por isso, as empresas devem implementar políticas e governança de procedimentos para moderar e monitorar o conteúdo gerado pelo usuário e responder prontamente a qualquer conteúdo que viole as leis ou os padrões das comunidades e redes.

4) DIREITOS AUTORAIS E PROPRIEDADE INTELECTUAL

Quando a inteligência artificial e os facilitadores de produção de conteúdo estão em alta, o Jurídico precisa reforçar o olhar atento para a proteção dos direitos autorais e da propriedade intelectual das organizações, que são altamente valiosos, e evitar problemas de autoria, garantindo a segurança daquele conteúdo.

5) INFLUENCIADORES E ENDOSSO DE PRODUTOS

O mercado do marketing de influência digital já supera bilhões em faturamento e continuará em ascendência devido a sua ampla aceitação. O Jurídico deve garantir que as parcerias com influenciadores sejam transparentes e que estes divulguem claramente qualquer compensação recebida por endossos de produtos. Além disso, devem garantir que a contratação seja justa e equilibrada, bem como proteger as organizações de eventuais prejuízos com parcerias indevidas. Relevante destacar que o advogado não só pode, como deve intervir em caso de campanhas de marketing que possam prejudicar a organização, suas marcas e sua propriedade intelectual, quando da sua vinculação com influenciadores que não compactuam com os propósitos e valores da empresa à qual está se associando.

PONDERAÇÕES FINAIS

O mundo dos negócios se mantém em acelerada evolução e, consequentemente, as organizações enfrentam complexos desafios em seu mercado de atuação, que exigem monitoramento constante, abordagem multidisciplinar e colaborativa, precisando se reinventar frequentemente. Nesse contexto, o advogado desempenha papel estratégico, inclusive para ter uma visão dinâmica em relação à área de marketing, oferecendo suporte eficiente, promovendo a conformidade jurídica e impulsionando o crescimento sustentável das organizações.

Ao colaborar estreitamente com a área de marketing, fornecendo assessoria jurídica estratégica e ágil, protegendo a propriedade intelectual, gerenciando riscos e garantindo a regularidade jurídica, o Jurídico se torna fundamental para ajudar as organizações a alcançarem seu pleno potencial como organizações exponenciais.

Aconselhamento jurídico adequado e estratégico, viabilização de projetos, contratos bem estruturados, agilidade no atendimento, prevenção de riscos jurídicos, proteção da propriedade intelectual e perfil colaborativo, por exemplo, garantem que os interesses das empresas estejam sempre protegidos. Por fim, o Jurídico precisará praticar a escuta ativa e interessada, buscando integração e pertencimento como um membro regular de qualquer projeto de marketing e marcando presença em todas as fases do planejamento, para obter agilidade no entendimento da campanha e evitar retrabalhos, além de minimizar riscos e garantir o atendimento da legislação vigente.

Outros pontos a se observar são a criação, a implementação e o desenvolvimento de materiais para orientação da equipe de marketing para apoiá-los, de maneira intuitiva e criativa, com temas técnicos que precisam ser observados. Outros materiais, como a criação de FAQs, *checklists* de informações, guias de instruções e simplificações de políticas e procedimentos, serão importantes para disseminação da conformidade legal das campanhas de marketing e, também, para a adequada informação do time de marketing.

Esse tipo de preparação e disponibilização de documento facilita a revisão dos conteúdos e garante que o seu foco seja direcionado apenas para o ponto que de fato está em discussão, disponibilizando maior tempo para questões estratégicas e evitando redundância de trabalho. Essa antecipação de materiais traz maior eficiência e credibilidade para o Jurídico.

Outro ponto a ser observado é que a comunicação entre o Jurídico e a área de marketing deve ser transparente, frequente e assertiva para que os trabalhos entre as equipes multidisciplinares fluam de maneira ágil e eficaz. Não custa reforçar que a utilização da tecnologia e a busca da automação e da padronização de processos são mandatórios para que o Jurídico encontre a eficiência necessária em seu trabalho. O Jurídico deve acompanhar as tendências do mercado – não só as tendências jurídicas – para antever e prevenir ações, permitindo a viabilidade dos projetos de marketing, por exemplo.

Por fim, a visibilidade e a disponibilidade do time jurídico são as palavras de ordem para um bom atendimento à área de marketing, especialmente em virtude de sua atuação extremamente rápida e imediatista. Isso trará transparência à relação e criará confiança e credibilidade entre as equipes que devem ser consideradas parceiros de negócios (os chamados *Business Partners*).

REFERÊNCIA

ISMAIL, Salim; MALONE, Michael; GEEST, Yuri Van. *Organizações exponenciais*. São Paulo: Singularity University/HSM, 2018.

19

Gestão do conhecimento e governança da informação: *Self Service* e *On Demand*

Gabriela Pereira Bratkowski[1]
Paulo Silva[2]
Vanessa Fortunato Zaccaria[3]

Em meio à revolução digital que redefine contornos no universo corporativo, a Gestão do Conhecimento (GC) e a Governança da Informação (GI) surgem como pilares essenciais para o sucesso e a sustentabilidade das organizações. Ambas as disciplinas enfrentam, porém, desafios crescentes decorrentes da aceleração da produção de dados e da demanda por informações acessíveis e confiáveis em tempo real. Nunca foi tão fácil acessar tantas informações, nem tão complexo gerenciar esse volume de dados de maneira eficiente: estima-se que em torno de 149 zettabytes[4] serão consumidos[5] ao longo de 2024.

---

[1] Advogada. Graduada em Direito pela PUCRS. MBA Executivo pela Universitat de Barcelona. LLM em Direito dos Negócios e Especialização em *Design* de Interação e de Serviços pela UNISINOS. Regional Group Leader do CLOC Brasil (*Corporate Legal Operations Consortium*) e mentora na Women in Law Mentoring. Atualmente, é Gerente Sênior Jurídico da Zenvia.

[2] Advogado e *Controller* Jurídico, técnico em administração de empresas, pós-graduado em Direito Civil e do Consumidor, com extensões nas áreas contratual e bancária e com MBA em Gestão Empresarial pela FIA, associado ao CLOC (*Corporate Legal Operations Consortium*), exercendo a função de Líder Regional do Grupo no Brasil. É palestrante, professor e colunista em portais de conteúdo voltado para gestão jurídica. Trabalhou em bancos, nos setores de telecomunicações e energia, *e-commerce* e escritórios de advocacia. Atualmente é Gerente Sênior de Operações Jurídicas da Deloitte, estruturando, implementando e operando áreas de *legal operations* para jurídicos internos e escritórios de advocacia.

[3] Advogada e pós-graduada em MBA Gestão de Negócios, Inovação e Empreendedorismo pela FIA (SP), Leading in Global Business Enviroment pela Bentley University (MA, EUA), Regional Group Leader CLOC Brasil (*Corporate Legal Operations Consortium*), professora e palestrante. Atua há mais de 10 anos com o propósito de gerar transformação com foco em resultado em diferentes empresas e escritórios de advocacia no Brasil. Atualmente é Gerente de *Legal Operations* na Suzano S.A.

[4] Um zettabyte equivale a um trilhão de gigabytes. Em uma metáfora, o autor David Wellman nos propõe que a quantidade de dados existentes em um zettabyte "encheria o Oceano Pacífico" (ESPM. Quantos bytes cabem dentro de um zettabyte? *Sistemas de Informação ESPM*. Disponível em: https://sistemasdeinformacao.espm.edu.br/pesquisa-e-extensao/publicacoes/quantos-bytes-cabem-dentro-de-um-zettabyte/. Acesso em: 17 mar. 2024).

[5] DINO. Big data: análise de dados é aliada da indústria. *Valor Econômico*, set. 2023. Disponível em: https://valor.globo.com/patrocinado/dino/noticia/2023/09/27/big-data-analise-de-dados-e-aliada-da-industria.ghtml. Acesso em: 17 mar. 2024.

Eixo II – Processos: *Self Service* e *On Demand*

O desafio da GC e da GI é, portanto, estabelecer processos que determinem quais dados e informações são, de fato, relevantes para a tomada de decisões e garantir que tais dados e informações estarão disponíveis quando necessário. Somam-se a esse desafio os novos modelos de trabalho que vão se consolidando no pós Covid-19, como o *home office full*, o híbrido e o *anywhere office*, pois, se antes os times compartilhavam o espaço físico e, com isso, compartilhavam também o conhecimento, ainda que de maneira não estruturada, os novos modelos acabam por limitar esse tipo de compartilhamento.

Esse cenário impõe a necessidade de reavaliar estratégias e práticas, abrindo espaço para a reflexão sobre a incorporação dos conceitos de *Self Service* e *On Demand* como vetores de transformação na maneira como as empresas gerenciam seus ativos de conhecimento e informação. A GC e a GI, tradicionalmente focadas em estruturar, tornar acessível e proteger o conhecimento dentro das organizações, veem-se agora desafiadas a adaptar-se a um ritmo frenético de mudanças tecnológicas e às exigências de um mercado que valoriza a agilidade e a capacidade de inovação.

O desafio está em como as organizações podem manter a relevância e a competitividade, assegurando que seus colaboradores tenham acesso imediato ao conhecimento e à informação necessários e determinantes para a tomada de decisão e inovação. As estruturas tradicionais de GC e GI, muitas vezes caracterizadas por processos burocráticos e sistemas de informação centralizados, mostram-se inadequadas para responder a essas demandas com a velocidade requerida pelo mercado. Isso gera um cenário em que o potencial inovador e decisório das organizações pode ser significativamente comprometido pela incapacidade de acessar, atualizar e aplicar o conhecimento de forma eficaz.

Argumenta-se aqui que a integração dos conceitos de *Self Service* e *On Demand* nas práticas de GC e GI pode oferecer uma solução estratégica para superar esses obstáculos, facilitando o acesso ao conhecimento e à informação de forma ágil e segura. O modelo *Self Service* capacita os colaboradores a buscar e acessar informações por conta própria, por meio de ferramentas e plataformas intuitivas, reduzindo a dependência de intermediários e acelerando o processo de tomada de decisão. Já a abordagem *On Demand* assegura que informações e conhecimentos específicos ou personalizados sejam disponibilizados, potencializando a capacidade de resposta das organizações diante de novos desafios e novas oportunidades. A fusão dessas abordagens promove uma cultura organizacional mais dinâmica e um ambiente de colaboração e inovação contínua, em que a informação acessada e utilizada produz novos conhecimentos que "retroalimentam" as bases de conhecimento, em um processo que podemos encarar como ciclo virtuoso.

Estratégias *Self Service* e *On Demand*, aliás, são fundamentais para uma organização exponencial. Conforme proposição de Salim Ismail, há certos atributos necessários a uma organização para que ela seja classificada como exponencial, sendo a **autonomia** um dos atributos internos e o **engajamento** um dos atributos externos[6]. Ambos são necessários à adoção de uma estratégia de *Self Service* e *On Demand* na GC e na GI, assim como são resultado desta.

OPORTUNIDADES E DESAFIOS NA IMPLEMENTAÇÃO DOS MODELOS DE *SELF SERVICE* E *ON DEMAND*

A dinâmica do mundo moderno, caracterizada pela rápida evolução tecnológica e pelo volume sem precedentes de dados gerados, exige uma reavaliação contínua das práticas de Gestão do Conhecimento e Governança da Informação. A implementação dos modelos de *Self Service* e *On Demand* surge como uma resposta inovadora aos desafios atuais, prometendo revolucionar a maneira como as organizações acessam, compartilham e utilizam o conhecimento.

A GC e a GI são fundamentais para a captura, a organização e a disseminação do conhecimento dentro das organizações. A GC foca no aproveitamento do conhecimento tácito e explícito para melhorar a inovação e a eficiência, enquanto a GI lida com a estruturação, a segurança e a qualidade da informação disponível. A incorporação de *Self Service* e *On Demand* nessas áreas significa proporcionar aos usuários finais ferramentas e plataformas que permitem o acesso direto ao conhecimento e à informação necessários, quando e onde precisarem, sem processos intermediários demorados.

Embora a proposta de integrar *Self Service* e *On Demand* na GC e na GI pareça promissora, sua implementação vem com desafios. A segurança da informação é uma preocupação primordial, uma vez que o acesso facilitado deve ser balanceado com protocolos rígidos para proteger dados sensíveis. Além disso, a qualidade e a relevância da informação acessada por meio de sistemas *Self Service* demandam uma curadoria cuidadosa e atualização constante, exigindo um comprometimento organizacional com a manutenção desse ecossistema.

Não se trata apenas de ferramentas que permitem o acesso ao conhecimento rapidamente, mas o quanto, de fato, esse conhecimento é relevante para o trabalho e a tomada de decisões. Mesmo em uma realidade em que temos à disposição, para transferência de conhecimento, tecnologias como a inteligência artificial, a realidade virtual e aumentada ou mesmo o uso do metaverso, trabalhadores europeus consideram difícil ou "quase impossível" extrair conhecimento prático para o trabalho diário, conforme estudo elaborado pela Deloitte[7]. A garantia de sucesso na implementação de práticas *Self Service* e *On Demand* na GC e na GI não está, portanto, na ferramenta utilizada, mas no fator humano e no seu *engajamento*.

---

[6] VERRE, Caroline. Organizações exponenciais: o que são, características e exemplos. *SingularityU Brazil*. Disponível em: https://blog.singularityubrazil.com/blog/organizacoes-exponenciais/?gad_source=1&gclid=EAIaIQobChMInK_hyez7hAMV315IAB31-Qn8EAAYASAAEgI-W. Acesso em: 17 mar. 2024.

[7] BEHME, Faris; BECKER, Sandy. The new knowledge management. *Deloitte Insights*, jan. 2021. Disponível em: https://www2.deloitte.com/us/en/insights/focus/technology-and-the-future-of-work/organizational-knowledge-management.html. Acesso em: 17 mar. 2024.

Nesse sentido, analisar casos de uso pode acelerar o processo de compreensão e implementação dessas práticas.

ESTUDO DE CASO: A IMPLEMENTAÇÃO BEM-SUCEDIDA DA SUZANO S.A.

Um exemplo prático da aplicação bem-sucedida dos conceitos de *Self Service* e *On Demand* na Gestão do Conhecimento e Governança da Informação é o da Suzano S.A., que implementou um portal específico para compartilhar documentos e informações essenciais à rotina dos colaboradores. O portal criado pela Suzano oferece acesso a uma variedade de documentos importantes, tais como procurações, modelos de contratos, políticas e manuais de acesso aos sistemas do Jurídico (*Self Service*). Além disso, a plataforma habilita a oferta de serviços prestados pelo time jurídico aos clientes internos, dentre eles solicitações de procurações, elaboração de documentos e respostas a consultas, por meio de um sistema de *ticket* eficiente (*On Demand*).

Para garantir o sucesso dessa inovação, a Suzano adotou uma estratégia de comunicação cuidadosamente planejada e construída, consciente de que a eficácia na adoção de novas ferramentas depende significativamente da clareza e da persuasão das mensagens transmitidas aos colaboradores. Uma decisão estratégica relevante foi a utilização dos mesmos sistemas já empregados em outras áreas da companhia, como RH, Centro de Serviço Compartilhado e TI. Essa escolha minimizou a resistência e a curva de aprendizado dos colaboradores, que já estavam familiarizados com as plataformas, facilitando a integração e a aceitação do novo portal.

Esse caso real destaca como a integração de soluções de *Self Service* e *On Demand* pode transformar a gestão do conhecimento e da informação dentro de uma organização, promovendo a eficiência e a agilidade operacional e fortalecendo a cultura de inovação e colaboração. A experiência da Suzano S.A. evidencia que o sucesso na implementação dessas abordagens tecnológicas avançadas requer não apenas a adoção de ferramentas digitais apropriadas, mas também uma comunicação eficaz e uma estratégia de engajamento que considere a experiência e as necessidades dos usuários finais. Além disso, lança luz sobre temas relevantes, como segurança e qualidade da informação, ética e o olhar sobre o ser humano diante da automação crescente.

BOAS PRÁTICAS NA IMPLEMENTAÇÃO DOS MODELOS DE *SELF SERVICE* E *ON DEMAND*

Um dos dilemas enfrentados na implementação de sistemas de GC se refere à segurança da informação. A facilitação do acesso a dados e informações críticas aumenta a agilidade e a eficiência, mas levanta preocupações relativas à conformidade com leis que regem a proteção de dados pessoais e informações sensíveis. Como as organizações podem equilibrar a necessidade de acesso aberto e *On Demand* com a imperativa segurança dos dados?

Além disso, a implantação de sistemas de GC e GI baseados em *Self Service* e *On Demand* suscita uma reflexão sobre a manutenção da qualidade e a relevância da informação disponibilizada. A curadoria de conteúdo se torna uma tarefa complexa à medida que o volume de dados cresce exponencialmente. Quais estratégias podem ser empregadas para assegurar que as informações acessadas sejam não apenas atuais e precisas, mas relevantes e úteis para os usuários finais?

Em relação à segurança da informação, uma abordagem propositiva poderia envolver o uso avançado de tecnologias de criptografia, autenticação multifatorial e segmentação de dados para garantir que apenas usuários autorizados tenham acesso a informações específicas. Paralelamente, a implementação de políticas claras de governança de dados e a realização regular de auditorias de segurança podem reforçar a proteção dos dados, ao mesmo tempo que se mantém a flexibilidade do acesso.

Para enfrentar o desafio da qualidade e da relevância da informação, as organizações podem adotar sistemas inteligentes de gestão de conhecimento que utilizam inteligência artificial e *Machine Learning* para personalizar a experiência de busca dos usuários, filtrando e recomendando conteúdo baseado em suas necessidades e históricos de pesquisa. Além disso, a criação de comunidades de prática dentro das organizações pode fomentar o compartilhamento de conhecimento tácito e a atualização contínua das bases de dados, garantindo que a informação disponível reflita as melhores práticas e as inovações mais recentes.

De modo geral, há três pontos que devem ser considerados pelas organizações e lideranças antes de criar, ou atualizar, suas práticas de GC e GI, conforme sugeridas no estudo realizado pela Deloitte[8]:

- **Mudança de mentalidade:** a gestão do conhecimento deixou para trás os pilares das últimas duas décadas. Não se trata mais de captura de conhecimento e estrutura de arquivos perfeita, nem se trata mais de gestão. Hoje, o conhecimento é a espinha dorsal dos modelos de trabalho remoto e híbrido que definirão a década de 2020. Compartilhar, transferir e agregar conhecimento são atos que farão parte do dia a dia de cada colaborador. Facilitar esse fluxo de conhecimento e investir nas tecnologias apropriadas deve ser prioridade.

- **Uso inteligente das tecnologias:** use tecnologias inteligentes de maneira inteligente. As ferramentas de última geração oferecem novos recursos para gerar *insights* adicionais a partir do conteúdo. O processamento de linguagem natural, as tecnologias gráficas e a IA estão permitindo novas interações com o conhecimento da empresa. O processo de entrada de conteúdo ficará mais fácil e as possibilidades de "saída de conteúdo" serão múltiplas: conexões de conteúdo, grupos de conhecimento, movimentação

---

[8] BEHME, Faris; BECKER, Sandy. The new knowledge management. *Deloitte Insights*, jan. 2021. Disponível em: https://www2.deloitte.com/us/en/insights/focus/technology-and-the-future-of-work/organizational-knowledge-management.html. Acesso em: 17 mar. 2024.

de habilidades, tópicos de tendência, recuperação sob demanda e marcação automatizada são apenas alguns complementos para as ferramentas de conhecimento usuais. Considere essas ferramentas não como a solução, mas como facilitadores de uma nova cultura de conhecimento.

- **Nova cultura de conhecimento:** ao definir a estratégia de *Self Service* e *On Demand*, é importante incorporar as preferências de compartilhamento dos seus colaboradores e ter uma mensagem consistente quanto à relevância da GC e da GI. Os colaboradores devem perceber que suas experiências são valiosas na construção dessa inteligência corporativa e que compartilhar conhecimento não é uma obrigação, mas sim uma maneira de impactar positivamente toda a organização.

À medida que navegamos pelas implicações dessa inovação, torna-se evidente que a chave para o sucesso na integração de *Self Service* e *On Demand* na GC e na GI reside na capacidade das organizações de manterem um diálogo aberto e construtivo com seus colaboradores sobre essas mudanças. Isso não apenas facilitará a transição para novos sistemas e práticas, como também ajudará a preservar a essência humana no coração da inovação tecnológica, garantindo que as ferramentas digitais sirvam para ampliar, e não substituir, a colaboração, a criatividade e o engajamento humano.

CONCLUSÃO E CHAMADA À AÇÃO

A jornada por meio da integração de conceitos de *Self Service* e *On Demand* na Gestão do Conhecimento e na Governança da Informação é tão complexo quanto promissor. O exemplo da Suzano S.A. ilustra como a adoção dessas estratégias pode melhorar a eficiência operacional, fortalecer a autonomia dos colaboradores e promover uma cultura de inovação e colaboração.

Este artigo encoraja líderes e gestores a considerarem a adoção dessas abordagens inovadoras em suas estratégias de GC e GI, visando à otimização dos processos internos e ao fortalecimento de uma cultura organizacional resiliente e adaptativa. Para tanto, é crucial abordar de maneira proativa os desafios relacionados à segurança da informação, à qualidade e à relevância do conhecimento disponibilizado e à manutenção de práticas de trabalho que valorizem o aspecto humano e colaborativo.

Olhando para o futuro, as organizações que conseguirem navegar com sucesso nos desafios e nas oportunidades apresentadas pela integração de *Self Service* e *On Demand* na GC e na GI estarão mais bem posicionadas para liderar em um ambiente de negócios cada vez mais dinâmico e orientado por dados. A inovação contínua nessas áreas será fundamental para manter a competitividade e promover uma adaptação eficaz às mudanças do mercado e às necessidades dos colaboradores.

Em última análise, a reflexão proposta neste artigo sobre as transformações na gestão do conhecimento e da informação convida a uma reavaliação das práticas atuais e a uma abertura para explorar novas possibilidades. Ao adotar uma perspectiva que valorize tanto a eficiência tecnológica quanto a integridade e o potencial humano, as organizações podem transcender os desafios do presente e pavimentar o caminho para um futuro de sucesso sustentável, a inovação e a colaboração.

REFERÊNCIAS

BEHME, Faris; BECKER, Sandy. The new knowledge management. *Deloitte Insights*, jan. 2021. Disponível em: https://www2.deloitte.com/us/en/insights/focus/technology-and-the-future-of-work/organizational-knowledge-management.html. Acesso em: 17 mar. 2024.

DINO. Big data: análise de dados é aliada da indústria. *Valor Econômico*, set. 2023. Disponível em: https://valor.globo.com/patrocinado/dino/noticia/2023/09/27/big-data-analise-de-dados-e-aliada-da-industria.ghtml. Acesso em: 17 mar. 2024.

ESPM. Quantos bytes cabem dentro de um zettabyte? *Sistemas de Informação ESPM*. Disponível em: https://sistemasdeinformacao.espm.edu.br/pesquisa-e-extensao/publicacoes/quantos-bytes-cabem-dentro-de-um-zettabyte/. Acesso em: 17 mar. 2024.

VERRE, Caroline. Organizações exponenciais: o que são, características e exemplos. *SingularityU Brazil*. Disponível em: https://blog.singularityubrazil.com/blog/organizacoes-exponenciais/?gad_source=1&gclid=EAIaIQobChMInK_hyez7hA-MV315IAB31-Qn8EAAYASAAEgI-W. Acesso em: 17 mar. 2024.

EIXO III
TECNOLOGIA: QUANDO E COMO

Inovação não é tecnologia. Entretanto, é uma ferramenta poderosa que ajuda times a exponencializar seus resultados. Entenda quando não usar a tecnologia, mas saiba também quando desenvolver a mentalidade digital, descubra como erros inéditos na implementação de ferramentas ajudam no processo de melhoria contínua e entenda o nível de maturidade das operações jurídicas para utilizar a inteligência artificial da melhor forma.

20

Opinião de CTO

Humberto Moisés[1]

Há algum tempo, ao descrever os desafios corporativos, usamos sempre palavras como *incerteza, fragilidade* e *volatilidade*, mas o que vem ocorrendo é que a velocidade de evolução da tecnologia e dos modelos de negócio nunca foi tão acelerada quanto agora!

E esse dinamismo não seria diferente quando olhamos para a esfera jurídica. Na verdade, creio que áreas jurídicas enfrentam desafios ainda mais complexos e exigentes nesse cenário em constante mudança. A natureza intrincada e multifacetada do Direito exige uma compreensão detalhada e uma análise minuciosa de uma infinidade de informações e regulamentações.

Anteriormente, os times jurídicos podiam confiar em métodos tradicionais e processos manuais para lidar com essas demandas. No entanto, com a aceleração dessa evolução, esses métodos se mostraram cada vez menos eficazes para lidar com a crescente complexidade do ambiente jurídico. Além disso, a necessidade de conformidade regulatória e a pressão por eficiência e redução de custos também colocam uma pressão adicional. A evolução da maturidade digital não é mais uma opção, mas sim uma necessidade urgente para as equipes jurídicas se adaptarem e prosperarem nesse novo paradigma.

Analisando esse cenário, em que a paisagem legal é tão mutável quanto o clima, a tecnologia assume o papel de guiar o Jurídico em direção a um território mais estratégico e eficiente. O que vamos abordar neste artigo é justamente como organizações vão se diferenciar entre aquelas que usam bússolas para se guiar e aquelas que já operarão por meio de otimizadores de rota baseados em inteligência artificial (IA).

Como CTO (*Chief Technology Officer*), é importante ressaltar que vejo o que vivenciamos como evolução digital. Creio que o termo "transformação digital" já está ultrapassado, como uma jornada que requer não apenas investimentos em tecnologia, mas também uma mudança cultural, de processos e de estrutura organizacional. Afinal, é melhor uma bússola,

---

[1] Engenheiro de Computação, graduado pela Universidade do Estado do Rio de Janeiro. MBA Executivo em Gestão pela Fundação Dom Cabral. Pai do Vitor e da Livia, marido da Vanessa, entusiasta por tecnologia e, atualmente, Diretor de Tecnologia da empresa Ipiranga.

com processos e modelo de decisão claros, que levem para a direção correta, do que tentar utilizar qualquer nova tecnologia de maneira desordenada.

Durante as décadas de 2000 e 2010, testemunhamos uma evolução significativa no uso de tecnologia dentro dos times jurídicos. O surgimento de sistemas de gerenciamento de documentos (DMS) e *softwares* de pesquisa jurídica online possibilitou uma gestão mais eficiente de informações legais e uma pesquisa mais rápida e precisa de precedentes jurídicos. Além disso, a adoção de sistemas de automação de processos legais ajudou a reduzir o tempo gasto em tarefas rotineiras e repetitivas, liberando recursos para atividades mais estratégicas. Esses avanços prepararam as organizações para um futuro em que a tecnologia desempenharia um papel ainda mais central no campo jurídico.

No entanto, mesmo com essas soluções, os times jurídicos enfrentavam desafios significativos na gestão eficiente de informações legais e na análise de dados complexos. Foi na última década que vimos uma verdadeira revolução na forma como o Jurídico poderia utilizar a tecnologia. O surgimento de ferramentas de análise de dados, intitulados à época como soluções de *Business Intelligence* (BI), trouxe consigo novas possibilidades e oportunidades.

As empresas que conseguiram implementar essas soluções de maneira inteligente passaram a habilitar os seus times e os profissionais jurídicos a acessar e analisar grandes volumes de dados de maneira rápida e precisa. Essas ferramentas permitiram uma visão mais clara e abrangente das questões jurídicas, possibilitando uma tomada de decisão mais informada e estratégica. Com as soluções de BI, as equipes jurídicas foram capazes de ganhar uma vantagem competitiva, transformando dados em *insights* valiosos que impulsionaram o sucesso organizacional.

Enquanto algumas empresas abraçaram de forma proativa as transformações tecnológicas, outras hesitaram em fazer mudanças significativas em seus sistemas, processos e estruturas organizacionais. Diversos fatores podem ter contribuído para essa hesitação e resistência à mudança. Em muitos casos, empresas enfrentaram desafios financeiros e orçamentários que dificultaram a adoção de tecnologias avançadas e a implementação de novos processos. Porém, como CTO, observo que, na maioria das vezes, o retardo no avanço da agenda de tecnologia está na falta de compreensão sobre os benefícios tangíveis que essas transformações poderiam trazer.

Muitas organizações podem ter subestimado a importância da tecnologia e da análise de dados para sua competitividade futura, optando por priorizar outras áreas de investimento. Esse erro deve ser colocado também dentro da liderança de tecnologia, que precisa evoluir seu modelo de atuação para, em conjunto com líderes jurídicos, iniciar essa transformação. Além disso, a resistência cultural e a falta de liderança visionária também podem ter impedido o progresso em direção a uma empresa que atue com mentalidade digital. O medo da mudança e a preferência pela estabilidade podem ter levado algumas empresas a permanecerem presas em modelos de negócios tradicionais, mesmo diante do rápido avanço tecnológico. Esses fatores combinados podem ter contribuído para a relutância de algumas empresas em abraçar plenamente as oportunidades oferecidas pela revolução tecnológica das últimas décadas.

Ao analisar esses dois cenários, fica evidente que as organizações, que implementaram transformações significativas em seus sistemas, adotaram soluções avançadas de BI e evoluíram seus processos e sua estrutura organizacional, estão muito mais preparadas para extrair um valor exponencial do novo ciclo de tecnologia que vem com o uso aplicado da IA. Essas empresas passaram por uma verdadeira metamorfose digital, em que a tecnologia se tornou não apenas uma ferramenta, mas um pilar fundamental de sua estratégia e suas operações.

Ao investirem em sistemas de informação robustos e soluções de BI sofisticadas, elas estabeleceram uma base sólida de dados e análises que servirá como alicerce para a próxima onda de inovação impulsionada pela IA. Simultaneamente, essas organizações reestruturaram seus processos internos, adotando abordagens mais ágeis e colaborativas, o que lhes permitiu serem mais céleres na adaptação às mudanças do mercado e na implementação de novas tecnologias. Além disso, a evolução da estrutura organizacional para uma cultura mais orientada por dados e inovação foi crucial. Essa mentalidade orientada por dados e essa cultura de inovação posicionam essas empresas em um lugar de destaque, prontas para enfrentar os desafios e aproveitar as oportunidades que a IA e outras tecnologias emergentes trazem consigo.

Diante desse panorama, surge uma questão crucial: como as empresas que não realizaram essas transformações ao longo das últimas décadas podem se preparar para competir em um ambiente cada vez mais dominado pela tecnologia e pela IA? Embora possam enfrentar desafios significativos ao tentarem alcançar o mesmo nível de preparação das organizações mais avançadas, ainda há esperança.

O primeiro passo é reconhecer a importância da construção de uma mentalidade digital e o impacto potencial da IA nos negócios. Isso requer uma mudança de mentalidade em toda a organização, desde a liderança até a base. Em seguida, é fundamental realizar uma avaliação abrangente das atuais capacidades tecnológicas e identificar lacunas que precisam ser preenchidas. Isso pode envolver a atualização de sistemas legados, a implementação de soluções de BI básicas e a criação de uma cultura de inovação e colaboração dentro da empresa.

Além disso, é essencial investir em programas de treinamento para capacitar os funcionários a utilizar efetivamente as novas tecnologias e a adotar uma abordagem mais ágil e orientada por dados em seu trabalho diário. Precisamos entender toda essa jornada digital como um processo contínuo de evolução, e justamente por isso as empresas devem estabelecer indicadores claros e métricas mensuráveis para acompanhar o progresso da transformação digital e garantir que os benefícios sejam tangíveis e mensuráveis ao longo do tempo. Isso pode incluir indicadores como eficiência operacional, satisfação do cliente, redução de custos e aumento da receita.

Ao adotar uma abordagem focada em resultados e estar atento à evolução constante das tecnologias e do mercado, as empresas podem garantir que estejam preparadas para enfrentar os desafios e aproveitar as oportunidades que a IA e outras tecnologias emergentes trazem consigo. De fato, temos ouvido falar sobre IA em quase todo fórum, convenção ou evento que tenha a palavra "futuro" nele, e o motivo disso é bem simples de entender e vamos aqui focar na sua importância para o ambiente Jurídico.

Antes de entrarmos no uso da IA, e tomando por base uma empresa que tenha se preparado adequadamente ao longo dos últimos anos, todo e qualquer trabalho de análise dependia de grande conhecimento de especialistas e era impulsionado principalmente pelo uso de soluções de BI. Essas soluções eram valiosas para fornecer *insights* com base em dados históricos, permitindo uma visão retroativa das tendências e padrões. No entanto, a inteligência artificial vai além disso.

Enquanto o BI se concentra em dados históricos e em responder perguntas do tipo "o que aconteceu?", a IA é capaz de analisar dados em tempo real e prever tendências futuras, respondendo perguntas do tipo "o que vai acontecer e por quê?". Isso significa que a IA pode não apenas fornecer informações valiosas sobre o que ocorreu no passado, mas também antecipar possíveis cenários e recomendar ações proativas com base nessa análise preditiva.

No contexto jurídico, isso representa uma mudança fundamental, pois permite aos profissionais do Direito não apenas reagir a eventos passados, mas também antecipar e mitigar riscos futuros de maneira mais eficaz e rápida, em vez de depender exclusivamente da experiência e da intuição dos especialistas. Os times jurídicos podem agora aproveitar o poder da IA para tomar decisões mais informadas e estratégicas, ajudando a garantir o sucesso a longo prazo das organizações.

À medida que nos aventuramos por esse território desconhecido, é importante manter um olhar atento para os desafios e oportunidades que surgem no horizonte. A inteligência artificial surge como uma ferramenta poderosa nessa jornada, prometendo automatizar tarefas repetitivas, prever resultados jurídicos e fornecer insights estratégicos. No entanto, como vimos, nem todas as organizações estão igualmente preparadas para aproveitar os benefícios da IA e outras tecnologias jurídicas avançadas.

Aquelas que estão mais avançadas na jornada de transformação digital (ou evolução, como rascunhamos anteriormente) tendem a estar mais bem posicionadas para colher os frutos. Essas organizações já investiram tempo e recursos na construção de uma infraestrutura de tecnologia robusta, na implementação de políticas de governança de dados e na capacitação de suas equipes para utilizar efetivamente as novas ferramentas disponíveis.

Como CTO, estou comprometido a liderar essa evolução de maneira responsável e sustentável. Isso significa adotar uma abordagem pragmática e centrada no cliente, priorizando iniciativas que tragam valor tangível à empresa. A evolução digital não é apenas sobre adotar a tecnologia mais recente, mas também sobre capacitá-la a impulsionar a inovação e o crescimento.

21 Jurídico na "curva de adoção de inovação" de Rogers

Ana Beatriz Couto[1]
Bruno Feigelson[2]

No alvorecer da era digital, a intersecção entre inovação e tecnologia tem reformulado profundamente os contornos do possível em nossa sociedade. Não seria diferente no mercado jurídico, segmento tradicionalmente percebido como conservador e avesso às mudanças. À medida que novas tecnologias emergem a um ritmo vertiginoso, suas incorporações no setor jurídico tornam-se inevitáveis, trazendo a necessidade de os profissionais reavaliarem suas práticas e rotinas.

A "curva de adoção de inovação" de Everett Rogers consiste em uma representação a partir da qual se torna possível observar e categorizar a aceitação de uma inovação ao longo do tempo em determinado setor. Este artigo explora a posição do mercado jurídico nessa curva e como os princípios e atributos das Organizações Exponenciais (ExOs) podem acelerar a adoção de inovações transformadoras e exemplos práticos de implementação no segmento jurídico.

UMA PERSPECTIVA SOBRE O SEGMENTO JURÍDICO À LUZ DA CURVA DE ROGERS

A "curva de adoção de inovação" ou "Curva de Rogers", também conhecida como teoria da difusão de inovações, foi desenvolvida por Everett Rogers em 1962. Ela descreve a adoção

---

[1] Co-CEO do Sem Processo. Graduada em Direito pela Fundação Getulio Vargas e pós-graduada em Direito Tributário. MBA em Gestão com ênfase em liderança e inovação pela Fundação Getulio Vargas e certificação internacional em Business pela University of Miami Herbert Business School. Compõe o Comitê de Fundadores do CLOC Brasil e é associada na WLM – Women in Law Mentoring Brazil. Foi responsável pela instituição da área de Legal Operations no Sem Processo.

[2] Pós-doutorando em Direito pela Unirio. Doutor e mestre em Direito pela UERJ. Sócio do Lima – Feigelson Advogados. Co-CEO do Sem Processo. Fundador e Membro do Conselho de Administração da AB2L (Associação Brasileira de Lawtechs e Legaltechs). Chairman da Future Law e Wal Ventures. Kickboxing Black Belt. É professor universitário, palestrante e autor de diversos livros e artigos especializados na temática Direito, Inovação e Novas Tecnologias.

de novas tecnologias ou inovações por meio de cinco categorias de adotantes, quais sejam: inovadores (*innovators*), adotantes iniciais (*early adopters*), maioria inicial (*early majority*), maioria tardia (*late majority*) e retardatários (*laggards*)[3]. As referidas categorias baseiam-se no momento e no estágio em que determinada inovação é adotada.

Os **inovadores** se caracterizam por serem buscadores ativos de informações sobre novas ideias. São tidos como aventureiros e têm um elevado grau de exposição e visibilidade nos meios de comunicação. São capazes de lidar com elevados níveis de incerteza, sendo pioneiros na adoção de novas ideias. Possuem espírito empreendedor, estando dispostos a aceitar uma perda quando uma nova ideia não prospera. Têm um papel importante no processo de difusão, qual seja, o de propagar uma nova ideia no sistema social.

Os **adotantes iniciais**, por sua vez, possuem o mais elevado grau de referência de opinião na maioria dos sistemas sociais. São altamente respeitados e servem de modelo para outros membros do sistema. Representam o uso bem-sucedido e discreto de novas ideias. Seu papel é atenuar a incerteza sobre uma inovação, ao aderi-la e, em seguida, avaliá-la de maneira subjetiva aos seus pares próximos por meio de suas redes interpessoais.

Já a **maioria inicial** adota novas ideias um pouco antes da média do seu sistema social. Referida categoria interage frequentemente com os seus pares, no entanto, dificilmente ocupa posição de liderança. Podem ter que deliberar durante algum tempo antes de aderirem a uma inovação. Possuem um papel relevante, na medida em que asseguram a interconectividade nas redes do sistema.

A **maioria tardia** adota a inovação em um momento posterior à média, e essa tomada de decisão muitas vezes decorre de uma necessidade econômica. Para a maioria tardia, as inovações são encaradas com um tom cético e cauteloso. A pressão dos pares é necessária para motivar a adoção e as normas do sistema devem favorecer a inovação para convencê-los.

Por fim, os **retardatários** são os últimos no sistema social a adotarem uma inovação. São tidos como tradicionais e possuem como referência o passado para a tomada de decisão[4].

O setor jurídico, encarado como mais tradicional e lento para adoção de novas tecnologias, encontra-se disperso ao longo da curva de adoção de Rogers. Inovadores e adotantes iniciais já começam a se destacar, adotando práticas como a utilização de Inteligência Artificial (IA) para análise de documentos, automatização de tarefas repetitivas, *blockchain* para transações e automação de fluxos. No entanto, a maior parte do segmento ainda se encontra na maioria inicial e tardia, hesitante diante das barreiras legais, culturais, e das próprias práticas jurídicas. Existem alguns obstáculos significativos que devem ser levados em consideração, atrelados ao próprio sistema jurídico e legislativo. É papel do advogado assegurar a observância legal e regulamentar, bem como se preocupar com a previsibilidade do sistema.

---

[3] ROGERS, Everett M. *Diffusion of innovations*. 3. ed. New York: Free Press, 1983.
[4] ROGERS, Everett M. *Diffusion of innovations*. 3. ed. New York: Free Press, 1983.

Ocorre que, atualmente, o sistema legal não consegue acompanhar a velocidade da mudança no que tange à tecnologia e à inovação.

Observa-se que o próprio contexto atrelado ao segmento jurídico gera um estímulo para que os profissionais não sejam incentivados a aderir a novas tecnologias e inovações. Por outro lado, cada vez mais existe uma pressão do próprio mercado para redução de custos, entregas mais céleres e serviços mais acessíveis. Há uma expectativa de transformação dos clientes internos, no caso de jurídicos internos e externos e no caso de escritórios e advogados autônomos. Em tal cenário, a maioria tardia e os retardatários correm o risco de se tornarem obsoletos ao não conseguirem atender as demandas de um segmento que se torna cada vez mais moderno. Portanto, o grande ponto de reflexão incide no seguinte questionamento: Qual o momento ideal de adoção de uma inovação ou tecnologia em um contexto em que é necessário ser competitivo, mas, ao mesmo tempo, assegurar a observância aos direitos e princípios fundamentais e a estabilidade e previsibilidade do sistema? A resposta para essa pergunta não é algo trivial, sendo evidente a existência de uma tensão entre tradição e inovação. O Jurídico possui o desafio de avaliar de maneira criteriosa uma nova tecnologia ou inovação, mas ao mesmo tempo saber a justa medida para não se tornar ultrapassado nem ineficiente.

ESTRATÉGIAS PARA AVANÇAR NA CURVA DE ADOÇÃO

A integração dos atributos e princípios das Organizações Exponenciais[5] no setor jurídico representa uma oportunidade de avanço na curva de adoção de inovação de Rogers. Ao aderir a esses conceitos, o Jurídico não apenas torna-se capaz de incorporar novas tecnologias, mas de remodelar fundamentalmente sua abordagem para a prestação de serviços, tornando-os mais eficientes, acessíveis e alinhados às expectativas contemporâneas dos clientes e da sociedade. Esse movimento em direção à inovação não é simplesmente uma questão de utilização de novas ferramentas, mas uma transformação profunda na cultura e na estratégia organizacional, refletindo uma mudança paradigmática na maneira como o direito é praticado.

De acordo com Salim Ismail, Michael S. Malone e Yuri van Geest, Organizações Exponenciais são entidades que alavancam novas técnicas e tecnologias organizacionais para assegurar a escalabilidade de suas operações de forma significativamente mais rápida do que as empresas tradicionais. Possuem um impacto desproporcionalmente elevado em comparação ao mercado, sendo estruturadas com base em tecnologias de informação, transformando o que antes era físico em demanda digital sob demanda[6]. Quando se muda para um ambiente baseado na informação, o ritmo de desenvolvimento atinge um

---

[5] ISMAIL, Salim; MALONE, Michael S.; VAN GEEST, Yuri. *Organizações Exponenciais*: Por que elas são 10 vezes melhores, mais rápidas e mais baratas que a sua (e o que fazer a respeito). Rio de Janeiro: Alta Books, 2014.

[6] ISMAIL, Salim; MALONE, Michael S.; VAN GEEST, Yuri. *Organizações Exponenciais*: Por que elas são 10 vezes melhores, mais rápidas e mais baratas que a sua (e o que fazer a respeito). Rio de Janeiro: Alta Books, 2014.

crescimento exponencial, oferecendo oportunidades fundamentalmente disruptivas[7]. As ExOs aprenderam a se organizar em um mundo baseado na informação, sendo capazes de transformar os seus segmentos de atuação e forçar os seus concorrentes a se reinventar.

Existem algumas características comuns em todas as ExOs. Estas incluem um Propósito Transformativo Massivo (PTM), bem como dez outros atributos que refletem os mecanismos internos e as externalidades que essas organizações utilizam para alcançar um crescimento exponencial. A sigla SCALE (*Staff on Demand, Community & Crowd, Algorithms, Leveraged Asset and Engagement*) é usada para refletir os cinco atributos externos e a sigla IDEAS (*Interfaces, Dashboards, Experimentation, Autonomy and Social Technologies*) é usada para os cinco atributos internos. Nem toda ExO possui os dez atributos, mas, quanto mais os adere, mais escalável tende a ser. A utilização de tais características pelo segmento jurídico não apenas pode acelerar a assimilação dos avanços tecnológicos, como também auxiliá-lo a ganhar destaque ao marcar o afastamento das abordagens convencionais para incorporar a agilidade, a inovação e a centralização no cliente. A seguir, será especificada a aplicabilidade dos atributos mencionados ao Jurídico.

ATRIBUTOS EXTERNOS (*SCALE*)

- **Equipe sob demanda:** a utilização de equipes sob demanda assegura a flexibilidade da força de trabalho de acordo com a variação de casos e as necessidades específicas, sem a sobrecarga de pessoal o tempo inteiro. A adoção dessa concepção auxilia o setor jurídico a se tornar mais eficiente, escalável e célere, ao assegurar uma alta capacidade de adaptação às demandas dos clientes e um custo de gerenciamento operacional mais baixo.
- **Comunidade e multidão:** a interação com a comunidade e a utilização do *crowdsourcing*[8] podem transformar a forma como os serviços jurídicos são prestados e como o conhecimento é desenvolvido. Construir uma comunidade engajada em torno de uma prática jurídica aumenta a fidelização da marca, assegura a inovação colaborativa e explora o conhecimento coletivo para a resolução de problemas.
- **Algoritmos:** a utilização de dados e algoritmos pode auxiliar o segmento jurídico, revolucionando a gestão processual, a análise preditiva, a revisão de documentos e o atendimento ao cliente. Pelo uso de *Big Data* e do aprendizado de máquina, torna-se

---

[7] ISMAIL, Salim; MALONE, Michael S.; VAN GEEST, Yuri. *Exponential Organizations*: Why new organizations are ten times better, faster, and cheaper than yours (and what to do about it). Notes by Frumi Rachel Barr, MBA, PhD. Disponível em: https://www.academia.edu/92149548/Exponential_Organizations_Why_New_Organizations_Are_Ten_Times_Better_Faster_and_Cheaper_Than_Yours_and_What_to_Do_about_It_. Acesso em: 27 fev. 2024.

[8] O *crowdsourcing* é uma forma de produção e de organização de processos que utiliza o conhecimento coletivo para a resolução de um problema ou desenvolvimento de uma solução.

possível extrair *insights* acerca das tendências do mercado jurídico, avaliar riscos, otimizar estratégias das demandas e assegurar uma entrega mais precisa.

- **Ativos alavancados:** pelo aproveitamento de ativos alavancados, as estruturas jurídicas tornam-se capazes de minimizar despesas de capital e, ao mesmo tempo, maximizar sua flexibilidade operacional. O uso de ativos, como *software* de gestão baseado em nuvem, armazenamento de dados e processamento, pesquisas jurídicas com o uso de IA e reuniões em espaços virtuais, diminui a necessidade de investimentos consideráveis em infraestrutura.

- **Engajamento:** desenvolver uma relação profunda com os clientes pela adoção de certos planejamentos, como utilização de plataformas digitais, serviços interativos e estratégias de comunicação personalizadas, pode aumentar significativamente a satisfação e a retenção do cliente. As práticas jurídicas podem utilizar sistemas de CRM (*Customer Relationship Management*), mídias sociais e aplicativos móveis para manter o envolvimento contínuo, fornecer atualizações regulares sobre casos e oferecer serviços de valor agregado.

ATRIBUTOS INTERNOS (*IDEAS*)

- **Interfaces:** no âmbito jurídico, o desenvolvimento de interfaces intuitivas e amigáveis é crucial para a simplificação do acesso à informação e melhor experiência do usuário. Nessa perspectiva, o desenvolvimento de plataformas ou portais digitais que permitam uma interação célere e eficiente entre advogados e clientes torna-se algo desejável para o mercado. Também podem ser mencionados *chatbots* com uso de inteligência artificial para análises iniciais, plataformas de envio de documentos e automação de fluxos rotineiros.
- **Dashboards:** a adoção de *dashboards* permite que as organizações possam monitorar os seus principais indicadores de desempenho (KPIs), taxa de progresso dos casos e alocação de recursos em tempo real. Com isso, torna-se possível a tomada de decisão mais informada, a antecipação e a mitigação de problemas e uma gestão eficiente de recursos.
- **Experimentação:** o incentivo a uma cultura de experimentação estimula que as áreas jurídicas e os escritórios de advocacia possam explorar tecnologias e modelos de negócios jurídicos inovadores. Isso pode envolver, por exemplo, a adoção de um modelo preditivo para resultados de ações judiciais ou parcerias com *legaltechs* para explorar novas soluções. A experimentação possibilita que entidades possam descobrir e refinar novas formas de agregar valor, assegurando que elas estejam à frente do mercado.
- **Autonomia:** assegurar autonomia às equipes dentro das organizações jurídicas e capacitá-las a tomarem decisões e atitudes que melhor atendam seus clientes e projetos. Estruturas organizacionais descentralizadas que incentivam a autonomia aumentam o sentimento de responsabilidade e a dor de dono. Tal ambiente estimula a busca da

excelência, da inovação na prestação de serviço e da agilidade na implementação de novas ideias.

- **Tecnologias sociais:** a implementação de tecnologias sociais no setor jurídico pode melhorar a colaboração entre os membros da equipe, facilitar o compartilhamento de conhecimento e agilizar a comunicação com os clientes. A adoção de plataformas de gestão do conhecimento que suportem a troca de mensagens de maneira segura e o compartilhamento de documentos possibilitam a eficácia dos serviços jurídicos.

INOVAÇÃO JURÍDICA: APLICAÇÕES PRÁTICAS E CASOS REAIS

O setor jurídico pode adotar estratégias pragmáticas para a incorporação de inovações. A seguir, serão expostos alguns exemplos práticos:

1) **Parcerias estratégicas:** parcerias entre escritórios de advocacia ou Jurídicos internos e *legaltechs* são fundamentais para a adoção e a exploração de novas tecnologias. Um exemplo emblemático é o escritório Allen & Overy, uma grande referência global, que desenvolveu um espaço próprio de inovação e tecnologia, o *Fuse*, com o objetivo de conectar empresas de tecnologia, clientes e advogados. O intuito é formar um ambiente colaborativo no qual diferentes atores do ecossistema dialogam visando acelerar a mudança digital, havendo a oportunidade de serem desenvolvidas e testadas novas soluções jurídicas[9]. Grandes empresas, como a Mondelēz International, também possuem programas específicos de aceleração com o objetivo de desenvolver *startups* que ofereçam soluções em etapa de validação e que atendam a determinados desafios no segmento jurídico[10]. Tais parcerias oferecem a possibilidade de o escritório ou o Jurídico interno ter acesso a uma tecnologia de ponta e, ao mesmo tempo, de as *legaltechs* terem acesso ao seu público-alvo para explorarem e refinarem suas soluções.

2) **Inovação aberta:** a inovação aberta no setor jurídico quebra as barreiras tradicionais à inovação ao abraçar ideias e tecnologias externas. Um caso ilustrativo é o *Global Legal Hackathon*[11], que reúne escritórios de advocacia, empresas e inovadores em todo o mundo para desenvolverem soluções que melhorem a indústria jurídica e a justiça. Essa iniciativa mostra como a inovação aberta pode enfrentar desafios jurídicos complexos, desde a melhoria do acesso à justiça até a automatização da

---

[9] Disponível em: https://www.allenovery.com/en-gb/global/expertise/advanced_delivery/tech_innovation/fuse--cohort-7. Acesso em: 3 mar. 2024.
[10] Disponível em: https://ab2l.org.br/noticias/mondelez-international-lanca-o-lawtech-lab/. Acesso em: 3 mar. 2024.
[11] Disponível em: https://globallegalhackathon.com/. Acesso em: 3 mar. 2024.

análise de contratos, aproveitando a experiência coletiva e a criatividade dos participantes em todo o mundo.

3) **Capacitação e educação continuada:** à medida que as tecnologias jurídicas evoluem, as capacidades dos profissionais da área também devem ser aprimoradas. Nesse sentido, a capacitação, a partir de educação continuada, treinamentos e *workshops*, torna-se crucial. Um exemplo no mercado jurídico brasileiro é a *Future Law*[12], *edtech* focada em preparar os profissionais jurídicos para as mudanças e os avanços tecnológicos do mercado. Para tanto, oferece uma série de cursos com temas voltados para inovação e desenvolvimento de habilidades.

4) **Incentivo às *legaltechs*:** existem algumas formas de incentivar o desenvolvimento e a colaboração com *legaltechs* no mercado jurídico. Essas empresas especializadas em tecnologia jurídica desempenham papel crucial na transformação digital do setor, oferecendo soluções inovadoras que melhoram a eficiência, a acessibilidade e a qualidade dos serviços jurídicos. Uma abordagem eficaz para incentivar as *legaltechs* se dá por meio de programas de aceleração e incubação oferecidos por instituições governamentais, universidades e organizações de fomento ao empreendedorismo. Esses programas proporcionam suporte financeiro, mentoria especializada, acesso a redes de contatos e infraestrutura para que as *startups* possam desenvolver e testar suas soluções em um ambiente favorável ao crescimento. Outra forma de incentivo é pela abertura de editais ou chamamentos por parte do setor público visando soluções específicas que integrem uma abordagem interdisciplinar que combine conhecimentos técnicos avançados com *insights* jurídicos especializados. Um exemplo disso foi o Chamamento Público 001/2023. Ao final de 2023, o Supremo Tribunal Federal abriu o referido Chamamento para o desenvolvimento e a apresentação de protótipos de ferramentas de inteligência artificial generativa para a criação de sumários automatizados de processos judiciais no Tribunal. Foram habilitadas a apresentar soluções 39 pessoas jurídicas e, ao final, 22 empresas remeteram os sumários gerados para avaliação jurídica[13]. A *legaltech* Sem Processo[14] foi uma delas. Por fim, cumpre mencionar a relevância da promoção de conferências visando o incentivo à tecnologia e inovação. Em abril de 2024, o *Web Summit*, um dos maiores eventos de tecnologia do mundo, foi sediado no Rio de Janeiro. O evento reuniu mais de 34 mil pessoas, incluindo empreendedores, investidores, palestrantes, legisladores estaduais, fundadores e CEOs de empresas

---

[12] Disponível em: https://www.futurelaw.com.br/. Acesso em: 3 mar. 2024.
[13] SUPREMO TRIBUNAL FEDERAL. STF apresenta relatório com resultado de chamamento público para uso de inteligência artificial. Abr. 2024. Disponível em: https://portal.stf.jus.br/noticias/verNoticiaDetalhe.asp?id Conteudo=532858&ori=1#:~:text=O%20Supremo%20Tribunal%20Federal%20(STF,de%20processos%20 judiciais%20no%20Tribunal. Acesso em: 29 abr. 2024.
[14] O Sem Processo é uma *legaltech* fundada em 2016. É um *hub* de soluções jurídicas com diversos produtos que visam auxiliar jurídicos internos, escritórios de advocacia e advogados a gerirem o contencioso e o consultivo de forma estratégica e organizada. Disponível em: https://www.semprocesso.com.br/. Acesso em: 29 abr. 2024.

de tecnologia em expansão. Ademais, ofereceu programas específicos de incentivos às *startups*. Uma série de *legaltechs* brasileiras, como Legal Family, Sem Processo e LegalPass, estiveram presentes no evento[15].

A jornada rumo à inovação no direito é complexa, mas profundamente recompensadora. Incorporando os princípios das Organizações Exponenciais e aprendendo com os pioneiros do setor, os jurídicos internos e os escritórios de advocacia podem não apenas se posicionar de maneira estratégica na curva de adoção, mas também moldar o futuro da prática jurídica. A transformação digital no Direito é inevitável. Liderar essa mudança é uma oportunidade imperdível.

REFERÊNCIAS

ISMAIL, Salim; MALONE, Michael S.; VAN GEEST, Yuri. *Exponential Organizations*: Why new organizations are ten times better, faster, and cheaper than yours (and what to do about it). Notes by Frumi Rachel Barr, MBA, PhD. Disponível em: https://www.academia.edu/92149548/Exponential_Organizations_Why_New_Organizations_Are_Ten_Times_Better_Faster_and_Cheaper_Than_Yours_and_What_to_Do_about_It_. Acesso em: 27 fev. 2024.

ISMAIL, Salim; MALONE, Michael S.; VAN GEEST, Yuri. *Organizações Exponenciais*: Por que elas são 10 vezes melhores, mais rápidas e mais baratas que a sua (e o que fazer a respeito). Rio de Janeiro: Alta Books, 2014.

ROGERS, Everett M. *Diffusion of innovations*. 3. ed. New York: Free Press, 1983.

SUPREMO TRIBUNAL FEDERAL. *STF apresenta relatório com resultado de chamamento público para uso de inteligência artificial*. Abr. 2024. Disponível em: https://portal.stf.jus.br/noticias/verNoticiaDetalhe.asp?idConteudo=532858&ori=1#:~:text=O%20Supremo%20Tribunal%20Federal%20(STF,de%20processos%20judiciais%20no%20Tribunal. Acesso em: 29 abr. 2024.

---

[15] *Web Summit Rio*. Disponível em: https://rio.websummit.com/startups/featured-startups/search/legal/. Acesso em: 29 abr. 2024.

22 Desenvolvendo a mentalidade digital para exponencializar o atendimento jurídico

Luiza Rehder[1]

O trabalho jurídico desempenha papel crucial nas organizações, orientando-as por meio de complexidades legais e assegurando conformidade com as leis e regulamentações aplicáveis. No entanto, muitas vezes, enfrenta desafios em ser reconhecido por sua eficiência por outros setores. Sendo uma pessoa advogada atuante em um escritório ou empresa, você provavelmente já teve contato com a discussão sobre como a advocacia geralmente se mostra distante do negócio ou sobre como ela é distanciada por outras áreas por representar um suposto "entrave" às iniciativas de inovação ou de tomada de risco. Ou, se é uma pessoa completamente fora do mundo jurídico, você potencialmente deve associar a advocacia a uma área a ser consultada em situações de crise ou para resolver problemas – ou seja, há uma aura negativa toda vez que se faz necessário "envolver o jurídico".

Essa lacuna pode ser atribuída a diversos fatores, incluindo uma possível desconexão entre práticas jurídicas e operações de negócios e a natureza complexa dos assuntos legais. Há um claro "abismo" entre o jurídico interno e outros times, e, quando existe alguma aproximação, a comunicação geralmente é turva ou complexa[2]. O "juridiquês" e os formalismos frequentemente presente em leis, contratos, peças e documentos judiciais afastam não só profissionais de outras áreas, mas também se isolam da própria sociedade[3]. Tudo isso acaba

---

[1] Advogada. Bacharela pela Universidade de São Paulo, com MBA em Gestão de Projetos pela mesma instituição. Atua na área de tecnologia desde 2016, com experiência em escritórios de advocacia e empresas. Entusiasta da economia criativa e da inovação. Gosta de se comunicar e conectar com pessoas, então sinta-se à vontade para mandar uma mensagem via *LinkedIn* ou via *e-mail*: luizarehder@gmail.com.

[2] COFFONE, Felipe; MINASSIAN, Simone. A eficiência começa aqui. In: TOCCI, Guilherme; SAMICO, Paulo; CARNEIRO, Tayná; CABRAL, Victor. *Legal Operations*: Como começar: Um guia com *insights* e dicas práticas para suas operações legais. São Paulo: SaraivaJur, 2023. p. 107-115.

[3] Conrado Hübner Mendes, professor de direito constitucional da Universidade de São Paulo, faz uma crítica interessante nesse sentido em uma de suas colunas publicadas pela *Folha de São Paulo*: "O estilista do juridiquês é um inimigo da crônica. Ser entendido ou se fazer de entendido, eis a questão para o jurista bacharelesco. Entre o entendimento e o ofuscamento, opta pelo obscuro e esotérico". Menciona, ainda, o importante e necessário Pacto Nacional do Judiciário pela Linguagem Simples, que "consiste na adoção de ações, iniciativas e projetos a serem desenvolvidos em todos os segmentos da Justiça e em todos os graus de jurisdição, com o objetivo de adotar linguagem simples, direta e compreensível a todos os cidadãos na produção das decisões judiciais e na

tornando o atendimento jurídico, para outras áreas, algo desinteressante e, principalmente, ineficiente e ineficaz.

Em um mercado globalizado, a busca por eficiência e eficácia tornou-se uma constante para as organizações, principalmente diante da acirrada competitividade do cenário atual. No setor tecnológico, essa busca por eficiência é ainda mais crítica. A rapidez das inovações e a dinâmica volátil das tendências exigem que áreas, inclusive as jurídicas, estejam alinhadas com a velocidade e as demandas do negócio, garantindo respostas ágeis e precisas. Para um Jurídico interno, a eficiência se traduz na capacidade de realizar suas atividades com o menor custo possível, sem perder a qualidade e a precisão necessárias, e a eficácia na capacidade de atender às necessidades da empresa, garantindo conformidade legal e prevenindo riscos para a organização[4].

Mas como garantir um atendimento jurídico eficiente e eficaz considerando a lacuna mencionada anteriormente? Uma das várias estratégias promissoras para estreitá-la seria a adoção de uma mentalidade digital no contexto da atividade jurídica. Antes de explorar mais essa estratégia, vamos passar por alguns conceitos e premissas.

Vamos começar pela própria expressão "mentalidade digital", mais especificamente, a origem da palavra "digital". A palavra "digital" deriva do latim *digitus*, que significa "dedo". Historicamente, os dedos foram usados para contar, o que estabelece uma ligação direta com a noção de números ou dígitos. Com o tempo, o termo evoluiu para descrever tecnologias que usam dados numéricos, especialmente aqueles representados por dois dígitos, 0 e 1, no caso da tecnologia digital. Esse uso se intensificou com o advento das tecnologias de rádio e gravação, culminando no mundo da computação dos anos 1950. A digitalização, agora onipresente, reflete não apenas uma mudança tecnológica, mas também uma transformação na maneira como concebemos e interagimos com o mundo, como consumimos produtos e serviços, como interagimos com outras pessoas e, claro, como trabalhamos.

Tsedal Neeley e Paul Leonardi, no livro *The digital mindset: what it really takes to thrive in the age of data, algorithms, and AI* (em tradução livre: *A mentalidade digital: o que realmente é necessário para prosperar na era dos dados, algoritmos e IA*)[5], definem "digital" como a interação entre dados (*data*, que por sua vez se refere a qualquer informação que pode ser usada para referência, análise ou computação, não se restringindo, portanto, somente a

---

comunicação geral com a sociedade". A coluna está disponível em: https://www1.folha.uol.com.br/colunas/conrado-hubner-mendes/2024/01/juridiques-a-doenca-infantil-do-bacharelismo.shtml. Acesso em: 8 mar. 2024.

4   TOCCI, Guilherme. Ops: Novidade apenas para Legal. In: TOCCI, Guilherme; SAMICO, Paulo; CARNEIRO, Tayná; CABRAL, Victor. *Legal Operations*: Como começar: Um guia com *insights* e dicas práticas para suas operações legais. São Paulo: SaraivaJur, 2023. p. 10-14.

5   Infelizmente, até a data de fechamento desta publicação, não há uma versão em português do livro e sua versão mais acessível é a disponível para dispositivos Kindle. Contudo, Tsedal Neeley e Paul Leonardi também publicaram, na *Harvard Business Review*, um artigo (em inglês) que sintetiza as ideias propostas no referido livro. Disponível em: https://hbr.org/2022/05/developing-a-digital-mindset. Acesso em: 8 mar. 2024.

números) e tecnologia (que cria, captura, transforma, transmite ou armazena dados). Os autores sustentam que a mentalidade digital é uma forma de pensar e abordar os desafios e oportunidades trazidos pela digitalização. Envolve a disposição e a capacidade de adotar tecnologias, explorar novas soluções digitais e abraçar a inovação. Além disso, também afirmam que os empregados que desenvolvem mentalidades digitais têm mais sucesso em suas carreiras profissionais, possuem maior satisfação em seu trabalho e têm mais chance de obter uma promoção.

Mas por que e como a adoção de uma mentalidade digital pode ter impacto relevante nas organizações? Há várias razões, mas neste artigo – e nesta publicação como um todo – adotamos a abordagem proposta no livro *Organizações exponenciais*[6], no qual o autor Salim Ismail argumenta que as empresas que adotam uma abordagem exponencial – ou seja, aquelas que são capazes de escalar suas operações de maneira ágil e menos linear do que os modelos tradicionais – estão mais bem posicionadas para liderar e transformar seus mercados.

Tal escalada e agilidade são obtidas de algumas formas, mas uma das principais é justamente por meio da implementação de uma mentalidade digital, conforme percebemos ao analisar as características das Organizações Exponenciais (ExOs, no acrônimo em inglês) levantadas por Ismail em termos dos elementos de SCALE e IDEAS.

Além do Propósito Transformador Massivo (PTM) ou *Massive Transformative Purpose* (MTP), que serve como a bússola inspiradora da organização, os aspectos externos de SCALE incluem:

- *Staff on Demand* (**Equipe sob Demanda**): refere-se à capacidade de uma organização de alavancar trabalhadores conforme necessário, em vez de manter uma grande força de trabalho fixa. Isso permite agilidade e flexibilidade operacional.
- *Community & Crowd* (**Comunidade & Público**): a Comunidade é composta por pessoas ligadas à organização – como empregados, clientes, usuários e parceiros – que contribuem ativamente para a missão da empresa. O Público inclui indivíduos não diretamente ligados à empresa, mas que participam ocasionalmente de atividades como *crowdfunding*, *crowdsourcing* e *feedback* aberto.
- *Algorithms* (**Algoritmos**): a utilização de algoritmos avançados para automatizar decisões e processos, melhorar a eficiência operacional e oferecer personalização em larga escala.
- *Leveraged Assets* (**Ativos Alavancados**): em vez de possuir e gerenciar grandes ativos, as ExOs preferem alugar, compartilhar ou adquirir ativos de terceiros, o que permite reduzir custos e manter a agilidade.

---

[6] Salim construiu uma comunidade dedicada às Organizações Exponenciais, com diversos materiais e recursos de suporte para organizações exponencializarem suas operações, chamada de *OpenExO*. Disponível em: https://openexo.com/home. Acesso em: 8 mar. 2024.

- **Engagement (Engajamento):** engajar clientes, funcionários e parceiros por meio de técnicas de gamificação, incentivos e recompensas para promover a interação e o comprometimento com a missão da organização.

Por outro lado, os aspectos internos, conhecidos pelo acrônimo IDEAS, são:

- *Interfaces* **(Interfaces):** plataformas e processos desenhados para facilitar a interação entre a empresa e seus recursos externos, como mercados e comunidades.
- *Dashboards* **(Painéis de Controle):** uso de painéis de controle em tempo real para medir e gerenciar o desempenho da empresa por meio de métricas e dados relevantes.
- *Experimentation* **(Experimentação):** fomentar uma cultura de experimentação e teste rápido, permitindo falhas e aprendizados rápidos para iteração e inovação contínua.
- *Autonomy* **(Autonomia):** conferir autonomia às equipes e aos indivíduos, permitindo que operem e tomem decisões de maneira independente, o que leva a uma maior motivação e agilidade.
- *Social Technologies* **(Tecnologias Sociais):** utilizar tecnologias que promovam a comunicação e a colaboração dentro da organização, melhorando a troca de informações e a gestão de conhecimento.

Esses elementos, combinados com um forte MTP, possibilitam às ExOs operar de forma mais dinâmica, inovadora e escalável, alinhadas para prosperar em um mundo em constante mudança. Em suma, no contexto do mercado atual e no estágio da evolução da tecnologia, as ExOs possuem uma relevante capacidade competitiva por adotarem uma mentalidade digital e características que prezam por eficiência e adaptabilidade.

Tal capacidade é percebida ao identificarmos os seguintes exemplos de ExOs, trazidos por Ismail e aclamados pelo mercado e pela comunidade: Airbnb (mudou a indústria de hospedagem sem possuir uma única propriedade hoteleira, usando uma plataforma digital que conecta anfitriões e viajantes); Uber (transformou o setor de transporte ao permitir que qualquer pessoa com um carro se tornasse um motorista de táxi independente, oferecendo um serviço acessível por meio de um aplicativo); Amazon (começou como uma livraria *online* e agora é uma das maiores varejistas do mundo, com avanços significativos em logística, computação em nuvem com a AWS e até mesmo exploração espacial com a Blue Origin); Netflix (revolucionou a indústria do entretenimento com seu serviço de *streaming*, que oferece conteúdo personalizado baseado em algoritmos de recomendação); Nubank (revolucionou a oferta de serviços financeiros no Brasil pela larga utilização da tecnologia e da construção de uma comunidade engajada), entre outros.

Vale notar que adotar uma mentalidade digital não se restringe à mera implementação de ferramentas tecnológicas e *softwares* de última geração, apesar de estes serem aliados relevantes. Conforme mencionado anteriormente, o foco da mentalidade digital é justamente promover automação e eficiência, o que, consequentemente, gera escalabilidade de processos e resultados. O uso de plataformas, interfaces, *dashboards* e *softwares* acaba sendo uma consequência da necessidade de se trabalhar com a análise de dados e métricas, mas ele precisa ser feito de maneira inteligente e estratégica, e não se revelar complicado e burocrático.

Para a realidade de um setor jurídico, ter uma mentalidade digital implica em compreender como a tecnologia pode impactar seu trabalho e suas atividades, identificar oportunidades de automação e eficiência, e estar aberto a experimentar novas abordagens e modelos de negócio. Além disso, implica em ter habilidades digitais, como a capacidade de analisar dados, interpretar percepções (os famosos *insights*, no jargão corporativo) e utilizar ferramentas digitais para melhorar processos e tomadas de decisão. É importante também desenvolver uma visão estratégica e de longo prazo, buscando antecipar tendências e se adaptar rapidamente às mudanças do ambiente digital.

Trazer a mentalidade digital no atendimento jurídico pode ser um desafio, considerando seu histórico de dependência de processos manuais e papel e também a subjetividade intrínseca da atividade jurídica, já que esta lida com um cenário regulatório em constante evolução e atualização, e diversos fatores podem influenciar uma solução legal a ser proposta (aqui podemos lembrar da piada com o famoso "depende" geralmente atribuído como resposta padrão às questões levadas aos profissionais da área). Porém, dado o atual contexto do mercado, da forma que este impõe uma determinada postura das organizações e como produtos e serviços são hoje ofertados a um público extremamente exigente e conectado, é natural que a profissão jurídica sofra uma pressão por se adaptar e atender seus clientes (sejam internos ou externos) que seja coerente com as demandas de áreas de negócio.

Até agora, o que eu estava tentando fazer era um exercício de convencimento sobre como a mentalidade digital pode exponencializar o próprio atendimento jurídico e como os profissionais da área não só podem como devem fazê-lo para se mostrarem cada vez mais relevantes. Na parte final deste artigo, gostaria de propor um exercício de reflexão mais prático, que servirá de pontapé inicial para a adoção de uma mentalidade digital no atendimento jurídico, mas fica a ressalva de que a proposta feita aqui não é única e irrefutável.

Na Tabela a seguir, elaborei uma sugestão de ExO Canvas, focado no trabalho jurídico, como ponto de partida para que um profissional da área possa ter como referência ou pelo menos refletir sobre como exponencializar suas atividades. Os campos marcados com uma estrela (★) indicam os aspectos em que a adoção de uma mentalidade digital se demonstra essencial.

Por fim, provoco todas as pessoas que me leram até aqui a terem curiosidade e sempre buscarem formas alternativas de desempenhar seus respectivos trabalhos. Em um contexto global tão volátil e mutável, as capacidades de adaptação e inovação serão cada vez mais valorizadas, por promoverem sinergias e uma melhor comunicação entre todas as áreas de negócio (além de, naturalmente, evitarem algumas dores de cabeça e estresses).

Eixo III – Tecnologia: Quando e como

Tabela – ExO Canvas Jurídico

	PROPÓSITO TRANSFORMADOR MASSIVO (PTM) *Massive Transformative Purpose (MTP)*		
	Por que o Jurídico existe na organização? Como ele conversa com o PTM da organização? Qual o propósito da área? Qual seu objetivo? Uma pessoa não advogada o entende?		
Informações	**Equipe Sob Demanda** *(S)taff On Demand*	**Interfaces** *(I)nterfaces* ★	**Implementação**
Quais dados podemos extrair da atividade jurídica? De quais dados precisamos? Como esses dados podem ser obtidos? Como eles podem ser organizados?	Quais escritórios externos dão suporte para o Jurídico? Como eles foram selecionados? Qual a forma de contato?	Quais ferramentas internas utilizadas por times de negócio podem ser utilizadas pelo Jurídico? Como podemos integrar o nosso trabalho a essas ferramentas?	Como iremos conduzir o Jurídico rumo ao PTM? Como vamos medir? Quais são os elementos-chave com os quais todos da equipe têm de concordar?
	Comunidade *(C)omunity & Crowd*	**Painéis** *(D)ashboards* ★	
	Existe uma comunidade que podemos alavancar? Como iremos tornar a comunidade externa em apoiadores? Como iremos criar valor para a comunidade?	Quais dados em tempo real você precisa para acompanhar ou avaliar? Por que você precisa de dados em tempo real? Quais sistemas você utilizará para avaliar esses dados? O que será feito com esses dados?	
	Algoritmos *(A)lgorithms* ★	**Experimentação** *(E)xperimentation*	
	Quais tipos de atividade, trabalho ou tarefa podem ser automatizados? Quais algoritmos, sistemas ou plataformas podem ser utilizados para processar e alavancar a informação que o setor possui?	O que você quer aprender e quais experimentos irá fazer para aprender? Como você irá avaliar o sucesso de experimentos? Como podemos incentivar a experimentação dentro do Jurídico?	
	Ativos Alavancados *(L)everaged Assets*	**Autonomia** *(A)utonomy* ★	
	Quais processos podemos terceirizar? Existe capacidade ociosa e próxima que podemos reaproveitar?	Como podemos reduzir o tempo das entregas e respostas? Como podemos evitar o excesso de gestão e permitir que a equipe cresça? Existe uma estrutura ou ferramenta que podemos utilizar?	
	Engajamento *(E)ngagement*	**Tecnologias Sociais** *(S)ocial Technologies* ★	
	Como o Jurídico pode engajar com as outras áreas do negócio? Como podemos fazer para que o Jurídico não seja lembrado somente em crises?	Como iremos alavancar tecnologias sociais para melhorar a comunicação dentro da equipe e com clientes? Quais ferramentas e redes podemos usar?	

Fonte: Modelo desenvolvido pela autora, com base no ExO Canvas. Disponível em: https://github.com/exoeconomy/ExO-Tool-Kit/blob/master/ExO-Canvas/ExOCanvas-PT-Portuguese.pdf. Acesso em: 8 mar. 2024.

REFERÊNCIAS

COFFONE, Felipe; MINASSIAN, Simone. A eficiência começa aqui. In: TOCCI, Guilherme; SAMICO, Paulo; CARNEIRO, Tayná; CABRAL, Victor. Legal Operations: Como começar: Um guia com insights e dicas práticas para suas operações legais. São Paulo: SaraivaJur, 2023.

MENDES, Conrado Hubner. Juridiquês, a doença infantil do bacharelismo. Folha de S.Paulo, jan. 2024. Disponível em: https://www1.folha.uol.com.br/colunas/conrado-hubner-mendes/2024/01/juridiques-a-doenca-infantil-do-bacharelismo.shtml. Acesso em: 8 mar. 2024.

NEELEY, Tsedal; LEONARDI, Paul. Developing a Digital Mindset. Harvard Business Review, maio-jun. 2022. Disponível em: https://hbr.org/2022/05/developing-a-digital-mindset. Acesso em: 8 mar. 2024.

TOCCI, Guilherme. Ops: Novidade apenas para Legal. In: TOCCI, Guilherme; SAMICO, Paulo; CARNEIRO, Tayná; CABRAL, Victor. Legal Operations: Como começar: Um guia com insights e dicas práticas para suas operações legais. São Paulo: SaraivaJur, 2023.

23

Tecnologia e Direito como meio para o *Core Business*

Daniela Maciel Santos[1]

Já parou para pensar que boa parte das atividades, receitas e pagamentos de uma empresa passa pelo Jurídico? Segundo dados publicados em um material pelo Citibank, em 2023, sobre *Smart Legal Contracts*[2], cerca de 60 a 80% das operações de uma empresa passam por obrigações jurídicas, seja na redação dos contratos que suportam a receita, seja nas relações trabalhistas, no societário, nos processos judiciais, no planejamento tributário etc. Ou seja, nossa área pode impactar, e muito, o sucesso da empresa, positiva ou negativamente.

O Jurídico tem sido estigmatizado por anos como "obstáculo" do negócio, logo, falar em Direito como meio para o *Core Business* parece algo utópico (caso o negócio não seja um escritório de advocacia). Porém, se pensarmos que as organizações exponenciais se diferenciam das organizações lineares justamente pela criatividade, pela assunção de riscos e pelas apostas disruptivas, nos damos conta de que, para isso acontecer, o Jurídico precisou passar por uma transformação relevante. Aqui, posso listar cinco grandes transformações pelas quais os Jurídicos internos tiveram de passar para que pudessem não apenas contribuir positivamente para o negócio, mas se tornar essenciais para o *Core Business*.

1. MAPEAMENTO DE RISCOS

Um advogado tradicional, consultado sobre o modelo de negócios da Uber ou iFood há 20 anos, teria apontado tantos riscos que inviabilizaria o negócio, e ele não estaria errado. Os riscos realmente existiam e existem, mas o grande ponto de inflexão para as organizações

---

[1] Advogada inscrita na OAB-SP desde 2004, pós-graduada em Direito Empresarial pela FGV e certificada em negociação pela Harvard Law School. Mais de vinte anos de experiência em empresas multinacionais, com passagens pela LG Electronics e pela Tata Consultancy. Desde 2021 atua como Diretora Jurídica para a América do Sul na Ericsson Telecomunicações, e desde 2017 como conselheira da E-invest, instituição de previdência privada mantida pela Ericsson. Entusiasta de inovação e tecnologia, é também tecnóloga em processamento de dados pela UNITAU.

[2] POWERS, Aaron. Money, Tokens, and Games: Blockchain's Next Billion Users and Trillions in Value. *Citi GPS: Global Perspectives & Solutions*, mar. 2023. p. 146. Disponível em: https://ir.citi.com/gps/MG9DEWhoYvQJV WLM9Kr3%2BZmqjoztKJcyNHr3B9FWug2pzAGHPQKfp23RAMrkNts%2FJitXoTNqufOvegUjjXh0IA%3D %3D. Acesso em: 28 abr. 2024.

exponenciais é a avaliação e a tomada de riscos de maneira consciente e controlada com a correta perspectiva de tempo de reação, e, para isso, a análise de riscos precisou atingir um nível de maturidade muito mais elevado.

Historicamente, riscos sempre foram aniquiladores da criatividade, e essa equação precisou ser drasticamente alterada para que os modelos de negócio passassem a explorar caminhos nunca percorridos, especialmente no Brasil, onde a legislação tributária e trabalhista costuma ser obstáculo para grandes inovações em termos de modelo de negócio.

Mas como criar modelos de negócios com tantos riscos? Uma alternativa foi a adoção do modelo de *startup*, ou seja, um projeto piloto que visa testar o modelo de negócios antes de investimentos massivos ou de obtenção de crédito. Isso permitiu aos idealizadores manter um nível controlado de riscos.

O objetivo das empresas sempre foi a perenidade, ou seja, a sobrevivência por um longo período, e, para isso, precisavam ser lucrativas e ter o investimento inicial pago no menor tempo possível. Com a disrupção, os objetivos foram se ajustando e, hoje, muitas empresas têm um objetivo de longo prazo muito mais amplo: o de impactar o mundo como o conhecemos e entrar para a história por meio da inovação e da transformação. Mas, além disso, o objetivo de curto prazo também mudou, pois muitas das grandes empresas que conhecemos aceitaram um prejuízo inicial para ganhar escala e aumentar exponencialmente sua base de colaboradores e clientes, e, então, ajustarem o modelo de negócios e passarem a ser exponencialmente lucrativas.

A matriz de riscos precisou ser redesenhada, e os riscos, explorados, medidos e mitigados, permitindo aos acionistas e investidores visualizarem com grau de detalhes os riscos e prazos, para, então, tomarem decisões 100% conscientes, contribuindo para a mitigação e, muitas vezes, se preparando para um maior prazo de recuperação do investimento. Para mapear os riscos na medida certa e identificar as mitigações adequadas, as empresas precisam contar com Jurídicos mais bem preparados, tanto em geração de dados, estatísticas e projeções, quanto em relações institucionais, para influenciarem regulamentações ainda inexistentes.

O Grupo Tata (maior grupo privado indiano) possui uma categoria de premiação dentro do *Tata Innovista*, chamada *Dare to Try* (Ouse Tentar), que visa disseminar a crença de que a inovação nasce de fracassos inteligentes e reconhece os times pela tentativa de inovar, mesmo que tenham fracassado em seu objetivo inicial[3]. Obviamente, o encorajamento de riscos é inerente a um ambiente inovador, e um Jurídico que apenas aponta os riscos sem oferecer alternativas ou sem conseguir mitigá-los pode impactar e muito o negócio, impedindo a habilidade de inovação.

As atuais ferramentas tecnológicas nos permitem mapear jurisprudência do mundo todo em qualquer assunto, gerar estatísticas e saber com maior precisão o posicionamento dos tribunais e prazos médios para julgamento. Também nos permitem gerar dados sobre

---

[3] Disponível em: https://www.tata.com/newsroom/tata-companies-showcase-3300-innovations-doubling-over-two-years. Acesso em: 28 abr. 2024.

praticamente qualquer assunto, de custos a *benchmark*. As empresas que já descobriram o quanto esses dados enriquecem a tomada de decisão estão operando uma transformação em seu negócio – o que também se aplica aos escritórios de advocacia.

Enriquecer pareceres com dados e estatísticas eleva a tomada de decisão do cliente a um nível muito mais sofisticado e confere agilidade ao processo, o que veremos no tópico a seguir.

2. AGILIDADE

Uma pesquisa realizada pelo Thomson Reuters Institute em 2023 revelou que 65% dos times jurídicos relataram aumento no volume de demandas, enquanto 59% tiveram seus orçamentos mantidos ou mesmo reduzidos[4], ou seja, se não fosse a adoção de novas tecnologias para implementar eficiências e automatizar rotinas repetitivas, os prazos de resposta seriam fatalmente afetados.

Com a adoção de novas tecnologias, os advogados precisaram aprender sobre gestão de projetos e análise de dados. A metodologia ágil expandiu-se para além da área de desenvolvimento de software e passou a ser "emprestada" por diversos Jurídicos para melhor gerirem as tarefas, pois se há algo que os diretores jurídicos precisaram aprender foi como responderem às demandas internas com maior velocidade para não impactar o negócio. Termos como SLAs (*Service Level Agreement*) e KPIs (*Key Performance Indicators*) passaram a fazer parte do vocabulário de diretores jurídicos, assim como *dashboards*.

De qualquer forma, é preciso ter cautela, pois a digitalização e a automação dos processos não devem ser o fim, mas o meio para entregar agilidade na resposta às demandas. Além disso, apenas métricas e estatísticas não podem ser responsáveis por dar maior agilidade ao Jurídico, outras ferramentas são também essenciais para assegurar um fluxo contínuo e ágil de trabalho, como: plano de continuidade da área jurídica, repositório de arquivos com indexação intuitiva, ferramentas de revisão de contratos, plataformas de assinatura inteligentes, *smart legal contracts* etc.

A oferta de tecnologia jurídica com o objetivo de conferir eficiência ao Jurídico é infindável, e talvez o Brasil seja o maior celeiro de tecnologia jurídica do mundo, tanto é que no *Web Summit Lisboa*, realizado em 2023, uma *legaltech* brasileira foi a vencedora do prêmio *Startup Early Stage*[5].

Outro aspecto que as estruturas jurídicas foram obrigadas a desenvolver, para serem plenamente entendidas e se aproximarem das áreas de negócio e clientes, foi a linguagem simples. Pareceres juridicamente perfeitos, mas lindamente extensos, não ajudam o negócio e podem ter efeito contrário: o de ninguém ler ou, mesmo lendo, não entender. Falamos anteriormente sobre a compreensão holística dos riscos pelos tomadores de decisão, mas

---

[4] THOMSON REUTERS. *2023 Report on the State of the Legal Market: Mixed results and growing uncertainty.* 9 jan. 2023. Disponível em: https://www.thomsonreuters.com/en-us/posts/legal/state-of-the-legal-market-2023. Acesso em: 28 abr. 2024.

[5] Disponível em: https://startups.com.br/web-summit-lisboa-2023/brasileira-inspira-vence-competicao-de--pitch-no-web-summit-2023/. Acesso em: 28 abr. 2024.

como podemos assegurar que um tomador de decisão entendeu os riscos se a sua descrição está numa linguagem incompreensível?

Escrever *e-mails* usando parágrafos curtos e produzir memorandos objetivos, recheados de estatísticas, já não é mais um diferencial, mas sim uma necessidade para os Jurídicos, que precisam influenciar os advogados externos a produzirem materiais igualmente simples e compreensíveis pela área comercial. Receber o material do escritório externo, já em linguagem acessível e suportado por dados, tem um efeito enorme na agilidade da tomada de decisão.

Se, por um lado, a experimentação que as organizações exponenciais adotaram requer falhar rápido para corrigir processos, por outro lado, no quesito reputacional, a falha pode custar milhões ou até mesmo o negócio todo, e, por isso, outra grande transformação se fez necessária no que se refere à governança corporativa.

3. GOVERNANÇA CORPORATIVA E TECNOLOGIA

Em uma era em que a reputação de uma pessoa física ou jurídica pode ser destruída em segundos por meio das redes sociais, a boa governança se tornou uma necessidade básica em qualquer empresa. O racional da tomada de decisão, os aspectos considerados e a discussão genuína passaram a ser assuntos de interesse público. Os investidores querem saber o propósito da empresa em que investem, seus valores e as prioridades nas tomadas de decisão. Querem poder confiar na administração e estar seguros de que nenhum escândalo afetará sua reputação.

A agenda *ESG* ganhou destaque nos conselhos e nas diretorias, e o Jurídico passou a olhar pela perspectiva dos acionistas, assegurando transparência à gestão e às tomadas de decisões. Não estamos falando aqui de atas de reuniões extensas, mas de uma comunicação eficaz, linguagem simples e um exercício de percepção da sociedade, treinando os executivos a se perguntarem: "se essa decisão fosse exposta ao público em geral, os meus motivos fariam sentido?".

Um advogado mais tradicional poderia pensar: "eu não preciso de tecnologia para uma boa governança, para isso basta organização". E teria razão até certo ponto, pois, com boa vontade, pode-se assegurar uma boa governança à maneira tradicional, mas a utilização de tecnologia eleva a governança a outro nível, e é disso que estamos falando. O Jurídico deixa de ser uma área apenas de suporte, um mero secretário nas questões de governança corporativa, para ser o orquestrador de uma administração transparente, que transmita credibilidade ao mercado para obtenção de aportes de capital.

Quando o relatório da operação apresenta dados analíticos, o conselho, a diretoria e os acionistas absorvem em segundos o que uma apresentação tradicional levaria horas para mostrar. Uma matriz de riscos baseada em probabilidade *versus* impacto pode falar mais do que 50 páginas de um memorando. A tecnologia é uma grande aliada da governança, com funcionalidades que vão desde reuniões virtuais e uso de assinatura digital, até o uso de inteligência artificial para redigir e traduzir atas, fornecendo modelos preditivos para tomadas de decisões e histórico de temas avaliados para assegurar a consistência com decisões passadas.

4. PROXIMIDADE DO NEGÓCIO E RELAÇÕES INSTITUCIONAIS

Os Jurídicos já descobriram que o grande ativo do advogado interno é conhecer o negócio, e estão se lançando cada vez mais a campo, conhecendo a operação, as fábricas, as lojas etc., podendo, assim, entender a cultura do negócio e suas particularidades. E essa nova percepção alterou consideravelmente a escolha do escritório parceiro de negócios, pois, ao contrário de como acontecia no passado, em que Jurídicos buscavam pareceres externos para apenas se respaldarem nas decisões tomadas às pressas, hoje vemos que o advogado interno busca parceiros que o ajudem a viabilizar o negócio, e, para isso, é essencial que ambos entendam muito bem o objetivo dos acionistas.

Já não é suficiente que o advogado interno esteja restrito apenas à empresa em que trabalha. Ir a campo significa conversar com advogados de outras empresas, ouvir outras perspectivas e estar atento aos movimentos do mercado, aproximando-se cada vez mais da área de relações institucionais, sem deixar de cuidar das questões concorrenciais.

Participar de consultas públicas e influenciar a propositura de leis e regulações ganhou um novo contorno em nossa era, pois o processo legislativo não tem conseguido acompanhar a evolução tecnológica e a disrupção das empresas, e hoje em dia vemos que primeiro surge o modelo de negócios, para então buscar regulá-lo. Nesse cenário, uma organização exponencial não estaria bem assessorada com um Jurídico que apenas acompanha o surgimento de novas leis e regulamentos, pois é preciso bem mais que simplesmente acompanhar. É preciso influenciar e participar ativamente das discussões públicas, assegurando que todas as perspectivas foram consideradas no processo legislativo.

5. CONHECIMENTO JURÍDICO

É óbvio que um advogado interno precisa ter conhecimento jurídico, mas uma grande mudança tem sido sentida no que tange às matérias em que se espera que o advogado tenha maior profundidade.

Há duas décadas, o conhecimento esperado de um advogado interno deveria estar relacionado, em geral, a direito contratual, tributário, societário e trabalhista. Hoje em dia, as demandas requerem também conhecimento em proteção de dados, direito concorrencial e propriedade intelectual, ganhando, estas, talvez até mais espaço que as demandas anteriores, que podem ser endereçadas por um escritório externo sem afetar a agilidade na resposta à consulta.

É preciso lembrar que vivemos na "Sociedade da Informação", e os Jurídicos, junto das áreas de TI, desempenham papel crucial na proteção dos dados. Ao mesmo tempo que a grande oferta de informação facilita, e muito, as tomadas de decisões, proteger as informações pessoais, estratégicas e confidenciais se tornou essencial para preservar o negócio e a reputação das empresas. A capacidade de se identificar um fluxo de dados e adotar as medidas de proteção adequadas já não é algo restrito ao profissional de privacidade de dados, mas precisa ser intrínseca ao papel de qualquer profissional jurídico.

Com o fluxo automático e digital de dados, controlar os acessos, recipientes e seu uso se tornou um desafio para quaisquer áreas de segurança da informação e jurídicas. Os acordos de confidencialidade já não são suficientes para a proteção das informações e, muitas vezes, precisam cobrir também o processamento de dados. A capacidade de identificar essas fragilidades precisa ser inerente à função dos advogados corporativos, que com frequência precisarão atuar imediatamente para proporem medidas de mitigação, dando agilidade ao negócio sem precisar consultar um escritório externo a cada movimento.

O mesmo ocorre com a competência em direito concorrencial, pois cada vez mais as empresas colaboram entre si, firmam parcerias e desenvolvem protótipos conjuntamente. O aspecto concorrencial precisa ser algo latente no currículo do advogado interno, pois uma questão concorrencial mal endereçada pode colocar fim ao modelo de negócios. Novamente, a capacidade de encontrar "como" viabilizar o negócio é mais importante do que simplesmente dizer que dessa forma não é possível.

O escritório externo especializado ainda é um grande aliado na formatação dos negócios e nas grandes tomadas de decisões. No entanto, aqui, nos referimos a movimentos do dia a dia que requerem cuidado imediato, como um *benchmark*, uma reunião de viabilidade realizada com um parceiro, um acordo de cooperação para fins de sustentabilidade, ações conjuntas para fomentar a diversidade e até mesmo um grupo de mensagens ou comitês entre empresas do mesmo setor. O escritório não pode ser consultado a cada movimento da área de desenvolvimento de negócios, e por isso o advogado interno precisa estar atento e preparado para reconhecer e endereçar rapidamente eventuais riscos concorrenciais, sugerindo ajustes na formatação de maneira a mitigá-los sem interromper o fluxo do negócio.

REFERÊNCIAS

DEL CARMEN, Gabriela. Brasileira Inspira vence competição de pitch no Web Summit 2023. *startups.com.br*, 16 nov. 2023. Disponível em: https://startups.com.br/web-summit-lisboa-2023/brasileira-inspira-vence-competicao-de-pitch-no-web-summit-2023/. Acesso em: 28 abr. 2024.

POWERS, Aaron. Money, Tokens, and Games: Blockchain's Next Billion Users and Trillions in Value. *Citi GPS: Global Perspectives & Solutions*, mar. 2023. p. 146. Disponível em: https://ir.citi.com/gps/MG9DEWhoYvQJVWLM9Kr3%2BZmqjoztKJcyNHr83F9Wug2pzAGHPQKfp23RAMrkNts%2FJitXoTNqufOvegUjjXh0IA%3D%3D. Acesso em: 28 abr. 2024.

TATA. *Tata companies showcase over 3,300 implemented innovations, doubling over two years*. 3 jul. 2017. Disponível em: https://www.tata.com/newsroom/tata-companies-showcase-3300-innovations-doubling-over-two-years. Acesso em: 28 abr. 2024.

THOMSON REUTERS. 2023 *Report on the State of the Legal Market: Mixed results and growing uncertainty*. 9 jan. 2023. Disponível em: https://www.thomsonreuters.com/en-us/posts/legal/state-of-the-legal-market-2023. Acesso em: 28 abr. 2024.

24

Inovar pressupõe errar: como lidar com erros inéditos na implementação de soluções tecnológicas inovadoras?

Heitor Carmássio Miranda[1]

"Uma pessoa que nunca cometeu um erro nunca tentou nada novo."
Albert Einstein

"O único erro real é aquele com o qual não aprendemos nada."
Henry Ford

Imagine a seguinte situação: a alta administração da sua empresa determina que as funções internas explorem projetos de Inteligência Artificial (IA), visando ganhos de eficiência operacional. A liderança do seu time – seja do Jurídico corporativo ou de uma área em um escritório de advocacia – encarrega você e outros colaboradores de conduzir a implementação de uma solução de análise de dados judiciais e jurimetria com componentes de IA, buscando mais previsibilidade em relação aos efeitos do desfecho de ações judiciais. No contexto da sua organização, o projeto é inovador: trata-se de uma tecnologia relativamente nova para o mercado e absolutamente inédita para sua organização, que impõe uma série de desafios técnicos e organizacionais. Empolgado com a oportunidade, você se lança ao desafio: delineia os atributos funcionais da solução, mapeia os resultados esperados, busca e engaja profissionais de Tecnologia da Informação (TI) capacitados, envolve outras funções internas pertinentes e dá início à implementação. O projeto caminha bem e você logo obtém prestígio perante a liderança.

Eis que surge um erro inédito, não óbvio e imprevisto: a solução em implementação, que entrega resultados com tanta precisão e velocidade, passa a emitir, consistente e recorrentemente, resultados grosseiramente imprecisos para determinada categoria processada de

---

[1] Advogado, graduado pela Faculdade de Direito do Largo São Francisco (Universidade de São Paulo). Pós-graduado em Propriedade Intelectual e Mestre em Direito dos Negócios pela Escola de Direito da Fundação Getulio Vargas (FGV Direito SP). Atualmente, atua como gerente jurídico sênior para América Latina na Docusign.

ações judiciais. Diante desse erro, prazos de projeto provavelmente serão perdidos e recursos adicionais serão necessários. O projeto, as atividades da sua área, a eficiência da sua empresa e sua reputação estão em jogo – a liderança pode entender, por exemplo, que o projeto inteiro foi um grande erro.

Errar é frustrante, especialmente porque a maioria das pessoas e organizações não está devidamente preparada para lidar com erros. Amy C. Edmondson, em um brilhante artigo sobre como aprender com os erros cometidos, afirma que, ainda hoje, erro e culpa caminham juntos em nossa cultura corporativa. É o que a autora chama de "jogo da culpa": uma prática arraigada que assume os erros como invariavelmente ruins, que busca culpados e que os penaliza, sob a crença de que, ao não o fazer, acabamos por difundir negligência e indisciplina entre os colaboradores[2].

Especialmente entre advogados, os erros são inadmissíveis. Em sua maioria, esses profissionais são treinados para evitar ou mitigar riscos e, por consequência, erros. Como contraponto, notamos que os engenheiros estão mais acostumados a tomar riscos e a errar: a ideia de que projetos de engenharia inerentemente carregam tais possibilidades, e que tais circunstâncias, quando presentes, devem ser abordadas, é mais ostensiva em projetos de engenharia[3]. Outro domínio do conhecimento que encara risco e potenciais falhas como parte dos processos de negócio é a segurança da informação: nesse campo, riscos e os potenciais erros deles decorrentes podem ser eliminados, mitigados, evitados ou mesmo aceitos[4]. Essas são áreas do conhecimento histórica e intrinsecamente mais afeitas à inovação e consequente tomada de risco – algo que é relativamente novo no contexto jurídico.

Como bem sabem os engenheiros, inovar pressupõe errar – haja visto o notório método de "tentativa e erro" –, mas nem todos os erros são ruins. De forma geral, erros podem ser divididos em três categorias: (1) erros evitáveis, que são aqueles causados, por exemplo, por desvio do processo prescrito, falta de atenção, falta de habilidade ou processos inadequados; (2) erros causados por situações complexas, como tarefas desafiadoras ou processos complicados; e (3) erros inteligentes, normalmente relacionados a situações de incerteza ou experimentação. Estes últimos podem ser considerados "bons" erros, porquanto agregam conhecimento às pessoas e equipes envolvidas e, em última instância, promovem inovação[5].

Erros inéditos na implementação de soluções tecnológicas inovadoras certamente são erros inteligentes, e é esperado que surjam no âmbito de projetos de vanguarda. Pode-se até

---

[2] EDMONDSON, Amy C. Strategies for Learning from Failure. *Harvard Business Review*, abr. 2011. Disponível em: https://hbr.org/2011/04/strategies-for-learning-from-failure.
[3] PETROSKI, Henry. *To Engineer is Human:* The Role of Failure in Successful Design. St. Martin's Publishing Group (Kindle Edition). p. vii.
[4] HINTZENBERGEN, Kees et al. *Fundamentos de segurança da informação*: com base na ISO 27001 e na ISO 27002. Trad. Alan de Sá. Rio de Janeiro: Brasport, 2018. l. 688.
[5] EDMONDSON, Amy C. Strategies for Learning from Failure. *Harvard Business Review*, abr. 2011. Disponível em: https://hbr.org/2011/04/strategies-for-learning-from-failure.

mesmo dizer que a ausência de falhas ou situações de tal natureza põe em dúvida a ousadia e o poder transformador de determinado projeto. Disso decorre a primeira lição deste artigo: **ao aceitar conduzir um projeto inovador, você e a equipe envolvida certamente não conseguirão antecipar todas as suas potenciais falhas.**

Isso não significa, entretanto, que é prudente abraçar o desafio sem o devido preparo. Há alguns pressupostos essenciais para conduzir projetos inovadores sem se enredar no jogo da culpa. Primeiro, assegure-se de que os objetivos (*Objectives*) e resultados-chave (*Key Results*) do projeto estejam claramente definidos. Para tanto, é necessário responder a duas perguntas (aparentemente) simples: "aonde quero ir?" (objetivos) e "como sei que estou chegando lá? (resultados-chave)[6]. É importante também se assegurar de que tais objetivos e resultados esperados estão alinhados com os OKRs (*Objectives and Key Results*) da organização. Segundo, verifique se a sua organização está preparada e disposta a patrocinar o projeto, e se tem ciência de sua complexidade. Para tanto, é importante obter o apoio formal (*buy-in*) da liderança: isso desloca a responsabilidade individual (do colaborador) ou comunitária (da equipe envolvida) para a organização, e assegura maior comprometimento com a resolução de problemas ao longo do projeto. Terceiro, engaje oportuna e tempestivamente todas as áreas potencialmente impactadas ou demandadas pelo projeto. Isso permitirá conhecer os recursos à sua disposição para condução do projeto, alocar pontualmente cada pessoa ou equipe no momento certo do projeto – especialmente quando surgirem erros inéditos – e, principalmente, ter uma visão diversa e holística sobre os riscos do projeto e potenciais problemas que podem surgir no seu decorrer.

Em particular, quando tratamos da implementação de uma solução tecnológica, o engajamento adequado das equipes de projetos e de TI da organização é fator determinante para o sucesso dessa implementação. Os advogados envolvidos podem estar aptos para endereçar certos aspectos funcionais do projeto, mas erros puramente técnicos requerem um olhar especializado. Se a organização não tiver tais recursos técnicos disponíveis "dentro de casa", deve seriamente considerar o envolvimento de consultores terceirizados para suprir tais conhecimentos. No conjunto, os erros de natureza técnica ou funcional podem envolver uma ampla gama de causas, como objetivos irrealistas ou não claros; planejamento irreal ou subestimado; requisitos mal definidos; execução, controle ou metodologia de projeto inadequados; imaturidade para adoção da tecnologia; excesso de customização na solução; insuficiência ou falta de experiência dos colaboradores ou terceiros engajados; entre outras[7].

Feitos os devidos apontamentos sobre a natureza e a baixa previsibilidade dos erros inéditos, bem como as precauções necessárias para conduzir projetos inovadores, resta

---

[6] ISMAIL, Salim; VAN GEES, Yuri; S. MALONE, Michael. *Organizações exponenciais:* por que elas são 10 vezes melhores, mais rápidas e mais baratas que a sua (e o que fazer a respeito). São Paulo: Alta Books, 2019. p. 95. (Kindle Edition)

[7] SCHMIDT, Jens. Mitigating risk of failure in information technology projects: Causes and mechanisms. *Project Leadership and Society*, n. 4, 2023. p. 5. Disponível em: https://doi.org/10.1016/j.plas.2023.100097.

explorar a principal problemática proposta neste artigo: como agir quando um problema inédito surgir em tempo de projeto?

Em primeiro lugar, questione o ineditismo do erro encontrado. Em um mundo com o uso de novas tecnologias cada vez mais difundido e acelerado, é raro se deparar com problemas que já não tenham aparecido. É possível que um erro seja inédito no contexto da sua empresa, mas já tenha sido experimentado por outras organizações. É razoável considerar, ainda, que erros essencialmente semelhantes (ou seja, não idênticos em seus mínimos detalhes, mas muito próximos em seus cernes) já tenham ocorrido com outras equipes de uma mesma empresa, no âmbito de outros projetos de TI. Se o erro é preexistente à experiência individual e particular do projeto em questão, é também provável que ele já tenha sido anteriormente tratado – isto é, que ele tenha sido eliminado, mitigado, afastado ou, se possível, aceito.

Se o erro não for inédito, sua organização poderá tratá-lo a partir de uma perspectiva colaborativa (a qual será abordada um pouco mais adiante). Buscar acesso a tais experiências precursoras é uma das formas mais fáceis de economizar recursos e ganhar tempo na resolução do erro constatado. Além disso, você ou sua liderança podem não estar de acordo com o tratamento que foi dado ao erro em outras circunstâncias (por exemplo, aceitar ou mitigar o erro pode não ser uma opção em dado contexto), mas a experiência pregressa, no mínimo, contribuirá para eliminar algumas hipóteses e alavancar a solução do problema.

Em segundo lugar, use esforços razoáveis para investigar a causa do problema. O adjetivo "razoável", nesse caso, é crucial: a causa do erro não deve ser negligenciada, mas o tempo e os recursos dispensados a tal propósito devem ser condizentes com a importância da falha verificada. Além disso, o objetivo de tal análise de causa não deve ser a busca por culpados (lembre-se: estamos diante de um erro inteligente), mas a coleta de explicações alternativas que possibilitem o tratamento do erro em questão[8].

Tal investigação pode ser realizada internamente ou com suporte de uma consultoria especializada. A forma mais adequada de conduzi-la, entretanto, dependerá de fatores específicos, como: disponibilidade de recursos e *expertise* internos, recursos financeiros disponíveis para o projeto, tempo para tratar o problema, tamanho e complexidade do projeto, relevância do erro etc. Aqui, novamente, deve-se aplicar um critério de razoabilidade. Em geral, a análise (e, posteriormente, a correção do problema) poderá ser coordenada internamente por empresas que possuam equipes de TI e de projetos disponíveis para prestar o suporte necessário; mesmo nesses casos, haverá times que não possuem colaboradores disponíveis e/ou com a *expertise* necessária para dar suporte em relação ao problema detectado. Nesses casos, ou nos casos em que seja mais conveniente ou adequado, poderá ser necessário envolver consultores externos especializados e, portanto, mais aptos a abordar e tratar o erro inédito. Em que pese essa segunda opção seja economicamente mais onerosa, ela pode

---

[8] EDMONDSON, Amy C. Strategies for Learning from Failure. *Harvard Business Review*, abr. 2011. Disponível em: https://hbr.org/2011/04/strategies-for-learning-from-failure.

promover um tratamento mais adequado e profissional à falha apontada, com soluções potencialmente mais inovadoras e robustas.

Em terceiro lugar, e analisada a causa-raiz do problema, deve-se finalmente tratar o problema. Como já frisamos, tratar um erro não pressupõe necessariamente eliminá-lo: mitigá-lo (i.e., o erro segue existindo, mas seu impacto no processo em questão é reduzido), evitá-lo (i.e., o erro segue existindo, mas o processo é customizado para que a solução contorne o erro encontrado) ou mesmo aceitá-lo (o erro segue existindo e a organização aceita conviver com seus impactos) são também opções que podem estar disponíveis. O contexto da empresa e do projeto em questão é que definirá a rota mais adequada: as opções viáveis de tratamento, o tempo e a quantidade de recursos que cada opção demandará, o custo-benefício do tratamento do erro em questão etc. Para executar o tratamento do erro, a organização, novamente, poderá empregar recursos próprios ou engajar terceiros. Em alguns casos – mas nem sempre –, é possível conduzir a fase de análise de uma forma (*e.g.*, internamente) e tratar o erro de outra (*e.g.*, por meio de consultores), mas há que se considerar um eventual incremento no tempo de resolução decorrente do novo engajamento.

Em quarto lugar, cumpre destacar que todas essas etapas (questionamento do ineditismo, análise de causa e tratamento do erro inédito) também devem ser conduzidas de maneira inovadora, e algumas das estratégias empregadas por organizações exponenciais – conforme sugeridas na obra *Organizações exponenciais* – podem ajudar nesse sentido. A seguir, destacamos três estratégias que podem ser úteis na implementação de soluções tecnológicas inovadoras e, principalmente, na abordagem de erros inéditos que possam surgir no âmbito desses projetos: a filosofia da *startup* enxuta (*lean launchpad*), a alavancagem de ativos e o suporte de comunidades baseadas em atributos.

A filosofia da *startup* enxuta, reconhecendo que falhar é uma característica inexorável de processos inovativos, sugere que é necessário falhar frequente e rapidamente, pois é assim que se identificam e removem os "desperdícios" – ineficiências, rotinas excessivamente complexas, falhas sistêmicas etc.[9]. A utilidade dessa estratégia para o tratamento de erros inéditos reside justamente na agilidade proposta pelo método: não se deve perder muito tempo com o erro. Isso ajuda a tomar decisões sobre como abordar o erro, com um enfoque em eficiência. Imagine, por exemplo, que o prazo para eliminar completamente o erro na implementação da solução de análise de dados judiciais e jurimetria inicialmente ilustrada exceda o prazo total do projeto. Suponha, ainda, que em menos da metade do tempo seja possível empregar uma solução de contorno que implique em conduzir manualmente parte do processo de negócio – algo indesejado para quem busca automatizar fluxos de trabalho por meio de soluções tecnológicas. Qual é o melhor cenário? A resposta será sempre contextual, mas revela que, em prol da agilidade e eficiência, é viável abrir mão da perfeita execução. Em uma parte dos casos, no entanto, é possível que a solução mais adequada seja conviver com o erro,

---

[9] ISMAIL, Salim; VAN GEES, Yuri; S. MALONE, Michael. *Organizações exponenciais*: por que elas são 10 vezes melhores, mais rápidas e mais baratas que a sua (e o que fazer a respeito). São Paulo: Alta Books, 2019. p. 101. (Kindle Edition)

quando não crítico e tolerável, e permitir que a solução pretendida entre rapidamente em produção.

Outra estratégia empregada por organizações exponenciais e que contribui no tratamento de erros inéditos é a alavancagem de ativos, que consiste na preferência em alugar e compartilhar recursos tecnológicos em vez de possuí-los. De acordo com os autores da referida obra, "essa prática otimiza a flexibilidade e permite que a empresa se ajuste de forma incrivelmente rápida, já que elimina a necessidade de pessoas para gerenciar esses ativos"[10]. O principal exemplo é o uso de soluções de computação em nuvem, que oferecem vantagens que incluem, sem limitação, acesso a recursos tecnológicos inovadores com investimentos iniciais menores; flexibilidade, adaptabilidade e escalabilidade; e maior facilidade de integração com outras soluções[11]. Pensando nos eventuais erros inéditos, há pelo menos duas vantagens em adotar serviços de computação em nuvem no lugar de soluções ofertadas no modelo tradicional de TI (sob o qual a empresa se encarrega de contratar e gerenciar todos os recursos humanos e de *hardware*, *software* e rede necessários para operar as funções desejadas de TI[12]): (1) maior flexibilidade para integração com outros sistemas e soluções, já que a resolução do erro identificado pode depender da utilização de serviços tecnológicos adicionais; (2) base de clientes maior e mais diversa, o que possibilita que outros indivíduos e empresas já tenham vivenciado e possam compartilhar experiências semelhantes.

Por último, a organização deve contar, sempre que possível, com os conhecimentos produzidos e documentados por comunidades baseadas em atributos – uma facilidade impulsionada pela internet e pelas tecnologias sociais[13]. Nesse contexto, os colaboradores de uma empresa já não estão confinados aos conhecimentos detidos e represados dentro de sua própria organização, mas podem buscar as respostas para problemas práticos junto a comunidades que se aglomeram em torno de um interesse comum (i.e., o atributo). Atualmente, há muito conhecimento técnico de qualidade espalhado em comunidades *online*, fóruns e bases de conhecimento, em muitos casos, acessíveis sem custo. Além disso, alguns provedores de nuvem (em especial, os de maior porte) mantêm suas próprias bases de conhecimento e comunidades para discutir aspectos relacionados a suas soluções – tais recursos podem ser um ótimo ponto de partida para o questionamento do ineditismo ou até mesmo para o tratamento definitivo do erro verificado.

---

[10] ISMAIL, Salim; VAN GEES, Yuri; S. MALONE, Michael. *Organizações exponenciais*: por que elas são 10 vezes melhores, mais rápidas e mais baratas que a sua (e o que fazer a respeito). São Paulo: Alta Books, 2019. p. 75. (Kindle Edition)

[11] MIRANDA, Heitor Carmássio. *Exoneração e limitação de responsabilidade por violações de dados pessoais nos contratos de computação em nuvem*. Dissertação (Mestrado) – Fundação Getulio Vargas, Escola de Direito de São Paulo, São Paulo, 2021. p. 20.

[12] MIRANDA, Heitor Carmássio. *Exoneração e limitação de responsabilidade por violações de dados pessoais nos contratos de computação em nuvem*. Dissertação (Mestrado) – Fundação Getulio Vargas, Escola de Direito de São Paulo, São Paulo, 2021. p. 19.

[13] ISMAIL, Salim; VAN GEES, Yuri; S. MALONE, Michael. *Organizações exponenciais*: por que elas são 10 vezes melhores, mais rápidas e mais baratas que a sua (e o que fazer a respeito). São Paulo: Alta Books, 2019. p. 64. (Kindle Edition)

Nas palavras de Henry Petroski, um engenheiro: "Ninguém quer aprender errando, mas nós não podemos aprender o suficiente com nossos sucessos a ponto de ir além do estado da arte"[14].

REFERÊNCIAS

EDMONDSON, Amy C. Strategies for Learning from Failure. *Harvard Business Review*, abr. 2011. Disponível em: https://hbr.org/2011/04/strategies-for-learning-from-failure. Acesso em: 12 abr. 2024.

HINTZENBERGEN, Kees et al. *Fundamentos de segurança da informação*: com base na ISO 27001 e na ISO 27002. Trad. Alan de Sá. Rio de Janeiro: Brasport, 2018.

ISMAIL, Salim; VAN GEES, Yuri; S. MALONE, Michael. *Organizações exponenciais*: porque elas são 10 vezes melhores, mais rápidas e mais baratas que a sua (e o que fazer a respeito). São Paulo: Alta Books, 2019. (Kindle Edition)

MIRANDA, Heitor Carmássio. *Exoneração e limitação de responsabilidade por violações de dados pessoais nos contratos de computação em nuvem*. Dissertação (Mestrado) – Fundação Getulio Vargas, Escola de Direito de São Paulo, São Paulo, 2021.

PETROSKI, Henry. *To Engineer is Human*: The Role of Failure in Successful Design. St. Martin's Publishing Group. (Kindle Edition)

SCHMIDT, Jens. Mitigating risk of failure in information technology projects: Causes and mechanisms. *Project Leadership and Society*, n. 4, 2023. Disponível em: https://doi.org/10.1016/j.plas.2023.100097. Acesso em: 12 abr. 2024.

---

[14] PETROSKI, Henry. *To Engineer is Human*: The Role of Failure in Successful Design. St. Martin's Publishing Group. p. 62. (Kindle Edition)

25

Gestão da mudança para projetos de tecnologia entre diferentes áreas

Viviane Bonello[1]

Nos últimos anos, as empresas têm vivenciado um ritmo acelerado de mudanças impelido pela tecnologia. Por certo, a pandemia permitiu que os processos tecnológicos avançassem de maneira exponencial, e agora, na era pós-pandêmica, a tendência é que as ferramentas digitais continuem ocupando cada vez mais espaço nos âmbitos pessoal e corporativo.

Salim Ismail, Yuri van Geest e Michael S. Malone, no livro *Exponential Organizations* (*Organizações Exponenciais*), já mencionavam que, em um ambiente dinâmico, para que as empresas possam crescer a taxas exponenciais, driblando e superando seus concorrentes tradicionais, o indispensável uso inteligente de tecnologia e inovação, bem como a agilidade e a capacidade de se reinventar rapidamente são fundamentais para as organizações se manterem relevantes em um mundo em constante mudança.

No entanto, muitas vezes ainda nos deparamos com a percepção de muitos, na gestão de mudanças para projetos de tecnologia, de que bastam a simples implementação de *software* e o treinamento sobre como usá-lo. Mas não se trata apenas disso. Trata-se de analisar a solução empresarial completa, incluindo alterações nos processos e nas tarefas que terão impacto em seus colaboradores e em outras partes interessadas dentro e fora da organização.

É importante lembrar que a tecnologia é o facilitador para atingir os objetivos de negócios desejados, o que geralmente requer uma mudança ou evolução em um processo para melhor apoiar os resultados de negócios. Gerenciar a tecnologia de maneira abrangente é fundamental para conseguir isso – e alcançar melhores resultados com mais rapidez e, muitas vezes, a custos mais baixos.

O primeiro passo no gerenciamento de uma mudança tecnológica é compreender as mudanças de processo que estão ocorrendo e as quais a tecnologia apoiará. Essas mudanças

---

[1] Advogada, Pós-graduada em Direito Empresarial e Direito Digital pela Pontifícia Universidade Católica, com LLM em Business Law pelo ISE/CEU Law Business School. Pós-graduada em Direito Processual Civil com ênfase em Metodologia Prática do Ensino pela Escola Paulista de Direito. "International legal counsel" em multinacional japonesa e italiana. Atualmente é General Counsel na empresa Chilli Beans.

nos processos são o que as pessoas e os times afetados precisam entender primeiro, mesmo que seja apenas a mudança de uma tarefa. As pessoas também precisam entender **por que isso está mudando, como isso as afeta e de que forma o negócio será beneficiado.**

Quando estamos diante de áreas e equipes diversas, as percepções, expectativas, experiências e mesmo culturas organizacionais podem ser divergentes e impactar a colaboração e a adoção de mudanças tecnológicas. Por isso, a capacidade de se adaptar rapidamente às mudanças é fator crucial.

No contexto de projetos de tecnologia, isso significa adotar abordagens ágeis de desenvolvimento e gestão de projetos, permitindo ajustes contínuos com base no *feedback* e nas necessidades emergentes. Equipes multifuncionais, autônomas e envolvidas, e que sabem por que estão mudando, o que farão todos os dias e como a mudança as afetará, são essenciais para garantir um projeto bem-sucedido. Ao reunir profissionais de diferentes áreas, como advogados, especialistas em tecnologia e profissionais de gerenciamento de mudanças, as organizações asseguram uma abordagem abrangente e irrestrita para a implementação de novas soluções tecnológicas.

Essa colaboração integrada, com a visão de que a tecnologia não surgiu de forma independente, mas como uma verdadeira aliada na simplificação de processos – até porque as demandas tecnológicas ocorrem para suprir carências apontadas pelas pessoas –, permitirá que as soluções sejam alcançadas de maneira coletiva pelos times, com os pontos de atenção, particularidades, alternativas e *expertise* de cada qual dos envolvidos.

A **comunicação efetiva, regular e transparente durante a discussão dos projetos também é ferramenta primordial**, por meio da qual deverão ser apresentados os objetivos, benefícios e impactos da mudança para todas as partes envolvidas nos projetos. Muitas vezes, uma interpretação errônea, uma mudança, uma data de entrega errada de um determinado componente de um projeto ou mesmo a falha em executar instruções tem origem exatamente na quebra básica da comunicação.

A exposição fundamentada e objetiva do estado atual das áreas e de seus times e o estado desejado, com a condução de uma análise detalhada das práticas e da realidade atuais, permitirá a identificação das oportunidades para melhoria, alinhando as metas do projeto com as estratégias organizacionais mais amplas.

Dessa forma, o conhecimento perspicaz desse aspecto, com a compreensão por todos das necessidades e desafios, é fator determinante, desde que alinhado a: (i) comunicação clara e dinâmica, não só em relação ao escopo e ao entendimento do projeto, mas também na sua utilização entre os diversos tipos de *stakeholders*; (ii) liderança forte, demonstrando apoio e comprometimento; e (iii) treinamento adequado para garantir que os times tenham as habilidades necessárias para adotar com sucesso as novas tecnologias e processos.

A gestão de mudanças atua exatamente na aplicação e na estruturação desse conjunto de fatores, que irá agir em todas as camadas e pessoas de uma organização, com o intuito de auxiliar e de preparar as equipes para lidar da melhor forma com as novas situações.

Isso inclui **a adição e a remoção de processos, práticas e ferramentas, e se estende, até mesmo, à mudança de cultura ou de comportamento dos colaboradores.** Por meio da adequada gestão de mudança, é possível ter um escopo de implementação bem planejado e definido, assegurando uma transformação natural e gradual, diminuindo falhas no processo e otimizando o monitoramento das atividades.

Fato é que a gestão da mudança não termina com a simples implementação de um projeto de tecnologia. Trata-se de um processo contínuo que requer avaliação e adaptação constantes. Após a implementação inicial, avaliações regulares para medir o impacto do projeto nas operações e identificar áreas para melhoria contínua são essenciais.

Ao enfrentar os desafios específicos associados aos projetos, com a implementação das estratégias eficazes da gestão da mudança, as organizações podem maximizar as chances de sucesso na implementação de novas tecnologias e na promoção de uma cultura de inovação e adaptação contínuas, que valoriza o aprendizado e incentiva a experimentação e o compartilhamento de conhecimento entre as equipes.

O olhar para a mudança de todos os lados – não apenas do lado da tecnologia, não apenas do lado do negócio, não apenas do lado do processo, não apenas do lado dos utilizadores, não apenas do lado do "fazer acontecer" – é essencial para obter o retorno do investimento e os resultados comerciais desejados que as mudanças tecnológicas devem apoiar.

26 A importância de se pensar na extração de dados ao digitalizar a operação

Amanda Almeida[1]
Renata Riedel[2]

"Tudo flui e nada permanece[3]."
Heráclito

É indiscutível e inegável que são muitos os desafios da era digital e que mudanças ocorrem o tempo todo, a qualquer momento, e, em um mundo cada vez mais digital e conectado, os dados tornaram-se um recurso inestimável para as empresas.

O avanço acelerado das tecnologias que observamos nas últimas décadas e o aumento da complexidade dos processos e dos negócios estão transformando o mundo radicalmente. E a digitalização de processos está relacionada diretamente a essas mudanças. Isso porque as decisões que precisam ser tomadas (decisões estratégicas, táticas e operacionais) estão cada vez mais complexas. É a "Era dos Dados"!

Nessa era dos dados, é essencial que se tenha acesso rápido às informações mais importantes de uma empresa, quer seja para manter o controle da estratégia, baseando-se em argumentos sólidos e objetivos na hora da tomada de decisões, quer seja para torná-la ágil, estratégica e sustentável. Um sistema ajuda na leitura, na evolução e na extração de dados, mas a jornada de dados que deve ser feita não se resume à contratação de sistemas ou a novas tecnologias.

Nessa jornada de dados, é indispensável e essencial conhecer a origem, entender padrões, fazer ajustes, alinhar comportamentos, estudar tendências, analisar cenários para,

---

[1] Advogada corporativa generalista com experiência em projetos de IPO, M&As nacionais e internacionais, ofertas públicas e privadas, e internalização de Jurídico. Especialista pelo Insper e com MBA pela FGV. Atualmente é CLO e CCO da Infracommerce, empresa pioneira em fullcommerce na América Latina.
[2] Comunicóloga e Advogada corporativa generalista com ampla experiência nas áreas Civil, Contratual, Financeira e responsável por Implantação e Gestão de Projetos Jurídicos ligados à LGPD e de Inovações, pós-graduada em Direito dos Contratos pela Fundação Getulio Vargas e pós-graduanda em Direito Digital pela FIA. Atualmente é Coordenadora de Legal Operations na Infracommerce.
[3] "Everything changes and nothing stands still."

então, determinar o caminho a ser trilhado e os componentes (sistema, infraestrutura, desenvolvimento, conhecimento etc.) a serem adquiridos e/ou agregados.

É essa jornada que irá permitir às empresas compreender melhor os fatores que impactam os negócios, os processos, os riscos envolvidos e, com esse "poder" em mãos, melhorar as decisões e torná-las mais confiáveis e seguras, potencializando os resultados e impulsionando o crescimento da empresa.

Para se ter uma ideia de como essa jornada é essencial, conforme constatado pela McKinsey[4], colaboradores gastam 20% do tempo de trabalho durante a semana somente procurando informações internas ou pedindo ajuda a respeito de informações não encontradas.

A transformação digital trouxe mudanças nos hábitos de consumo, provocando um novo comportamento por parte do consumidor, exigindo mais personalização, proximidade, integração e excelente experiência de ponta a ponta. A transformação digital impacta em toda a cadeia de consumo, inclusive na estrutura e no *backoffice* do negócio que atende o consumidor. Consequentemente, temos uma profunda mudança obrigatória na forma de trabalho e produção, fazendo com que as organizações busquem os pilares da transformação digital: pessoas, processos e tecnologia.

Nota-se que a transformação digital não se resume apenas à tecnologia, pois ela, sozinha, não é suficiente. Porém, sem tecnologia, não há transformação digital, pois ela é a ferramenta. Ao integrar esses pilares de maneira eficaz, temos inovação, melhoria na eficiência operacional, valor significativo aos clientes e todos os envolvidos. Juntos, esses pilares da transformação digital são elementos-chave que uma empresa deve considerar para alcançar uma transformação bem-sucedida.

Os pilares estão interconectados e desempenham papel essencial na condução de uma transformação de sucesso. Quando falamos de processos, eficiência e agilidade são fundamentais para garantir que as operações de uma empresa sejam executadas de maneira eficaz, eficiente e com baixo custo. Ao redesenhar processos para eliminar gargalos, reduzir desperdícios e automatizar tarefas repetitivas, as empresas podem aumentar sua eficiência operacional. Outro ponto importante dentro dos processos é a adaptação às transformações, ou seja, introduzir e implementar processos ágeis e flexíveis permite adaptação rápida às constantes mudanças do mercado e dos clientes e às novas oportunidades de negócio. Isso é muito importante em um ambiente de negócios dinâmico e em constante evolução. Ainda, de nada adianta tecnologia se os processos não são projetados de modo a integrar e aproveitar plenamente as tecnologias digitais disponíveis, como automação e análise de dados.

Quando falamos de pessoas, o envolvimento e o empoderamento dos envolvidos são fundamentais, além de uma comunicação clara sobre os objetivos e a importância do seu

---

[4] CHUI, Michael et al. The Social Economy: Unlocking value and productivity through social technologies. *McKinsey Global Institute*, jul. 2012. Disponível em: https://www.mckinsey.com/industries/technology-media-and-telecommunications/our-insights/the-social-economy.

papel ali desenvolvido. As habilidades para se trabalhar em ambiente digital são necessárias, além de uma cultura de inovação, colaboração e experimentação, impulsionando a criatividade e a tomada de riscos.

A digitalização otimiza processos e operações internas, melhora a interação entre áreas, oferece possibilidade de mapear rupturas, concorrência, comportamentos, e impulsiona mudanças. E os dados, ou melhor, a mineração de dados, primários ou secundários, o uso das informações estruturadas (e não estruturadas), atuais ou históricas, e a aplicação de parâmetros voltados para dados são o que permite a tomada de decisões mais estratégicas e dão vantagens à empresa para ser mais competitiva no mercado e se diferenciar da concorrência.

Com a quantidade crescente de informações geradas diariamente, a habilidade de tomar decisões fundamentadas tornou-se essencial para o sucesso dos negócios. A digitalização das informações é importante para melhorar o processo decisório, tornando as empresas mais ágeis e eficientes. Ademais, dados não dão respostas prontas para os problemas de negócio, mas são recursos valiosos para a tomada de decisões organizacionais, quando usados de maneira estratégica e contextualizada, partindo de um entendimento mais amplo sobre o desafio de negócio que se pretende superar.

Dados do *International Data Corporation* (IDC), divulgados no final de 2019, mostram que, em 2020, 40% das 3 mil principais empresas latino-americanas perceberão que a maioria dos seus negócios depende da sua capacidade de criar produtos, serviços e experiências melhoradas digitalmente, e metade da receita de fornecedores de serviços na nuvem será intermediada por parceiros de negócios.

O relacionamento entre marcas e consumidores, em toda a sua forma, está e ainda será muito mais impactado em razão das mudanças advindas dessa "Era dos Dados". E, dentre outros, o mais marcante se deve ao fato de a tecnologia lidar com dados não estruturados que, até então, necessitavam de interação humana para serem compreendidos.

Por isso, quando falamos de dados, hoje, estamos nos referindo a um conjunto de habilidades que todas as pessoas da empresa precisam desenvolver e que são imprescindíveis para o sucesso futuro no curto, médio e longo prazo. E, aqui, é importante dizer que não se trata apenas de uma carreira vinculada a uma área específica. De novo, estamos falando de habilidades que qualquer profissional precisa ter, nas mais diversas áreas de atuação.

Engana-se quem pensa que, quanto mais dados, melhores são as decisões. Essa relação não é direta e linear. A forma de interpretar os dados ou decidir o que fazer com os dados é uma decisão humana, por isso, toda a jornada de digitalização dos processos e/ou fluxos que envolvem as operações é determinante para colocar em prática os novos modelos de negócio e os objetivos das empresas. Essa é uma jornada transformadora, porque é ela quem vai ditar os caminhos de oportunidades a serem trilhados.

A digitalização permite que se tenha um ambiente integrado e reduz as barreiras físicas que podem surgir, também proporciona uma interação melhor entre todos os envolvidos, facilita a comunicação, ajuda a identificar oportunidades, aumenta a eficiência, reduz a complexidade dos processos, além de ser vetor de redução de custos, dar engajamento, fortalecer a confiança e promover a celeridade nos processos, no acesso às informações e nas tomadas de decisões. Permite, ainda, a criação de experiências significativas para o cliente, desde o primeiro contato, navegabilidade do "meio do caminho", até a finalização do processo.

O pontapé inicial para se fazer qualquer digitalização de uma operação é mapear todos os processos, bem como conhecer e gerenciar as fontes de informação, as pessoas envolvidas, definir um objetivo e o uso potencial dos processos que estão sendo digitalizados e dos dados que serão extraídos. Não menos importante, deve-se ressaltar que todo o processo deve ser alinhado com a estratégia da empresa, em todos os níveis de hierarquia, envolvendo todos os colaboradores, parceiros e fornecedores.

Depois de entender qual é o futuro que a empresa projeta e quais são suas metas, é necessário realizar um levantamento das fontes dos dados. Importante ressaltar que os três pilares da transformação analítica no negócio, que norteiam essa relação, estão vinculados diretamente à cultura, à estrutura organizacional e ao modelo da liderança, até porque a tomada de decisão com base em dados deve ser pautada, primordialmente, nos objetivos de negócios, correlacionados e analisados.

Como os dados são coletados de várias fontes (banco de dados, sistema de gestão, planilhas, arquivos de textos, *softwares*, sistemas de CRM[5] e ERP[6], pesquisas de mercado e *benchmarking*), o grande diferencial da empresa está em como ela integrará dados internos e externos, confrontando-os de modo que eles tragam *insights* para o negócio. E é aqui que entram exemplos de sistemas e ferramentas (sendo a tecnologia um dos pilares), como *Big Data, Business Intelligence* (BI) e Inteligência Artificial (IA).

Os dados criarão embasamento e direcionamento para que uma determinada decisão seja tomada pela empresa. O processo de coleta, extração, formatação e análise de informações deve ser precedido de um alinhamento entre os objetivos da empresa e a necessidade de mercado. Em tempos atuais, esse alinhamento será diretamente afetado por expectativas, regulamentações ambientais, sociais e governamentais (ESG), que deverão convergir com a aplicação de tecnologias e tomadas de decisões sustentáveis.

De acordo com a projeção da Gartner, feita em 2022, 90% das estratégias corporativas indicariam explicitamente os dados como ativos determinantes para seus resultados. Em 2021, esse valor era de 50%. Muito impulsionado pela Covid-19, diversas iniciativas digitais foram adotadas e, em alguns casos, aceleradas para a preservação dos negócios e o futuro (no sentido de sobrevivência) das empresas em um momento em que não eram possíveis a convivência ou as atividades presenciais. Agora, a digitalização e as práticas do uso de dados tornaram-se algo vinculado à existência das

---

[5] *Customer Relationship Management* (em tradução livre, é a ferramenta de gestão de relacionamento com o cliente).

[6] *Enterprise Resource Planning* (em tradução livre, é o sistema integrado de gestão empresarial).

organizações, como um dos recursos essenciais para impulsionar os negócios e tornar a companhia mais eficiente.

Dados da Sondagem Especial Indústria 4.0, da Confederação Nacional da Indústria (CNI), indicam que, em 2021, 69% das empresas brasileiras já utilizavam algum tipo de tecnologia em seus processos. Em 2016, esse percentual era de 46%.

Dados publicados pelo Fórum Econômico Mundial, em 2021, divulgados pelo *Jornal da Rádio USP*[7], em 2020, mostram que a pandemia acelerou alguns processos que já vinham acontecendo no mercado corporativo e que mais de um bilhão de empregos em todo o mundo serão transformados pela tecnologia na próxima década, sendo que até 2025 teremos uma demanda decrescente de 85 milhões de postos de trabalho.

Em um artigo para a *Harvard Business Review*, em 2019, os analistas da consultoria McKinsey[8], Tim Fountaine, Brian McCarthy e Tamim Saleh, compartilharam estudos que mostravam que a maioria das empresas não estava conseguindo escalar suas iniciativas com dados e, ainda de acordo com a McKinsey, um estudo mostrou que 8% das empresas estão obtendo sucesso na realização das mudanças estruturais necessárias que permitem a adoção de IA de maneira generalizada.

Para extrair valor genuíno de seus dados, eles devem ser precisos e relevantes para os objetivos da empresa. Pesquisa publicada pelo Gartner, em julho de 2023[9], sinaliza que 79% dos estrategistas corporativos consideram a IA e a análise essenciais para seu sucesso nos próximos dois anos, mas que menos da metade das equipes de dados e análise agrega valor à organização de forma eficaz. Por isso, deve-se ter especial atenção e todo o cuidado com a dispersão e a confiabilidade dos dados. Seria um grande tiro no pé.

Quando os dados são imprecisos, desatualizados ou incompletos, as consequências podem ser significativas. A confiabilidade dos dados é crucial para garantir a precisão e a eficácia da atividade, seja ela empresarial, profissional ou até mesmo pessoal.

Assim, nota-se que os três pilares da transformação digital (pessoas, processos e tecnologia) desempenham papéis interligados e essenciais na jornada de uma organização em direção à transformação digital. Ao integrar efetivamente esses elementos, as empresas podem otimizar as operações, impulsionar a colaboração e melhorar a experiência do cliente. Ainda, a tomada de decisões baseada em dados confiáveis é um componente fundamental dessa jornada.

---

[7] Disponível em: http://jornal.usp.br/atualidades/pandemia-gera-alteracoes-no-mercado-de-trabalho-a-partir-da-digitalizacao/. Acesso em: 7 fev. 2024.

[8] Disponível em: https://hbr.org/2019/07/building-the-ai-powered-organization e https://www.mckinsey.com/capabilities/quantumblack/our-insights/breaking-away-the-secrets-to-scaling-analytics. Acesso em: 28 abr. 2023.

[9] Disponível em: https://www.gartner.com/en/newsroom/press-releases/2023-07-05-gartner-survey-finds-79-percent-of-corporate-strategists-see-ai-and-analytics-as-critical-to-their-success-over-the-next-two-years. Acesso em: 28 abr. 2024.

Para se ter sucesso no processo decisório, na otimização e na mensuração de resultados, com o objetivo de perseguir os resultados idealizados e manter toda uma equipe permanentemente focada nos objetivos e metas da empresa, é necessária a digitalização do processo para garantir a extração, o tratamento e a mineração de dados, sem improvisação no caminho.

Ademais, todos os envolvidos devem ter acesso às informações importantes para que exista um ambiente de trabalho de excelência, com foco na estratégia, bem como para construir um ambiente de inovação, cultura organizacional e proatividade, sem esquecer de toda a jornada de dados que deve ser feita, já que, segundo projeções, grande parte das estratégias corporativas indicaria explicitamente os dados como ativos determinantes para seus resultados.

Portanto, ao alinhar os pilares da transformação digital e garantir a completa jornada, as empresas, além de permanecerem competitivas, garantem a prosperidade em um ambiente cada vez mais digitalizado e dinâmico.

REFERÊNCIAS

BISSON, Peter; HALL, Bryce; MCCARTHY, Brian; RIFAI, Khaled. Breaking away: The secrets to scaling analytics. *Quantum Black AI by McKinsey*, maio 2018. Disponível em: https://www.mckinsey.com/capabilities/quantumblack/our-insights/breaking-away-the-secrets-to-scaling-analytics. Acesso em: 28 abr. 2023.

CHUI, Michael et al. The social economy: Unlocking value and productivity through social technologies. *McKinsey Global Institute*, jul. 2012. Disponível em: https://www.mckinsey.com/industries/technology-media-and-telecommunications/our-insights/the-social-economy. Acesso em: 16 maio 2024.

FOUNTAINE, Tim; MCCARTHY, Brian; SALEH, Tamim. Building the AI-Powered Organization. *Harvard Business Review*, jul.-ago. 2019. Disponível em: https://hbr.org/2019/07/building-the-ai-powered-organization. Acesso em: 28 abr. 2023.

GARTNER. *Gartner Survey Finds 79% of Corporate Strategists See AI and Analytics as Critical to Their Success Over the Next Two Years*. 5 jul. 2023. Disponível em: https://www.gartner.com/en/newsroom/press-releases/2023-07-05-gartner-survey-finds-79-percent-of-corporate-strategists-see-ai-and-analytics-as-critical-to-their-success-over-the-next-two-years. Acesso em: 28 abr. 2024.

GARTNER. *Gartner Survey Reveals 47% of Digital Workers Struggle to Find the Information Needed to Effectively Perform Their Jobs*. 10 maio 2023. Disponível em: https://www.gartner.com/en/newsroom/press-releases/2023-05-10-gartner-survey-reveals-47-percent-of-digital-workers-struggle-to-find-the-information-needed-to-effectively-perform-their-jobs. Acesso em: 28 abr. 2024.

GARTNER. *Gartner Survey Reveals Less Than Half of Data and Analytics Teams Effectively Provide Value to the Organization*. 21 mar. 2021. Disponível em: https://www.gartner.com/en/newsroom/press-releases/03-21-2023-gartner-survey-reveals-less-than-half-of-data-and-analytics-teams-effectively-provide-value-to-the-organization. Acesso em: 28 abr. 2024.

OLIVEIRA, Kaynã. Pandemia gera alterações no mercado de trabalho a partir da digitalização. *Jornal da USP*, jan. 2021. Disponível em: http://jornal.usp.br/atualidades/pandemia-gera-alteracoes-no-mercado-de-trabalho-a-partir-da-digitalizacao/. Acesso em: 7 fev. 2024.

27
Quando não usar tecnologia

Isabela Câmara de Mesquita[1]

O ano é 2024, e já é praticamente impossível pensar em passar um dia sequer sem o uso de alguma forma de tecnologia. Desde o despertar até o fim do dia, as atividades são mediadas por dispositivos tecnológicos.

A tecnologia está na palma da mão e substituiu a grande maioria das atividades de rotina, das mais simples às mais complexas. Tudo está a um clique de distância, e a tecnologia mudou completamente o modo como trabalhamos, estudamos, socializamos e vivemos. Seja no âmbito pessoal, na seara profissional, e até nos momentos de lazer, são inegáveis o uso e a dependência tecnológica atualmente.

São incontestáveis os benefícios e as facilidades que as tecnologias trouxeram para a rotina humana, evitando perda de tempo e de energia com atividades que demandariam esforço humano e que hoje dependem de apenas um clique.

No campo jurídico, o racional segue a mesma lógica. É inegável que as tecnologias – se corretamente aplicadas – podem trazer aumento de produtividade, redução de tarefas repetitivas, execução de mais tarefas em menos tempo, diminuição de erros humanos, redução de custos, automação de processos manuais, além de permitir mais modernidade, precisão e agilidade.

Contudo, ainda que reconhecidas todas essas benesses, não há como ignorar os malefícios que o consumo desenfreado de tecnologias proporciona ao cérebro humano. É preciso reconhecer que o **cérebro foi feito para processar interações humanas, e não para processar telas.**

---

[1] Advogada e *Legal Designer* com graduação pela Universidade Presbiteriana Mackenzie. MBA em Gestão e Business Law pela FGV. Pós-graduada em Processo Civil pela FGV. Atualmente, advogada na Braskem S.A. Anteriormente, advogada na LG Electronics e em escritórios de advocacia como ASBZ e Demarest. Coordenadora de Inovação Jurídica no Alumni Direito Mackenzie, cofundadora da Comunidade ACC Brasil e mentora de alunas bolsistas da Faculdade de Direito do Mackenzie.

TECNOLOGIA *VS.* POPULAÇÃO BRASILEIRA

Segundo o neurocientista Michel Desmurget, apenas 30 minutos de tela por dia são suficientes para que o desenvolvimento intelectual de uma criança comece a ser afetado, além de acarretar malefícios à saúde do corpo, ao estado emocional e ao desenvolvimento intelectual, por meio de dificuldade de concentração, perda de memória e empobrecimento da linguagem[2].

Um estudo da FGV aponta que no Brasil há mais *smartphones* do que habitantes. Basta uma rápida olhada ao redor e é possível perceber as pessoas muito mais conectadas aos seus celulares do que ao seu entorno. Há mais gente olhando para a tela do celular do que para a pessoa que está sentada à sua frente[3].

Outro dado importante a ser levado em conta é que o Brasil é o segundo país do mundo em que as pessoas passam mais tempo consumindo conteúdos por meio de telas. Das 16 horas que a maioria da população passa acordada no dia, 9 horas – mais da metade – são destinadas ao uso de celulares e computadores pela população brasileira. O Brasil perde apenas para a África do Sul[4].

Enquanto o contato virtual se sobrepõe ao contato humano, a tecnologia ganha e a humanidade perde.

PRESENÇA REAL *VS.* PRESENÇA VIRTUAL

O ser humano é naturalmente um animal social, e é inegável que o nosso cérebro reage muito melhor à presença real de outro humano do que à imagem indireta desse humano no vídeo. A potência que a presença em carne e osso gera no cérebro é incomparável à presença de uma máquina.

Isso se reflete também no campo jurídico. É impossível não reconhecer que a tecnologia trouxe mais eficiência e mais facilidade ao trabalho, automatizou tarefas rotineiras, facilitou o acesso a precedentes jurídicos, possibilitou audiências virtuais, digitalizou processos judiciais, permitiu análise de dados, gestão de documentos, entre outros exemplos que revolucionaram a forma como o advogado trabalha na atualidade.

Inclusive, segundo o relatório "Justiça em Números" emitido pelo Conselho Nacional de Justiça (CNJ), anualmente[5], há uma interessante comparação do tempo de tramitação

---

[2] DESMURGET, Michel. *A fábrica de cretinos digitais*: os perigos das telas para nossas crianças. São Paulo: Vestígio, 2021.

[3] Disponível em: https://portal.fgv.br/noticias/uso-ti-brasil-pais-tem-mais-dois-dispositivos-digitais-habitante-revela-pesquisa. Acesso em: 1º mar. 2024.

[4] Disponível em: https://jornal.usp.br/atualidades/brasileiros-passam-em-media-56-do-dia-em-frente-as-telas-de-smartfones-computadores/. Acesso em: 1º mar. 2024.

[5] Disponível em: https://www.cnj.jus.br/wp-content/uploads/2023/08/justica-em-numeros-2023.pdf. Acesso em: 1º mar. 2024.

entre processos físicos e eletrônicos no ano de 2022. Enquanto os autos físicos levavam, em média, 10 anos e 10 meses para serem encerrados, os eletrônicos enfrentaram um tempo médio de 3 anos e 5 meses.

Contudo, se, por um lado, a tecnologia continua evoluindo e oferecendo soluções inovadoras capazes de simplificar e acelerar determinados processos, tal como no exemplo anterior, por outro lado, é preciso reconhecer que a *expertise* humana ainda é altamente indispensável em muitos aspectos do trabalho jurídico e é essencial para o sucesso de uma organização.

Nas relações interpessoais, o relacionamento humano *vs.* humano é insubstituível. Por mais que as máquinas tenham atingido níveis impensáveis há alguns anos, elas ainda dependem de programações por códigos e, consequentemente, possuem limitações. Não há como terceirizar para as máquinas situações como:

1) Negociação;
2) Resolução de conflitos;
3) Argumentação persuasiva;
4) Criatividade;
5) Julgamento ético;
6) Pensamento crítico;
7) Comunicação interpessoal;
8) Tomada de decisões em situações imprevistas;
9) Assunção de riscos;
10) Trabalho em equipe e colaboração;
11) Habilidades de liderança;
12) Identificação de oportunidades de negócios;
13) Inovação e empreendedorismo;
14) Conversas de *feedback*;
15) Inteligência emocional.

Para cada um desses exemplos, a máquina pode ser útil como uma ferramenta de suporte, mas não como uma substituta da presença humana. Tais situações necessitam de características como pessoalidade, empatia, compreensão do contexto, boa comunicação e flexibilidade, atributos – até o momento – intrínsecos apenas aos seres humanos.

EQUAÇÃO DA CONFIANÇA

No universo jurídico, há muitas situações em que se requer o estabelecimento de confiança entre as partes, por exemplo, a escolha de um advogado. O cliente precisa estabelecer uma relação de confiança para contratar aquele profissional como seu representante e defensor dos seus direitos perante o Judiciário.

Nesse sentido, falando sobre como atingir esse grau de confiabilidade, há uma interessante definição que se chama "equação da confiança", conceito trazido pelo livro *The Trusted Advisor*[6], que pode ser representado objetivamente por:

> Confiança = Credibilidade + Confiabilidade + Intimidade / Autointeresse

Entende-se por "Credibilidade" o conhecimento teórico que se tem sobre o tema, a *expertise*, a reputação e as habilidades técnicas da pessoa.

Já a "Confiabilidade" diz respeito à integridade, à honestidade e à capacidade de cumprir com as promessas feitas.

Em relação à "Intimidade", é preciso identificar qual é a qualidade da conexão emocional e compreensão mútua entre o cliente, o advogado ou o parceiro de negócios.

Por fim, o "Autointeresse" consiste na análise do que está sendo oferecido para aquela pessoa com essa conexão. Quanto menor o autointeresse, maior o grau de confiança. Perpassa pelo entendimento sobre o quanto aquela conexão está sendo estabelecida em benefício próprio ou em benefício do outro, ou de maneira mútua.

Portanto, a equação sugere que, para estabelecer uma relação de confiança, é preciso trabalhar em todos esses elementos, o que, mais uma vez, não pode ser terceirizado para uma máquina, pois se trata de habilidades intrinsecamente humanas.

EQUILÍBRIO ENTRE TECNOLOGIA E HUMANIDADE NO CAMPO JURÍDICO

Tratando sobre situações em que o estabelecimento de confiança é fundamental entre as partes envolvidas, além de uma reunião entre advogado e cliente, outra situação seria uma audiência de instrução ou um tribunal do júri, ocasiões em que a linguagem corporal das partes e testemunhas, o tom de voz, a forma como essas pessoas se portam e se comunicam, a segurança que passam (ou a falta dela) podem influenciar na decisão dos julgadores e até mudar o rumo da resolução do caso.

Já em cenários de negociação ou resolução de conflitos, o poder de uma conversa e o potencial de um olhar empático sobre a situação não podem ser substituídos por uma máquina, a qual não possui inteligência emocional e flexibilidade, e tampouco é capaz de formar conexões significativas capazes de resolver conflitos e levar ao êxito na negociação.

As soluções tecnológicas muitas vezes seguem parâmetros rígidos que não comportam uma análise flexível e adaptada às nuances do caso concreto.

Nesse sentido, tratando sobre as Inteligências Artificiais (IA), estas não possuem garantia de acerto e não asseguram precisão em suas respostas, pois, apesar de se

---

[6] MAISTER, David; GREEN, Charles; GALFORD, Robert. *The Trusted Advisor*. Free Press, 2001.

basearem em dados, não são capazes de realizar uma análise crítica sobre aquele dado ser real ou não. Portanto, é indispensável o trabalho humano de revisão dessas informações trazidas por IAs.

A tecnologia pode se superar em muitas perspectivas, mas não consegue superar a capacidade criativa da mente humana, e tampouco é capaz de fazer juízo de valor. As máquinas dependem de parametrizações e possuem previsibilidade, enquanto a mente humana, por outro lado, é capaz de apresentar soluções criativas imprevisíveis.

Muito se indagava no passado: "**o advogado será substituído por uma máquina?**". E a resposta que entendo como a mais adequada é: "o advogado não será substituído por uma máquina, **mas sim por outro advogado que faz o bom uso da máquina**". Pois bem, esteja o leitor de acordo ou não com essa afirmação, há um ponto unânime: a pessoa do advogado sempre esteve e estará ali presente, com ou sem a máquina.

E, sobre esse ponto, é importante reforçar que **as máquinas foram feitas para servir os humanos, e não necessariamente para os substituir**. De nada adianta o investimento em tecnologias sem a realização do devido preparo e da capacitação adequada das pessoas que as utilizarão.

TRIPÉ PPT: PESSOAS, PROCESSOS E TECNOLOGIAS

A imposição de sistemas ou ferramentas tecnológicas ultramodernas carece de sentido, caso a equipe usuária não se sinta suficientemente segura e treinada para a sua operação. Caso contrário, os grandes investimentos financeiros resultarão em fracasso.

Na transformação digital do setor jurídico, fala-se no tripé "pessoas, processos e tecnologias", o qual recomendo que seja observado exatamente nessa ordem.

O primeiro aspecto a ser considerado deve ser "**pessoas**", pois são elas que conduzem a mudança, por meio de suas equipes, formações, características, culturas e preferências.

Em seguida, após as pessoas estarem convencidas, inicia-se a etapa em que os "**processos**" serão revistos e otimizados, passando pela identificação de quais processos funcionam no formato atual e quais precisam de melhoria ou simplesmente podem ser mais eficientes de outra forma.

Sem pessoas e processos bem definidos, não há tecnologias. Por fim, somente após ter passado pelo convencimento das pessoas e pela etapa de revisão dos processos, é que entraria a "**tecnologia**", por meio da análise de quais soluções seriam as mais adequadas para atender áreas deficitárias e dar o devido suporte aos processos e às pessoas usuárias.

CONCLUSÃO

Este artigo não consiste em um manifesto contra a tecnologia, longe disso. Está mais para um manifesto a favor das habilidades exclusivamente humanas, um manifesto que visa reforçar a potência do papel humano em determinadas situações e um convite a se distanciar, em certos momentos – e sem culpa –, dessa "dependência digital" em que fomos inseridos.

A tecnologia nem sempre será a resposta definitiva para os principais desafios corporativos, pois as máquinas, por mais que evoluam no sentido de trazer novas soluções, ainda não possuem a mesma sofisticação que o pensamento da mente humana entrega. Caso a máquina receba alguma informação que não foi programada para interpretar, ela não saberá o que fazer.

Portanto, é necessário encontrar o equilíbrio entre a tecnologia e a humanidade, bem como reconhecer que a competência humana, sua capacidade de adaptação, de flexibilidade, e sua sensibilidade independem de programação, são indispensáveis em muitos aspectos do dia a dia corporativo e ainda inalcançáveis por máquinas.

A tecnologia é apenas o meio, não o fim.

REFERÊNCIAS

CONSELHO NACIONAL DE JUSTIÇA. *Justiça em números 2023*. Brasília: CNJ, 2023. Disponível em: https://www.cnj.jus.br/wp-content/uploads/2023/08/justica-em-numeros-2023.pdf. Acesso em: 1º mar. 2024.

DESMURGET, Michel. *A fábrica de cretinos digitais:* os perigos das telas para nossas crianças. São Paulo: Vestígio, 2021.

FGV. *Uso de TI no Brasil:* País tem mais de dois dispositivos digitais por habitante, revela pesquisa. 3 maio 2023. Disponível em: https://portal.fgv.br/noticias/uso-ti-brasil-pais-tem-mais-dois-dispositivos-digitais-habitante-revela-pesquisa. Acesso em: 1º mar. 2024.

MAISTER, David; GREEN, Charles; GALFORD, Robert. *The Trusted Advisor*. Free Press, 2001.

NAZAR, Suzanna. Brasileiros passam em média 56% do dia em frente às telas de smartphones e computadores. *Jornal da USP*, jun. 2023. Disponível em: https://jornal.usp.br/atualidades/brasileiros-passam-em-media-56-do-dia-em-frente-as-telas-de-smartfones-computadores/. Acesso em: 1º mar. 2024.

EIXO IV

DATA DRIVEN: O QUE NÃO SE MEDE, NÃO PODE SER GERENCIADO

Pessoas, processos e tecnologia. O modelo inspirado no diamante de Harold Leavitt pode ser unido por demonstração de resultados e pela possibilidade de transformar informação em estratégia com a correta utilização dos dados. Veja como é possível sua construção, sua manutenção e sua análise no Jurídico – bem como utilizar os dados para a tomada de decisão – usando a inteligência artificial como uma ferramenta essencial para a exponencialidade.

28

Data Cleaning: como lidar e o que fazer com os dados desestruturados

Camila Tabatinga[1]
Thaís Timbó[2]

A palavra "dado" vem do latim *datum*, que, quando usada como substantivo, significa "presente", no sentido de algo que foi oferecido. Pode significar, ainda:

> (...) uma coleção de valores discretos que transmitem informações, descrevendo quantidade, qualidade, fatos, estatísticas, outras unidades básicas de significado, ou simplesmente, sequências de símbolos que podem ser posteriormente interpretados. Um dado é um valor individual em uma coleção de dados[3].

Podemos afirmar que, em tempos de exponencialidade na tecnologia, é inevitável o crescimento da cultura de captura e armazenamento das informações em forma de dados.

O que vemos atualmente é um grande movimento das empresas em geral, dos Jurídicos e dos escritórios de advocacia no sentido de se tornarem cada vez mais *data driven*. Fato é: a cultura *data driven* cresce e se fortalece, sem sinais de enfraquecimento. Mas precisamos destacar que coleta de dados não é tão simples e não se pode simplesmente "sair coletando" dados sem ao menos ter o consentimento do titular ou uma estrutura básica.

A coleta e a análise de dados desempenham papel fundamental nos processos operacionais das empresas, resultando em melhorias significativas em produtividade, rentabilidade e competitividade. Elas contribuem para o desenvolvimento de produtos e serviços, e possibilitam uma análise mercadológica aprofundada para compreender a dinâmica e antecipar tendências. Além disso, a análise de dados promove um ambiente interno

---

[1] Advogada há 13 anos, 7 dos quais atuando na Controladoria Jurídica. MBA em Gestão para Advogados – IPOG. Entusiasta da Gestão Jurídica. Atualmente, Controller Jurídica na Companhia de Água e Esgoto do Estado do Ceará e 2ª Vice-presidente da Comissão de Gestão Jurídica e Estratégica da OAB/CE.

[2] Advogada. Gerente Jurídica do Sindicato dos Médicos do Ceará. Especialista em Direito Médico pelo CERS. MBA em Gestão Jurídica Business e Law pela FGV. MBA em Gestão Empresarial Estratégica pela FB (cursando). Secretária Adjunta da Comissão de Gestão Jurídica e Estratégica da OAB/CE.

[3] Disponível em: https://www.c-q-l.org/resources/guides/12-reasons-why-data-is-important/. Acesso em: 10 mar. 2024.

saudável, proporciona uma compreensão clara da posição da marca no mercado e aprimora a experiência do consumidor.

Existem várias possibilidades para se realizar a coleta de dados, que mudam de acordo com seu tipo de negócio e os objetivos da empresa. Além da captura, a análise dos dados é fundamental para se atingir o objetivo, pois de nada adianta ter os dados e não ser possível mensurá-los e utilizá-los estrategicamente.

Assim como a captura dos dados, existe uma variação nos métodos de análise de dados que podem ser realizados de maneira individualizada ou complementar. Podemos dizer que existem quatro principais formas de análises, que consistem em: (1) análise descritiva (busca mensurar os dados e entender os fatos); (2) análise preditiva (busca ter uma visão do que pode acontecer, crucial para as tendências no mercado); (3) análise prescritiva (ideal para montar uma estratégia diante do cenário analisado); e (4) análise diagnóstica (busca a relação de causa e feito diante das possibilidades apresentadas).

Os dados por si só não costumam atender aos objetivos quando não analisados da maneira correta, pois sozinhos normalmente não têm valor. É necessário, antes mesmo da coleta, saber quais são os objetivos pretendidos e como serão tratados a partir de então. De posse do diagnóstico da análise dos dados, é possível realizar a gestão das informações e a criação de um plano de ação para alcançar o pretendido.

Estamos diante de uma realidade em que os dados são tidos como "ouro", as empresas se "digladiam" para tê-los, pois por meio desses dados e de sua devida análise é possível mensurar preferências e necessidades.

No meio jurídico não é diferente. Em tempos de transformação digital, somos diariamente bombardeados de informações e a todo momento nossos dados são coletados, os quais podem se apresentar, por exemplo, na forma de listas, processos realizados como uma fila operacional, na forma de árvore – quando há estruturação dos dados, como estrutura de gráficos que prevêem formas diferentes de relacionar as informações, com vértices e conexões entre si. Dito isso, é importante saber que os dados podem ser classificados como estruturados, não estruturados e semiestruturados.

- **Dados estruturados:** são aqueles que desde a sua elaboração visam uma finalidade especifica; possuem uma estrutura bem definida. Há uma alta confiabilidade.
- **Dados não estruturados:** são aqueles que não requerem uma estrutura bem definida ou seguem um padrão; podem ter diversos elementos (ex.: fotos, áudios etc.). A organização dos dados é completamente aberta.
- **Dados semiestruturados:** é uma combinação dos dados estruturados e dos dados não estruturados.

Assim, além da coleta dos dados e da estratégia de análise deles, os times jurídicos e os escritórios de advocacia devem ou deveriam se preocupar – ainda mais – com a limpeza dos dados (ou *data cleaning*). Portanto, a coleta de dados gera *feelings* importantes, mas a limpeza de dados é que garante a continuidade do sucesso da estratégia adotada.

O processo de *data cleaning*, ou limpeza de dados, consiste em identificar e corrigir erros, inconsistências e imperfeições em conjuntos de dados. Essa prática é essencial para garantir a precisão, a confiabilidade e a utilidade das informações armazenadas por uma organização. Dados imprecisos ou desorganizados podem levar a decisões erradas, prejudicar análises estatísticas e, em última instância, impactar negativamente o desempenho geral da empresa.

Dessa forma, esse processo de limpeza dos dados é essencialmente semiautomático, buscando ser o mais automatizado possível devido aos imensos volumes de dados geralmente processados, sendo necessário que um especialista realize a limpeza manual. A limpeza de dados, portanto, consiste em um procedimento semiautomático que engloba operações como: (1) ajuste de formatos e valores; (2) imposição de restrições de integridade; (3) dedução de valores ausentes com base nos existentes; (4) eliminação de conflitos; (5) fusão e remoção de duplicatas; e (6) detecção de desvios, identificando valores com potencial para serem inválidos.

Uma abordagem eficaz para a limpeza de dados deve atender a diversos requisitos, sendo os primordiais a identificação e a eliminação de todas as principais anomalias, nas fontes individuais e após a integração de múltiplas fontes. Essa abordagem deve ser apoiada por ferramentas que minimizem a necessidade de análise manual e programação, além de ser facilmente adaptável para abranger novas fontes.

Existem vários métodos para limpar os dados, dependendo de como eles são armazenados e como estão alinhados com seus objetivos de negócio. José R. F. Júnior descreve a limpeza de dados como sendo um:

> (...) processo de detecção e correção (ou remoção) de registros corrompidos ou imprecisos de um conjunto de registros, tabela ou banco de dados e se refere à identificação de partes incompletas, incorretas, imprecisas ou irrelevantes dos dados e, em seguida, substituindo, modificando, ou excluindo os dados sujos ou grosseiros. A limpeza de dados pode ser realizada interativamente com ferramentas de transformação de dados ou como processamento em lote por meio de *scripts*[4].

De acordo com o artigo "Seizing Opportunity in Data Quality"[5], de Thomas C. Redman, de 2017, a presença de dados incompletos, pobres ou incorretos pode desencadear diversos problemas, incluindo a insatisfação dos consumidores, perda de tempo e outras dificuldades que podem impactar adversamente a estratégia de negócios. O autor destaca que o custo associado a esses dados pode representar até 25% da receita de algumas organizações, considerando os gastos necessários para o tratamento adequado dessas informações. É

---

[4] Disponível em: https://www.linkedin.com/pulse/data-cleaning-jose-r-f-junior/?originalSubdomain=pt. Acesso em: 22 fev. 2024.

[5] Disponível em: https://sloanreview.mit.edu/article/seizing-opportunity-in-data-quality/. Acesso em: 27 fev. 2024.

importante ponderar que, dependendo do tamanho da organização e da quantidade de dados armazenados, há um significativo investimento em termos de armazenamento e processamento, antes mesmo de serem tratados, limpos e de duplicatas serem eliminadas.

Assim, a limpeza de dados ou o *data cleaning* nada mais é do que a preparação de dados para análise, remoção ou modificação de dados incorretos, incompletos, irrelevantes, duplicados ou formatados incorretamente. Todos os dados precisam ser limpos, pois não são úteis quando se trata da análise.

Compreendemos a importância do gerenciamento e da limpeza de dados, pois essas práticas estabelecem um ambiente mais seguro, possibilitam tomadas de decisões mais precisas e aprimoram a experiência do cliente, tanto interno quanto externo. Além disso, contribuem para o aumento dos resultados, uma melhor visão estratégica para a empresa, a otimização dos investimentos e a própria eficiência na coleta geral de dados. Em resumo, a atenção a esses processos resulta em uma redução de erros, proporcionando clientes mais satisfeitos, com potencial para fidelização, e colaboradores menos frustrados.

Assegurar uma eficiente limpeza dos dados da empresa requer planejamento como primeiro passo. Um plano bem-sucedido de gerenciamento e limpeza de dados não pode se limitar a evitar a entrada de dados incorretos no sistema. É fundamental revisar periodicamente as informações no banco de dados, corrigindo dados desatualizados e reparando erros que possam ter ocorrido durante entrada e o armazenamento de dados já coletados. Nesse contexto, a rotina desempenha papel crucial, assim como a continuidade. Existem ferramentas que trazem soluções que facilitam a tarefa de limpeza das bases de dados existentes em um Jurídico corporativo e/ou escritório de advocacia.

Listamos a seguir algumas práticas para limpeza dos dados:

1) ELIMINE DADOS DUPLICADOS E IRRELEVANTES

Dados duplicados e irrelevantes podem surgir de diversas maneiras em seu banco de dados, como quando um cliente envia informações mais de uma vez, quando as informações provêm de múltiplas fontes ou quando há a necessidade de correção de informações incorretas de consumidores. Essas informações redundantes e irrelevantes podem prejudicar significativamente o engajamento com seus consumidores. Portanto, a remoção desses dados é prática crucial de higienização.

Essa prática pode ser necessária para estar em conformidade com as diretrizes da Lei Geral de Proteção de Dados Pessoais – manter informações irrelevantes vai de encontro à norma que exige uma finalidade clara para o tratamento de dados pessoais.

2) CORRIJA ERROS ESTRUTURAIS

Erros estruturais podem ser originados por duas situações distintas: erros na sintaxe dos códigos de programação do banco de dados e termos escritos incorretamente pelos consumidores. No primeiro caso, requer uma avaliação técnica mais aprofundada, geralmente realizada por um profissional de tecnologia. No segundo cenário, é necessário analisar e corrigir as informações fornecidas pelos clientes, como *e-mails* inválidos.

3) PADRONIZE A ESTRUTURA

Além de corrigir erros estruturais, é essencial padronizar a estrutura para reduzir falhas e identificar facilmente informações digitadas incorretamente. A padronização serve como medida organizacional para aprimorar a eficiência na higienização de dados, evitando complicações e demoras.

4) TRATE DADOS AUSENTES

Dados ausentes representam um dos maiores desafios para o banco de dados, podendo causar falhas em sistemas e prejudicar o contato com os clientes. Lidar com a ausência dessas informações é uma prática fundamental de higienização. Inicialmente, é importante sinalizar ao banco de dados que existem dados ausentes para mitigar as consequências. Posteriormente, é crucial identificar ou coletar os dados faltantes e adicioná-los à base.

5) REMOVA *OUTLIERS* INDESEJADOS

Outliers, dados discrepantes em relação às demais informações da base, também conhecidos como "pontos fora da curva", são semelhantes aos erros estruturais e podem ser causados por falhas na digitação ou outros motivos. Para manter a integridade da base de dados, é essencial realizar uma higienização para identificar e remover esses *outliers*, pois informações incorretas podem acarretar diversos prejuízos.

A manutenção da qualidade dos dados continuará a ganhar importância, especialmente no contexto do marketing digital, que depende fortemente de dados de clientes e equipes de vendas como impulsionadores eficazes. A qualidade e a integridade dos dados podem ser fatores determinantes para a competitividade sustentável de sua empresa ao longo do tempo. Algumas técnicas de *data cleaning* podem ser utilizadas para estratégias mais eficientes, como:

1) UTILIZAÇÃO DE ALGORITMOS DE DETEÇÃO DE DUPLICATAS

Algoritmos avançados podem identificar e remover dados duplicados de maneira eficaz, garantindo a consistência dos conjuntos de dados.

2) ANÁLISE ESTATÍSTICA PARA IDENTIFICAÇÃO DE *OUTLIERS*

Ferramentas estatísticas podem ser aplicadas para detectar padrões incomuns nos dados, auxiliando na identificação e na remoção de *outliers*.

3) DESENVOLVIMENTO DE ROTINAS AUTOMATIZADAS

A automação desempenha papel crucial na limpeza de dados, permitindo a execução de rotinas regulares para eliminar dados desatualizados e realizar verificações automáticas.

Além da coleta, da análise e da limpeza dos dados, o armazenamento dos dados e o seu devido tratamento são cruciais para que seu banco de dados continue fidedigno e atingindo o objetivo esperado. Nesse sentido, é fundamental possuir um sistema que consiga sintetizá-los, emitir relatórios que atendam às necessidades e que garantam a segurança deles, atendendo principalmente aos ditames da Lei Geral de Proteção de Dados Pessoais.

O constante treinamento da equipe que manuseia os dados também é necessário para a continuidade de sua eficácia, visto que a alimentação de sistema de armazenamento de forma equivocada pode causar um enorme prejuízo, e a empresa perder a credibilidade das informações ou sofrer com a ausência de precisão.

Em um ambiente empresarial cada vez mais orientado por dados, investir na limpeza de dados é investir na base do sucesso organizacional. A qualidade dos dados não é apenas uma medida de conformidade, mas um diferencial competitivo. Com a implementação de práticas eficazes de *data cleaning*, as organizações podem ter confiança na precisão de suas informações, impulsionando decisões estratégicas e garantindo uma posição sólida no cenário competitivo em constante evolução.

REFERÊNCIAS

12 REASONS Why Data Is Important. *CQL – The Council on Quality and Leadership*. Disponível em: https://www.c-q-l.org/resources/guides/12-reasons-why-data-is-important/. Acesso em: 10 mar. 2024.

JUNIOR, Jose R. F. Data Cleaning. *Linkedin*, jan. 2021. Disponível em: https://www.linkedin.com/pulse/data-cleaning-jose-r-f-junior/?originalSubdomain=pt. Acesso em: 22 fev. 2024.

REDMAN, Thomas C. Seizing Opportunity in Data Quality. *MIT Sloan Management Review*, nov. 2017. Disponível em: https://sloanreview.mit.edu/article/seizing-opportunity-in-data-quality/. Acesso em: 27 fev. 2024.

29

Transformando dados em resultados: uma perspectiva abrangente na criação de uma base de dados jurídica

Alexandre Miorin[1]
Fernando Prado[2]

INTRODUÇÃO

Uma base de dados jurídica é, essencialmente, um repositório digital que armazena uma vasta quantidade de informações e dados. Seu principal objetivo é proporcionar acesso rápido e eficiente a informações precisas e atualizadas.

Atualmente, a produção de dados alcança um volume impressionante de informações. Uma perspectiva dessa magnitude pode ser observada no mais recente anuário Justiça em Números de 2023[3], apontando que, em 2022, foram registrados mais de 31,5 milhões de novos processos.

Porém, o grande desafio é transformar as informações disponíveis em *insights* valiosos, exigindo do profissional jurídico uma mudança cultural. Agora, ele precisa não apenas de conhecimento técnico, mas também da capacidade de analisar eficientemente um volume crescente de dados. Ou seja, aqueles que utilizam dados, e não apenas a própria intuição para a tomada de decisão, estão certamente um passo à frente.

O volume de dados cresce exponencialmente, e, com isso, a complexidade em coletar, organizar e analisá-los aumenta. Isso reforça a necessidade de sistemas de gestão robustos e confiáveis para viabilizar uma análise profunda dos dados, revelando padrões, tendências e *insights* anteriormente ocultos.

O uso de dados possibilita abordagens inovadoras e eficientes, ampliando as possibilidades de análise para além da própria intuição. Este artigo tem como objetivo explorar a

---

[1] Diretor Jurídico Sr. da PepsiCo do Brasil. Graduado pela Uni-FMU. Pós-graduado em Direito do Trabalho pela PUC-SP, curso de Relações Trabalhistas pela FGV. MBA com ênfase em Recursos Humanos pela FIA.

[2] Advogado Corporativo especializado em gestão legal e estratégica de contencioso, atuando ativamente na criação e na inovação de soluções tecnológicas para o jurídico interno. Pós-graduado em Direito do Trabalho e Processo do Trabalho pela PUC-SP, além de ter especialização em Direito Empresarial do Trabalho pela FGVLaw. Também é um entusiasta e pesquisador de novas tecnologias na área jurídica.

[3] CONSELHO NACIONAL DE JUSTIÇA (CNJ). *Justiça em Números 2023*. Brasília: CNJ, 2023.

maneira como a gestão de dados está revolucionando o setor jurídico, destacando os desafios e as oportunidades que essa transformação traz. Além disso, ressalta que a convergência entre Direito, tecnologia e ciência de dados não é apenas uma tendência passageira, mas sim uma evolução essencial para enfrentar os complexos desafios jurídicos da atualidade. Essa integração expande as capacidades analíticas além da simples intuição, possibilitando soluções mais precisas e embasadas.

DESAFIOS NA CRIAÇÃO DE UMA BASE DE DADOS JURÍDICA

A construção de uma base de dados jurídica robusta apresenta diversos desafios, que incluem desde a coleta inicial dos dados até sua estruturação, atualização e transformação em resultados. Cada um desses desafios requer uma abordagem diferenciada e um planejamento cuidadoso.

O primeiro grande desafio é a coleta de dados. O universo jurídico é vasto e inclui uma ampla variedade de dados e documentos em múltiplos formatos, distribuídos por diversas fontes. A maioria gera dados não estruturados, ou seja, sem padronização, tornando sua coleta ainda mais complexa.

A famosa frase "comece pequeno, pense grande e cresça rápido"[4] é um excelente ponto de partida para definir a abrangência da coleta de dados, uma vez que é possível construir uma base de dados estruturada de maneira mais rápida, gerando as primeiras avaliações. Nesse momento, na grande maioria dos casos, é realizado um trabalho manual na coleta e na estruturação dos dados.

Por outro lado, garanta um *pipeline* de dados mais completo e robusto possível, em vez de se concentrar demais na validação apenas de suposições. Se as suposições estão corretas, fantástico. Se não, isso é ainda mais valioso, visto que nem sempre sabemos quais dados acabam demonstrando resultados até que sejam analisados.

À medida que se amplia a coleta para incluir novas variáveis e fontes de dados, torna-se indispensável o uso de ferramentas para processar e estruturar as informações. Isso se deve à diversidade de formatos dos documentos jurídicos, que podem variar de textos simples a dados não estruturados complexos e imagens. Um exemplo é o *web scraping*, que realiza a raspagem de dados e documentos dos *sites* dos tribunais.

A evolução na coleta de dados, com a adoção de tecnologia, leva-nos ao segundo desafio: a estruturação dos dados.

ESTRUTURAÇÃO DE DADOS

A estruturação de uma base de dados jurídica é complexa devido à natureza variada e ao volume dos dados. Comumente, utiliza-se a modelagem de dados para criar uma estrutura que organize de maneira eficiente as informações e facilite buscas rápidas e precisas. Isso

---

[4] JULIO, Carlos Alberto. *A arte da estratégia*. São Paulo: Saraiva, 2005.

ajuda a entender o contexto dos dados e a retornar resultados mais relevantes. Entretanto, nem sempre todos os recursos estão disponíveis, por isso simplificar a coleta e a modelagem é essencial para a estruturação da base de dados.

Atualmente, o mercado disponibiliza ferramentas[5] *no-code* poderosas e acessíveis capazes de coletar dados de fontes diversas, limpá-los e formatá-los, o que permite análise e visualização simplificada. Essas ferramentas viabilizam a transformação de dados não estruturados em estruturados, facilitando a construção da base de dados.

A incorporação dessas ferramentas na estruturação dos dados transforma a maneira como as informações são coletadas e processadas, possibilitando a criação de bases mais robustas e precisas. Em tempos recentes, houve um avanço significativo no Processamento de Linguagem Natural (PLN), uma tecnologia semelhante à inteligência artificial que permite que assistentes virtuais compreendam o que falamos. Essa tecnologia agora nos permite extrair dados de documentos extensos e complexos.

Imagine ter que ler e entender centenas de páginas de argumentações escritas e categorizar depoimentos, evidências e argumentos que precisam ser analisados. Com o PLN, torna-se viável obter um resumo dos postos-chave e estruturar os dados para uma avaliação mais ampla com outras fontes de dados.

A partir do PLN, é possível realizar a interligação dos dados, a qual permite a vinculação de documentos e informações relacionados entre si. Por exemplo, uma legislação pode ser vinculada a todos os casos judiciais que a tomam como tema central. Essa modelagem permite entender todos os reflexos da aplicação do texto da lei ao longo do tempo.

A integração de dados de fontes variadas é outro componente importante na estruturação de bases de dados jurídicas. Ao reunir informações de outras fontes, cria-se uma visão mais abrangente e holística. A partir dessa diversidade de dados, é possível obter uma compreensão mais profunda dos fatores que podem influenciar os resultados.

Por exemplo, ao analisar um caso de litígio empresarial, a integração de dados financeiros públicos, como os balanços patrimoniais publicados, pode revelar padrões de comportamento da empresa que são relevantes para o caso. Da mesma forma, as informações coletadas das redes sociais podem fornecer *insights* sobre a percepção pública de um determinado assunto jurídico ou sobre as partes envolvidas no processo.

Nesse sentido, os Tribunais têm entendido, por exemplo, que "fotos e mensagens em redes sociais podem comprovar amizade íntima e comprometer depoimentos judiciais"[6], o que revela a importância da diversidade de dados na estruturação da base.

Em suma, a integração de dados de fontes diferentes é fundamental para identificar correlações e tendências que podem não ser evidentes ao se analisar cada conjunto de dados

---

[5] Um exemplo de ferramenta utilizada para modelagem de dados é o Power Query da Microsoft™, que permite a importação, a transformação e a consolidação de dados de diversas fontes de forma simplificada.

[6] TRT DA 18ª REGIÃO (GO). Fotos e mensagens em redes sociais podem comprovar amizade íntima e comprometer depoimentos judiciais. *Conselho Superior da Justiça do Trabalho*. Disponível em: https://www.csjt.jus.br/web/csjt/noticias3/asset_publisher/RPt2/content/id/8041929. Acesso em: 22 fev. 2024.

isoladamente. Quanto antes forem implementados métodos de coleta – inclusive a partir de sistemas internos já existentes –, mais rapidamente a base de dados será construída.

Para maximizar a utilidade de uma base de dados jurídica, é importante integrar o *big data* com a base de dados gerada a partir de dados internos. Isso porque o *big data* – que se caracteriza pelos "5 Vs": Volume (enorme quantidade de dados gerados a partir de várias fontes), Velocidade (rapidez com que os dados são gerados e precisam ser processados), Variedade (diversidade de tipos de dados gerados), Veracidade (confiabilidade e precisão dos dados) e Valor (capacidade de extrair *insights* úteis dos dados coletados) – pode ser usado para resolver problemas jurídicos que antes não seriam resolvidos.

A análise do *big data* desempenha um importante papel e pode revelar tendências, prever desfechos de litígios e fornecer inteligência competitiva para escritórios de advocacia e times nos jurídicos corporativos.

Por fim, e tão importante quanto as demais etapas, é a implementação de *frameworks* de governança de dados para assegurar a manutenção contínua e a atualização das bases de dados. Isso implica não apenas na adição de novos dados à medida que se tornam disponíveis. Esse processo pode ser automatizado para aqueles que possuem um nível de maturidade mais avançado ou ser realizado manualmente para os que estão iniciando. Não se pode esquecer de investir na segurança e na conformidade legal dos dados integrados, incluindo políticas claras de privacidade, segurança da informação e uso ético dos dados.

Em conclusão, a estruturação de dados jurídicos é um processo complexo que exige, dependendo da variedade de dados, a utilização de ferramentas e tecnologias avançadas para coletar, processar e atualizar os dados de forma eficaz. Além disso, a incorporação de dados de fontes variadas já se mostrou uma maneira eficiente de enriquecer a base de dados, gerando a precisão e a relevância necessárias dos dados, fundamentais para uma análise eficiente e para a obtenção de resultados confiáveis.

TRANSFORMANDO DADOS EM RESULTADOS

A era da digitalização e da gestão de dados no setor jurídico representa um marco na evolução da prática legal, abrindo caminho para uma abordagem mais informada, eficiente e inovadora na resolução de questões jurídicas. A transformação de dados brutos em *insights* valiosos reflete não apenas uma mudança na maneira como os dados são utilizados, mas também na própria natureza da tomada de decisão legal e na formulação de estratégias.

Por isso, com a base de dados estruturada, chegou o momento de transformar dados em resultados. É preciso definir quais métricas e quais dados consolidados sustentam os resultados e como demonstrar os resultados. Quais análises serão possíveis de realizar a partir da base de dados? **Análise descritiva:** o que está acontecendo agora? **Análise diagnóstica:** por que está acontecendo? **Análise preditiva:** o que pode vir a acontecer? **Análise prescritiva:** o que precisa ser feito?

Nesse cenário, que pode parecer complexo inicialmente, o primeiro passo é selecionar métricas e dados de forma criteriosa, pois, às vezes, menos é mais. Construa uma história envolvente e convincente, apresentando as descobertas de maneira estratégica. Isso inclui fornecer o contexto por trás dos dados e os resultados obtidos por meio de um formato compreensível com um visual poderoso e esclarecedor para aqueles que não estão profundamente familiarizados com os dados.

A aplicação das técnicas de *Visual Law* e *Data Visualization*[7] auxilia na apresentação dos resultados, organizando-os em um formato mais compreensível, destacando tendências e exceções. Uma visualização eficiente narra uma história, eliminando elementos irrelevantes dos dados e realçando os relevantes.

Entretanto, isso não se resume apenas a utilizar ícones ou estilizar um gráfico. Para criar uma visualização de dados eficaz, é necessário um equilíbrio entre estética e funcionalidade, bem como o uso de técnicas para construir uma história a partir dos dados, o famoso *Storytelling With Data*.

Isso porque uma pesquisa[8] conduzida por Chip Heath, da Universidade de Stanford, apresentada no livro *Made to Stick*, revela que apenas 5% das pessoas recordam as análises numéricas que lhes são apresentadas, enquanto 63% das pessoas se lembram das histórias que as acompanham.

À medida que a quantidade de dados disponíveis continua a crescer, a capacidade de contar histórias com esses dados torna-se uma habilidade cada vez mais valiosa. Visualizações gráficas eficazes podem ser a chave para o sucesso na comunicação de *insights* complexos de maneira clara e convincente para o público-alvo[9], como aponta Cole Nussbaumer, autora do livro *Storytelling with Data*.

Um gráfico excessivamente simples pode ser monótono demais para capturar o interesse de alguém, embora possa transmitir uma ideia impactante. Por outro lado, uma visualização deslumbrante pode ser incapaz de transmitir a mensagem correta, mas também pode ser extremamente expressiva. Os dados e os elementos visuais devem trabalhar em harmonia, e a combinação de análises precisas com narrativas envolventes é uma arte.

Sem dúvida, a análise de dados permite uma personalização sem precedentes dos serviços jurídicos. Advogados podem oferecer aconselhamento que considera especificamente o histórico legal do cliente, suas necessidades únicas e até mesmo a probabilidade de diferentes abordagens satisfazerem seus objetivos, na medida em que, a partir dos dados, é possível realizar a análise comportamental de juízes, advogados e partes envolvidas, bem como

---

[7] *Data visualization* é a representação de dados por meio do uso de gráficos comuns, como gráficos, infográficos e até animações. Essas exibições visuais de informações comunicam relacionamentos de dados complexos e *insights* baseados em dados de uma forma fácil de entender (IBM. Whats is data visualization? Disponível em: https://www.ibm.com/topics/data-visualization. Acesso em: 28 fev. 2024).
[8] HEATH, Chip; HEATH, Dan. *Made to Stick:* Why Some Ideas Survive and Others Die. New York: Random House, 2007.
[9] KNAFLIC, Cole Nussbaumer. *Storytelling with Data:* A Data Visualization Guide for Business Professionals. Wiley, 2015. E-book.

identificar padrões em comportamentos e decisões para prever resultados e entender os riscos legais com maior precisão.

Voltamos para o contexto inicial: aqueles que utilizam dados, e não apenas a própria intuição para a tomada de decisão, certamente estão um passo à frente.

Em última análise, a jornada da digitalização no setor jurídico é sobre transformação e adaptação. À medida que o setor enfrenta os desafios inerentes à gestão de dados, as tecnologias e metodologias emergentes oferecem soluções que não apenas resolvem esses desafios, mas também abrem novos caminhos para a prática legal. O futuro do Direito, portanto, promete ser um lugar onde a análise de dados e a tecnologia não são apenas ferramentas auxiliares, mas elementos centrais que definem a eficácia, a eficiência e a inovação no setor jurídico.

REFERÊNCIAS

CONSELHO NACIONAL DE JUSTIÇA (CNJ). *Justiça em Números 2023*. Brasília: CNJ, 2023.

HEATH, Chip; HEATH, Dan. *Made to Stick*: Why Some Ideas Survive and Others Die. New York: Random House, 2007.

IBM. What is data visualization? Disponível em: https://www.ibm.com/topics/data-visualization. Acesso em: 28 fev. 2024.

JULIO, Carlos Alberto. *A arte da estratégia*. São Paulo: Saraiva, 2005.

KNAFLIC, Cole Nussbaumer. *Storytelling with Data*: A Data Visualization Guide for Business Professionals. Wiley, 2015. E-book.

TRT DA 18ª REGIÃO (GO). Fotos e mensagens em redes sociais podem comprovar amizade íntima e comprometer depoimentos judiciais. *Conselho Superior da Justiça do Trabalho*. Disponível em: https://www.csjt.jus.br/web/csjt/noticias3/asset_publisher/RPt2/content/id/8041929. Acesso em: 22 fev. 2024.

30 A importância da conectividade dos dados jurídicos nas empresas

Julian Isidoro[1]
Leonardo Sant'Ana[2]

Em 2006, o matemático e estatístico britânico Clive Humby foi entrevistado por um jornal e cunhou a célebre frase: "Data is the new oil" ou "Dados são o novo petróleo". Essa frase trouxe para o início do século XXI uma nova visão sobre a importância e o valor de se guardar e analisar informações que, em um mundo cada vez mais conectado digitalmente, cresce exponencialmente tanto em quantidade quanto em variedade. Apesar disso, o ser humano desde sempre entendeu que obter informações, entendê-las e utilizá-las era essencial para sua sobrevivência e seu crescimento.

"Conhecimento é poder." Essa frase, ou conceito, tem diversas origens, todas anteriores àquela de Clive, seja ela atribuída ao filósofo inglês Francis Bacon, ou ao livro *Leviatã*, de Thomas Hobbes, ambos por volta dos séculos XVI-XVII, ou até mesmo Tomás de Aquino, Sócrates e muitos outros pensadores antes destes. Até mesmo no livro *A Arte da Guerra*, Sun Tzu deixa claro como o conhecimento sobre geografia, clima, caminhos, entre outros, pode impactar no resultado de uma batalha. Então, podemos entender que, como civilização, o ser humano já tem claro em si que é preciso conhecer para alcançar objetivos maiores.

Mas, afinal, o que isso tem a ver com a aplicação do Direito?

No Direito, os conhecimentos social e técnico são as principais bases ensinadas e representadas no dia a dia da profissão, entendendo que terá mais sucesso ou ganhará o processo aquele advogado que conhecer mais leis, melhores formas de escrita ou fala, ou, ainda, que conheça aquele juiz e tenha uma abertura maior para expor seu caso. E no ambiente jurídico,

---

[1] Advogado especialista em Direito Aeronáutico pela Universidade Anhembi Morumbi, com MBA em Gestão de Negócios e PMO pela Business School de São Paulo. Atualmente na equipe de *Legal Operations* da LATAM Airlines, atuando com análise de dados jurídicos e gerenciamento de projetos há mais de 5 anos.

[2] Graduado em Física pela USP, com especializações em Engenharia Aeronáutica pelo ITA e Engenharia de Produção pela USP. Possui certificações Black Belt (Lean Seis Sigma), Data Analytics pela University of Michigan e Project Management pela University of La Verne. Com 20 anos de experiência na indústria da aviação, desempenha a função de gerente de projetos estratégicos há mais de 10 anos. Nos últimos 4 anos, tem liderado a equipe de *Legal Ops* na LATAM Airlines.

que é quase totalmente reativo a qualquer coisa relacionada à matemática (menos os cálculos de honorários, obviamente), o conhecimento estatístico é deixado de lado, muitas vezes considerado uma afronta que números possam dizer mais do que anos de estudo técnico de um advogado.

Apesar desse estigma, e acompanhando de braços dados a evolução de *Legal Operations* no mundo, a análise de dados jurídicos vem se mostrando cada vez mais presente e importante na vida de empresas e escritórios de advocacia que buscam melhores resultados para seus processos. De início, já é possível extrair informações de datas processuais (distribuição, citação, audiência, sentença), valores (pedido, cálculo, decisão), tipos de decisão (improcedência, total ou parcial, acordo), nomes das partes, localização da demanda, órgão julgador, enfim, diversas informações que estão ali expostas de forma básica em qualquer relatório de carteira processual. Além disso, com um pouco mais de esforço, é possível obter informações sobre temas discutidos, leis e teses utilizadas e técnicas inovadoras (*Visual Law*, vídeos etc.). Todas essas informações viram dados, e esses dados precisam ser controlados, armazenados e analisados, num local que tenha capacidade para o tamanho dos arquivos, velocidade de acesso, sempre respeitando critérios de segurança e proteção de dados.

Neste artigo, vamos explorar um pouco mais as possibilidades com grandes quantidades de dados, que exigem um repositório mais complexo, maior segurança e com ferramentas mais avançadas, mas, no final, é a necessidade e a viabilidade que ditam o que sua empresa irá necessitar. Se a quantidade de dados produzidos for pequena, é possível atuar com ferramentas mais simples, como um *drive* em nuvem, planilhas *online*, entre outras. Então, se tiver que sair com uma mensagem após a leitura, saia com a importância de se gerar, armazenar e analisar dados, e não de que é obrigatório ter a ferramenta A ou B para essa tarefa.

O que seria, então, um repositório de dados, capaz de armazenar a quantidade de dados necessários para uma empresa e ao mesmo tempo permitir a conexão entre eles? Esse repositório pode ser uma Base de Dados ou até mesmo um *Data Lake*, que, como o próprio nome sugere, é um local de "encontro" de dados, um lago que pode receber água (dados) de diversas fontes, ser abrangente e/ou profundo em diferentes partes e está disponível para aqueles que precisam utilizá-lo. Dessa forma, as atividades desenvolvidas pela equipe jurídica podem se tornar fonte de dados para preencher esse "lago".

Uma observação: *Data Lake* ou Banco de Dados são algumas dentre várias opções de armazenamento e arquitetura de dados, cada uma com suas finalidades e características específicas, que dependem de tipo de dados, função, necessidade, tamanho, entre outros aspectos que compõem as atividades dentro de uma empresa. Apesar de a multidisciplinaridade ser um ponto fortemente difundido nas atuais discussões sobre o papel do advogado do futuro, especialmente dentro de *Legal Operations*, para se utilizar de tais ferramentas, esse profissional não precisa obrigatoriamente saber a fundo como opera cada uma delas, assim como não precisa saber de cabeça a diferença entre um *data lake* e um *data warehouse* ou *data mart*. Aqui, é importante que o profissional do Direito, que esteja atrás de entender sobre essas funcionalidades, tenha em mente que trabalhar junto de uma equipe de Tecnologia será muito mais rápido e funcional para aplicar as ferramentas corretas nos momentos corretos.

Então, não se preocupe aqui com a "generalização" dos termos *Data Lake* ou Base de Dados, a questão é entender que existem opções tecnológicas como estas e como podemos utilizá-las no dia a dia jurídico.

Voltando aos conceitos e explicações sobre processos de armazenamento de dados, a finalidade básica de uma ferramenta como um *data lake* é armazenar grandes volumes de dados brutos de diversas origens, sejam eles estruturados, semiestruturados e não estruturados:

- Dados estruturados são as planilhas de Excel, por exemplo, que têm formato predefinido;
- Dados não estruturados são o oposto, estão desorganizados e exigem análise e ferramentas especiais para extração, como vídeos, áudios e textos;
- Dados semiestruturados estão no meio-termo, em que parte da informação se encontra organizada e parte não, como *e-mails*, páginas *web* etc.

Então, já é possível entender a funcionalidade de se armazenar dados para uma equipe de advogados que pode precisar reunir planilhas de processos do contencioso (estruturados), *e-mails* do consultivo (semiestruturados) ou, ainda, vídeos e áudios coletados como provas (não estruturados).

Considerando os exemplos dados, a questão da capacidade de armazenamento se mostra muito importante, e um *data lake* é ainda mais relevante pelo potencial de aumentar de tamanho sempre que necessário, tendo em vista a tecnologia de armazenamento em nuvem. Além do tamanho em si, as análises são processadas dentro de ambientes exclusivos e dedicados a essa atividade, o que faz com que sejam muito mais rápidas do que consultas por meio de Excel que dependem do processamento da máquina em que está alocada, que pode não ser das melhores a todo momento.

Para se ter uma ideia do tamanho, literalmente, que a gestão de dados está tomando: em 2020, um estudo realizado com diversas empresas brasileiras levantou que, em média, as empresas possuíam um volume de dados próximo a 10 petabytes, com expectativa de chegar a 22 em 2024[3]. São cerca de 70-100 milhões de arquivos Excel, grandes, sendo armazenados por empresa. Esse número já é suficiente para explicar por que ter um banco de dados com possibilidade de guardar grandes volumes e expandir de forma consistente é primordial para uma empresa atualmente.

Obviamente que os dados não vêm naturalmente à base de dados da empresa, mas existem diversas maneiras de trazer os dados para um *data lake*, e uma delas é a API (*Application Programming Interface*, que em português quer dizer "Interface de Programação de Aplicações"), que permite que sistemas distintos conversem entre si e compartilhem

---

[3] CAPPRA INSTITUTE FOR DATA SCIENCE. *Insights da Maturidade Analítica Brasileira*. 2021. Disponível em: https://drive.google.com/file/d/1Lmwbh4htiwUyWtbc9ECCuqRovYadzuXO/view. Acesso em: 7 mar. 2024.

informações. A aplicação prática desse cenário ocorre, por exemplo, quando é feita uma API entre o sistema de gestão do contencioso e o *data lake*, de modo que todos os dias uma base estruturada, com informações predefinidas sobre as demandas trabalhistas da empresa, saia do sistema onde elas são imputadas e vá para o *data lake*.

Apesar de parecer simples, realizar uma API é um processo que demanda atenção e conhecimento da base em que se está trabalhando.

As APIs possuem características específicas que exigem conhecimento dos dados que estão sendo tratados e é fundamental contar com uma equipe técnica especializada para auxiliar nesse processo. A equipe jurídica que quiser começar a construir um banco de dados precisa saber como cada campo se comporta e entender que a correta definição dos tipos de dados, como textos, datas e valores, é essencial para que a entrada e a leitura da informação ocorram corretamente no banco de dados. Além disso, um sistema de gestão bem construído e a manutenção das equipes treinadas nesse sistema são cruciais para evitar problemas, como a inserção de dados incorretos que podem comprometer o banco de dados.

Outro ponto importante na escolha pela utilização de um *data lake* para os dados jurídicos é a proteção que eles exigem. Ao lidar com grandes volumes de dados confidenciais, a escolha do método de armazenamento adequado é fundamental. Utilizar um *data lake* oferece diversas vantagens em termos de segurança em comparação com soluções tradicionais, como HD externo ou *pen drive*. Dentro de um *data lake*, como o Google Cloud Storage ou o Microsoft Azure Data Lake Storage, você consegue definir permissões de acesso personalizadas, criptografar dados, auditar e monitorar a utilização dos dados, além de diversas qualidades que podem ser adaptadas para atender às legislações de proteção de dados e afastar questões menores de segurança, como perda de arquivos ou aquela pessoa que sai de férias e leva o HD do escritório para casa.

Tudo que falamos até o momento está tratando exclusivamente dos dados criados e gerenciados pelo Jurídico, que, de forma separada, já possibilita um crescimento exponencial em termos de análise e possibilidade de criação e acompanhamento dos dados, relatórios, *dashboard*, entre outras criações que podem se alimentar mais facilmente de uma ferramenta *online* de dados do que do bom e velho Excel.

Porém, o que realmente alavanca o potencial estratégico de uma base de dados jurídicos bem construída e integrada no *data lake* da companhia é a conexão e o cruzamento com os dados de outras áreas da empresa.

Imagine ler apenas um capítulo de um livro. Pode até ser um ótimo capítulo, com muitas informações sobre o que está acontecendo, mas ainda não é a história inteira. É muito comum que as áreas, com destaque especial para o Jurídico, entendam que os dados criados ali são "seus" e não da empresa, o que faz com que não visualizem que a história da área é apenas um capítulo do que está sendo contado todos os dias naquela companhia. Ter essa noção é o primeiro passo para acessar o potencial supramencionado.

Em seguida, é preciso entender essa história completa, conhecer como os processos e fluxos da empresa ocorrem e se conectam. Ao mesmo tempo que o Jurídico está preocupado com a quantidade de processos consumeristas, a equipe de vendas está pensando em promoções, a equipe de operações está ajustando os detalhes para o dia a dia, e o *call center* está comemorando uma redução nas chamadas daquela semana, e todos esses pontos contam a mesma história, apenas em momentos diferentes do tempo.

Esse aprendizado com as demais áreas passa tanto pelo entendimento da operação quanto pelo aprendizado das novas bases de dados. Da mesma forma que um Jurídico pode ter diversas bases de dados, as outras áreas da empresa também funcionarão dessa maneira, então, é necessário fazer as perguntas corretas, analisar o que existe e o que não existe e entender o contexto na criação desses dados. Por exemplo, em uma empresa, a "chave" de reconhecimento dos clientes se dá por meio de CPF ou nome? Os contratos são separados por CNPJ do fornecedor ou número de pasta? Se os processos judiciais são controlados por um documento e diversas áreas usam "chaves" distintas, o Jurídico pode iniciar um projeto de modo a criar uma unificação de base de dados da empresa, visando melhorar a conectividade entre as informações dentro dela.

E vale a pena ressaltar: a importância dos dados da área de vendas para o Jurídico é tão grande quanto a dos dados jurídicos para a área de vendas, e assim vale para todas as demais conexões entre áreas. Da mesma forma que o Jurídico trabalhista pode se valer do conhecimento antecipado sobre as demissões realizadas todos os meses, sendo capaz de estimar quem poderá processar e, assim, melhorar a construção de seu orçamento, a área de Recursos Humanos pode se utilizar dos pedidos mais feitos nos processos trabalhistas para estimular revisões de políticas com as áreas naqueles temas que geram mais demandas.

Pode ser que, por regras internas, alguns dados sejam protegidos e não possam ser compartilhados de maneira aberta na empresa. Pensando como advogado, e considerando dados de contratos relevantes, valores pagos em processos, entre outros, isso realmente é muito importante. Mas não confunda a proteção com deixar os dados inalcançáveis. Se não for possível entregar os dados para outra equipe utilizar em suas análises, a equipe jurídica pode ser a responsável por analisar esses dados, tratá-los junto aos dados da outra área e, assim, entregar um produto final com a informação que a empresa precisa e manter a segurança que os dados exigem.

Esse papel de analista ou linha de frente na conexão traz para o Jurídico a possibilidade de exercer um papel de protagonismo nas melhorias da companhia. As possibilidades são inúmeras e cada uma traz uma nova frente em que a equipe jurídica pode deixar de ser um time que apenas reage às demandas que chegam para se tornar um time proativo e influenciador. Com os valores despendidos no Brasil por temas como a judicialização, é um ativo concorrencial que uma empresa tenha seu time jurídico integrado e conhecedor de todas as demais áreas, sendo capaz de alimentar com informações precisas e que podem culminar na redução de custos ou na possibilidade de novos negócios.

Voltando ao início do artigo, que talvez agora fique menos filosófico: é necessário que o Jurídico se aventure pela complexidade da empresa de modo a obter mais conhecimento, e a conexão de bases de dados é uma ótima forma de materializar essas informações em números e iniciativas. Conhecimento é poder, mas não basta conhecer apenas parte do problema, é preciso estar sempre atrás de mais informações para tomar decisões mais assertivas e sempre alinhadas com os dados.

REFERÊNCIA

CAPPRA INSTITUTE FOR DATA SCIENCE. I*nsights da Maturidade Analítica Brasileira*. 2021. Disponível em: https://drive.google.com/file/d/1Lmwbh4htiwUyWtbc9ECCuqRovYadzuXO/view. Acesso em: 7 mar. 2024.

31 Conexão entre dados do Jurídico e Poder Público

Daniel Marcelino[1]

Quais os desafios que as empresas enfrentam ao buscar dados jurídicos no Brasil? A capacidade de integrar e interpretar dados produzidos pelo sistema judiciário é fundamental, pois, assim com um algoritmo, o Direito fornece a base legal sobre a qual as relações nas sociedades modernas são construídas, mantidas e, quando necessário, ajustadas, garantindo previsibilidade nas interações humanas e comerciais.

Quando os dados sobre litígios judiciais são ofuscados ou de difícil acesso, até mesmo tarefas elementares, como quantificar e classificar as decisões e interpretações do judiciário sobre questões importantes que afetam indivíduos, empresas e entidades governamentais, tornam-se um desafio. Isso, por sua vez, afeta diretamente nossa habilidade de lidar e adaptar-se aos desafios da gestão de riscos regulatórios.

A dinâmica de oferta e demanda por dados públicos, em especial do Poder Judiciário, sofreu mudanças significativas na última década. Há cerca de 15 anos, era comum que as pessoas pudessem visitar um fórum pessoalmente e obter acesso físico completo a processos e decisões judiciais. Esse cenário mudou com a digitalização. Atualmente, diversos tribunais oferecem serviços que permitem aos usuários receber notificações em tempo real sobre o progresso de uma ação e consultar uma ampla variedade de dados estatísticos já consolidados sobre o estoque de processos em tramitação e julgados, disponíveis em suas páginas na internet.

Apesar desses avanços, a facilidade de acesso a dados detalhados sobre a evolução dos processos, incluindo não apenas o andamento, mas também o texto completo de despachos, decisões e votos em decisões colegiadas – fundamentais para análises minuciosas –, enfrenta problemas e estagnação. Em certos casos, ao invés de avançar, até retrocedeu, tornando o acesso aos dados jurídicos mais restritivo e complicado com a introdução de barreiras digitais, como *captchas* e restrições ao uso de robôs para coleta automática de dados.

---

[1] Cientista político formado pela Universidade Federal do Paraná e pós-graduado pela Universidade de Brasília. Atualmente, é analista no *JOTA* em Brasília, onde escreve sobre dados e modelos de previsão aplicados ao Executivo, Legislativo e Judiciário. Anteriormente, foi pesquisador nas Universidades de York e de Montreal, e atuou no Instituto de Pesquisa Econômica Aplicada em Brasília e na Prefeitura de Curitiba.

Essa realidade enfatiza a necessidade de aprimorar o acesso a informações, dados e metadados produzidos pelo sistema judiciário, visando incentivar o surgimento de iniciativas, comerciais ou não, que ampliem a nossa capacidade de entendimento. Uma governança de dados eficiente e robusta é crucial para esse processo, já que é preciso encontrar um equilíbrio entre proteger a privacidade dos indivíduos e garantir a transparência de informações de relevância pública.

O FUTURO DA ECONOMIA DE DADOS

É curioso observar que, embora o Brasil se destaque internacionalmente no campo da tecnologia rumo à nova economia digital, o país ainda lida com desafios quanto à falta de infraestrutura e sistemas especializados de gestão, curadoria e distribuição de dados jurídicos. Essa precariedade é particularmente crítica para escritórios e Jurídicos de empresas que precisam acompanhar um grande número de processos, detectar padrões e antecipar tendências com foco em prevenir litígios potenciais.

Segundo o último estudo da Postman, o Brasil ocupa a quarta posição mundial no número de APIs (*Application Programming Interface* ou "Interfaces de Programação de Aplicativos"), com cerca de 5,5 milhões desses programas em operação no país em 2023[2]. Isso coloca o país atrás dos Estados Unidos, que lideram com aproximadamente 21,6 milhões de APIs; e da Índia e da China, com 18,3 milhões e 10,7 milhões de APIs, respectivamente. Essa contradição também sublinha o enorme potencial para inovação em *data supply e analytics* relacionado ao setor jurídico brasileiro.

As APIs são peças-chave na transição para uma economia digital, influenciada pela maneira como produzimos e consumimos dados. A evolução tecnológica de sistemas monolíticos para estruturas de microsserviços, fundamental para essa transformação, depende da disponibilidade e uso de APIs. Essa necessidade é particularmente crítica no setor de informações jurídicas, em que a adoção de arquiteturas baseadas em microsserviços, viabilizada por APIs, marcaria um ponto de virada no modo como acessamos e interagimos com dados da Justiça e de outros reguladores.

Além do mais, soluções baseadas em microsserviços, disponíveis tanto gratuitamente quanto por meio de pagamento de assinaturas, permitem que indivíduos e empresas acessem apenas as informações de que necessitam de maneira eficiente e segura, sem sobrecarregar os *websites* de tribunais, evitando a indisponibilidade de serviços para o público em geral.

O mercado de automação de coleta, curadoria e distribuição de dados públicos, já ocupado por algumas centenas de *startups*, segue crescendo e agora parece ingressar em um novo estágio de competição mais intensa com a entrada de empresas públicas, como o Serviço Federal de Processamento de Dados (Serpro). Esse cenário indica uma crescente valorização,

---

[2] The 2023 State of the API Report. *Postman*. Disponível em: https://www.postman.com/state-of-api/api-global-growth/#api-global-growth.

por parte de governos e empresas, do potencial econômico de transformar dados públicos brutos em recursos estratégicos para produtos e serviços.

Com infraestrutura apropriada para o uso extensivo desses dados, abre-se caminho para a emergência de novas oportunidades de serviços e de negócios. No entanto, é importante notar que ainda existem desafios importantes a serem enfrentados durante essa fase de transição.

PRINCIPAIS DESAFIOS

A ausência de padronização dificulta e encarece significativamente a tarefa de comparar e integrar dados gerados nos diversos sistemas utilizados pelos tribunais e órgãos reguladores. Até o momento, não há, no Judiciário brasileiro, um serviço unificado que integre todos os tribunais e forneça dados no formato desejado pelo setor privado. Falta, portanto, uma solução tecnológica avançada, baseada em APIs, que possa prover dados estruturados e ampliar a interoperabilidade dos registros entre as diferentes fontes.

Mesmo nos tribunais que compartilham um mesmo sistema – como acontece na justiça trabalhista –, em que a maioria dos Tribunais Regionais do Trabalho (TRT) e o Tribunal Superior do Trabalho (TST) utilizam o Processo Judicial Eletrônico (PJe), cada um desses órgãos pode estar operando versões distintas do PJe.

Há iniciativas promissoras sendo desenvolvidas pelo Conselho Nacional de Justiça (CNJ), que, apesar de ainda não terem gerado grande entusiasmo, são importantes para ampliar nosso entendimento sobre os obstáculos existentes e estimular melhorias futuras para ampliar o acesso a dados jurídicos no país.

Ao final de 2023, o CNJ introduziu o DATAJud, uma API destinada a promover a padronização e o acesso facilitado aos dados dos tribunais de diferentes segmentos da Justiça[3]. A API só oferece acesso a informações básicas de um processo, como o número, a sigla do tribunal, o grau de jurisdição, o órgão julgador, a classe processual, além dos movimentos vinculados às ações do processo. Apesar de proporcionar apenas dados básicos, o DATAJud significa um passo importante em direção à maior transparência e acessibilidade dos dados judiciais.

Existe também a Plataforma de Comunicações Processuais do Poder Judiciário (Comunica)[4], uma iniciativa tecnológica do PJe criada para otimizar a comunicação processual, em especial para recebimento de citações e que oferece a possibilidade de acessar as informações por meio de uma API. Mas, sendo uma plataforma do CNJ, muitos tribunais não veem a necessidade – ou obrigação – de se integrarem a essa plataforma. Alterar essa realidade exigirá um esforço coordenado e estratégias de relações públicas no sistema judiciário.

---

[3] Disponível em: https://www.cnj.jus.br/sistemas/datajud/sobre/.
[4] Disponível em: https://comunica.pje.jus.br/.

Por último, é necessário admitir o dilema presente em todas as iniciativas de dados abertos, especialmente como temos observado no sistema judiciário. Paradoxalmente, enquanto tais esforços buscam descomplicar o acesso aos dados, oferecendo uma visão geral sobre processos julgados e em andamento, eles podem acabar filtrando – e omitindo – informações essenciais para algumas organizações. Portanto, esses esforços nem sempre resultam em soluções perfeitas. Isso levanta uma questão fundamental: como garantir acesso a dados completos e sem filtros quando necessário?

Se há normas legais que proíbem o processamento de dados capazes de identificar pessoas, as chamadas *Personally Identifiable Information* (PII), por uma questão de lógica inversa, existe também uma certa desconfiança por parte do poder público, especialmente do Judiciário, quanto à maneira como os cidadãos utilizarão essas informações. Ou seja, por que o Judiciário pode manifestar desconfiança sobre o uso de certos dados pelos cidadãos, mas a recíproca não é válida? Idealmente, os dados deveriam ser disponibilizados na íntegra, exatamente como foram coletados pelos tribunais, com a condição legal de que informações que possam identificar pessoalmente os envolvidos não sejam utilizadas, sob risco de responsabilização.

A existência de algumas plataformas de dados nos tribunais pode inicialmente nos deixar satisfeitos. Porém, na realidade, poucas pessoas ou organizações têm os recursos e a capacidade de conduzir análises detalhadas que permitam revelar eventuais vieses introduzidos por essas curadorias de dados.

Para destacar esse problema, podemos considerar o seguinte exemplo prático: uma busca genérica na plataforma de jurisprudência do STF[5] com a palavra "recurso" – termo que, em teoria, deveria englobar a maior parte dos casos julgados pelo Tribunal – gera um resultado de aproximadamente 850 mil decisões (em março de 2024). No entanto, ao buscar esse termo na base de dados de todas as decisões na íntegra, verifica-se que esse número pode exceder a 2 milhões de registros. Isso significa que há um volume muito maior de decisões do que é sugerido na plataforma de pesquisa de jurisprudência.

O serviço cria a ilusão de completude, porém, na realidade, consiste em uma seleção de casos julgados feita com critérios que não são totalmente claros para os usuários. Isso suscita algumas perguntas: o que está sendo incluído e o que está sendo omitido? Existe algum viés nos dados dos casos selecionados? Portanto, é necessário considerar as limitações dessas ferramentas sobre o nosso entendimento: o que sabemos que não sabemos e o que nem sequer sabemos que não sabemos.

CENÁRIOS DE CURTO E MÉDIO PRAZO PARA DADOS JURÍDICOS

A curto prazo, é muito provável que sejam criadas camadas adicionais aos sistemas processuais existentes, visando aprimorar o consumo e a coleta automatizada de dados sem

---

[5] Disponível em: https://jurisprudencia.stf.jus.br/.

a exigência de reconstruir completamente os sistemas atuais. Além do mais, essa estratégia alinha-se aos esforços que vêm sendo realizados na esfera do CNJ.

Para o médio prazo, é igualmente plausível que o próprio Judiciário busque maneiras de monetizar seus dados. A trajetória firmada pelo Serpro estabeleceu um precedente importante para a criação de *marketplaces* de dados no âmbito da administração federal, uma solução que outros segmentos provavelmente desejarão adotar.

REFERÊNCIA

2023 State of the API Report. *Postman*. Disponível em: https://www.postman.com/state-of-api/api-global-growth/#api-global-growth. Acesso em: 16 maio 2024.

32

A exponencialidade da Inteligência Artificial na análise jurídica e empresarial: rumo a uma gestão estratégica baseada em dados

Bruno Gélio[1]
Marcelo Horacio[2]

No cenário atual de negócios, marcado pela transformação digital e pela busca incessante por eficiência, a Inteligência Artificial (IA) emerge como uma ferramenta poderosa, capaz de revolucionar a forma como lidamos com dados nos âmbitos jurídico e empresarial. Inspirados pela aclamada obra *Organizações Exponenciais*[3], exploramos neste artigo como a IA pode impulsionar a análise e a correlação de dados, pavimentando o caminho para uma gestão mais eficaz e estratégica no universo jurídico e além.

Nesse contexto, certamente, se os referidos autores estivessem escrevendo o livro no atual momento em que vivemos, seu título talvez fosse outro, minimamente alguma coisa como "Organizações Superexponenciais", isso porque a popularização da IA generativa, por meio do modelo conversacional, baseado nos LLMs (*Large Language Models*), tem acelerado drasticamente as mudanças em diversas áreas de negócios e indústrias, a ponto de se identificar novas ferramentas e produtos diariamente criados com base em IA generativa.

Para que os leitores tenham maior familiaridade com os termos supramencionados, é importante trazer, ainda que sucintamente, a definição dos seus respectivos conceitos. Assim, IA generativa corresponde a um sistema/tecnologia baseado em códigos e algoritmos capazes de ler informações, imagens, vídeos e dados, interpretar e aprender sobre esse conteúdo

---

[1] Advogado, professor e palestrante. Pós-graduado em Direito Processual Civil, Tutelas Diferenciadas e Direito Empresarial. Membro das Comissões de Direito, Tecnologia da Informação e Inovação; e Direito do Seguro e Resseguro da OAB/RJ. Membro das Comissões de Assuntos Jurídicos da Abrapp, Fenaprevi, Fenacap e CNSEG. Atualmente, ocupa a posição de Gerente Jurídico da Icatu Seguros, onde exerce seu entusiasmo por inovação e se aprofunda cada vez mais em temas como Metodologias Ágeis, Liderança, Novas Tecnologias e Futurismo.

[2] Vice-presidente de *Legal Operations*, *Global Procurement* e *Innovation* na Pearson Education. Antes trabalhou na mesma empresa como Vice-presidente Jurídico para LATAM e International Markets, além de atuar em diversas áreas do direito em outras empresas e escritórios de advocacia. Pós-graduado pela PUC-SP – Cogeae e Fipecafi, possuindo também formação na área de tecnologia, atuando, antes de se tornar advogado, no desenvolvimento de sistemas e automação de rotinas.

[3] MALONE, M. S.; ISMAIL, S.; VAN GEEST, Y. *Organizações exponenciais:* por que elas são 10 vezes melhores, mais rápidas e mais baratas que a sua (e o que fazer a respeito). São Paulo: Campus, 2014.

respondendo a perguntas dos usuários; o que traduz o conceito de modelo conversacional, ou seja, aquele em que o usuário interage com o sistema como se fosse uma conversa natural, de forma a atribuir uma característica quase que humana à tecnologia.

Quanto aos LLMs, trata-se de modelos de IA treinados a partir de conjuntos enormes de dados, daí a denominação *Large Language Model*, baseados em aprendizado de máquina que se utiliza de uma rede neural de conexões conhecida como *transformer*, cunhada a partir do artigo publicado por membros do Google em 2017, sob o título "Attention is all you need"[4], que utilizam o modelo de aprendizado profundo (*deep learning*) para definir qual seria o melhor resultado para uma solicitação feita pelo usuário com base na análise de probabilidades de respostas. Isso significa dizer que, quando a ferramenta de IA generativa está processando a resposta, ela está analisando, com base nas probabilidades, a melhor palavra para se seguir após a outra, a fim de construir uma resposta completa.

Para tornar ainda mais clara a definição desses conceitos, a representação gráfica a seguir[5] contribui para sua melhor compreensão:

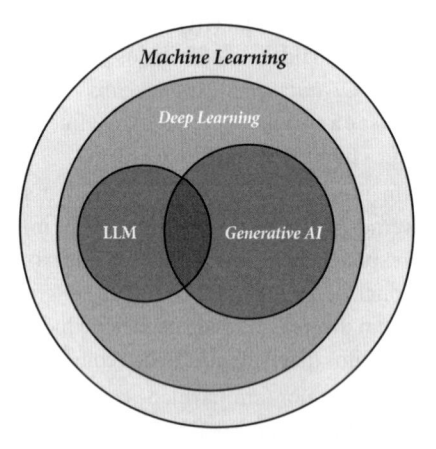

No centro da concepção de LLM e toda a lógica de IA estão os dados, razão pela qual uma premissa básica para se extrair o melhor resultado a partir do uso de qualquer sistema de IA é partir de uma base de dados muito bem construída.

Nessa conjuntura, importante estabelecer a distinção entre as definições de *data science*, *data analytics* e *data driven*. *Data science* basicamente compreende o saneamento e a preparação de dados brutos, assim como a sua análise por meio de uma abordagem multidisciplinar, a fim de se extrair previsões e *insights* sobre situações futuras. *Data analytics* é a análise de dados brutos correspondentes a determinado período de tempo, normalmente aplicada para

---

[4] Disponível em: https://arxiv.org/abs/1706.03762. Acesso em: 28 abr. 2024.
[5] Disponível em: https://www.seeedstudio.com/blog/2024/01/12/generative-ai-at-the-edge-fundamentals-what--is-it-and-how-it-works/. Acesso em: 28 abr. 2024.

se extrair uma conclusão voltada a uma situação que já aconteceu. *Data driven* basicamente representa a tomada de decisões e gestão orientada por dados.

Uma interpretação lógica da conceituação acima encadeada torna evidente o potencial exponencial da utilização da IA a partir do enorme conjunto de dados que permeia o ambiente jurídico e que na ponta culminará com a automação e a otimização de extensas e demoradas cadeias de tarefas, incluindo uma parcela significativa de tomada de decisões.

Estabelecidas essas premissas, necessário agora entender o efetivo impacto exponencial da IA no meio jurídico, que, desde logo, ao se refletir sobre o tradicional panorama que permeia os trâmites administrativos em escritórios de advocacia, Jurídicos internos e órgãos do Poder Judiciário, é possível imaginar as profundas mudanças que a aplicação da IA e sua correlação com os dados poderiam causar.

CONTEXTO ATUAL DA EXPONENCIALIDADE DA APLICAÇÃO DA IA

Ainda bem antes da popularização da IA, pesquisa realizada em 2020 pela McKinsey, nos Estados Unidos, já apontava que 23% das atividades na área jurídica seriam passíveis de automação[6].

Mais recentemente, já dentro do contexto de IA generativa, pesquisa realizada pelo Morgan Lewis apontou que a área jurídica seria a segunda área mais impactada pela tecnologia[7]. Claro que tais impactos podem ser positivos ou negativos, a depender da perspectiva de cada um, mas certamente representa uma mudança significativa no cenário jurídico.

Outrossim, como se pode extrair da obra que inspirou este artigo, uma organização exponencial é aquela que consegue crescer e se adaptar muito mais rápido que as outras, logo, em um mundo onde dados são o novo petróleo, a IA surge como uma refinaria avançada, capaz de transformar informação bruta em algo extremamente valioso[8].

Uma abordagem baseada em dados permite que as empresas examinem e organizem seus dados com o objetivo de melhor servir seus clientes. Ao usar dados para orientar suas ações, uma organização pode contextualizar e/ou personalizar suas mensagens para seus clientes e potenciais consumidores, para uma abordagem mais centrada no usuário.

Estamos vivendo em uma época ultraconectada, com mudanças constantes em uma velocidade cada vez maior, e, no contexto das organizações exponenciais, a capacidade de alavancar dados de maneira inteligente e ágil se torna essencial para a manutenção da competitividade e o impulsionamento do crescimento.

---

[6] Disponível em: https://www.cnbc.com/2020/02/06/technology-is-changing-the-legal-profession-and-law-schools.html. Acesso em: 28 abr. 2024.
[7] Disponível em: https://www.msci.com/documents/1296102/38892663/MSCI_Impact_Robotics-and-Ai-Impact-%231_Part-1_Jun12.pdf/6db1652a-3752-bcda-d826-bfef3ed44727?t=1686693244507. Acesso em: 28 abr. 2024.
[8] DAVENPORT, T. H.; RONANKI, R. Artificial Intelligence for the Real World. *Harvard Business Review*, 2018.

A análise de dados no ambiente jurídico empresarial tradicionalmente enfrenta desafios significativos. A vasta quantidade de informações disponíveis, aliada a sua dispersão e complexidade, muitas vezes sobrecarrega os profissionais e dificulta a extração de *insights* relevantes.

É aqui que a IA entra em cena, oferecendo soluções inovadoras para esses dilemas. No âmbito jurídico, a IA pode ser empregada em diversas frentes, desde a revisão automatizada de contratos até a previsão de resultados judiciais com base em históricos de casos semelhantes.

De acordo com conceitos anteriormente estabelecidos, considerando que a lógica das respostas emitidas pela IA generativa se baseia na análise preditiva das melhores palavras conjugadas uma após a outra, é de se imaginar a imensidão do campo de aplicação no direito, que se baseia justamente na construção textual de decisões, contratos etc.

Já há algum tempo, devido ao difícil e elevado cenário litigioso, o Brasil se destaca com o surgimento de diversas soluções, plataformas e trabalhos realizados no campo da análise preditiva de dados e decisões judiciais, tanto na esfera privada como no próprio âmbito público pelo Poder Judiciário. Por consequência, muitos entusiastas têm nos denominado como o Vale do Silício da inovação jurídica.

Desde 2020, a Resolução n. 332 do Conselho Nacional de Justiça (CNJ) instituiu o Sinapses como plataforma nacional de armazenamento, treinamento supervisionado, controle de versionamento, distribuição e auditoria dos modelos de IA, além de estabelecer os parâmetros de sua implementação e seu funcionamento. Atualmente, 53 tribunais utilizam IA com diferentes objetivos e com um ganho significativo em termos de eficiência.

Ao processar grandes volumes de dados de forma rápida e precisa, a IA pode identificar padrões, gerar previsões e recomendações, e até mesmo aprender com o *feedback*. A IA pode ajudar a entender melhor o seu mercado, o seu cliente, o seu produto, o seu processo, o seu risco e o seu impacto.

No ambiente empresarial, a IA também desempenha papel fundamental na análise e correlação de dados de diferentes áreas, como vendas, marketing, finanças e recursos humanos. Ao identificar padrões e tendências ocultos nos dados, a IA capacita as organizações a tomarem decisões mais informadas e eficazes, impulsionando a inovação e o crescimento sustentável.

Além disso, ao correlacionar os dados multidisciplinares da organização (*data lake*), torna-se possível contemplar uma visão holística do ambiente corporativo, influenciando decisões estratégicas que vão além do escopo tradicional jurídico. Nesse momento, surge a pressão de se fazer uma gestão orientada por dados (*data driven*), recebendo ou extraindo-os e tomando decisões rápidas.

Contudo, é preciso fazer uma reflexão e provocar as pessoas a ter uma outra relação com os dados, analisando-os não somente para a tomada de decisão, de modo frio. É preciso que se vá além, que os dados sejam interpretados de acordo com o propósito e a maturidade da organização para criar hipóteses de solução, validar essas hipóteses e entender suas viabilidades, suas chances de sucesso e suas métricas de resultado. Afinal, o Direito não é uma ciência exata, ele é técnico, mas também pode ser comercial e político, e isso não é ensinado na faculdade, assim como não pode ser refletido meramente por meio da leitura de dados.

LEGAL OPS: O CORAÇÃO DA TRANSFORMAÇÃO

Legal Operations, ou *Legal Ops*, é o campo que mais se beneficia da correlação entre IA e dados. Ao integrar tecnologias de IA em suas rotinas, os profissionais dessa área podem gerenciar riscos, reduzir custos e aumentar a transparência.

Uma correta implementação de recursos de IA na rotina das atividades pode liberar os colaboradores para se concentrarem em trabalho intelectualmente estimulante, estratégico e de maior valor agregado. Isso não apenas melhora a satisfação profissional e o senso de pertencimento como também eleva o patamar de contribuição do Jurídico para o sucesso do negócio.

DESAFIOS E OPORTUNIDADES NA ADOÇÃO DA IA NO AMBIENTE JURÍDICO E EMPRESARIAL

Apesar do enorme potencial da IA, sua implementação enfrenta desafios significativos. Questões relacionadas a privacidade, segurança, ética, acuracidade e veracidade dos dados exigem atenção cuidadosa por parte das organizações e de quem irá manuseá-la.

Inegavelmente, aprender é uma jornada de toda a vida em busca da independência que se dá por meio da aquisição de conhecimento, habilidades e valores para se chegar à compreensão de maneira única, própria e particular.

Porém, essa transformação não é apenas uma possibilidade; é uma necessidade premente, especialmente quando se propõe a aplicação de IA para correlacionar dados. Fazer isso sem pensar em indicadores claros de resultado é um risco de produzir efeito oposto ao esperado.

A título ilustrativo, qualquer recurso de IA integrado a uma ferramenta de *dashboards* é capaz de gerar *insights* sobre os dados ali refletidos e, por exemplo, apontar qual tipo de contrato possui a maior volumetria em uma determinada periodicidade, possibilitando ao time do Jurídico interno a decisão de rever o fluxo de execução daquela atividade, otimizá-la ou até mesmo automatizá-la, o que já seria uma bela aplicação da IA aos dados exclusivos do Jurídico.

Entretanto, a melhor prática mostra que essa aplicação é, na verdade, uma visão estreita do universo de possibilidades, pois, se aplicada a correlação dos dados do Jurídico aos da empresa, seria possível verificar a relevância financeira em termos percentuais de faturamento que o modelo de operação ancorada naquele tipo contratual possui, e, aí sim, tomar uma decisão mais assertiva sobre a escolha da atividade em que a equipe deveria investir seus esforços e dedicação prioritária, observando-se, assim, uma gestão mais estratégica e efetiva no que diz respeito à capacidade e à produtividade para alocação de recursos e pessoal.

Como na utilização da IA, em que o comando ou *prompt* é o fator preponderante na resposta a ser obtida, a escolha dos dados e sua correlação para além do jurídico é essencial para se atingir melhores resultados.

Como se vê, as oportunidades oferecidas pela IA superam em muito os desafios. A IA pode desempenhar papel crucial na identificação de padrões de litigância, na previsão de tendências regulatórias e na gestão proativa de contratos e atividades consultivas.

CONCLUSÃO

A correlação de dados com adoção de IA é a alavanca transformadora máxima que o Jurídico precisa para ser reconhecido pelo exercício de uma função estratégica e exponencial dentro das empresas.

Ao abraçar a IA, o meio jurídico não apenas acompanha a evolução tecnológica, mas passa a agir verdadeiramente como um parceiro do negócio, posicionando-se na vanguarda da inovação empresarial.

Para isso, os profissionais da área jurídica precisam se adaptar à mudança, capacitar-se para o uso da IA e o tratamento de dados, integrar-se com as demais áreas da organização e engajar-se com o propósito da organização. O futuro pertence àqueles que têm a coragem e a visão de abraçar a (super)exponencialidade da inteligência artificial e transformá-la em vantagem competitiva.

Este artigo é um convite ao debate sobre o potencial transformador da aplicação de IA em conjunto com a interpretação de dados no universo jurídico empresarial.

Em síntese, não se pretendeu aqui fazer uma análise exaustiva, mas sim um ponto de partida para uma discussão mais ampla sobre como a tecnologia pode servir de catalisador para uma prática mais eficiente, alinhada com o planejamento estratégico das corporações e as necessidades do século XXI.

REFERÊNCIAS

DAVENPORT, Thomas H. Artificial Intelligence for the Real World. *Harvard Business Review*, jan. 2018. Disponível em: https://hbr.org/webinar/2018/02/artificial-intelligence-for-the-real-world. Acesso em: 16 maio 2024.

HESS, Abigail Johnson. Experts say 23% of lawyers' work can be automated – law schools are trying to stay ahead of the curve. *CNBC Make it*, fev. 2020. Disponível em: https://www.cnbc.com/2020/02/06/technology-is-changing-the-legal-profession-and-law-schools.html. Acesso em: 28 abr. 2024.

MALONE, M. S.; ISMAIL, S.; VAN GEEST, Y. *Organizações exponenciais:* por que elas são 10 vezes melhores, mais rápidas e mais baratas que a sua (e o que fazer a respeito). São Paulo: Campus, 2014.

MSCI. *U.S. Industries with the Highest Potential for Automation*. Disponível em: https://www.msci.com/documents/1296102/38892663/MSCI_Impact_Robotics-

-and-Ai-Impact-%231_Part-1_Jun12.pdf/6db1652a-3752-bcda-d826-bfef3ed44727?t=1686693244507. Acesso em: 28 abr. 2024.

VASWANI, Ashish et al. Attention Is All You Need. *Cornell University*, ago. 2023. Disponível em: https://arxiv.org/abs/1706.03762. Acesso em: 28 abr. 2024.

WANG, Jennie. Generative AI at the Edge Fundamentals: What is it and how it works? *Seeed Studio*, fev. 2024. Disponível em: https://www.seeedstudio.com/blog/2024/01/12/generative-ai-at-the-edge-fundamentals-what-is-it-and-how-it-works/. Acesso em: 28 abr. 2024.

33

Tomada de decisão com base em dados

Fabiana Velasco[1]

O tema que me foi proposto para este artigo está superaderente à realidade do mundo jurídico atual, mas, antes de adentrar especificamente no assunto, gostaria de tratar um pouco de duas competências da área de *Legal Operations* que julgo relevantes para nos apoiar no processo de tomada de decisão.

Acompanhando a evolução de *Legal Operations* nas corporações, vimos que essa área vem crescendo fortemente, sendo atualmente essencial para apoiar todo o planejamento estratégico dos Jurídicos internos e dos escritórios de advocacia. Na minha visão, podemos dizer que, hoje, uma área de *Legal Operations* é o coração do Jurídico.

Mas o que seria *Legal Operations*? No meu entender, quem melhor definiu essa área foi a *Corporate Legal Operations Consortium* (CLOC), associação americana voltada para discussões dessa matéria. Segundo a CLOC:

> *Legal Operations* é uma área que fornece planejamento estratégico, gestão financeira, gestão de projetos e conhecimentos especializados de investimento em carteiras tecnológicas que permitem aos profissionais jurídicos concentrarem-se na prestação de aconselhamento jurídico. Os profissionais de *Legal Operations*, com experiência em finanças, marketing, análise de dados, aprendizagem e desenvolvimento, e muito mais, trabalham com a liderança para identificar investimentos estratégicos que aumentem a capacidade da organização. As suas capacidades permitem à organização jurídica gerir mais eficazmente os riscos, monitorizar a conformidade, incorporar as ferramentas tecnológicas certas e fornecer mais valor à empresa, acelerando o negócio. Uma equipe de *Legal Operations* proativa pode antecipar e planejar os desafios antes que eles surjam[2].

---

[1] Advogada, graduada pela Universidade do Estado do Rio de Janeiro. MBA Empresarial pela Fundação Dom Cabral com especialização na Kellogg School of Management (Chicago – USA). Atualmente, Head de Legal Operations na empresa TIM S.A.

[2] Tradução livre do site da CLOC – What is Legal Operations? Disponível em: https://cloc.org/what-is-legal-operations/.

Segundo a CLOC, cada empresa tem suas necessidades específicas, mas a associação recomenda que uma área de *Legal Operations* abranja algumas áreas funcionais conhecidas como *Core 12*.

Dentre essas áreas funcionais, destaco duas que estão relacionadas a dados e entendo serem essenciais para auxílio no processo de tomada de decisão.

Com relação à primeira área funcional, a CLOC define como *Information Governance*[3] ou Governança da Informação. Essa competência está relacionada à concepção de políticas de informação adequadas ao negócio como forma de minimizar os riscos da corporação. Para essa frente, a área de *Legal Operations* tem que ter a capacidade de:

- definir e implementar diretrizes claras e abrangentes para a partilha e a retenção de informações, apoiando a equipe do Jurídico na redução de riscos e determinando quais os documentos digitais e físicos que devem ser preservados para permanecerem em conformidade com as normas da empresa e a legislação em vigor;
- criar políticas claras e organizadas, sem recorrer ao juridiquês, para reduzir o risco e a exposição da empresa;
- criar uma política de informação moderna que abranja documentos físicos, bem como material digital armazenado no local e na nuvem;
- desenvolver uma estratégia de comunicação e/ou um plano de implementação para garantir que todos os colaboradores estejam cientes dos procedimentos e das políticas;
- gerir e monitorizar o acesso a todas as informações sensíveis, confidenciais e restritas; e
- garantir a segurança adequada dos registos e das informações da empresa.

Com relação à segunda área funcional, a CLOC define como *Business Intelligence*[4]. Essa competência está intimamente ligada ao processo de tomada de melhores decisões por meio de dados. Para essa frente, a área de *Legal Operations* tem que ter a capacidade de:

- gerir e orientar sua organização por meio dos dados, e não da intuição. Descobrir tendências ocultas, encontrar novas eficiências e concentrar sua equipe em resultados claros e mensuráveis que façam a diferença para a empresa;
- determinar os dados certos para coletar e monitorar;
- desenvolver e implementar métricas e painéis de controle;
- criar banco de dados e implementar análises avançadas;

---

[3] Tradução livre do site da CLOC – What is Legal Operations? Disponível em: https://cloc.org/what-is-legal-operations/.
[4] Tradução livre do site da CLOC – What is Legal Operations? Disponível em: https://cloc.org/what-is-legal-operations/.

- detectar padrões e identificar oportunidades ocultas; e
- melhorar os resultados a curto e a longo prazo por meio da análise de dados.

Considerando as competências supramencionadas e a transformação significativa que a prática jurídica vem passando, impulsionada pela revolução digital e o aumento exponencial dos dados que estão disponibilizados no mercado, os advogados, que foram tradicionalmente treinados para montar sua argumentação com base na interpretação de leis e precedentes, agora precisam incorporar análises baseadas em dados em seu trabalho cotidiano.

A tomada de decisão baseada em dados surge como uma necessidade essencial para o time jurídico, possibilitando que a abordagem seja mais precisa, eficiente e estratégica, especialmente quando estamos falando de problemas jurídicos mais complexos.

A quantidade de dados que hoje temos disponíveis na internet é muito vasta. Estamos tratando aqui de inúmeras decisões judiciais, vários registros públicos e uma gama de informações de clientes. Ocorre que a mera disponibilidade de dados não é suficiente para um processo estruturado de tomada de decisão, pois devemos ter a capacidade de coletar, armazenar, analisar e interpretar esses dados de maneira a extrair *insights* valiosos para a melhor orientação jurídica.

Inúmeros são os benefícios da utilização de dados no processo de tomada de decisão. Podemos listar alguns:

- os advogados que utilizam os dados para orientar seus clientes tendem a ter resultados mais precisos e previsíveis;
- os dados podem fornecer *insights* valiosos sobre o comportamento de partes adversas, por meio da análise de decisões judiciais anteriores e tendências do setor. Essas informações podem orientar a formulação de estratégias jurídicas mais eficazes; e
- ao analisar dados históricos e contextuais, os advogados podem avaliar e mitigar melhor os riscos associados a uma determinada estratégia ou transação.

Mas o que os advogados devem fazer para integrar no seu dia a dia essa prática de análise de dados?

Penso que algumas frentes precisam ser trabalhadas, por exemplo:

(i) investir em treinamentos e na obtenção de ferramentas que permitam sua capacitação tecnológica, o que vai auxiliar na coleta, na análise e na visualização de dados de forma mais ágil;

(ii) atuar em conjunto com profissionais de dados, cientistas de computação e estatísticos, investindo nas parcerias estratégicas, o que pode ajudar os advogados a extrair *insights* mais significativos quando estamos tratando de dados mais complexos;

(iii) as empresas e os escritórios de advocacia devem incentivar a exploração de novas abordagens baseadas em dados para resolução de problema, sem medo de que haja uma falha no meio do caminho, ou seja, incentivo à inovação e à melhoria de processos internos é essencial; e

(iv) é fundamental que os advogados considerem as implicações éticas e de privacidade ao lidarem com dados de clientes e terceiros, devendo garantir que estejam em conformidade com as leis e os regulamentos de proteção de dados aplicáveis.

Os advogados que hoje desejam ter alta qualidade em seus serviços, para fazer diferença no mercado jurídico cada vez mais competitivo, precisam integrar análises baseadas em dados em suas práticas. Com essa competência integrada em seu dia a dia, haverá melhora na precisão de suas decisões, aumento da eficiência operacional e a possibilidade do desenvolvimento de estratégias jurídicas mais aderentes à necessidade dos seus clientes. Para que isso ocorra, faz-se necessário o compromisso dos advogados com sua capacitação tecnológica e com o desenvolvimento de parcerias estratégicas, além de estarem inseridos em organizações em que a cultura da inovação esteja cada vez mais presente.

EIXO V
LEGAL: A PERCEPÇÃO DA ÁREA PELO MERCADO

Qual será o modelo mental que o cliente do Jurídico possui antes de acessar os seus serviços? Você já se perguntou sobre isso? Ou melhor... Você já perguntou para as outras áreas da sua empresa? Nós fizemos isso e reunimos especialistas de diversas áreas para nos dizer qual é a percepção deles.

Um panorama do mercado jurídico no Brasil

Silvana Quaglio[1]

Transformação é pouco. Quando olhamos para o que aconteceu com o mercado jurídico no Brasil nas últimas décadas, revolução talvez seja um termo mais adequado. Da promulgação da Constituição de 1988 para cá, a sociedade brasileira viu emergirem conflitos e disputas nas mais variadas frentes. E, quando se tem o Estado do outro lado da mesa, muitas das questões foram verdadeiras quedas de braço, encerradas depois de décadas de embate nas altas cortes, em Brasília.

A razão para adotar esse recorte é por acreditar que é no ambiente democrático que as diferenças aparecem, as discussões se travam e as soluções são negociadas. Uma dinâmica que tem tudo a ver com a ponderação e o equilíbrio que deve ser exercido por instituições sólidas, cabendo ao judiciário o papel fundamental de dirimir conflitos.

Nesse período de pouco mais de três décadas, o que se viu, em termos de mudanças no mercado jurídico brasileiro e no restante do mundo, dificilmente caberia num artigo como este que tenho a honra de rabiscar. Uma forma de analisá-lo poderia ser avaliando a evolução das especialidades do Direito. O crescimento das demandas na área tributária, por exemplo, conferiu importância sem precedentes à especialidade.

Da reforma instituída pela Constituição de 1988 à estrutura de impostos, com a extinção de tributos federais cumulativos e a descentralização da receita, ao mesmo tempo que se abriu a porteira para a criação de um mar de contribuições – chamadas pelo ex-ministro Francisco Dornelles de impostos disfarçados –, o capítulo do financiamento do Estado nunca foi tema apaziguado. Sem contar os sucessivos planos para estabilizar a economia, cujos artifícios questionáveis renderam célebres contendas.

Às empresas, as mudanças incessantes das regras – e de suas interpretações por parte do judiciário – geram insegurança e altos custos. O mercado jurídico responde às demandas com especialistas cada vez mais capacitados, dentro das empresas e nos escritórios de

---

[1] Sócia-fundadora, diretora-presidente e *publisher* da *Análise Editorial*. Jornalista pela PUC-SP, mestre em Comunicação pela Universidade Westminster (Londres) e MBA em Marketing pela FIA-USP. Foi repórter, editora e colunista de grandes veículos da mídia tradicional, e consultora em comunicação estratégica de empresas.

advocacia empresarial, que lhes prestam assistência. Não é por outro motivo que, ao longo de 18 anos, em cada uma das edições do anuário Análise Advocacia, produzido pela *Análise Editorial*, o Direito Tributário está sempre entre as cinco especialidades indicadas pelos executivos jurídicos e financeiros das maiores empresas do Brasil como as que mais geram demandas à advocacia empresarial.

Uma reflexão sobre as novas áreas desenvolvidas a partir da promulgação de uma Constituição, que se preocupou fundamentalmente com os direitos dos cidadãos, também seria uma abordagem possível. O florescimento do Direito consumerista e tudo que ele promoveu em termos de mudança no comportamento das empresas e dos consumidores no Brasil nas três últimas décadas, por exemplo, já renderia um artigo em si.

É possível pensar, ainda, no mercado jurídico a partir de conjuntos de leis fundamentais, que ora responderam às demandas da sociedade, ora orientaram a produção, a criação de emprego e a geração de renda nas últimas décadas, no Brasil. As regulamentações vão desde a proteção à propriedade intelectual e a LGPD, passando pela lei anticorrupção, regulamentações antitruste, concorrenciais e ambientais, até a já quase trintenária lei das concessões de serviços públicos e o novíssimo marco legal do saneamento básico, só para citar alguns exemplos. Arcabouço legal e especialidades na advocacia empresarial e corporativa surgem juntos, se retroalimentam e fomentam o vigor do mercado jurídico.

ADVOCACIA É ATIVIDADE PRIVADA

É curioso pensar o Brasil como um dos mercados com o maior número de advogados do mundo, em números absolutos – ficando atrás da Índia, um gigante populacional, e praticamente empatado com os Estados Unidos. Em termos relativos, considerando-se o número de advogados por habitante, o Brasil ganha de todos os países com grandes populações. Considerando-se um número maior de países, o Brasil só perde para Israel, onde o número de advogados explodiu a partir de 1995, atingindo quase 80 mil profissionais em 2023, para uma população de pouco mais de 9 milhões de habitantes. E para onde vão tantos bacharéis?

Um estudo do Instituto de Pesquisa Econômica Aplicada (Ipea) sobre o mercado de trabalho jurídico no Brasil, publicado em 2021, concluiu que, entre 2015 e 2019, a média de advogados absorvidos pelas carreiras jurídicas foi inferior a 50% dos bacharéis formados a cada ano. O levantamento do Ipea tomou como base microdados da Pnad Contínua do IBGE, em 2020. A boa notícia do estudo é que o mercado cresceu no período analisado. Foram absorvidos 260,5 mil novos advogados em posições jurídicas.

Cerca de 1 milhão de advogados ocupava algum posto jurídico em 2020, segundo o Ipea. Mais de sete em cada dez (75,3%) realizavam serviços jurídicos privados – como profissionais liberais, em escritórios de advocacia, empresas ou instituições de natureza privada. Dois em cada dez prestavam serviços jurídicos públicos. Para os quase 5% restantes da amostra analisada não foi possível estabelecer claramente o setor econômico tomador do seu serviço. Entre os prestadores de serviços jurídicos, a minoria (29,9%) tem vínculo formal de emprego, como celetista ou estatutário.

Em termos de remuneração, a média aritmética entre o quinto menor (R$ 1.705,76) e o quinto maior (R$ 21.018,02), faixa que concentrava o maior volume dos ocupados na área, era de R$ 7.408,33, em valores de fevereiro de 2020. Atualizados pela inflação, corresponderiam, em fevereiro de 2024, a R$ 9.529,81 (corrigido pelo IPCA). Os autores do estudo notaram, no entanto, ampla dispersão de valores acima da casa dos R$ 50 mil mensais, bem como remuneração 24,1% maior para prestadores de serviço em regiões densamente urbanizadas (capitais e zonas metropolitanas).

Gênero e cor também foram variáveis de diferenciação dos valores percebidos pelos profissionais do mercado jurídico. Homens ganhavam 11,6% a mais. Se identificados como não negros (brancos ou amarelos, de acordo com a Pnad), a remuneração era 10,6% maior.

SURGE UM NOVO MERCADO

Paralelamente às mudanças estruturais internas, o Brasil não ficou fora do alcance das novas tecnologias. Pelo contrário, em alguns mercados o país se posiciona notavelmente. A profusão de *legal* e *lawtechs* são um exemplo, acompanhando e apoiando com serviços jurídicos o desenvolvimento da então economia 4.0.

Quando a investidora Aileen Lee cunhou o termo *Unicorn*, em artigo de rápida repercussão no Vale do Silício, que descrevia *startups* de um bilhão de dólares, em 2013, o Brasil estava longe da sua primeira empresa com tais características. Cinco anos mais tarde, em 2018, o aplicativo de transporte de pessoas 99 tornava-se o primeiro unicórnio brasileiro. Seis anos depois, com algo em torno de 13 mil *startups*, o país é líder na América Latina nesse tipo de empreendimento e os unicórnios, animais ainda raros, têm aparecido com mais frequência por aqui.

O momento é empolgante e desafiador. Empresas da economia tradicional concorrendo com organizações ágeis, enxutas, focadas, criadas para romper paradigmas há muito sedimentados. No livro que inspirou esta coletânea de artigos, *Organizações Exponenciais*, o autor Salim Ismail apresenta conceitos como consumo colaborativo e a filosofia do compartilhamento.

Como a disrupção vislumbrada por Ismail a partir de bilhões de dispositivos digitais conectados em rede, no mundo todo, começa a atingir o mercado jurídico? Em boa medida, a pandemia da Covid-19 antecipou medidas que pareciam ainda muito distantes. No Brasil, a Justiça 4.0 já é realidade e começa a permitir a aceleração de diversas etapas na tramitação dos processos.

Empresas e escritórios de advocacia rapidamente se adaptaram para novos formatos de trabalho, conjugando o presencial com o *home office*, hoje, muito mais buscando atender a uma necessidade de bem-estar e qualidade de vida dos colaboradores. Todos ficamos mais flexíveis, até mesmo quem não consegue trabalhar remotamente, em razão da atividade que desempenha.

Os Jurídicos das grandes empresas, em atuação no Brasil, tornaram-se unidades estratégicas do negócio. De 2008, na primeira edição do anuário Análise Executivos Jurídicos, da

Análise Editorial, até agora, a metamorfose do setor foi colocada em números. O tamanho dos maiores times corporativos relacionados na publicação aumentou em número de advogados, mas uma coisa não mudou. Os bancos continuam sendo os maiores empregadores de advogados. O líder, Banco do Brasil, tinha 713 advogados em 2008. Dezesseis anos depois, na edição de 2023, eram 872 advogados. Mesmo ali houve uma mudança importante: o número de empregados nas atividades administrativas do time foi reduzido em mais de 100 pessoas, bem como o número de estagiários.

Não há dúvida de que a tecnologia reduz o número de pessoas nas chamadas atividades-meio. Outro dado sobre o tamanho dos Jurídicos diz respeito à quantidade de empresas que empregam 100 advogados ou mais. Em 2008, eram sete. Em 2023, 15 empresas contavam com 105 advogados ou mais. Em 2008, a lista dos maiores times jurídicos internos trazia 50 empresas, sendo que a 50ª, a Cetesb, tinha 18 advogados. Na edição de 2023, foram 59 Jurídicos, sendo que o 59º, Bunge Brasil, tinha 33 advogados.

O Jurídico das maiores empresas está mais *senior*, responde por mais áreas entre suas atribuições, desempenha um papel mais próximo à estratégia do negócio. Um dado importante a observar é a evolução do percentual de executivos (*heads* do Jurídico) que respondiam ao principal executivo da companhia. Em 2008, 47% diziam responder ao presidente e 3%, à vice-presidência. Em 2023, sete em cada dez *heads* afirmaram responder ao principal executivo e 18% se reportam à vice-presidência. Além do percentual crescente de jurídicos com acento no conselho da companhia onde trabalham ou em outras do grupo.

Ainda que o título do cargo não traduza necessariamente o peso e a autonomia que o profissional tem na estrutura da organização, é interessante perceber que houve mudança também na nomenclatura. Em 2008, 28% dos principais executivos do time eram gerentes. Em 2023, o percentual de gerentes é quase o mesmo, 29%. Mas 47% dos *heads* da área jurídica têm cargo de diretor. E 7% são vice-presidentes, enquanto, em 2008, nenhum dos entrevistados dizia ter esse cargo.

Em relação ao gênero, não só as equipes, mas o comando das equipes está mais feminino. Houve um aumento de 13% no índice de mulheres como principal executivo da área. Três em cada dez *heads* de Jurídicos eram mulheres em 2008, agora são 44%. Já a adoção de políticas de diversidade e inclusão ainda não parece ser unanimidade. Mais de seis em cada dez executivos (64%) disseram que as empresas em que atuam adoram práticas de D&I. No entanto, apenas uma parcela dos participantes da pesquisa aceitou responder às questões específicas sobre como o tema se aplica às suas equipes. Enquanto 580 executivos, em média, responderam a outras questões, as perguntas referentes a D&I foram respondidas por 347 deles.

TENDÊNCIAS DO FUTURO PRÓXIMO

O mercado jurídico brasileiro já incorporou inovações tecnológicas com o objetivo de aumentar a eficiência e reduzir os custos dos serviços que presta. O momento é de explorar as potencialidades da economia digital em qualquer área de produção. Desde 2018, a pesquisa da *Análise Editorial* com executivos das maiores empresas do Brasil aponta o Direito Digital como a área mais promissora em termos de contratação de serviços pelos Jurídicos corporativos. Proteção e privacidade de dados e tecnologia vêm logo em seguida.

Os temas ligados à pauta *ESG* também ganham importância na agenda das corporações, de acordo com os executivos. O espírito colaborativo típico das organizações exponenciais descritas por Salim Ismail traz muitos dos conceitos embutidos na sigla *ESG*. Produzir mais com estruturas menores e mais flexíveis talvez não aconteça na velocidade imaginada por Ismail, mas já tem se mostrado um modelo viável em vários ramos da atividade econômica.

No mercado jurídico, a adoção de soluções de inteligência artificial para evitar o trabalho repetitivo, a potencialização do saber de profissionais mais seniores e a otimização de recursos, por meio da terceirização de serviços e da utilização de práticas de *secondment*, particularmente para o desenvolvimento de projetos específicos, tendem a ser valorizadas.

Impulsionado pela necessidade de adaptação às novas demandas de um mundo globalizado, cada vez mais conectado, e pela incorporação de inovações tecnológicas, o Jurídico corporativo ganha ainda mais relevância para a adequação do negócio da companhia. A especialização, a atualização constante e a adoção de melhores práticas de gestão e governança são fundamentais para o sucesso dos profissionais e das organizações que atuam nesse segmento.

35

Comercial

Rafael Szarf[1]

Ao longo da minha trajetória profissional, entendi que o sucesso de uma empresa não é apenas definido pela qualidade de seus produtos ou serviços, mas também pela eficácia de suas operações internas. É claro que a qualidade do produto comprado ou do serviço contratado é extremamente importante, mas, por muitas vezes, o alto padrão de qualidade equivale ao mínimo esperado pelo cliente. Por outro lado, alguns sobressaltos operacionais podem mudar consideravelmente a percepção da experiência completa.

Um exemplo que sempre trago para essa analogia são as companhias aéreas. O mínimo esperado por um viajante é que seu avião decole e pouse com segurança. Todo esforço técnico para manter a qualidade da manutenção de uma aeronave é tido como o básico, o mínimo esperado. No entanto, um voo que atrasa ou antecipa a chegada ao seu destino, assim como o tratamento recebido por um cliente a bordo ou que teve algum contratempo, traz à tona sentimentos que completam a experiência como um todo.

Nesse contexto, a colaboração entre os times comercial e jurídico desempenha papel crucial para empresas que visam grande eficácia interna. Pessoalmente, acredito que essa sinergia é extremamente importante para alavancar não apenas áreas focadas em trazer receita para a empresa e proporcionar seu crescimento, mas também para áreas como Compras ou *Procurement*, que se utilizam de técnicas comerciais similares para reduzir os custos e encontrar a sustentabilidade de negócio.

A alta eficácia interna passa pela desburocratização. Cada vez mais acredito que a maturidade das empresas corresponde à sua habilidade de desfazer os silos entre áreas, principalmente as tidas como *front-office* e *back-office*, ou seja, as áreas que estão dirigindo diariamente o resultado de receitas e custos, com áreas de suporte como Jurídico, TI ou

---

[1] Engenheiro, graduado pela Unesp com master em Gestão da Inovação pela Polytechnique Francesa. Carreira profissional desenvolvida em *Supply Chain* e Logística, com passagens relevantes na Souza Cruz (BAT) e Ambev. Reconhecido nacional e internacionalmente por projetos de inovação logística. Há anos focado em *startups* como CBO Tembici e COO Zé Delivery, além de ser membro do *board* ou anjo de demais empresas de tecnologia.

Recursos Humanos, que suportam essa jornada e que, na maioria das vezes, contribuem para o resultado de maneira indireta.

A quebra de silos pode ser construída em diversas etapas. Fundamentalmente, as metas precisam estar muito bem alinhadas e permeadas na organização, mas acrescento também que os planejamentos tático e estratégico precisam ser alinhados e pautados com uma governança contínua, a ponto de times se sentirem donos das principais entregas do período.

Metas abrangentes, como Receita ou Lucro, por vezes, geram interpretações díspares entre setores e, consequentemente, o desdobramento para as equipes pode originar submétricas ou projetos não congruentes à estratégia corporativa. O resultado desse desalinhamento em diversos casos é o conflito de priorização entre as áreas, que finalmente gera o sentimento de burocracia ou lentidão.

Esta é a visão mais comum entre as áreas: Comercial é aquela focada em trazer receita para a empresa e, por isso, na visão das demais áreas, pode se passar por uma área em que tudo pode ou tudo é sempre urgente e com poucos processos estabelecidos. Enquanto a Jurídica é a famosa área dos "nãos", em que tudo é risco e pode passar a percepção de burocrática ou pouco vanguardista.

Em uma empresa com baixos níveis de maturidade, a percepção clássica de uma área com a outra é justamente os dois extremos: o Comercial achando que o Jurídico não se compromete com riscos; o Jurídico pensando que o Comercial é desorganizado e, às vezes, até inconsequente.

A criação de metas específicas, criadas em conjunto pelas equipes, auxilia enormemente a quebra dos silos. Mais relevante do que ambos terem o desafio de Receita, metas como "Renovar o acordo comercial X" ou "Crescer 10% de lucro em serviços recorrentes" fazem com que ambas as áreas se vejam, desde o princípio, obrigadas a priorizar e discutir valores em comum. Ao trabalhar em estreita colaboração com o time comercial, o Jurídico pode antecipar e resolver questões legais antes que se tornem problemas maiores, permitindo que a empresa se concentre em suas metas de vendas e crescimento.

Com metas e desafios objetivos, de fácil compreensão e capacidade de entregar o crescimento esperado pela empresa no período, vale, inclusive, o questionamento sobre o tradicional desenho organizacional, em que cada equipe se reporta a uma Diretoria diferente. Por exemplo, se "aumentar a lucratividade em 10% de contratos recorrentes" corresponder a maior parte do tempo de trabalho dos times, será que realmente eles precisam ficar separados?

Por vezes, nos vemos presos a estruturas organizacionais rígidas e pouco flexíveis, que simplesmente perpetuam "porque sempre foi assim". Em certo momento da minha carreira, tive a experiência de conduzir um time totalmente diverso, não só no aspecto pessoal, mas também na sua formação técnica. Não havia necessidade de realizar reuniões com equipe de tecnologia, pois havia alguém de tecnologia no time. O mesmo para o Jurídico. Essa estrutura foi para um projeto específico e foi muito interessante ver um grupo trabalhando por uma entrega única.

Essa quebra funcional trouxe à tona o objetivo maior como principal desafio a ser vencido, quebrando silos, microculturas setorizadas, importando apenas a capacidade individual de cada pessoa para liderar tecnicamente as etapas do projeto.

Quando as barreiras se quebram, o Jurídico é visto como um guardião, assegurando que todas as atividades estejam em conformidade com as leis e os regulamentos aplicáveis. Essa interação não só protege a empresa de potenciais riscos legais, mas também pode impulsionar o crescimento e a competitividade, que, por sua vez, pode ser a chave para o Comercial performar maravilhosamente bem.

Quando a sinergia de objetivos trás para ambos os lados a liberdade e a necessidade de ser protagonista, o Jurídico pode identificar oportunidades para melhorar os termos contratuais, garantindo que a empresa esteja protegida de possíveis contingências. Da mesma forma, pode auxiliar na negociação de acordos complexos, oferecendo *insights* jurídicos que ajudem a empresa a alcançar melhores resultados. Ao agir como um parceiro estratégico, o time jurídico pode contribuir significativamente para o sucesso das iniciativas comerciais, agregando valor aos processos de negociação.

Vejo muito claramente o Jurídico encontrando alavancas comerciais importantes que vão muito além das obrigações contratuais. É comum um Jurídico proativo ter boa leitura do contexto político-legal em que a empresa está inserida. Uma vez que as áreas de negócios e jurídica estejam próximas em uma corporação, essa empresa pode encontrar grande vantagem competitiva por meio de uma proposta proativa na legislação, seja por compreender melhor como a categoria está regulada, seja simplesmente por ser o primeiro a antever e se adequar sobre uma previsível mudança que esteja tramitando no Congresso.

Também entendo que uma empresa madura na interface entre esses setores, além de ser mais eficaz e ágil para mudanças, tende a ter sua reputação fortalecida no mercado. Ao garantir que todas as práticas comerciais estejam em conformidade com as leis e os regulamentos, a empresa demonstra um compromisso com a ética e a transparência, construindo, assim, a confiança dos clientes e parceiros comerciais. Atualmente, urge o compromisso das corporações por uma sociedade e um mundo melhor, e a seriedade como o assunto é estabelecido se conecta diretamente com seus consumidores e parceiros comerciais.

Além disso, o Jurídico também ajuda o time comercial na proteção da propriedade intelectual da empresa, que, principalmente nas jovens *startups*, é essencial para o futuro dos sócios e a continuidade do negócio. Essa proteção legal não apenas resguarda os ativos da empresa, mas também fortalece sua posição competitiva no mercado.

Quando falamos especificamente do processo de compras, é o Jurídico quem garante se o fornecedor está alinhado não só às questões legais, mas, novamente, à reputação da empresa. Uma empresa que prega pelas boas práticas de *ESG* não deveria se relacionar comercialmente com outra que simplesmente ignora ou ofende questões de sustentabilidade ou desequilíbrio social.

Por fim, entendo que a sinergia entre os times comerciais e jurídicos passa pela flexibilização de ambos os lados, normalmente atrelada a uma única grande entrega que possa unir os interesses e gerar uma posição proativa conjunta. De maneira objetiva, esses comportamentos são:

1) **Compreender o *business* de maneira holística:** o time jurídico deve estar aberto a compreender as metas e os objetivos comerciais da empresa. Muito além das questões legais envolvidas, conhecer as pressões e os desafios comerciais gera empatia, conhecimento e foco nas entregas. Juntos, podem beneficiar a empresa com inovações mais seguras, a criação de vantagens competitivas, uma melhor reputação e, claro, mais maturidade para alcançar os resultados.

2) **Comunicação constante e governança eficaz:** faz-se necessário um fluxo de reuniões para garantir o alinhamento macro (meta), tático (plano), e como este será entregue. Não estabelecer claras conexões entre as áreas faz com que elas se afastem e pareçam burocráticas. Jurídico e Comercial precisam estar juntos desde o início dos projetos ou entregas prioritárias, para garantir a velocidade da implementação dentro dos parâmetros estabelecidos por ambos os lados.

3) **Agilidade e senso de urgência:** prazos para atendimento precisam ser acordados e seguidos. A consistência trás segurança para todos de que os prazos serão atendidos na qualidade correta. Importante também ter preestabelecido um claro fluxo de escalação, principalmente para que urgências não sejam percebidas na alta gestão como um desalinhamento entre os times.

4) **Foco em resolver problemas e alcançar resultados:** cada projeto ou parceiro comercial é um caso específico e precisa ser tratado de maneira singular. Isso não significa burocratizar ou criar obstáculos legais. Comercial e Jurídico precisam dividir riscos, navegar em eventuais cenários imprecisos e tentar ao máximo balancear a equação risco-benefício.

Em resumo, entendo que, quebradas as barreiras iniciais e naturais existentes entre as áreas comercial e jurídica, estabelecer claros desafios comuns e buscar o melhor de ambos evidencia um comportamento proativo e, ao fazê-lo, não somente se protege os interesses da empresa, mas também cria um ambiente propício para a inovação e o progresso.

36

Marketing

Aline Valente[1]

Vivemos em um universo dinâmico, em que as empresas buscam incansavelmente estratégias inovadoras para se destacar em um mercado extremamente desafiador. Sim, o ambiente empresarial contemporâneo é feroz, deveras competetitivo e coloca as organizações em uma eterna disputa em prol de inovações para atrair a atenção de seu público-alvo. Este artigo abordará como a colaboração entre os times Jurídico e de Marketing pode gerar resultados significativos na alavancagem das organizações.

O Marketing muitas vezes se destaca como o epicentro das inovações corporativas, desempenhando papel fundamental nesse cenário ativo. Trata-se de um time que normalmente é o promotor de algumas tendências, comportando-se como um observador diário das mudanças. Essa área está intrinsecamente conectada aos hábitos de consumo, às *trends* das redes sociais e aos movimentos econômicos. E a verdadeira inovação só surge quando se compreende o panorama completo, desde os comportamentos do consumidor até os detalhes da jornada do cliente, formando a base para a criação de estratégias verdadeiramente inovadoras.

Mas onde está o Jurídico no meio disso tudo? A sinergia entre ambos os times é necessária para transformar as ideias inovadoras em ações concretas e sustentáveis. Em um ambiente de mudanças repentinas, o Jurídico cumpre a função de mitigar riscos de maneira ágil e cada vez menos burocrática.

Na minha perspectiva como profissional da publicidade, acredito que o Jurídico assumir esse protagonismo com o Marketing irá render resultados ainda mais expressivos, não apenas proporcionando segurança jurídica, mas também impulsionando a criatividade e a inovação. Devemos abandonar a ideia antiga – assim como a palavra "departamento" – de

---

[1] Atualmente, coCEO da *Future Law*. Graduada em Publicidade, Propaganda e Criação pela Universidade Presbiteriana Mackenzie, além de possuir um Master em Gestão da Experiência do Consumidor. Com cerca de 9 anos de experiência no mercado jurídico, Aline construiu sua carreira inicialmente como produtora de conteúdo e eventos. Sua atuação na *Future Law* reflete sua paixão por inovação e pessoas, impulsionando avanços significativos na interseção entre direito e experiência do cliente.

que se trata de um "departamento do não" ou de um setor apartado das estratégias empresariais. Pelo contrário, é uma área essencial na impulsão para o crescimento exponencial da empresa. E, para isso, é necessário que se assumam ações e riscos em conjunto. A importância dessa relação vai além do cumprimento das formalidades e impacta, inclusive, a experiência do cliente.

Neste artigo, faço um convite para explorarmos juntos formas de impulsionar os resultados na sua organização. A integração entre o Jurídico e o Marketing deve acontecer em todas as etapas, desde a construção do *branding* até a entrega de uma campanha de vendas, permitindo uma abordagem holística para lidar com questões que impactam diretamente a experiência do cliente.

Aqui, estão alguns pontos cruciais que demonstram a relevância dessa relação:

1) CLIENTE

O Marketing está sempre buscando entender a necessidade do cliente, procurando ir além e entregando o que chamamos de "momento WOW", que consiste em, muitas vezes, deixar o cliente sem palavras e encantado pela sua empresa. Esses momentos podem ser raros, mas, quando acontecem, aumentam a satisfação e a fidelidade do cliente, e só é possível fazer eles acontecerem quando conseguimos entender quem é de fato o nosso cliente e todos os pontos da sua jornada junto a nossa marca.

Integrar os *insigths* do Marketing sobre o cliente pode ajudar o Jurídico a moldar as estratégias jurídicas que não apenas garantam segurança, mas também atendam as expectativas e demandas dos clientes, aprimorando, assim, a experiência como um todo. Podemos refletir sobre a possibilidade de desburocratizar questões jurídicas, personalizar algumas comunicações, reduzir o tempo de leitura de documentos que estão dentro do processo de compra etc.

O essencial é sempre saber quem são os clientes, o que eles buscam e como, juntos, podem superar as expectativas.

2) *STORYTELLING*

O Marketing entende a importância de contar uma história e despertar as emoções para envolver os consumidores, o que no universo jurídico não é uma prática, visto que muitas vezes é focado em aspectos técnicos e legais. Trabalhar em conjunto permite que o Jurídico se utilize da mesma narrativa, tom de voz e emoção para que os clientes compreendam de forma que se conectem e envolvam de maneira memorável.

Trazendo um pouco para o nosso contexto, o *Legal Design* será essencial nesse momento, pois essa prática tem o objetivo de apresentar uma linguagem mais clara e objetiva nos documentos jurídicos, e isso pode ocorrer utilizando elementos gráficos ou até mesmo técnicas textuais ou de linguagem. Sim, tudo isso sempre vai depender de quem irá receber esse documento, então é extremamente recomendável que se faça uma leitura de ambiente, começando pelo porquê.

Apenas para refletirmos, por exemplo, dentro de uma esteireira de compras, o cliente algumas vezes se depara com um contrato. Vamos colocar uma situação para melhor ilustrar: resolvi abrir uma conta em um banco digital, mas, em determinado momento, deparo-me com um contrato de 30 páginas com uma linguagem que não entendo; todo o texto é muito técnico. O que pode acontecer nesse momento? Posso simplesmente não ler, e seguir com a abertura da conta, ou posso desistir por achar o processo muito extenso e burocrático. Perceba que, nessa situação, se tenho um contrato que utiliza técnicas de *Legal Design*, com a mesma linguagem que a minha e até mesmo no mesmo tom de voz da marca, sem juridiquês, com uma comunicação clara, objetiva, transparente, e um *storytelling* bem desenhado... Esse contrato irá me gerar segurança e com certeza facilitará minha jornada em seguir com a abertura da conta. O Jurídico integrará a esteira de compra de maneira estratégica, trazendo o cliente para o centro, pois **o documento está sendo pensado no cliente**.

3) AGILIDADE

Como comentado no início deste artigo, o Marketing opera em um ambiente dinâmico, em que a rapidez nas respostas às tendências e mudanças no mercado é essencial. Por outro lado, o Jurídico caminha em um ritmo mais lento, devido à complexidade da rotina.

Em conjunto, é importante ambos trabalharem de forma ágil, aumentando a capacidade de adaptação, visto o cenário atual, em que se têm sempre inovações tecnológicas, como o crescimento exponencial da IA, a Web 3.0, a IoT, o Metaverso, entre outras.

É necessário que o Jurídico acompanhe essas inovações em tempo real, visto que o Marketing pode acabar trazendo para a jornada do usuário, por exemplo, a criação de algum avatar para a marca, uma tendência que vem crescendo no mundo. No Brasil, já temos *cases* de sucesso, como um avatar brasileiro de uma grande varejista que já tem mais seguidores do que grandes *influencers*. Já é possível ver a força da influência dele nos consumidores, ainda mais quando ele traz semelhanças com a *persona* da organização. Esses projetos anteriormente levavam tempo e exigiam das organizações um investimento muito alto, mas, com o surgimento da Inteligência Artificial, a criação e a implementação desses avatares podem acontecer de maneira muito rápida.

O Jurídico precisa participar de uma ação desse tipo desde o início, visto que é essencial proteger a propriedade intelectual desse avatar, além de outros cuidados que precisam ser visualizados desde a criação até o momento em que esse avatar ganhar vida. A vantagem dos avatares é que a empresa consegue zerar o risco de eventos indesejados, visto que é possível controlar todas as ações, o que acaba trazendo mais segurança para a empresa. É essencial ter um Jurídico proativo e ágil dentro de um projeto tão robusto como esse – ou seja, aqui temos mais um exemplo de como a sinergia entre Marketing e Jurídico só gera resultados para a organização como um todo.

4) TECNOLOGIA

O Marketing está na vanguarda da transformação digital, sempre buscando as melhorias tecnológicas para trazer uma melhor experiência para os seus usuários. No atual cenário, todos os dias novas tecnologias são criadas, como ferramentas de compra, ferramentas de atendimento fazendo uso de inteligência artificial, entre tantas outras. O Jurídico precisa estar atento ao que se tem de novo para garantir que a empresa esteja dentro dos parâmetros legais – e isso vai desde a proteção de dados até a parte intelectual, apenas para citar alguns exemplos.

Algo legal a se comentar nesse entrosamento entre Marketing e Jurídico são as novas campanhas criadas por inteligências artificiais. Esse processo de criação que antes demorava dias, semanas ou meses para ser desenvolvido, agora pode levar segundos, o que otimiza muito o tempo do time criativo para que seja possível traçar novas estratégias e abrir espaço para que um número maior de clientes seja atendido. Mas nem tudo são flores. Muito se fala sobre a propriedade intelectual dos vídeos criados e das imagens que geram debates pelo mundo. Como ficam os direitos sobre a criação e a legalidade de seu uso? É uma discussão extensa e complexa, para as quais provavelmente vamos precisar de leis específicas, pois as atuais, tanto no Brasil quanto no mundo, não contemplam todos os aspectos necessários, e sempre há margem para dúvidas e discussões, algo inadmissível em um mundo que vem se rascunhando com tantas novidades e incertezas. Para ser feita da forma certa, a inovação requer segurança jurídica.

Não podemos mais olhar para esses pontos como algo do futuro. Isso é o hoje, é o agora, e tem muita coisa por vir. As empresas precisam estar atentas, e isso significa que a organização como um todo deve estar na mesma direção e na mesma velocidade para conseguir acompanhar essas mudanças, levando em conta que existem muitas ferramentas que vêm para ajudar, mas também trazer a reboque questões legais relacionadas à segurança cibernética, à segurança da informação e aos já comentados pontos de inteligência artificial e seu uso. Afinal, chegamos em um momento em que é possível reproduzir a imagem das pessoas, a voz, dessa forma, como tudo na vida tem muitos benefícios, não podemos subestimar os seus pontos de atenção.

E, claro, não podemos esquecer todas as questões que envolvem a privacidade de dados e os aspectos que o time de Marketing precisa respeitar para garantir e transmitir segurança aos seus clientes.

Em resumo, acredito que precisamos ter um Jurídico proativo, que esteja envolvido nos projetos desde as fases iniciais do desenvolvimento e que passe a assumir o protagonismo de oferecer uma consultoria preventiva e ágil.

A sinergia entre as equipes não só possibilita a transformação das ideias inovadoras em ações concretas e sustentáveis, como cria um ambiente propício para o crescimento exponencial das organizações. Não estamos falando apenas de questões jurídicas, mas de impulsionar a criatividade, a inovação e, acima de tudo, colocar o cliente no centro de todas as iniciativas. Isso é ter uma mentalidade 5.0, afinal, estamos falando de humanização.

Portanto, vamos juntos, reconhecendo a importância dessa relação e trabalhando em parceria para impulsionar os resultados de maneira sustentável e exponencial. Afinal, é na colaboração, na troca de ideias e no compromisso comum de excelência que encontramos o caminho para o sucesso. Devemos aproveitar ao máximo as oportunidades oferecidas pela inovação e garantir adaptações rápidas às mudanças de mercado e às demandas dos clientes para estrategicamente alcançarmos grandes resultados. Juntos, vamos trilhar um caminho de crescimento e inovação sem precedentes.

REFERÊNCIAS

BARROSO, Pedro Frankovsky; TAVARES, Pedro; PERES, Fernanda Quental. Propriedade intelectual e inteligência artificial: um desafio emergente. *Bússola – Exame*, out. 2023. Disponível em: https://exame.com/bussola/propriedade-intelectual-e-inteligencia-artificial-um-desafio-emergente/. Acesso em: 16 maio 2024.

CYRILLO, Caíto. Os direitos autorais na inteligência artificial. *Mundo do Marketing*, jun. 2023. Disponível em: https://www.mundodomarketing.com.br/os-direitos-autorais-na-inteligencia-artificial/. Acesso em: 16 maio 2024.

LIO, Thais de Matos Macedo; RODRIGUES, David Fernando. Protegendo a propriedade intelectual de avatares. *Migalhas*, nov. 2023. Disponível em: https://www.migalhas.com.br/depeso/396678/protegendo-a-propriedade-intelectual-de-avatares. Acesso em: 16 maio 2024.

37

Finanças e controles internos

Mayara Barboza[1]
Yuri R. Ferreira Rosino[2]

O controle interno dentro das empresas consiste em um conjunto de práticas que visa mapear processos e identificar riscos, seguido de um planejamento para estabelecer procedimentos específicos, incluindo aprovações, automatizações e revisões. É importante destacar que o planejamento dessas aprovações e revisões é realizado levando em consideração o nível de senioridade, experiência e cargo dos envolvidos, visando evitar erros e possíveis fraudes.

A distinção entre erro e fraude baseia-se na intenção por trás da ação. Erros ocorrem quando uma pessoa comete equívocos sem a intenção de obter benefícios próprios, podendo até mesmo prejudicar a si mesma. Já a fraude envolve a manipulação de dados ou informações com a intenção de alterar o julgamento do usuário final das demonstrações financeiras.

Independentemente do tamanho da empresa, o mapeamento de controles é essencial, podendo variar em complexidade de acordo com a operação da empresa. Isso garante a precisão das informações e proporciona confiança aos usuários, como investidores, compradores e instituições financeiras em caso de financiamentos ou empréstimos, visto que se utilizam da demonstração financeira para tomadas de decisão.

As demonstrações financeiras são essenciais como uma consolidação de informações contábeis, servindo como base para a tomada de decisões nas empresas e proporcionando uma visão clara aos usuários finais, sendo necessário um controle interno efetivo para garantir a assertibilidade das informações. Os principais demonstrativos incluem o balanço patrimonial, a demonstração de resultado do exercício, o resultado abrangente, as mutações patrimoniais e o fluxo de caixa. Esses demonstrativos fornecem uma visão resumida por classe de transação, permitindo uma análise mais aprofundada dos índices financeiros. Além dos demonstrativos, as notas explicativas compõem as demonstrações financeiras,

---

[1] Contadora, graduada pela Universidade Presbiteriana Mackenzie. Atualmente, Gerente de Planejamento Financeiro na Centauro.

[2] Engenheiro de Produção com Pós-graduação em Finanças Corporativas pela FGV RJ. Especialista em Risco e Controles Internos, atualmente atuando como Gerente Global de Riscos e Controles Internos.

oferecendo detalhes sobre as classes de transação, explicando sua natureza e o que compõe cada uma delas. Isso proporciona maior visibilidade da operação e auxilia os usuários na compreensão dos dados apresentados nos demonstrativos financeiros.

Esse mapeamento está diretamente relacionado a todas as áreas dentro da empresa, permitindo determinar os riscos de possíveis erros ou fraudes. As áreas mais suscetíveis a erros ou fraudes geralmente estão relacionadas a estimativas contábeis, como prognósticos jurídicos, que são categorizados como possíveis, prováveis ou remotos e são determinados com base na experiência histórica e no progresso do processo, afetando diretamente as demonstrações financeiras. Essas estimativas têm grande impacto nas informações financeiras da empresa, pois representam riscos de perda e possíveis desembolsos de caixa que podem afetar significativamente a saúde financeira.

O Jurídico é um parceiro diário da área de finanças e controles internos, sendo um dos *players* fundamentais para disseminar e fortalecer uma cultura de governança corporativa pela empresa. As diretrizes de cultura e as definições de apetite a risco passam constantemente por processos que envolvem a área jurídica, tais como formalização de contratos com clientes e fornecedores, litígios, estrutura societária, entre outros. Essa definição é proveniente, na sua grande maioria, de um comitê que envolve diversas áreas da empresa, como finanças, jurídico, recursos humanos, operações, além do CEO, para alinhar expectativas de negócio, estratégia, e a margem aceitável de risco que a empresa concorda em assumir.

No passado, muitas vezes se viam essas definições como limitadores de crescimento. Tanto a área jurídica quanto a financeira sofriam bastante para implementar controles de processos devido à forte pressão de áreas de negócios, pois entendia-se que isso acabava indo na contramão da geração de receita e crescimento. Contudo, com o tempo, foi-se conseguindo provar os benefícios de uma boa gestão de controles internos, e leis como Sarbanes-Oxley (SOx) aplicadas no mercado americano, além de metodologias de melhoria contínua aplicadas em indústrias de fabricação, começaram a emergir também para processos corporativos, sendo utilizadas como formas de apresentar resultados e medir a eficiência dos processos e da operação, em que, adicionalmente, também se busca fortalecer o ambiente de controle da organização. Somado a isso, casos de fraudes nos últimos anos, ocorridos em diversos mercados e diferentes indústrias, também potencializaram a necessidade de se implementar estruturas robustas de controles a fim de salvaguardar os ativos das organizações, assim como trazer segurança para o mercado (acionistas), principalmente quando falamos de empresas públicas (abertas ao mercado).

Contudo, ainda assim, cada vez mais o negócio pede uma resposta mais rápida e flexível das áreas financeira e jurídica, estando mais próximas do *business* e entendendo a necessidade vinda do cliente como a adaptação da organização. Para isso, faz-se necessário um maior conhecimento de processos alinhado à necessidade do cliente e à oferta que a empresa se propõe a disponibilizar, em que essa triangulação precisa ser entendida muito bem por áreas com premissas de controle a fim de conseguir medir e facilitar a tomada de decisão do *board* da empresa. E essa tradução da necessidade do negócio sem perder o controle é um dos maiores desafios do século atual, pois no cenário de mundo VUCA (volátil, incerto, complexo e ambíguo) a capacidade de se tomar decisões cada vez mais rápidas traz uma vantagem competitiva, que áreas, conforme citadas anteriormente, precisam entender e se adaptar.

Atualmente, é possível acompanhar muitas discussões no mercado voltado para a estrutura de *Legal Operations*, em que o Jurídico interno possui um braço dedicado ao mapeamento e identificação de oportunidades de melhoria de processos, com o objetivo de buscar alternativas junto às áreas de negócio não só focado no *compliance* e controle, mas também na eficiência operacional dos times. Isso demonstra como as empresas estão se adaptando e compreendendo a importância do entendimento dos seus processos internos para apoiar as demandas vindas do mercado/cliente, a fim de construir ferramentas robustas para melhorar a eficiência operacional. E pode-se dizer que um dos grandes benefícios de áreas como essa é ser capaz de decodificar termos e processos técnicos, e aproximar áreas denominadas técnicas, como jurídico e finanças, das áreas de negócios, sendo a ponte entre ambas.

Porém os desafios não param por aí, uma sinergia precisa ser criada entre essas áreas a fim de centralizar as demandas provenientes do negócio, ou por medidas regulatórias. Podemos citar áreas de *compliance*, controles internos, *Legal Operations*, ética, entre outras. As organizações têm enxergado valor nessas áreas, mas ainda possuem dificuldade em centralizar e orquestrar as demandas provenientes delas, de forma a se estruturar e conseguir implementar as medidas de melhorias para toda a organização. Isso se aplica a empresas de diferentes portes e setores, contudo, logicamente, empresas com menos tempo de vida têm mais dificuldade, pois os níveis de investimento para se criar essas estruturas são considerados altos, principalmente para empresas no início da sua curva de crescimento.

Como já dito anteriormente, ferramentas voltadas para melhoria contínua, como Lean, Six Sigma, PDCA (*Plan, Do, Check, and Act*) e outras podem ser utilizadas para favorecer a estruturação das iniciativas, que podem ser puxadas por qualquer uma das áreas com viés de governança. Contudo, sem o apoio da alta administração e uma cultura preestabelecida para ser disseminada, qualquer uma das áreas terá extrema dificuldade de implementação. Além disso, entende-se que essas estruturas precisam se comunicar, e, mesmo que não respondam para a mesma liderança, deve haver alguma sinergia entre as áreas para facilitar a disseminação da cultura de controles internos e melhoria contínua. Isso trará não só um alinhamento referente à cultura, mas também uma eficiência na implementação das iniciativas, evitando, inclusive, o retrabalho dos times.

Em resumo, a sinergia entre finanças e time jurídico não deve se limitar apenas a tópicos inerentes à governança corporativa. Uma boa gestão de litígios e de processos judiciais também precisa ser feita, como já mencionado. A parceria entre jurídico e finanças precisa funcionar de maneira síncrona para que a empresa possa se antecipar a possíveis riscos judiciais e consiga se proteger também financeiramente, além de mostrar transparência para o mercado, utilizando ferramentas que possam apoiar o mapeamento de cenários, que devem ser analisados do ponto de vista técnico e traduzidos para possíveis impactos financeiros. E isso deve ser ainda mais latente quando os riscos se materializam, por exemplo:

Eixo V – *Legal*: A percepção da área pelo mercado

1) FRAUDE

A comunicação transparente entre as áreas jurídica e financeira é essencial para garantir que os comunicados ao mercado transmitam uma imagem precisa e completa da situação da empresa, em casos de quaisquer suspeitas tanto de erro quanto de fraude. Isso significa que as informações financeiras e legais devem estar alinhadas e ser consistentes entre si, evitando, assim, qualquer distorção ou indução ao erro.

Quando há colaboração entre esses times, é possível verificar se os comunicados ao mercado estão em conformidade com todas as leis e os regulamentos relevantes, bem como se refletem com precisão a situação financeira e legal da empresa. Além disso, essa transparência ajuda a antecipar e mitigar quaisquer riscos potenciais que possam surgir da divulgação de informações ao mercado.

Essa abordagem não apenas promove a confiança dos acionistas e usuários do mercado na empresa como também é fundamental para a sustentabilidade a longo prazo da empresa e para manter sua reputação no mercado financeiro.

2) ERROS OPERACIONAIS

Tanto os processos quanto as áreas precisam estar alinhados com relação aos contratos acordados com parceiros e clientes, para que a empresa tenha visibilidade dos riscos e impactos. O objetivo é evitar falhas operacionais que possam afetar a geração de receita e os pagamentos aos fornecedores, fazendo com que a empresa não controle seus direitos e obrigações definidos contratualmente, e podendo acarretar a perda de receita ou o pagamento de multas por atraso ou até a liquidez antecipada junto às instituições financeiras.

Por fim, podemos concluir que ambas as áreas são complementares e devem estar conectadas, funcionando de forma íntegra para auxiliar a tomada de decisão do *board* ou *CEO* tanto para o dia a dia da operação e execução dos processos internos, utilizando estruturas que suportem esse entendimento, quanto nas tomadas de decisão que envolvam aquisições ou até mesmo na comunicação com o mercado, passando credibilidade e transparência. Adicionalmente, as estruturas jurídicas e financeiras funcionam como braço direito para a liderança, suportando a maior parte dos processos e auxiliando as tomadas de decisão, fato este que corrobora ainda mais com a importância de essas áreas terem a integridade e a ética como valores primordiais.

38

ESG

Indianara Dias[1]
Letícia Gaia[2]

Apesar de o tema "desenvolvimento sustentável" estar muito em voga hoje em dia, observamos que essa agenda, quando comparada a outros movimentos globais desafiadores no ambiente corporativo, não é necessariamente um assunto novo, apesar da sua demanda urgente.

Antes de falar sobre os propósitos presentes e as pressuposições futuras de *ESG*, buscamos introduzir, de maneira clara e simples, a evolução desses princípios ao longo da história, atrelada à transformação da nossa cultura de consumo, para, então, entender como chegamos ao momento atual que nos convoca, enquanto sociedade, a desenvolver soluções com impacto positivo intencional em todo o ecossistema que tangencia o mundo das organizações.

Muitos autores reconhecem que o conceito do termo "sustentável" foi utilizado pela primeira vez por *Hans Carl von Carlowitz*, em 1713, em sua obra sobre sustentabilidade florestal. Nela, o autor alemão buscou trazer como solução à escassez de madeira – fator que ameaçava a economia do país – o manejo florestal intencional, fato esse que resultou, somente 98 anos depois (em 1811), no surgimento da profissão de engenheiro ambiental naquela região.

A Revolução Industrial (1870) instaurou nas grandes potências um período de prosperidade por meio do modelo econômico conhecido como *take-make-dispose*, processo de produção em massa pela exploração dos recursos naturais, base da nossa cultura de consumo que, por sinal, opera hoje no seu limite. Esse contexto anunciou na época o início de uma

---

[1] Carioca, formada em Administração pela UFRJ e pós-graduada em Marketing pelo Insper. Mais de 12 anos de trajetória profissional, já tendo empreendido e atuado em grandes empresas do segmento da indústria e mercado financeiro. Atualmente, atua no segmento de varejo e bens de consumo. Lidera, hoje, a estratégia de *ESG* das plataformas de *e-commerce* B2B e B2C da empresa, além de integrar, desde 2020, o Comitê de Diversidade & Inclusão da mesma companhia.

[2] Advogada, graduada pela Universidade São Judas Tadeu. Pós-graduada em Administração e Gestão de Pessoas pelo Insper e em Certificado Profissional em Proteção de Dados pela FGV. Mais de 9 anos de experiência no Mercado Financeiro, com 6 anos na área de *Compliance*.

conflituosa relação entre o homem e a natureza, supervalorizando a velocidade das máquinas em prol do progresso econômico e ignorando, de maneira relevante, o seu impacto socioambiental ao longo do tempo.

Nas primeiras décadas de 1900, vivemos o primeiro ápice desse modelo com a superprodução de bens materiais, resultando na crise de 1929 nos EUA, consequência da falta de regulação da economia, da especulação e do excesso de crédito para estimular o consumo. Nas décadas que sucederam esse período, com o programa *New Deal* no pós-guerra, o governo *Franklin Roosevelt* desejava a retomada ao período de prosperidade e se posicionou de forma inédita na geopolítica como mais um importante demandante de insumos naturais. Isso estimulou de maneira estrutural o reaquecimento do consumo em massa.

Ao observarmos os desafios do tema da "sustentabilidade" atrelado às implicações da evolução do consumo na sociedade, chegamos ao marco do ano de 1987, com a divulgação do relatório *Brundtland*, mais conhecido como *Our Common Future* ("Nosso Futuro Comum"), feito por uma comissão colegiada composta por líderes de governo dos mais diversos países e, também, pelo público geral. Um formato altamente inovador para os parâmetros daquele período, utilizando-se da escuta e da colaboração, tanto em países desenvolvidos quanto naqueles em subdesenvolvimento, para elaborar a proposta de um plano que trouxe medidas de transformação, abrangendo temas como: desenvolvimento sustentável, agricultura, água, energia e muito mais. O relatório apontou e reafirmou a criticidade dos riscos e os impactos negativos do modelo operante na época *versus* a escassez de recursos naturais para suportar a manutenção desse ecossistema no longo prazo.

Ao final do século XX, de maneira mais intensiva a partir da década de 1990, o acesso à internet passou a ser amplificado em diversos países, o que acelerou o processo de transformação mais recente dos nossos hábitos de consumo. Desde então, a demanda por novos produtos e serviços ganhou larga escala, fazendo com o que os desafios para gestão do conflito "produção *versus* recursos escassos" ficassem mais resplandecentes.

Tendo em vista esse contexto, em 1997, o autor americano John Elkington lançou o livro *Canibais de Garfo e Faca*. A obra se tornou uma grande referência sobre o conceito de sustentabilidade, associado a três importantes dimensões: prosperidade econômica, qualidade ambiental e justiça social (apresentadas no livro como *Triple Bottom Line: Profit – Planet – People*). O centro da narrativa é o capitalista, descrito como o "canibal" – aquele que tudo devora, desde a sua concorrência até o seu meio. A concepção do "canibal de garfo", por sua vez, estaria no aperfeiçoamento do capitalismo, passando de "orientado somente à manutenção dos seus desejos do presente" para "rendimento com responsabilidade ambiental e social". Ou seja, metaforicamente, em vez do canibal comer desenfreadamente, com suas próprias mãos na ânsia de obter saciedade, ele passaria a comer de garfo, o que requer intencionalidade e coordenação. A representação das três pontas desse garfo seriam, então, o lucro, a responsabilidade ambiental e a responsabilidade social. O que nos leva a concluir que uma empresa só perdurará se, além de gerar lucro, preservar o meio ambiente e tiver compromisso com o seu impacto positivo na sociedade.

Em 2004, retomando globalmente os preceitos de ESG e trazendo à tona ao mundo a urgência de tornar a pauta obrigatória, o então Secretário-Geral da ONU, Kofi Annan, propôs no relatório *Who Cares Wins*, publicação do Pacto Global em parceria com o Banco Mundial, o seguinte desafio aos 50 presidentes das maiores instituições financeiras do mundo: encontrar soluções que pudessem integrar fatores ambientais, sociais e de governança no mercado de capitais até 2030, dando ênfase à sigla ESG, que hoje é mundialmente conhecida. O acrônimo faz referência aos princípios *Environmental, Social* e *Governance* (em português, Ambiental, Social e Governança) – transformando-se em uma das principais tendências do mercado atual.

Próximo a esse movimento, foi lançado também o relatório *Freshfield* pela UNEP-FI, um dos maiores escritórios de advocacia do mundo, atestando a importância da sinergia entre os três princípios como um requisito de avaliação financeira de uma empresa. O mercado de capitais respondeu a essa convocação, e esses fatores passaram a ser considerados pressupostos obrigatórios para análise de risco e balizadores de investimentos. Desde então, as empresas preocupam-se em se adequar a essas novas exigências do mercado, da sociedade e dos investidores, no intuito de permanecer competitivas.

Todos esses desafios de adequação fazem parte da rotina das organizações atualmente e podem ser traduzidos, também, por uma mudança significativa de percepção das empresas sobre o seu próprio modelo de negócio – antes autocentrado, ou seja, direcionado somente à sua manutenção e à geração de riqueza, e hoje um modelo que compreende cada vez mais o pertencimento de um ecossistema interligado, dinâmico e codependente da boa gestão desses três fatores.

Somente em 2011 passamos a encontrar na literatura o conceito de "Criação de Valor Compartilhado (CVC)" – termo criado pelos respeitados professores Michael Porter e Mark Kramer, que redefiniram os horizontes do capitalismo quanto à ampliação de oportunidades e às soluções para mitigar o impacto causado pelo progresso econômico. Para garantir o crescimento organizacional no longo prazo, passa a ser necessário estabelecer relações de ganha-ganha também com os parceiros, os clientes, os consumidores e a sociedade.

Quando analisamos as temáticas do pilar ambiental, nos deparamos com muitos debates que possuem quase duas décadas, como é o caso do desafio atrelado às negociações do mercado de carbono, que teve sua primeira discussão global oriunda no Tratado de Kyoto, um acordo internacional que tinha como objetivo reduzir a emissão dos gases de efeito estufa, proveniente também das cadeias de produção das empresas, e, por consequência, mitigar o seu impacto no aquecimento global.

Acreditamos que esses debates sobre a pauta ambiental evoluíram mais rapidamente (se comparados aos desafios do escopo social) porque, estrategicamente, relacionam-se de maneira direta com a cadeia produtiva das empresas. Diante disso, tivemos um movimento institucional que acelerou e deu mais previsibilidade tanto às necessidades de conformidade quanto às exigências que passaram a ser feitas pelos órgãos reguladores e investidores, dando--lhe retorno veloz na consequência (positiva ou negativa) dessas relações. Somado a isso, o avanço no uso de novas tecnologias, principalmente com a potencialização da internet,

Eixo V – *Legal*: A percepção da área pelo mercado

amplificou a acessibilidade, e, assim, a forma de se relacionar com os produtos, os serviços e as marcas transformou-se permanentemente.

E, por falar nisso, a sociedade, nos últimos 20 anos, mudou globalmente sua maneira de conexão. Essa circunstância transformou drasticamente nossos hábitos de consumo coletivos. Segundo a última contagem da União Internacional de Telecomunicações (UIT), feita em 2022, 67% da população mundial está conectada à internet, ou seja, 5,4 bilhões de pessoas. A popularização dessa tecnologia permitiu que a sociedade composta por consumidores, *stakeholders* e investidores tivesse maior acesso à informação, demandando relações de consumo cada vez mais personalizadas com seus fornecedores e suas marcas.

Como parte desse ecossistema, enquanto consumidores, não nos satisfazemos mais somente com o baixo custo e a qualidade dos produtos e serviços. A relevância dos valores e propósitos das marcas é componente que agrega (ou desagrega) significado maior às mercadorias e conveniências. Passamos a nos expressar, também, por intermédio de nossas aquisições, que carregam em si um conjunto de valores com os quais compactuamos e valorizamos – um deles está conectado ao real compromisso para mitigar o impacto atrelado à execução das atividades da organização diante do uso de recursos naturais e humanos ao longo de sua cadeia produtiva.

A sociedade está cada vez mais atenta, e o uso massivo de ferramentas como *smartphones* e redes sociais torna-se um grande filtro de ação permanente. Esse uso é extremamente perigoso para empresas que se valem de ações de marketing com o único objetivo de se autopromover em cima de iniciativas rasas de cunho social e ambiental, sem comprometimento real e estrutural com a evolução da causa e de seus impactos. Essa prática é conhecida pelo termo *greenwashing*, que teve sua origem na década de 1990 e se trata de um "truque" empresarial para destacar suas práticas sustentáveis a fim de camuflar os reais impactos negativos socioambientais.

Quando analisamos os desafios atrelados ao pilar social da sigla *ESG* – por exemplo, as pautas de equidade de gênero e racial no mercado de trabalho, a representatividade de grupos minorizados em ambientes de poder, a inclusão estrutural e produtiva de populações invisibilizadas, o racismo ambiental, entre tantas outras agendas urgentes –, nos deparamos com debates relativamente recentes. Acreditamos que muito disso esteja relacionado ao acesso dessa massa social até então marginalizada também à internet e a políticas públicas de inclusão.

No Brasil, a Pesquisa Nacional por Amostra de Domicílios (PNAD), realizada em 2021 pelo Instituto Brasileiro de Geografia e Estatística (IBGE), revela que o número de domicílios com acesso à internet no país chegou a 90%, o equivalente a 5,6 milhões de domicílios conectados. Não somente isso, tivemos também nas últimas décadas uma série de medidas afirmativas sendo intencionalmente executada pelo Poder Público, dentre elas a Lei de Cotas (Lei n. 12.711/2012), que tem como objetivo reservar, no mínimo, 50% das vagas em universidades e escolas públicas e federais para garantir o acesso ao ensino superior de jovens oriundos do sistema público de escolas de ensino médio e fundamental.

Essas medidas estruturais, que garantiram o ingresso de milhares de pessoas ao mercado formal de trabalho, associadas ao aumento do acesso à informação por parte dessa população, fizeram com que, nos últimos anos, reivindicações de direitos, acesso e presença de cunho social vindos desses recortes da nossa sociedade ganhassem ainda mais força com o poder de engajamento popular das redes sociais. Estas, por sua vez, tornam-se grandes canais capazes de conectar, mobilizar e propagar em escala global pautas de reivindicação social local – exemplo recente que afetou de modo repentino e permanente o mundo corporativo global foi o caso do afro-americano George Perry Floyd Jr., assassinado brutalmente por um policial branco em Minneapolis no dia 25 de maio de 2020.

Esse fato, até então local, reacendeu um debate global sobre o racismo estrutural tanto nos EUA quanto em outros países do mundo. As organizações, grande espelho da nossa sociedade, não ficaram de fora e foram arduamente cobradas pela sociedade por posicionamentos, mudanças e ações significativas com relação à pauta racial para garantir maior equidade de oportunidades, representatividade e senso de pertencimento em seus ambientes.

Já no Brasil, um país em que 56% da população é composta por pessoas negras, não podemos nos dar por satisfeitos, enquanto executivos e tomadores de decisão, ao constatar, segundo a pesquisa "Consumidores Negros", realizada pela Preta Hub/Instituto MAS Pesquisa/Oralab, que somente 0,4% dos cargos de diretoria são ocupados por eles, apesar de essa mesma população movimentar uma renda total anual de R$ 1,46 trilhão em consumo, e que não sejam genuinamente o público-alvo e/ou se vejam representados nas propagandas dos produtos e serviços que comercializamos. Os desafios sociais atrelados ao escopo da estratégia de *ESG* são gigantes e tangenciam não somente os processos e as diretrizes internas da empresa, mas também estão para além de seus muros.

A "área *ESG*" é típica de organizações lineares que procuram se adaptar ao mercado (e ao mundo) com crescimento exponencial. Com a tecnologia da informação, em um momento em que vivemos a economia de compartilhamento e novas formas de consumo colaborativo, pode-se dizer que o sucesso das novas organizações está cada vez mais fundamentado em *ESG*.

Mas onde queremos chegar com isso, afinal?

Com a quantidade de informações facilmente disponíveis, estamos criando gerações muito mais atentas e críticas, que querem explicações sobre os produtos e serviços que consomem, desde as decisões tomadas pelas empresas até as suas consequências, emitindo frequentemente opiniões públicas sobre isso. É uma geração que caminha rumo à construção de um novo propósito de consumo, ainda que isso signifique uma brusca ruptura hereditária. Consequentemente, começarão a integrar o mercado de trabalho e se tornarão colaboradores e consumidores superexigentes.

Diante dessa percepção, as organizações que não se adaptarem (e rápido) às exigências desse público estarão fadadas a perder sua competitividade e sua reputação diante do mercado e serão gradativamente massacradas por empresas muito menores, mas altamente sustentáveis.

A Governança é o que está por trás da execução do escopo das outras duas letras. Ou seja, está desde o início para auxiliar a estrutura das atividades, dos projetos e das adequações e, posteriormente, para implantar, acompanhar e suportar a efetivação dessas ações da empresa, alinhando a rota quando necessário. A Governança tem papel fundamental. A incumbência dela é integral, presente 100% do tempo em todas as fases.

Todos os *stakeholders* fazem parte dessa Governança. A transparência desses processos e das atividades torna-se obrigatória. As organizações estão sob constante vigilância por todos que se interessarem, a qualquer tempo. Consideramos que seria um erro de julgamento achar que essa responsabilidade pela fiscalização está restrita a apenas uma área dentro de uma empresa.

Dividimos, de maneira macro, em duas Governanças essenciais diante do que o futuro parece nos reservar.

A primeira, no âmbito do indivíduo, é a **Accountability**. Isso passa a ser um requisito cada vez mais essencial. Dentro da organização, o colaborador precisa ser parte ativa de sua cultura, não somente atendendo, mas tomando para si os princípios e valores na gestão e na tomada de decisões. Fora da organização, as conexões pessoal-profissional são cada vez mais próximas, sendo quase impossível separá-las. Sob esse aspecto, as organizações procuram benefícios cada vez mais atrativos, levando em consideração as necessidades pessoais dos colaboradores, falando de saúde mental, violência doméstica, racismo etc. Como uma troca justa, espera-se dos colaboradores que eles compreendam o posicionamento da organização na sociedade, observando seus comportamentos, suas ações e tudo aquilo que externalizam mesmo fora do ambiente de trabalho, considerando que o funcionário é uma extensão da empresa, e ela será cobrada por isso.

Hoje, recorrentemente vemos, partindo dos consumidores e até mesmo de não consumidores, a inspeção e a exigência de atitudes a serem tomadas pelas empresas em decorrência de colaboradores que tenham ferido preceitos ambientais e sociais tidos como valores e princípios das empresas. Isso, independentemente do horário de trabalho, do dia da semana ou do local do fato.

Essa governança humana é a mais difícil de ser realizada e está intrinsecamente ligada não apenas à gestão de pessoas, mas também a fatores sobre os quais não temos controle – e por isso é preciso reforço constante e treinamentos –, como a ética e a transparência. Aqui, aproveitamos a oportunidade para ressaltar o tamanho da importância do perfil do colaborador alinhado à empresa. Isso facilita, e muito, o trabalho dessa Governança.

Afinal, qual o maior medo das empresas atualmente senão a exposição de algum erro pelos seus *stakeholders*?!

É possível que, em breve, essa autogovernança seja cada vez mais popular, por, pelo menos, duas razões: (i) a geração alinhada a seu propósito e crítica às ações e inações não empregará esforços de trabalho em algo/alguém em que(m) não acredita, portanto, naturalmente, se autogovernará em prol disso (do que crê), perseguindo o propósito; e (ii) essa mesma geração não consumirá algo/alguém em que(m) ela não acredita. Nesse caso, é necessário fornecedores que acreditam no que fazem, o que nos leva de volta ao item (i), pois é o perfil de colaborador cada dia mais cobiçado.

Sob o segundo aspecto de Governança, mais reconhecido e associado ao G, falamos do **cumprimento de regras do negócio**, inerentes e impostas pelos reguladores, legisladores e, às vezes, pela própria organização. O Brasil, por ser um país no qual existe uma cultura altamente regulamentadora, tem como costume quase natural que surjam cada vez mais normas sobre assuntos em evidência. Esse perfil tipicamente brasileiro vem da insegurança jurídica (adepto assíduo da *civil law*).

Podemos falar, por exemplo, do Código Ambiental, visando proteger as dinâmicas biológicas, físicas e químicas que criam condições e mantêm a vida na Terra, assim como a regulamentação do Mercado de Carbono, para tentar nos resguardar das emissões. Ou da Lei Geral de Proteção de Dados, que, inspirada pela GDPR, por sua vez, influenciada pelo caso *Cambridge Analytics*, faz nascer a autodeterminação informativa como direito fundamental no Brasil.

Mas será que essa "onda" *ESG* vai passar com o tempo?

Para responder a isso, é preciso enxergar além da nomenclatura, que veio a se popularizar recentemente.

Observe que, quando falamos de Direitos Humanos, Aquecimento Global, Equidade de Oportunidades no Mercado de Trabalho, Distribuição de Renda (Cotas Sociais e Raciais), entre tantas outras situações, também estamos falando de *ESG*. Quando criamos leis que regulam a proteção contra a lavagem de dinheiro e a corrupção, o que queremos evitar é uma série de ações que, no fim, vão desencadear em prejuízos a várias camadas da sociedade, como a saúde pública, a educação, a proteção e a vida digna. Até mesmo o Sistema Financeiro, que notoriamente visa à lucratividade, tem uma enorme responsabilidade social e ética. Por isso, é um dos setores mais regulados do mundo, e seus participantes precisam estar cada vez mais engajados com essas causas. Note que não há maneira de desvincular nenhuma ação que, minimamente, toque o Ser Humano do escopo *ESG*.

Em decorrência disso, a maior dificuldade da Governança ES é que o *ESG* está em todos os lugares, por isso não temos um "Código" que compile todas as regras que deveríamos seguir. Ela não se restringe somente à escrita da norma, mas vincula-se a um objetivo maior que está fundamentado, sobretudo, no **direito à vida**. Há muitas leis esparsas que servem como norteadores para o convívio em sociedade, como a própria Constituição Federal da República Federativa do Brasil, e, portanto, o "ES" aparecerá em todos os lugares, mesmo quando não estivermos explicitamente falando dele. Por essa razão, como os temas são indissociáveis, lá também estará o "G".

A eterna vigilância nos mostra que a melhor Governança não é "estar *ESG*" (correr atrás de se adaptar a todas as regras assim que elas surgem), e sim "ser *ESG*" (transformar-se a ponto de que tudo que nasça da organização – e de nós –, como produtos, serviços, ações, campanhas etc., já tenha *ESG* em seu berço). A questão é, sobretudo, cultural. Deve estar no âmago da empresa, representada por cada indivíduo colaborador. O maior sucesso de uma área *ESG* é se tornar inútil.

E qual deveria ser o papel das organizações dentro desse contexto? A pergunta é complexa e a resposta não é óbvia – mas iremos simplificá-la por meio da palavra "pontes". Nós, executivos e tomadores de decisão, precisamos criar e liderar estratégias socioambientais que estejam genuinamente conectadas ao *core* do negócio e que tenham como objetivo o impacto positivo de longo prazo e o valor compartilhado com todo ecossistema do qual a empresa faz parte. Todos da organização precisam estar comprometidos com esse valor e essa diretriz de negócio, desde o CEO e a alta liderança, por meio de metas compartilhadas com um objetivo comum, até áreas bases de operação e cadeia de fornecedores com incentivos para reconhecer e engajá-los rumo aos melhores resultados socioambientais também comuns. Esse movimento das empresas precisa ser intencional para garantir a consistência, porque, se a "A cultura come a estratégia no café da manhã", frase atribuída a Peter Drucker, ela precisa comer também o *ESG* todo dia e a todo momento, tanto estruturalmente quanto nas suas relações humanas e de negócio.

As áreas Jurídica e de *Compliance* têm um papel superimportante nesse processo como alicerce e governança da estratégia. Uma vez envolvidas desde o início, as áreas mencionadas podem assegurar a conformidade das iniciativas, mitigando riscos à reputação e à imagem da empresa.

Desse modo, os responsáveis por liderar as frentes de *ESG* não devem enxergar essas áreas como "burocráticas", mas sim como viabilizadores do negócio e parceiros no cumprimento dessas metas e desses desafios. Por outro lado, os integrantes dessas áreas pares precisam se entender também como agentes essenciais da execução dessa responsabilidade, atuando como mitigadores de riscos e comunicadores das diretrizes regulatórias.

Um passo essencial para desenvolver Jurídicos e *Compliances* do futuro, especialmente quando falamos de organizações lineares, é que cada vez mais essas equipes utilizem de fato o princípio da juridicidade sob o viés do particular, dispostas a ajudar a criar e inovar de maneira positiva, e abandonem a legalidade estrita da administração pública, muitas vezes aplicada em direito privado por conservadorismo ainda típico desses times.

Assim, tomando para si o compromisso *ESG*, em vez do restrito "pode" ou "não pode", esses setores partirão para o "como fazer e gerar impacto positivo", deixando de ser percebidos como "gargalos" dessas ações e passando a integrá-las de maneira ambiciosa pelos outros componentes decisórios. Os reguladores e legisladores são componentes que impulsionam as mudanças a "fórceps". Cabe lembrar, por sua vez, que eles são representantes dos interesses públicos, por vezes frutos de longos debates e movimentos civis. Portanto, o Jurídico como base do pilar Governança não deve ser percebido como mero "suporte" da empresa, mas sim como um vetor da efetivação dos interesses da empresa ao encontro dos interesses de transformação e também de evolução da sociedade.

EIXO VI
OPS: PARA ALÉM DE *LEGAL*

Uma das várias atribuições de *Legal Ops* pode ser "estabelecer processos comerciais que permitam ao Jurídico atender seus clientes de forma mais efetiva e eficaz". Mas, se retirarmos o "Jurídico" da frase, parece uma área de Operações comum, não? Vire a página e compreenda como as outras estruturas da organização estão atuando.

HR Ops

Mariana Macedo Gaida[1]

Em um mundo em que a velocidade da inovação e a capacidade de adaptação definem os líderes de mercado, o setor jurídico encontra-se em uma encruzilhada também nas Operações de Recursos Humanos (*HR Operations* ou *HR Ops*). A transformação digital, há muito tempo vista como um mero complemento às práticas tradicionais, agora emerge como o cerne de uma nova era: operações que demandam agilidade e eficiência, mas que, por muitas vezes, esbarram em obstáculos regulatórios e leis trabalhistas. Nesse cenário revolucionário, as *HR Ops* assumem um papel protagonista, não mais como função de suporte, mas como motor estratégico para realmente promover mudanças significativas.

O desafio que se coloca é monumental, mas também repleto de oportunidades. Como podemos repensar as *HR Ops* para que não apenas acompanhem, mas impulsionem a transformação exponencial no setor empresarial? Este artigo não busca ser mais um tratado acadêmico sobre o tema, mas sim um convite à reflexão e ao debate. Aqui, exploraremos ideias inovadoras e provocativas, com o objetivo de desencadear uma discussão propositiva sobre como a inovação pode reformular as operações de RH para criar organizações mais ágeis, inclusivas e adaptativas.

Estamos à beira de uma nova fronteira, em que as práticas jurídicas se encontram com as operações exponenciais, desafiando nossas concepções tradicionais de gestão e liderança. A questão não é mais se devemos mudar, mas como podemos fazer essa transformação de maneira eficaz[2]. Este artigo é um convite para explorar esse "como", mergulhando nas possibilidades que a era digital oferece ao mundo legal, especialmente por meio de uma visão transformada das *HR Ops*. Vamos juntos desvendar esse caminho,

---

[1] Especialista em Gestão de Pessoas com foco em RH para *Startups* e Mercado de Tecnologia, LinkedIn Top Voice, Mentora de Carreiras e Host no Podcast "Meu Time". Experiência de 12 anos liderando projetos, automação de processos e implementação de estratégias alinhadas ao mercado de Tecnologia. Autora do livro *O papel do RH em fusões e aquisições*. Pesquisadora e Palestrante sobre o Futuro do Trabalho.

[2] ISMAIL, Salim; MALONE, Michael S.; VAN GEEST, Yuri. *Organizações exponenciais*: por que elas são 10 vezes melhores, mais rápidas e mais baratas que a sua (e o que fazer a respeito). Rio de Janeiro: Alta Books, 2014.

provocando um debate que nos leve a repensar não apenas nossas operações, mas o futuro do setor como um todo.

DESAFIOS ATUAIS NAS *HR OPS*

As Operações de Recursos Humanos (*HR Ops*) enfrentam um momento de intensa transformação, pressionadas por uma conjuntura global que exige adaptação rápida e eficiente. Esse cenário não é exclusivo de qualquer setor, mas ganha contornos específicos quando conectado às exigências regulatórias e trabalhistas, especialmente em contextos altamente regulamentados, como o Jurídico[3]. Os desafios são multifacetados e requerem uma abordagem inovadora para serem superados.

Em primeiro lugar, o ambiente regulatório está em constante evolução, com leis trabalhistas e normas de *compliance* sendo atualizadas para refletir as novas realidades do trabalho, incluindo questões de trabalho remoto, flexibilidade de horários e bem-estar dos colaboradores. As *HR Ops* devem não apenas acompanhar essas mudanças, mas antecipá-las, garantindo que as organizações permaneçam em conformidade enquanto promovem um ambiente de trabalho positivo e produtivo. Essa capacidade de predizer tendências está altamente conectada com as competências analíticas de um setor, que, até poucos anos atrás, estava focado e direcionado ao curto prazo e às demandas rotineiras.

A habilidade da análise de dados e do prenúncio de tendências apresenta tanto oportunidades quanto desafios. A implementação de sistemas de gestão de RH (*Human Resource Management Systems* – HRMS), por exemplo, oferece meios para otimizar processos e melhorar a eficiência. No entanto, isso também implica em desafios relacionados à segurança de dados e privacidade, especialmente sob regulamentações rigorosas, como o GDPR, na Europa, e a LGPD, no Brasil. As *HR Ops* precisam, portanto, equilibrar a inovação tecnológica com a gestão de riscos associados à proteção de dados dos funcionários.

A transformação cultural é outro grande desafio. As *HR Ops* estão no centro da promoção de uma cultura organizacional que valorize a diversidade, a inclusão e a equidade. Isso envolve não apenas a implementação de políticas formais, mas também a criação de um ambiente no qual todos os colaboradores se sintam valorizados e capazes de contribuir com seu máximo potencial, o que comumente chamamos de *senso de pertencimento*. A resistência à mudança é uma barreira significativa, exigindo das *HR Ops* habilidades não apenas técnicas, mas também de liderança e gestão de mudanças.

Finalmente, o equilíbrio entre a automação e a humanização das *HR Ops* é um desafio contínuo. Por um lado, a automação de processos pode liberar os profissionais de RH para se concentrarem em tarefas de maior valor, como estratégias de engajamento dos colaboradores e desenvolvimento de talentos. Por outro lado, é crucial manter um toque humano nas interações com os colaboradores, especialmente em questões sensíveis relacionadas a

---

[3] SCHWAB, Klaus. *A Quarta Revolução Industrial*. São Paulo: Edipro, 2016.

desempenho, saúde mental e desenvolvimento de carreira. Transformar as pessoas em números tem um tom pejorativo, mas pode nos dar amplas vantagens de remover subjetividade em processos como seleção e avaliação de performance dos profissionais.

Diante desses desafios, as *HR Ops* precisam ser visionárias, adaptativas e resilientes. A chave para o sucesso não está apenas em responder às exigências do presente, mas em antecipar as necessidades do futuro, conduzindo as organizações por um caminho sustentável de crescimento e inovação. Este é o novo paradigma das *HR Ops*: serem agentes de transformação que equilibram competências técnicas com a sensibilidade humana, impulsionando não apenas o cumprimento das normas regulatórias e trabalhistas, mas também a criação de organizações mais humanas, éticas e eficazes.

PRINCÍPIOS DAS OPERAÇÕES EXPONENCIAIS APLICADOS ÀS *HROPS*

Na era das transformações rápidas e impactantes, as Operações de Recursos Humanos (*HR Ops*) encontram-se no centro da adoção de princípios exponenciais, essenciais para o crescimento e a sustentabilidade das organizações modernas. Esses princípios, quando aplicados às *HR Ops*, podem catalisar uma mudança profunda na forma como as organizações atraem, retêm e desenvolvem talentos, garantindo ao mesmo tempo agilidade, inovação e uma cultura organizacional robusta. Vamos explorar alguns desses princípios exponenciais e como eles podem ser aplicados às *HR Ops* para transformar as operações de RH em motores de crescimento exponencial.

1) PROPÓSITO TRANSFORMADOR MASSIVO (PTM)

O PTM serve como bússola norteadora para as organizações, guiando não apenas a estratégia de negócios, mas também a cultura e as práticas de RH. As *HR Ops* podem utilizar o PTM para inspirar e motivar os colaboradores, valorizando e reconhecendo os objetivos individuais, mas inspirando cada membro do time para alinhá-los com os resultados esperados pela organização. Isso envolve a criação de programas de desenvolvimento que reforcem o PTM e a integração desse propósito nos processos de recrutamento, seleção e avaliação de desempenho, assegurando que todos na organização estejam comprometidos com uma visão comum.

2) AUTONOMIA E DESCENTRALIZAÇÃO

A autonomia e a descentralização permitem que as equipes operem com maior flexibilidade e responsabilidade, características essenciais para a inovação e a adaptação rápida às mudanças do mercado[4]. Nas *HR Ops*, isso pode ser traduzido na delegação de decisões de RH para líderes de equipe e no empoderamento dos colaboradores por meio de políticas de

---

[4] LALOUX, Frederic. *Reinventando as organizações*. Curitiba: Voo, 2015.

trabalho flexíveis. Implementar estruturas menos hierárquicas e promover uma cultura de confiança e transparência são passos fundamentais para alcançar esse objetivo.

No cenário pós-pandemia, a flexibilidade no vínculo de trabalho tornou-se um elemento fundamental para as organizações que buscam adaptar-se às novas expectativas dos colaboradores e às dinâmicas do mercado. A transição forçada para modelos de trabalho remoto e híbrido destacou que a produtividade e a inovação podem prosperar fora dos ambientes tradicionais de escritório, ao mesmo tempo que atendem ao desejo dos colaboradores por um melhor equilíbrio entre vida pessoal e profissional. Incorporar essa flexibilidade nas práticas de *HR Ops* não apenas responde às demandas atuais, mas estabelece uma fundação para uma cultura organizacional mais adaptativa e resiliente, crucial para navegar com sucesso na complexidade do mundo moderno.

3) USO DE TECNOLOGIAS EMERGENTES

A adoção de tecnologias emergentes, como Inteligência Artificial (IA), análise de dados e automação, pode otimizar as operações de RH, desde o recrutamento e a seleção até o desenvolvimento de talentos e a gestão de desempenho. As *HR Ops* devem explorar essas tecnologias para personalizar a experiência dos colaboradores, melhorar a eficiência dos processos de RH e obter *insights* profundos sobre as necessidades e o comportamento dos colaboradores. A chave é equilibrar a inovação tecnológica com a sensibilidade às questões éticas e de privacidade.

4) ADAPTABILIDADE E APRENDIZADO CONTÍNUO

Em um ambiente de negócios que muda constantemente, a capacidade de adaptação e o aprendizado contínuo são vitais. As *HR Ops* podem fomentar uma cultura de aprendizado contínuo, incentivando os colaboradores a desenvolverem novas habilidades e competências que estejam alinhadas com as necessidades futuras da organização, ao mesmo tempo que incentivam e estimulam seu crescimento profissional e desenvolvimento para que se tornem referências em suas áreas de atuação. Isso pode ser alcançado por meio de programas de desenvolvimento profissional, plataformas de aprendizagem *online* e iniciativas de mentoria, garantindo que a força de trabalho esteja preparada para os desafios futuros.

5) EXPERIMENTAÇÃO E INOVAÇÃO

Fomentar um ambiente onde a experimentação é encorajada e o fracasso é visto como uma oportunidade de aprendizado é fundamental para a inovação. Ao mesmo tempo, não se deve esquecer que uma melhor utilização de recursos é essencial para que a eficiência seja garantida. Como brilhantemente citado por Paulo Camargo, "podemos errar, mas devemos acertar mais do que errar". Essa é uma boa forma de enxergar as oportunidades de tentar novas ferramentas em ambientes de inovação, mas não perder o foco da gestão dos recursos disponíveis. As *HR Ops* podem liderar pelo exemplo, implementando programas piloto para novas práticas de trabalho, políticas de RH e tecnologias emergentes. O *feedback* contínuo dos colaboradores deve ser utilizado para ajustar e melhorar essas iniciativas, promovendo uma cultura de melhoria contínua e inovação aberta.

Ao aplicar esses princípios exponenciais, as *HR Ops* podem transformar significativamente as práticas de RH, criando organizações mais ágeis, inovadoras e adaptáveis. Esse é o caminho para não apenas sobreviver, mas prosperar na era exponencial, garantindo que as organizações sejam capazes de enfrentar os desafios de hoje e se antecipar às oportunidades de amanhã.

CASOS DE SUCESSO

No mercado brasileiro, especialmente no setor de tecnologia, à qual venho me dedicando nos últimos 10 anos, várias organizações têm se destacado por aplicar os princípios das operações exponenciais em suas *HR Ops*, alcançando resultados notáveis. Esses casos de sucesso ilustram como a adoção de estratégias inovadoras em RH pode impulsionar o crescimento, a eficiência e a satisfação dos colaboradores. Aqui, exploraremos alguns exemplos emblemáticos que podem servir de inspiração para empresas em busca de transformação em suas práticas de RH.

1) NUBANK: REVOLUCIONANDO A EXPERIÊNCIA DO COLABORADOR COM CULTURA E TECNOLOGIA

O Nubank, um dos unicórnios brasileiros no setor de tecnologia financeira, é conhecido por sua cultura organizacional centrada no colaborador e na inovação constante. A empresa emprega uma abordagem de RH que prioriza a autonomia, o desenvolvimento profissional contínuo e a inclusão. Utilizando tecnologia de ponta, o Nubank personaliza a experiência de trabalho para atender às necessidades individuais de sua equipe, ao mesmo tempo que mantém um ambiente de trabalho colaborativo e inovador. Sua capacidade de atrair e reter talentos em um mercado competitivo é largamente atribuída a essas práticas, demonstrando o impacto positivo de uma estratégia de RH alinhada com os princípios exponenciais[5].

2) IFOOD: INOVAÇÃO E FLEXIBILIDADE NO TRABALHO

O iFood, líder no mercado de *delivery* de alimentos na América Latina, destaca-se pela sua abordagem flexível e inovadora nas operações de RH. A empresa adotou modelos de trabalho híbridos antes mesmo da pandemia, mostrando capacidade de adaptação e de previsão excepcional. Além disso, o iFood investe fortemente em treinamento e desenvolvimento, utilizando plataformas de aprendizado *online* para garantir que seus colaboradores estejam sempre à frente das tendências do mercado. A cultura do iFood, que encoraja a

---

[5] MORGAN, Jacob. *The Future of Work*: Attract New Talent, Build Better Leaders, and Create a Competitive Organization. Wiley, 2014.

experimentação e o aprendizado a partir de falhas, tem sido fundamental para sustentar sua trajetória de crescimento e inovação.

3) MAGAZINE LUIZA: TRANSFORMAÇÃO DIGITAL E HUMANIZAÇÃO

Embora não seja uma empresa nativa do setor de tecnologia, o Magazine Luiza é um exemplo emblemático de transformação digital no varejo brasileiro, com ênfase especial na humanização das práticas de RH. A empresa implementou uma série de iniciativas de RH voltadas para a diversidade e a inclusão, bem como programas de desenvolvimento de liderança que enfatizam a importância da empatia e do suporte ao crescimento individual. Ao integrar tecnologias digitais com uma forte cultura organizacional focada no bem-estar dos colaboradores, o Magazine Luiza conseguiu uma posição de destaque no mercado brasileiro, demonstrando como a inovação em RH pode ser um poderoso diferencial competitivo.

4) TOTVS: FOCO NO DESENVOLVIMENTO CONTÍNUO E NA INOVAÇÃO

A Totvs, líder no desenvolvimento de *software* de gestão no Brasil, incorpora a inovação em seu DNA, refletindo essa mentalidade em suas práticas de RH. A empresa investe significativamente em programas de treinamento e desenvolvimento, oferecendo aos seus colaboradores amplas oportunidades de crescimento profissional. A Totvs também se destaca pela sua cultura de *feedback* contínuo e pelo uso de tecnologias emergentes para otimizar os processos de RH, garantindo que a gestão de talentos esteja sempre alinhada com as necessidades do negócio e as últimas tendências do mercado.

Esses casos de sucesso no mercado brasileiro de tecnologia demonstram o impacto transformador que os princípios das operações exponenciais, quando aplicados às *HR Ops*, podem ter. Essas empresas, ao colocarem as **pessoas no centro da estratégia**, promoverem a inovação e se adaptarem rapidamente às mudanças do mercado, não apenas prosperam em seus respectivos setores, mas também estabelecem novos padrões para o que significa ser uma organização exponencial no século XXI.

A inspiração para a análise desses casos pode ser complementada por *insights* gerais sobre inovação e gestão encontrados nos artigos da *Harvard Business Review* e nos relatórios de instituições como Gartner, McKinsey & Company e Deloitte, referenciados neste artigo.

CONCLUSÃO

À medida que finalizamos nossa jornada exploratória pelas transformações nas *HR Ops*, guiados pelos princípios das operações exponenciais e iluminados pelos casos de sucesso no vibrante mercado de tecnologia brasileiro, uma questão se destaca como um farol para o futuro: *como podemos, coletivamente, avançar além das práticas tradicionais de RH para cultivar organizações verdadeiramente exponenciais?*

Este artigo buscou não apenas apresentar ideias e estratégias inovadoras, mas também provocar um debate propositivo sobre o papel das *HR Ops* na redefinição dos contornos do ambiente de trabalho moderno. As histórias de sucesso de organizações como Nubank, iFood, Magazine Luiza e Totvs nos inspiram a questionar o *status quo* e a imaginar novas possibilidades para o futuro do trabalho.

A transformação é um esporte de equipe que requer a participação ativa de todos os *stakeholders* dentro de uma organização. Portanto, convido você – profissional de RH, líder de negócios, colaborador inovador – a se engajar em um diálogo aberto e construtivo. Como podemos, juntos, desenhar um futuro do trabalho que seja não apenas produtivo, mas também inclusivo, adaptativo e profundamente humano?

Algumas questões para fomentar esse debate incluem:

- *Como podemos equilibrar a autonomia dos colaboradores com a necessidade de coesão e alinhamento organizacional?*
- *De que maneira a tecnologia pode ser empregada para amplificar, e não substituir, as interações humanas no local de trabalho?*
- *Quais estratégias concretas podemos adotar para garantir que nossas práticas de RH promovam verdadeiramente a diversidade e a inclusão?*
- *Como as organizações podem criar culturas de aprendizado contínuo que capacitem os colaboradores a evoluir constantemente em suas carreiras?*

A era exponencial nos desafia a repensar não apenas o que fazemos, mas **como** e **por que** o fazemos. Ao abraçar a incerteza e a complexidade do mundo moderno, as *HR Ops* têm a oportunidade única de liderar pelo exemplo, demonstrando como a adaptabilidade, a inovação e a empatia podem coexistir em harmonia.

Que este artigo sirva como ponto de partida para uma conversa mais ampla e profunda sobre o futuro do trabalho. Juntos, podemos desbravar novos caminhos, superar os desafios e construir organizações que não apenas prosperem, mas também enriqueçam a vida de todos os seus membros. O futuro das *HR Ops* é brilhante e repleto de possibilidades – cabe a nós moldá-lo.

REFERÊNCIAS

ISMAIL, Salim; MALONE, Michael S.; VAN GEEST, Yuri. *Organizações exponenciais:* por que elas são 10 vezes melhores, mais rápidas e mais baratas que a sua (e o que fazer a respeito). Rio de Janeiro: Alta Books, 2014.

LALOUX, Frederic. *Reinventando as organizações.* Curitiba: Voo, 2015.

MORGAN, Jacob. *The Future of Work:* Attract New Talent, Build Better Leaders, and Create a Competitive Organization. Wiley, 2014.

PINK, Daniel H. Drive: *The Surprising Truth About What Motivates Us.* Riverhead Books, 2011.

SCHWAB, Klaus. *A Quarta Revolução Industrial.* São Paulo: Edipro, 2016.

Privacy Ops

Luisa Abreu Dall'Agnese[1]
Rafael Marques Silva[2]

A entrada em vigor da Lei Geral de Proteção de Dados Pessoais (LGPD) marcou a transição na abordagem à privacidade e à proteção de dados pessoais no Brasil. Os profissionais da área vivenciaram a transformação de projetos isolados e estáticos de adequação que visavam apenas capturar uma "fotografia" da situação atual da empresa no momento do projeto, para uma abordagem mais dinâmica, abrangente e contínua. Essa mudança de paradigma reconhece que a conformidade com a LGPD não é uma meta estática a ser alcançada uma vez, mas sim um processo contínuo e em evolução.

Diante desse cenário, emergem os seguintes questionamentos: **(i) Qual o propósito que guia o programa de privacidade?** e **(ii) Como podemos evidenciar o valor agregado à organização por meio da implementação das melhores práticas de privacidade?** Compreendemos que as soluções para essas indagações estão intrinsecamente ligadas à definição de métricas precisas e à efetiva operacionalização do programa de privacidade, que exploraremos neste artigo sob a denominação de *Privacy Ops*.

A evolução do projeto ao programa de privacidade implica não apenas compreender os processos de tratamento dos dados pessoais, de desenvolvimento dos planos de mitigação de riscos e de cumprimento dos requisitos legais. É também uma mudança de mentalidade, exigindo uma visão holística que permeia todos os aspectos do funcionamento da empresa.

---

[1] Bacharel em direito pela Universidade do Vale do Itajaí – UNIVALI, especialista em direito digital pela Fundação Getulio Vargas, pós-graduada em Direito Empresarial pelo Insper e LL.M candidate em Technology Law & Policy na Universidade de Georgetown. Detentora de certificações internacionais de privacidade, fellow do Internet Law & Policy Foundry, voluntária na ONG Juventude Privada e Vice-Presidente da Georgetown Brazilian Law Association – BrazLA. Advogada com atuação em direito digital, privacidade, proteção de dados e propriedade intelectual, atualmente consultora especialista no Banco Interamericano de Desenvolvimento – BID em Washington, D.C.

[2] Advogado especializado em Direito Empresarial, Direito Digital, Privacidade e Proteção de Dados Pessoais, com certificações CIPM e CDPO/BR. Professor convidado em cursos de Pós-graduação em Direito Digital, Proteção de Dados e Inteligência Artificial. Coordenador do curso Privacy Operations na Future Law. Atualmente cursando MBA em Data Science e Analytics na USP/Esalq. Membro da Comissão de Direito Digital da OAB SP, membro da Forbes BLK e host do Flycast.

Nesse contexto, é crucial identificar, definir e medir de maneira precisa e específica quais serão os produtos e entregáveis do programa. Essa definição não apenas estabelece os fundamentos do programa, mas também é o ponto de partida para uma jornada que não será estática, mas, sim, flexível o suficiente para se adaptar às mudanças regulatórias, tecnológicas e organizacionais.

Para integrar as operações de privacidade de maneira eficaz ao *Privacy Ops*, é essencial uma reflexão profunda sobre os fundamentos do projeto de adequação. Por meio desta, podemos começar a responder à primeira pergunta apresentada neste artigo: **(i) Qual o propósito que guia o programa de privacidade?** Entendemos que saber demonstrar o propósito verdadeiro por trás da elaboração do programa de privacidade garante o alinhamento de expectativas e orienta todas as etapas do processo de implementação. Para isso, faz-se necessário ter visibilidade do ponto de origem do programa, e as **avaliações de maturidade**[3] são ótimas ferramentas que auxiliam na realização de uma autoavaliação. Tais avaliações podem ser tanto focadas apenas nos aspectos requeridos pela lei, como também podem ser mais abrangentes, incluindo, por exemplo, categorias e controles de *frameworks*, como o NIST, o ISO 27.001 e o COBIT.

Complementarmente, sugerimos a realização de uma análise **SWOT**[4] ao *Privacy Ops*, pois essa ferramenta viabiliza um mapeamento claro das **forças, fraquezas, oportunidades e ameaças**, indicando a possibilidade de melhorias com base na visão clara e realista do programa de privacidade, auxiliando na tomada de decisões estratégicas, no direcionamento da equipe, no alinhamento junto aos *stakeholders* e no comprometimento da alta liderança com o sucesso do programa. Tal processo não apenas guia os caminhos para a melhoria contínua, como também consolida a estrutura sobre a qual o programa de privacidade se desenvolve e evolui de forma sustentável.

Após compreender a fundação do programa de privacidade e definir o caminho a ser percorrido, o alinhamento junto ao negócio e aos *stakeholders* críticos ao programa devem ser executados. Previamente à iniciação de projetos, destacamos a importância de analisar especificamente como queremos impactar cada uma das partes envolvidas. Nesse sentido,

---

[3] A *Information Commissioner's Office* – ICO do Reino Unido disponibilizou um *Accountability Framework Assessment*, que auxilia as organizações a avaliarem o seu nível de *compliance* diante das expectativas da Autoridade, e também um *Accountability Tracker*, documento em formato Excel que pode ser baixado e adaptado à LGPD. Ambos disponíveis em: https://ico.org.uk/gdpr-guidance-and-resources/accountability-and-governance. Também, o escritório Prado Vidigal Advogados desenvolveu para o *NIST* um *framework* "LGPD Crosswalk", em que foram mapeados elementos da LGPD que se enquadram em alguma subcategoria ou controle na subcategoria do *NIST Core*. Disponível em: https://www.nist.gov/lgpd-crosswalk-prado-vidigal-advogados.

[4] A Análise SWOT, também conhecida como *Matriz FOFA*, é uma ferramenta simples que auxilia no levantamento dos fatores internos e externos que afetam o seu negócio de modo positivo ou negativo. As letras que formam o acrônimo são tomadas das iniciais das palavras *Strengths* (Forças), *Weaknesses* (Fraquezas), *Opportunities* (Oportunidades) e *Threats* (Ameaças), compondo quatro quadrantes para posicionamento de cada fator considerado importante para o negócio (ANÁLISE SWOT (FOFA): O que é, importância e como fazer. *FIA Business School*, set. 2023. Disponível em: https://fia.com.br/blog/analise-swot. Acesso em: 6 mar. 2024).

rememoramos a definição clássica da Teoria de *Stakeholder*, que é "qualquer grupo ou indivíduo que pode afetar ou ser afetado pelo alcance dos objetivos da organização".[5] O **Modelo de Classificação de *Stakeholders*** [6] pode ser um grande aliado para identificar e classificar os *stakeholders* com base no seu nível de influência e interesse em relação às atividades do programa e decisões da organização. Independentemente do volume de partes que estarão direta ou indiretamente envolvidas e/ou impactadas pelo programa de privacidade, o que buscamos destacar é a importância de realizar uma gestão efetiva e contínua.

Desenvolver relacionamentos sólidos, inspirar e instigar seus *stakeholders* são pontos essenciais para o sucesso do programa. É por meio dessas conexões e do engajamento ativo que se constrói uma base sólida para a confiança mútua e a colaboração produtiva. Ao priorizarmos uma abordagem centrada nas pessoas, garantimos não apenas a conformidade legal, mas também uma cultura organizacional orientada à privacidade e à proteção de dados.

Como alternativa, os ***Objective and Key Results* (OKRs)**[7] constituem um ótimo *framework* para representar uma abordagem dinâmica e orientada para resultados que não só facilita a definição e o acompanhamento de metas em diversos níveis da organização, como também impulsiona a colaboração e o engajamento dos colaboradores. Ao promover um ambiente centrado em objetivos claros e mensuráveis, os OKRs não apenas aumentam a eficácia operacional, mas também estimulam o crescimento pessoal e profissional dos membros da equipe. Dessa forma, os OKRs emergem como uma alternativa promissora para impulsionar o sucesso organizacional de maneira holística e sustentável, ao mesmo tempo que promove o alinhamento entre os objetivos do negócio e do programa de privacidade.

Após identificar o propósito, as fortalezas e os desafios do programa, bem como seus *stakeholders*, é necessário definir qual o resultado esperado do programa de privacidade em desenvolvimento. Isso porque a ausência de conhecimento dos resultados esperados nos leva à frase de *Alice no País das Maravilhas*, escrito por Lewis Carroll, que diz: **"se você não sabe**

---

[5] FREEMAN, R. Edward. *Gestão estratégica:* uma abordagem baseada nos *stakeholders*. Trad. Idalberto Chiavenato. 2. ed. São Paulo: Atlas, 2002.

[6] O modelo de R. Keith Mitchell, Bradley R. Agle e Douglas J. Wood divide os *stakeholders* em quatro categorias, com base em seus níveis de influência e interesse nas atividades da organização. A primeira categoria inclui os *stakeholders* de alto poder e alto interesse, que são aqueles com alta influência sobre a organização e um forte interesse em suas operações. A segunda categoria abrange os de alto poder e baixo interesse, ou seja, aqueles que possuem alta influência sobre a organização, mas têm um interesse limitado em suas atividades. Os *stakeholders* de baixo poder e alto interesse constituem a terceira categoria, esses, apesar de sua baixa influência sobre a organização, possuem um interesse significativo em suas atividades. Por fim, os *stakeholders* de baixo poder e baixo interesse compõem a última categoria, representando aqueles com pouca influência sobre a organização e um interesse limitado em suas atividades (MITCHELL, R. K.; AGLE, B. R.; WOOD, D. J. Toward a Theory of Stakeholder Identification and Salience. *Academy of Management Review*, v. 22, n. 4, p. 853-886, 1997).

[7] A sigla OKR é um acrônimo de *Objectives and Key Results*, que, em português, significa "Objetivos e Resultados-Chave". É uma estrutura de definição de metas que auxilia as organizações a definirem objetivos e acompanharem os resultados. Os OKRs têm duas partes importantes: o objetivo que você deseja alcançar e os resultados-chave, que são a forma como você mede o alcance do objetivo. Um objetivo normalmente é seguido por duas a três declarações de resultados-chave (O QUE são OKRs e como implementar esse método em seu trabalho. *Conexão PUC Minas*, set. 2023. Disponível em: https://conexao.pucminas.br/blog/dicas/o-que-sao-okrs/. Acesso em: 5 mar. 2024).

para onde está indo, qualquer caminho serve", ou seja, precisamos tomar decisões conscientes e evidenciar de maneira inequívoca os efeitos negativos decorrentes da falta de um programa de privacidade claramente definido. Isso requer a implementação de um *framework* adaptável e personalizado, alinhado com as características específicas e tolerância ao risco da sua organização. Ademais, é crucial evitar sobrecarregar processos e projetos devido à implementação do *Privacy Ops*. Nesse sentido, vale recordar a famosa citação de Peter Drucker: **"Não há nada tão inútil quanto fazer eficientemente aquilo que não deveria ser feito"**. A gestão dos dados pessoais não tem a intenção de dificultar o tratamento das informações, pelo contrário, a LGPD tem como um de seus fundamentos promover o desenvolvimento econômico, tecnológico, e a inovação. Desse modo, para garantir a eficiência dos programas de privacidade, a implementação de iniciativas de *Privacy Ops* mostra-se essencial, pois, sabendo **"onde se está" e "onde se quer chegar"**, **evitam-se desperdícios de recursos e retrabalhos desnecessários.**

Isso posto, caminhamos juntos ao segundo questionamento apresentado na introdução deste artigo: **(ii) Como podemos evidenciar o valor agregado à organização por meio da implementação das melhores práticas de privacidade?** Para responder a essa indagação de maneira abrangente e significativa, é crucial explorar os diversos benefícios tangíveis e intangíveis que as práticas de privacidade eficazes podem proporcionar à organização e aos seus *stakeholders*. Vamos agora examinar mais detalhadamente esses pontos-chave e mais adiante apresentar uma sugestão de *framework* englobando todos os pontos aqui contemplados.

Majoritariamente, a discussão do mercado gira em torno da necessidade de o negócio integrar a privacidade em suas estratégias, atividades e operações. Aqui, nós queremos provocar o contrário, explorando como o programa de privacidade pode ser integrado de maneira orgânica e sinérgica ao núcleo do negócio. Em vez de considerar a privacidade como um aspecto externo a ser incorporado, defendemos uma abordagem que a posiciona como parte intrínseca e inseparável das operações e dos valores fundamentais da organização. Para isso, é imprescindível compreender em detalhes o modelo de negócio de sua organização, o que não apenas simplificará o processo de conscientização e engajamento dos envolvidos, mas permitirá uma integração mais eficaz das práticas de privacidade em todas as áreas operacionais. Ao entender como as **diferentes partes do negócio interagem e dependem dos dados pessoais, é possível identificar áreas de risco e oportunidades de melhoria** de forma mais precisa e abrangente, o que viabiliza o desenvolvimento de um **plano de conscientização** geral e específico, de acordo com as necessidades do negócio.

Além disso, o estabelecimento de **Indicadores-Chave de Desempenho** (*Key Performance Indicators* – KPIs[8]) e de outras **métricas aplicáveis** ao programa de privacidade que

---

[8] O KPI (*Key Performance Indicator* ou Indicador-Chave de Performance) é um valor mensurável que se relaciona com metas, objetivos e estratégias específicas que ajudam a impulsionar o sucesso do desempenho. Seu objetivo é simplificar e tornar mais eficiente o processo de medição do sucesso de uma organização (GUIA definitivo sobre KPIs. TOTVS, mar. 2024. Disponível em: https://www.totvs.com/blog/negocios/o-que-e-kpi/. Acesso em: 6 mar. 2024).

agreguem valor ao negócio só é possível mediante um entendimento profundo das necessidades do negócio (por exemplo: (i) redução de custos; (ii) atendimento aos titulares; (iii) redução de vulnerabilidades; (iv) gestão de terceiros etc.) e do que é valorizado internamente. Na abordagem de *Privacy Ops*, métricas não apenas avaliam a conformidade com a LGPD, mas também medem o impacto e a eficácia das iniciativas de privacidade em toda a empresa.

Isso posto, além de construir e estruturar o programa de privacidade, é crucial saber **comunicar os resultados** gerados e demonstrar como a implementação de melhores práticas de privacidade contribuem para o sucesso da organização. A capacidade de comunicar os benefícios tangíveis e intangíveis do programa de privacidade não só fortalece a confiança dos clientes e parceiros, mas também reforça a cultura de responsabilidade e transparência dentro da organização.

Nesse ponto, é necessário reconhecer que não existe uma **fórmula mágica ou uma receita pronta** para implementar o *Privacy Ops*. No entanto, apresentamos algumas sugestões que oferecem clareza em relação aos requisitos diretos da LGPD, com a intenção de contribuir nesse processo de desenvolvimento do programa de privacidade. É importante ressaltar que, embora essas sugestões não indiquem diretamente um *framework*, elas podem servir como um ponto de partida valioso. Além disso, é fundamental observar as normas setoriais que regulam especificamente as atividades de tratamento de dados pessoais realizadas pela sua organização, adaptando as práticas de privacidade de acordo com as necessidades e exigências do seu setor. Com base na **mandala de competências do CLOC**[9], com pequenas adaptações para que possamos destacar os principais itens plenamente aplicáveis a um programa de privacidade que podem ser operacionalizados e demonstram os níveis de maturidade e aderência à legislação de proteção de dados pessoais, vejamos:

COMPETÊNCIA	EXEMPLOS PRÁTICOS
1. Entendimento dos Níveis de Maturidade do Programa de Privacidade	• Autoavaliação de maturidade; • Auditoria interna de adequação à LGPD; e/ou • Auditoria externa independente para *benchmarking* com o mercado.
2. Alinhamento com o Negócio e com os Stakeholders	• Mapeamento de *stakeholders*; • Recorrência de reuniões com equipes-chave, por exemplo, as de produto e marketing; • Cascateamento dos OKRs de negócio e de *stakeholders*; e • Definição de OKRs de privacidade.

---

[9] O CLOC Núcleo 12. Embora cada empresa e equipe tenha as suas necessidades únicas, a orientação nessas áreas funcionais – conhecidas como "Core 12" – aplica-se a muitos ambientes e requisitos rumo à excelência operacional (CLOC. *What is Legal Operations?* Disponível em: https://cloc.org/what-is-legal-operations/. Acesso em: 7 mar. 2024).

COMPETÊNCIA	EXEMPLOS PRÁTICOS
3. Alocação de Recursos	• Definição de recursos humanos e tecnológicos; • Definição de parceiros externos (ex.: escritório de advocacia, consultoria, desenvolvimento de treinamentos); e • Alinhamento de orçamento com a alta liderança.
4. Gestão de Parceiros	• Avaliação e seleção de parceiros que cumpram com os requisitos da Lei e do programa de privacidade; • Desenvolvimento de planos de ação para fomentar melhores práticas no mercado; e • Atualização periódica da avaliação de terceiros críticos ao negócio.
5. Definição de Métricas e KPIs	• Definição de indicadores-chave de desempenho (KPIs) relacionados a: (i) incidentes de segurança; (ii) tempo de resposta a solicitações de titulares e/ou incidentes; (iii) treinamentos realizados; (iv) volume de reclamações relacionadas a dados pessoais; (v) auditorias realizadas; (vi) RIPD elaborados; (vii) medidas de mitigação de risco implementadas; entre outros.
6. Treinamentos e Conscientização	• Desenvolvimento de treinamento geral para todos os colaboradores; • Treinamentos específicos para áreas de maior risco; • Avaliação de treinamento com NPS; e • Implementação de questionário de desenvolvimento de maturidade dos colaboradores.
7. Planejamento Estratégico e Indicadores	• Criação de um *roadmap* de privacidade, incluindo objetivos de curto, médio e longo prazo para o programa de privacidade.
8. Modelo de Entregáveis e Resultados Esperados	• Definição de modelos de documentação (RIPD; cláusulas contratuais; políticas internas e avisos externos); • Desenvolvimento de relatórios periódicos para a alta direção sobre o estado do programa de privacidade.
9. Gerenciamento de Projeto	• Utilização de metodologias de gestão de projeto para coordenar iniciativas entre diferentes áreas, tais como Waterfall, Agile, Scrum, Kanban etc.
10. *Privacy by Design*	• Construção de processo para integrar considerações de privacidade no início do desenvolvimento de novos produtos ou serviços.
11. Articulação com Negócio	• Reuniões com o *C-Level* e participação em reuniões estratégicas para garantir que a privacidade esteja integrada à estratégia geral do negócio; • Apresentação de relatórios sobre os riscos de privacidade e as oportunidades para o negócio; e • Assessoria ao *C-Level* sobre decisões de negócio que podem ter impacto na privacidade.
12. Governança/Resultado	• Criação de um comitê de governança em privacidade, responsável por monitorar e supervisionar a implementação e a conformidade do programa de privacidade, além de comunicar os resultados para toda a organização.

Fonte: Elaborado pelos autores.

CONCLUSÃO

Ao longo deste artigo, exploramos práticas essenciais e ferramentas para implementar o *Privacy Ops*, um conceito que vai além da mera conformidade com regulamentações de privacidade, buscando a integração da privacidade aos processos e às estratégias de negócio. Desde a compreensão das necessidades do negócio até a definição de métricas e a comunicação eficaz dos resultados, fica evidente que o sucesso de um programa de privacidade depende de uma abordagem holística e colaborativa que proteja os dados de maneira contínua, adaptando-se às exigências em constante evolução da era digital. Integrar a privacidade ao núcleo do negócio não é apenas uma obrigação legal, mas uma oportunidade estratégica para promover uma cultura de transparência, responsabilidade e respeito pelo indivíduo em um mundo digitalmente conectado.

Em suma, o *Privacy Ops* representa mais do que uma simples adequação às leis de proteção de dados, sendo uma abordagem estratégica e valiosa que deve ser adaptada às características específicas e de tolerância ao risco de cada organização, promovendo a sustentabilidade do programa de privacidade. É crucial que as práticas de privacidade promovam tanto o desenvolvimento econômico quanto a inovação. Assim, ao integrar o *Privacy Ops* à estratégia de negócios e dar prioridade à inovação, as empresas não apenas garantem o cumprimento de suas obrigações legais, mas também estabelecem um diferencial competitivo duradouro em um mercado globalizado cada vez mais focado na proteção de dados.

REFERÊNCIAS

ACCOUNTABILITY framework self-assessment. *ICO*. Disponível em: https://ico.org.uk/for-organisations/uk-gdpr-guidance-and-resources/accountability-and-governance/accountability-framework-self-assessment/. Acesso em: 5 mar. 2024.

ANÁLISE SWOT (FOFA): O que é, importância e como fazer. *FIA Business School*, set. 2023. Disponível em: https://fia.com.br/blog/analise-swot. Acesso em: 6 mar. 2024.

CLOC. *What is Legal Operations?* Disponível em: https://cloc.org/what-is-legal-operations/. Acesso em: 7 mar. 2024.

FREEMAN, R. Edward. *Gestão estratégica:* uma abordagem baseada nos *stakeholders*. Trad. Idalberto Chiavenato. 2. ed. São Paulo: Atlas, 2002.

GUIA definitivo sobre KPIs. *TOTVS*, mar. 2024. Disponível em: https://www.totvs.com/blog/negocios/o-que-e-kpi/. Acesso em: 6 mar. 2024.

MITCHELL, R. K.; AGLE, B. R.; WOOD, D. J. Toward a Theory of Stakeholder Identification and Salience. *Academy of Management Review*, v. 22, n. 4, p. 853-886, 1997.

O QUE são OKRs e como implementar esse método em seu trabalho. *Conexão PUC Minas*, set. 2023. Disponível em: https://conexao.pucminas.br/blog/dicas/o-que-sao-okrs/. Acesso em: 5 mar. 2024.

41

Tax Ops

Ana Flávia Christofoletti de Toledo[1]
Daniel Henrique Viaro[2]

Falar sobre práticas de *Legal Ops* na área tributária é, no mínimo, desafiador. Mas, como adoramos um desafio, e por ser essa a nossa área de atuação, desafio aceito!

A máxima que sempre circundou os primórdios de qualquer Jurídico interno era: área geradora de custos. E, de fato, éramos considerados burocráticos, reativos e extremamente conservadores. Não existia preocupação ou envolvimento intrínseco com o negócio. Não existia flexibilidade ou apresentação de alternativas às celeumas existentes. Olhando para dentro, a maior parte das atividades era extremamente manual e praticamente não existiam indicadores, ou, se existiam, eram baseados em números manipulados em planilhas de Excel.

O Jurídico de agora é exatamente o oposto. Hoje, o *status* é de área estratégica da empresa, parceira do negócio, aquela que agrega valor nas mais diversas interações que faz, promovendo soluções jurídicas ágeis, inovadoras, consistentes, visando sempre potencializar oportunidades e minimizar riscos, tudo conectado com indicadores *real time*, fluxos inteligentes e tecnologia.

Somente é possível alcançar esse nível de excelência e eficiência tendo uma área dedicada aos controles, processos e fluxos. Já não é mais concebível que um Jurídico de médio ou grande porte não tenha uma área estruturada de Controladoria Jurídica, Eficiência Jurídica ou *Legal Ops*. Pouco importa a denominação que se dá. O que importa é como essa área está organizada, qual é o seu escopo e o seu propósito. É de extrema relevância que se tenha autonomia na escolha e na condução dos projetos prioritários e que esteja no mesmo nível de hierarquia das áreas técnicas, pois sua forma de comunicação com os clientes internos e externos é um dos seus principais alicerces.

---

[1] Advogada, mestre em Direito Constitucional pela PUC-SP e Gerente Executiva Jurídica Tributária e de *Legal Ops* na Rumo S/A.
[2] Advogado, pós-graduado em Direito Tributário pelo IBET, MBA em Gestão Tributária pela USP/ESALQ e Coordenador Jurídico Tributário na Rumo S/A.

E, por falar em hierarquia e já partindo para a área tributária, precisamos fazer um *disclaimer* relevante. Diferentemente das demais áreas de atuação, a área tributária nem sempre está inserida no Jurídico. Muitas vezes, está acoplada ao financeiro da empresa, e essa variável impacta se existe um *Legal Ops* voltado para o tributário ou... *Tax Ops*.

Não existe certo ou errado, ou, ainda, melhor prática. O único ponto a favor de o *tax* estar na vice-presidência jurídica está na facilidade de se ter uma área de *Legal Ops* pronta para agregar valor, com melhoria de processos e inovação. Porém, se estiver abaixo da vice-presidência de finanças, o que existe aqui é um desafio maior – ou de se relacionar com o *Legal Ops* existente na companhia ou de desenvolver uma área dedicada. A nosso ver, em razão de sinergia, *expertise* e custos, o melhor seria que o *tax* se aproximasse da estrutura de *Legal Ops* já existente.

Com exceção das especificidades de *tax*, que falaremos mais à frente, algumas práticas possuem sinergia com outras áreas do Direito, principalmente no tocante ao contencioso e consultivo.

A primeira delas seria voltada às automações relacionadas aos processos tributários. Adotar uma iniciativa para manter 100% da comunicação dos escritórios parceiros com o Jurídico por meio de um sistema jurídico, ou seja, desde o cadastro do processo, pedido de subsídios, alterações necessárias de andamento, informações sobre valor do caso e sua probabilidade, até o encerramento sem nenhuma necessidade de trocas de *e-mails* é uma medida que traz economia de tempo ao advogado na execução de tarefas muito burocráticas, bem como eficiência e segurança aos processos tributários.

Outra dor do tributário, mas não somente dele, refere-se ao modo de recebimento, triagem e monitoramento das notificações. Além do domicílio fiscal eletrônico, ainda existem muitas notificações recebidas por meio físico, especialmente se relacionadas a questões tributárias municipais. Desenvolver ou adquirir uma ferramenta para aglutinar todas essas formas de recebimento de notificações, além de automatizar o processo, trará ganhos em escala de segurança, com a definição clara de SLA's, o devido rastreamento do atual *status* da notificação e o correto arquivamento de 100% de tudo o que foi recepcionado.

Ainda, temos que a regularidade fiscal, para qualquer companhia, é de suma importância para as atividades empresariais, como em contratação de financiamentos, parcerias, e, em casos de empresas reguladas pelo Poder Público, via concessão ou autorização, é obrigatória. Nesse ponto, em razão da diversidade econômica e regional brasileira, cada ente – Município, Estado e União – tem sua peculiaridade para obtenção das chamadas certidões de regularidade fiscal, sendo assim, buscar uma solução que contemple o máximo de automatização possível para suas emissões e seu respectivo controle é desafio a ser perseguido pelo *Tax Ops*.

A sistematização de informações e de gerenciamento de tarefas é essencial para empresas controlarem sua situação fiscal. Quando se fala de empresas que possuem atividade em inúmeras localidades, múltiplos CNPJs e inscrições estaduais ou municipais, possuir aplicações que ofereçam suporte para o acesso interno da companhia das centenas e até milhares de certidões é prioritário. Os pleitos internos das diversas áreas da empresa, que necessitam da comprovação de regularidade perante o fisco para seus respectivos propósitos, realizados via aplicativo, podendo solicitar quando indisponível determinada certidão nesse meio, reduzem a quantidade de circulação de *e-mails*, bem como mantêm o histórico da solicitação realizada.

Há *legaltechs* que oferecem esses serviços de gerenciamento, e é missão da área de *Tax Ops* analisar as propostas e verificar sua implementação de modo que se amolde na melhor configuração dentro dos procedimentos e processos internos da companhia. Contratar por contratar não é uma opção: estudos de viabilidade e de aprofundamento técnico são imprescindíveis.

Sabemos que a Inteligência Artificial (IA) está em voga e há uma busca incessante, pela maioria das empresas, por sua utilização em seu ambiente produtivo com a finalidade de melhorar, facilitar, simplificar e reduzir o tempo dos processos internos. No entanto, não podemos considerá-la como algo independente e autossuficiente. A IA deve complementar a Inteligência Humana, visto que esta é insubstituível em projetos críticos e que necessitem de análise de cenários relevantes.

Nesse sentido, com o apoio da IA, como explicitamos anteriormente, tendo um sistema adequado de controle de processos judiciais e administrativos da empresa, conseguimos levantar dados suficientes para avaliação de inclusão em parcelamento e transações. O *Tax Ops* consegue apontar casos com probabilidade de perda provável ou com matéria jurídica desfavorável para eventual adesão do benefício tributário. Por óbvio, essa análise não se limita às informações dadas pelo sistema, a avaliação crítica cabe ao Jurídico interno e aos escritórios parceiros sobre a viabilidade dos eventuais casos.

Nessa linha, um projeto importante é mapear as legislações dos municípios, estados e União para verificar a abertura de programas especiais que oferecem descontos de juros e multa dos débitos. Em empresas de médio e grande porte, que atuam em dezenas ou centenas de localidades, esse trabalho, realizado com o suporte de *Tax Ops*, acarreta expressiva redução de contingência e traz *savings* para a empresa em caixa.

Ter uma jurimetria implementada – que pode começar, inclusive, por volumetria da carteira tributária, até uma evolução para que os dados sejam tratados por inteligência artificial acoplada – traz importantes análises de carteira, indicando, como dissemos, casos para transação ou parcelamento ou, ainda, indicando mudanças de probabilidade, o que também agrega em eficiência e segurança.

Além disso, essa ferramenta nos permite avaliar: **(i)** localidades com maior contencioso para um trabalho estruturado para tentar reduzir o volume, identificar pontos de melhoria ou até sanar o problema; **(ii)** discussões jurídicas com maior materialidade para avaliação interna e do escritório parceiro em busca de melhorias de subsídios, como elaboração de pareceres, laudo técnicos, busca em áreas antes não vistas dentro da companhia, novas discussões internas, e outras soluções inovadoras.

O campo tributário não é simples, longe disso, é notoriamente conhecido pela sua complexidade. *Legal Ops*, ou melhor, *Tax Ops* tem muito a agregar nessa seara, seja na implementação de inteligências artificiais, na sistematização dos processos produtivos para melhoria estruturada das empresas ou nos incentivos e no suporte a projetos agregadores de valores, todos com foco em trazer a simplificação nesse mundo, digamos, peculiar. O *Ops* aplicado em *Tax* é fundamental para nos mostrar os melhores caminhos durante nossa jornada em busca de eficiência e resultados.

42

DevOps

Daniel Bichuetti[1]

INTRODUÇÃO

Na era digital, os escritórios jurídicos precisam se adaptar rapidamente às novas tecnologias e metodologias para permanecerem competitivos. Nesse contexto, o *DevOps* emerge como uma prática revolucionária que promete aumentar a eficiência e a agilidade das organizações jurídicas. A integração do desenvolvimento de *software* (*Dev*) e das operações de TI (*Ops*) visa melhorar a colaboração entre as equipes, acelerar a entrega de soluções e garantir a qualidade contínua dos serviços.

No âmbito do Jurídico inovador, que engloba a digitalização e a automação dos processos legais, a adoção do *DevOps* pode ser um diferencial estratégico. Ao integrar práticas de *DevOps*, os escritórios jurídicos podem se tornar organizações exponenciais, capazes de escalar suas operações de maneira ágil e sustentável, alinhando-se às crescentes demandas do mercado e às expectativas dos clientes.

Este artigo explora o conceito de *DevOps* e sua relevância para os escritórios jurídicos. Discutiremos como o *DevOps* pode ser integrado às práticas jurídicas, os desafios enfrentados nessa jornada e os benefícios potenciais que essa abordagem pode trazer. Por meio de estudos de caso e exemplos práticos, buscamos ilustrar como o *DevOps* pode ser um catalisador para o crescimento exponencial dos escritórios jurídicos, promovendo uma transformação digital eficaz e inovadora.

Além disso, abordaremos a importância de romper os silos tradicionais entre desenvolvimento e operações de TI, seguindo princípios como integração contínua, entrega contínua, infraestrutura como código, monitoramento e telemetria, e colaboração entre equipes. Essa

---

[1] Fundador e CTO da Intelijus. Lidera o desenvolvimento de soluções inovadoras que integram IA e aprendizado de máquina ao setor jurídico, objetivando uma justiça mais eficiente e equitativa. Sua trajetória inclui a criação de uma tecnologia pioneira em reconhecimento facial e atuação como embaixador mundial do Haystack, partilhando conhecimentos em IA e ML. É formado pelo IFG, possui MBA em Gestão da Tecnologia da Informação pela FGV e especializações em Direito Digital e Proteção de Dados, Ciência de Dados e Inteligência Artificial.

transformação cultural e operacional é fundamental para que os escritórios jurídicos possam responder rapidamente às mudanças do mercado, desenvolver soluções de forma mais eficiente e proporcionar uma melhor experiência para seus clientes.

Ao adotar o *DevOps*, os escritórios e Jurídicos internos estarão não apenas otimizando seus processos, mas também se posicionando como líderes na vanguarda da inovação jurídica, prontos para enfrentar os desafios e aproveitar as oportunidades da era digital.

DEVOPS: O COMBUSTÍVEL PARA ORGANIZAÇÕES EXPONENCIAIS E JURÍDICOS DISRUPTIVOS

Em um mundo marcado pela tecnologia e pela inovação disruptiva, as organizações exponenciais, como Amazon, Netflix, Uber e Airbnb, demonstram crescimento e impacto extraordinários, superando em dez vezes seus concorrentes tradicionais. Essas organizações aceleram sua expansão e reinvenção adotando tecnologias transformadoras, como o *DevOps*, e reestruturando profundamente suas mentalidades e seus processos.

A filosofia central das organizações exponenciais é "externar antes de internar". Em vez de gastar anos projetando e construindo um produto monolítico, elas lançam rapidamente uma oferta de valor mínima ao mercado. O *feedback* dos primeiros clientes é então usado para moldar iterações rápidas e melhorias no produto, criando ciclos de inovação extremamente ágeis.

O *DevOps* desempenha papel crucial nesse contexto, facilitando práticas de integração e entrega contínuas que permitem a implantação de código em produção várias vezes por dia. A infraestrutura como código automatiza o provisionamento e a configuração, tratando-os como *software*. Além disso, um ciclo fechado de monitoramento e telemetria proporciona *insights* instantâneos que impulsionam o próximo ciclo de desenvolvimento.

Essa abordagem comprime ciclos, que antes levavam meses ou anos para desenvolvimento, implantação e *feedback*, em meros dias ou horas. As organizações exponenciais podem "decifrar o código" do sucesso em tempo real, adaptando-se graciosamente às necessidades emergentes dos clientes antes que os concorrentes percebam o que aconteceu.

Além de proporcionar velocidade hipersônica, o *DevOps* também permite eficiências de custo exponencialmente maiores por meio de automação implacável e redução drástica de trabalhos manuais. A cultura interna pioneira da Amazon em "fazer com que tudo seja executado pela engenharia de entrega" é um exemplo de como o *DevOps* pode ser efetivamente integrado para alcançar esses resultados.

O *DevOps* capacita um dos maiores segredos das organizações exponenciais: times pequenos e descentralizados que operam como *startups* individuais dentro de uma estrutura empresarial maior. Em vez de trabalharem isoladamente, os desenvolvedores colaboram estreitamente com as equipes de operações, assumindo o controle de todo o ciclo de vida do *software*. Isso elimina dependências, gargalos, atrasos e frustrações, permitindo inovação e iterações rápidas.

No setor jurídico, em que a inovação e a agilidade são cada vez mais valorizadas, o *DevOps* surge como um grande aliado. Escritórios de advocacia e jurídicos corporativos podem desenvolver e implantar soluções tecnológicas de maneira muito mais rápida e eficiente, permitindo ciclos de inovação extremamente ágeis. Por exemplo, um Jurídico interno poderia desenvolver rapidamente um sistema de gerenciamento de contratos inteligentes baseado em *blockchain*, lançar um protótipo básico, coletar *feedback* dos usuários e fazer iterações constantes.

Além disso, o *DevOps* incentiva uma cultura de colaboração próxima entre equipes jurídicas, de TI e outras áreas, promovendo soluções mais holísticas e inovadoras. Para os líderes jurídicos, adotar o *DevOps* não é apenas uma opção técnica, mas uma obrigação estratégica para se tornarem verdadeiramente exponenciais – atingindo crescimento, eficiência e inovação em proporções muito maiores que seus pares tradicionais.

Portanto, se você deseja que seu negócio ou Jurídico interno seja exponencialmente melhor, mais rápido e mais eficiente, o *DevOps* não é mais uma opção – é uma obrigação competitiva. Abrace a mudança filosófica e cultural, e os benefícios disruptivos serão seus para desfrutar.

VISLUMBRANDO O FUTURO DO *DEVOPS* NO ÂMBITO JURÍDICO INOVADOR

No atual cenário do jurídico inovador, o *DevOps* desempenha papel crucial ao impulsionar inovações e garantir a competitividade das organizações jurídicas na era digital. A evolução contínua das práticas de desenvolvimento e operações, aliada à integração de tecnologias emergentes, promete transformações significativas no setor jurídico.

A inteligência artificial e a automação avançada estão revolucionando as práticas de *DevOps*, otimizando processos e gerando *insights* preditivos para a tomada de decisões. Paralelamente, a segurança integrada, ou *DevSecOps*, emerge como um aspecto central, assegurando a proteção de dados sensíveis e a conformidade com as regulamentações jurídicas ao longo de todo o ciclo de vida do desenvolvimento.

A gestão da infraestrutura por meio de código, conhecida por Infraestrutura como Código (IaC), facilitará a configuração e o provisionamento automatizados de ambientes, aumentando a eficiência e minimizando erros manuais. Além disso, plataformas de colaboração e ferramentas de comunicação aprimoradas possibilitam o trabalho remoto e a interação fluída entre equipes distribuídas, fomentando uma cultura organizacional pautada na transparência e na agilidade.

O monitoramento e a análise em tempo real desempenham papel fundamental ao permitir o acompanhamento contínuo do desempenho dos serviços jurídicos, possibilitando a identificação proativa de problemas e oportunidades de melhoria. A adoção de práticas ágeis e *lean* se mostrará essencial para acelerar a entrega de serviços jurídicos, maximizando o valor para os clientes e minimizando desperdícios.

A personalização e a experiência do cliente ganharão destaque no desenvolvimento de soluções jurídicas, com o uso de dados e análises para oferecer serviços sob medida e aprimorar a satisfação do cliente. Por fim, a educação e a capacitação contínua dos profissionais jurídicos em práticas de *DevOps* e tecnologias emergentes serão fundamentais para manter a relevância e a excelência dos serviços.

ABRAÇANDO O *DEVOPS* PARA SE TORNAR UMA ORGANIZAÇÃO JURÍDICA EXPONENCIAL

Em um cenário de constante evolução, as organizações jurídicas são convocadas a adotar uma mentalidade de *startup* ágil, capazes de inovar e entregar valor exponencial aos clientes. Nesse contexto, a implementação do *DevOps* surge como um pilar fundamental, promovendo a integração e a colaboração efetiva entre equipes multidisciplinares, agilizando os ciclos de *feedback* e possibilitando uma resposta rápida e eficiente às demandas dinâmicas dos clientes.

Por meio do *DevOps*, os escritórios de advocacia têm a oportunidade de experimentar e iterar rapidamente novos modelos de negócios jurídicos, automatizar processos para maior eficiência e reduzir custos operacionais. A cultura de melhoria contínua, aliada à adoção de tecnologias avançadas, posiciona essas organizações como líderes na transformação do setor jurídico, rumo a uma era de abundância e inovação.

Para se tornarem organizações jurídicas exponenciais, é imperativo abraçar o *DevOps* como estratégia essencial, fomentando uma nova mentalidade focada na agilidade, na colaboração e na inovação contínua. Assim, ao adotar essa abordagem, as organizações jurídicas não apenas se colocarão na vanguarda da inovação, mas também estarão aptas a liderar a transformação jurídica, navegando com sucesso em um mundo marcado por mudanças exponenciais e desafios inéditos. Em suma, abraçar o *DevOps* é abraçar o futuro do direito, inovando com propósito e contribuindo para a construção de um ecossistema jurídico mais dinâmico, eficiente e impactante.

NOTA DE ENCERRAMENTO
JURÍDICO 5.0 E OPERAÇÕES EXPONENCIAIS

Guilherme Tocci[1]
Paulo Samico[2]

Jurídico 5.0 e Operações Exponenciais está chegando ao fim. E isso não é motivo para sentir tristeza. Acreditamos que absolutamente todo fim representa um começo. Um desses começos é a busca por sermos melhores profissionais no contexto dessa nova Indústria 5.0 que se apresenta.

Portanto, devemos ter em mente que a melhor parte está prestes a começar: a partir de agora, desenha-se o marco de um grande início; começamos uma história onde você é o protagonista ao aplicar, na prática, todas as ideias que foram expostas nesta obra.

E não é qualquer prática... É a aplicação das teorias e dos exemplos práticos para a sua realidade, adaptado e moldado conforme a sua estrutura e aperfeiçoado de acordo com sua experiência profissional. Só você sabe a realidade do seu negócio e do seu time. A partir da adaptação, você criará um novo *case* e poderá replicar outros aprendizados ao mercado.

---

[1] Ávido por inovação na prática do Direito, com uma carreira não tradicional no mundo jurídico. É Gerente Sênior Global de Legal Ops no Wellhub (Gympass) e Regional Group Leader no CLOC Brasil (Corporate Legal Operations Consortium). Candidato ao MBA pela FGV e formado em Direito pelo Mackenzie. Atuou em legaltech, jurídico interno e escritório de advocacia. Idealizador e coordenador dos livros *Legal Operations: como começar* e *Transformação Jurídica: Criatividade é comportamento... Inovação é processo,* ambos pela SaraivaJur.

[2] Advogado. Legal Manager & Open Innovation na Mondelēz Brasil. Bacharel em Direito pela Universidade Federal do Rio de Janeiro (UFRJ), pós-graduado em Processo Civil e em Direito Regulatório pela Universidade do Estado do Rio de Janeiro (UERJ). Idealizador e coordenador dos livros *Departamento Jurídico 4.0 e Legal Operations, Legal Operations: como começar* e *Transformação Jurídica: Criatividade é comportamento... Inovação é processo,* todos pela SaraivaJur. Coordenador da coluna "Legal & Business" no *JOTA*. Professor, palestrante, LinkedIn Top Voice. Presidente e fundador da ACC Brasil, o capítulo da Association of Corporate Counsel no país.

Neste encerramento, vamos tentar reduzir um pouco a metodologia de transformação para que suas operações sejam (ainda mais) exponenciais. A seguir, algumas ideias que podem ser lidas como sugestões para provocar *insights* e inspirações no seu dia a dia profissional:

1) **Vá além do PTM[3] da área:** discuta com o time o PTM da operação em si. Qual é o propósito da operação? O que ela tem que entregar? Quais clientes deve servir? Ao responder a essas perguntas, o time se envolverá emocionalmente e entenderá as razões para realizar as atividades.

2) **Use *Dashboards* para ilustrar os dados e envolver perspectivas:** um *dashboard* bom é um *dashboard* com recorte de dados, lapso temporal adequado, gráficos escolhidos de acordo com a informação e cores condizentes com o impacto do conteúdo ali presente. Não se esqueça de contar uma história com os dados!

3) **Delimite interpretações:** na apresentação de resultados, traga reflexões para fomentar o debate. Apresentar mais perguntas do que necessariamente respostas vai ocasionar uma sessão de *brainstorming* grandiosa, altamente conectada com a exponencialidade que queremos atingir.

4) **Tomada de decisão estruturada:** sempre com o apoio dos dados, e não com subjetivismo. Defina cenários, use percentuais, indicadores e informações relevantes apoiadas em números.

5) **Entregue ao cliente uma experiência e um compromisso:** sim, entregue ao cliente não uma análise, mas sim uma verdadeira experiência (explore o *WOW effect* – "efeito UAU"). Deixe-o sair da reunião com você impactado após esse choque de gestão. E o compromisso? Simples. Estabeleça prazos, crie um plano para a entrega de resultados. Inclusive, recomendamos o prazo final em não mais do que um ano. O ideal, inclusive, é medir e entregar resultados de três em três meses (não esqueça de tirar "fotografias" da evolução do *dashboard* em cada período para acompanhar a medição).

Não podemos deixar de fora a Gestão de Mudanças (GMUD). Trabalhar a cultura do time pró-inovação com desafios e problemas reais na implementação de projetos jurídicos de tecnologia é a única forma de alcançar o *status* de projeto bem-sucedido. E isso vale tanto para o próprio time (combate aos detratores) quanto para os usuários, os verdadeiros clientes do time jurídico.

Assim, sua operação será exponencial se a GMUD observar algumas nuances, como:

- **Localização:** o serviço ou o sistema é fácil de achar?

---

[3] Lembre-se... PTM é Propósito Transformador Massivo.

- **Legal Experience:** após a experiência inicial, a medição foi válida e o NPS[4] foi considerável?
- **Usabilidade:** com poucos cliques (seja em um sistema ou em uma página na intranet), o usuário consegue chegar ao seu objetivo principal?
- **Treinamento:** há a necessidade de muito tempo de treinamento ou o sistema é intuitivo?
- **Return on investment (ROI):** você consegue estimar quanto ($$$) o Jurídico conseguiu poupar ou evitar custos após a implementação da atividade? Quanto tempo economizou na jornada dos colaboradores?
- **Recomendação:** de forma genuína, os clientes recomendam a utilização do Jurídico uns aos outros?
- **Comunicação:** valorize a transparência e sempre se questione se estamos utilizando os melhores canais para falar sobre a nossa operação – será que o *e-mail* enviado não poderá se transformar em um novo *e-mail* não lido?

Colaboração, confiança e disciplina. Quando todos estão engajados em torno desses valores, sua operação se torna exponencial. Se pudéssemos trazer um quarto elemento, seria motivação (o famoso pertencimento está intrinsecamente ligado a ela!). As pessoas precisam estar motivadas a fazer dar certo, seja por parte do Jurídico, seja por parte dos clientes internos da empresa. Quanto mais nos baseamos em dados, informação de qualidade, e lidamos com a verdade, mais as pessoas compram nossos discursos.

Manter uma equipe motivada perpassa necessariamente pelo que comentamos no início do livro sobre pertencimento: uma avaliação de performance coerente. Pelo Jurídico, saber que existe um plano de carreira estruturado, possível, e que não está sujeito a subjetivismo e favorecimentos é um gás e tanto para quem quer fazer sua operação ser exponencial.

Pela ótica do cliente, o que o motiva de verdade é ter sua dor solucionada. O projeto aprovado, o contrato assinado e a consulta entregue. O cliente fica motivado também quando recebe soluções factíveis e entende o que está sendo comunicado (fica aqui nossa referência aos defensores da linguagem simples).

Novamente: colaboração, confiança, disciplina e motivação. Quatro vetores que podem movimentar a sua operação jurídica exponencial e que afetam diretamente o capital humano, elemento central de toda e qualquer mudança. Para terminar este livro, elegemos um quinto e último vetor: a proatividade assertiva, combinada com a *skill* de resolução de problemas. Ela leva qualquer pessoa interessada e preocupada com seu desempenho profissional a outro patamar.

O futuro é generoso com o colaborador que tem esse perfil. Na era de disrupção em que vivemos, exige-se muito que a pessoa tenha vontade de ir fazer e acontecer para aprender *on the job*, por exemplo. Repare o tanto de conteúdo novo que será necessário aprender e para o

---

[4] *Net Promoter Score* é uma métrica de pesquisa de mercado para entender se o cliente recomenda uma empresa, produto ou serviço a alguém. Também pode ser aplicada internamente dentro de uma empresa, para avaliar a percepção das áreas do negócio.

qual as instituições de ensino superior (em qualquer curso de graduação) muitas vezes não nos prepararam:

- Internet das coisas, sensores e alta carga de interconectividade;
- Conexão de altíssima velocidade (5G) em um mundo altamente acelerado (a promessa para o 6G se dará somente em 2030), com uma infinidade de novos modelos de negócio;
- Inteligência Artificial, lógica algorítmica, aprendizado de máquina, análise de dados e produtos/serviços construídos em cima de algoritmos – observe o tanto que evoluímos na discussão desses temas em 2022 e 2023;
- Realidade virtual ou aumentada, considerando, ainda, suas implicações geográficas e novas áreas de atuação a partir desse novo segmento – bastou uma das marcas mais valiosas do mundo colocar à venda um óculos para o assunto não sair mais das redes;
- *Blockchain* e todo o contexto de confiabilidade a partir desse mecanismo (gestão de risco, auditoria e nova forma de controle);
- *Open Finance* e todas as novidades inerentes à realidade que se desenha de conectividade financeira – o Brasil sai na frente na construção de uma nova realidade da ordem financeira nacional;
- Meios inovadores de resolver conflitos no Direito, em uma sociedade que clama pela Justiça de dados abertos – o Poder Judiciário brasileiro está cada vez mais inovador;
- Transporte automatizado, com veículos provenientes de fontes limpas de energia e sem condução humana (veículos autônomos), algo que implicará em um novo planejamento urbano;
- Regulação das redes e todo o debate em torno das *Fake News*, moderação de conteúdo e responsabilização das plataformas e da imprensa;
- Novas formas de tributação de produtos e serviços até então inexistentes, considerando a nova economia e a organização global;
- Problemas relacionados à segurança cibernética em empresas cada vez mais dependentes das redes, considerando as novas formas de trabalho (híbridas e remotas);
- Maior governança dos dados, considerando o contexto de *Big Data* e da computação quântica – esta última ainda dará muito o que falar;
- Nova inteligência empresarial, conforme cresce o contexto de colaboração e divulgação de dados e informações até então restritos aos colaboradores da organização (com atenção especial às ocorrências de conflito de interesses e potencial revelação de segredo de indústria), fomentando o setor de P&D de código aberto;
- Nanotecnologia e todas as implicações inerentes a esse segmento;
- Sustentabilidade e a nova forma de praticar a responsabilidade social, nas mais variadas vertentes da estratégia *ESG*.

No livro *Organizações Exponenciais*, Salim comenta, ainda, que será necessário ao CLO (*Chief Legal Officer*) atentar-se aos seguintes dilemas:

Nota de Encerramento

- Propriedade intelectual fracionária, que será cada vez mais parte da nossa realidade, considerando a velocidade do desenvolvimento de novos produtos;
- Seguro de PI será algo comum, pois a violação dos direitos de propriedade intelectual pode ocorrer com frequência;
- Contratos inteligentes serão uma rotina, pois a execução será acompanhada por códigos, automações e sistemas;
- Maior flexibilidade nos acordos, dado o contexto altamente disruptivo da nova sociedade baseada em dados e indicadores (no Brasil, a aplicação prática da boa-fé e da função social do contrato);
- *Sandbox* Regulatório ao extremo, de modo que a inovação não apresente risco ao mercado consumidor;
- Desenvolvimento econômico associado às regulações inteligentes, que farão com que investimentos sejam atraídos para países com leis coerentes e que fomentem o progresso e a vantagem competitiva empresarial;
- Novas formas de tributação;
- Um olhar inovador para a privacidade em uma sociedade altamente exposta.

Pessoas! Elas que farão as operações se tornarem exponenciais. Elas que darão o tom na Revolução Industrial 5.0, em que experimentaremos a "era da personalização e da humanização". Elas que precisaram aprender a conviver em um contexto digital, praticamente do dia para a noite, durante a pandemia. E são elas que terão de fazer as perguntas certas em mecanismos de IA que só vão entregar as respostas corretas se houver os questionamentos adequados.

Pessoas! Elas que precisarão lidar com um ambiente estressante, ansioso, disruptivo, não linear, frágil, incompreensível, sedento por resultados, no qual se exige foco, preservação da saúde mental (segurança psicológica!), entrega de *insights* e ideias inéditas, bem como um aprendizado altamente contínuo.

Pessoas! Pode parecer clichê, mas não é. Somente com pessoas mudaremos a realidade das nossas atividades e transformaremos as operações jurídicas em uma realidade exponencial. Pessoas!

EPÍLOGO
HOJE É O DIA MAIS DEVAGAR DO RESTO DAS NOSSAS VIDAS

Piero Franceschi[1]

Hoje é o dia mais devagar do resto das nossas vidas.

Todas as noites, dentro de nossas casas, fazemos escolhas "pedindo" por um mundo que seja cada vez mais rápido, mais simples e mais barato. Queremos que o impossível seja feito por nós, em nome de uma realidade idealmente sem nenhuma fricção. Tudo para saciar um paladar exigente que nunca regride e nunca se satisfaz por completo. Sempre dá para ser melhor e não abrimos mão disso.

No entanto, é irônico pensar que, no dia seguinte, quando estamos do outro lado do balcão, como líderes em nossas empresas, torcemos para que nada mude e que tudo continue como sempre foi. Desejamos que nenhum cliente exija mudanças, pois sabemos que isso pode significar mais trabalho e mais desafios. É como se, nesse momento, secretamente, desejássemos que pudéssemos simplesmente relaxar e aproveitar tudo o que já foi conquistado.

Mas é tarde demais. Lidamos com o efeito dominó e o mundo como um todo já acelerou mais um pouco. Nossos clientes ficaram mais intolerantes. Nossa tecnologia, mais obsoleta. A percepção do valor de nosso negócio, mais diluída. Uma profecia autorrealizável em que somos ao mesmo tempo a caça durante o dia e o caçador durante a noite.

Vamos aos fatos: nunca foi tão complexo ser líder em uma empresa.

Estamos vivendo o que se pode chamar de "Era dos grandes choques". Choques simultâneos de transformações socioculturais-econômicas-tecnológicas que causam um "grande desencaixe": nossos modelos mentais, que foram programados para seguir uma liderança

---

[1] Sócio da StartSe. Co-autor do bestseller *Organizações Infinitas*. 25 anos de experiência em Marketing, Estratégia e Inovação em posições de liderança de grandes empresas nacionais e multinacionais. Formado em Marketing pela ESPM e especializado em Business Management pelo Insper, Semiótica pela PUC-SP e Digital Transformation pela Hult International.

em um ritmo linear e repetitivo, agora estão sendo forçados a acompanhar o ritmo de um mundo que insistentemente roda em uma alta velocidade exponencial.

Um choque de forças contrárias e ambíguas que tentam conciliar o novo e o velho, o certo e o errado, o previsível e o imprevisível. E, no meio dessa confusão, perdemos de foco o fato principal: a linha da "certeza" todo dia anda um pouco mais para a frente. Temos aí uma grande vítima: o modelo clássico de gestão.

Independentemente do seu tamanho, construímos o modelo ideal das empresas como sendo "Organizações". Entidades que têm como princípio "a ordem" para produzir valor. Quanto mais organizado, melhor. O valor vem do controle, da repetição, da falta de erro. Nisso, um planejamento estratégico tinha como objetivo central construir previsibilidade e precisão de ação. Nada de mudança, apenas controle.

Mas esse caos desordenado da exponencialidade atormenta os amantes da ordem. Estes se veem assombrados pela volatilidade, e, por mais que tentem "reencaixar as peças", elas se recusam a voltar para sua posição anterior. Aquilo que sempre tivemos como "grandes certezas" torna-se um emaranhado de "grandes perguntas".

Esse cenário, que dificilmente reduzirá de intensidade e pode ser tomado como definitivo, torna-se extremamente dramático, já que separa as empresas forçadamente em dois grupos: as que negam a realidade e as que assumem que algo precisa ser feito.

As empresas que negam a realidade se colocam numa posição resistente de proteção racional em que tudo que vem de fora, e que é diferente de suas crenças, é automaticamente desmerecido, diminuído ou descredenciado. Tratam as transformações como se tudo não passasse de mais um modismo. A partir daí, constroem planos baseados em premissas frágeis e ilusões de ótica. Isolam-se no alto de suas "fortalezas muradas", julgando-se assim protegidos, porém acabam por se tornar presos em suas próprias fortalezas.

Gradualmente e de repente, toda a sua "experiência" começa a se tornar arrogância.

De forma oposta a esse comportamento, temos um segundo grupo de empresas, as que chamamos de "Organizações infinitas": empresas que entenderam que existe um novo princípio em jogo, a adaptabilidade. Essas empresas travam a batalha por perpetuidade e, para isso, desenvolvem a dolorosa capacidade de "morrer" um pouco a cada dia para viver para sempre, abrindo mão de certezas antigas para liberar espaço para novas possibilidades.

Organizações infinitas "viajam mais leve", porque praticam o ato constante de reavaliar suas forças acumuladas ao longo do tempo, livrando-se sistematicamente dos pesos que se tornaram inadministráveis com o tempo. Tornam-se, portanto, empresas "a prova de futuro", porque estão sempre se adaptando de forma ágil a uma dinâmica e ao contexto do presente.

Mas quais são os mecanismos por trás de toda essa adaptabilidade? Na minha visão, são três alavancas – um *flywheel*, se preferir.

A primeira eu chamo de **impacto**. O impacto é o resultado da criação efetiva de valor para um cliente. Pode parecer básico, mas uma empresa torna-se irrelevante quando para de criar valor para alguém. Dessa forma, mesmo que estejamos num mundo de mudanças exponenciais em que "o que é valor" muda o tempo todo, o primeiro elemento de uma

Epílogo

estratégia adaptativa é o imperativo de continuar criando impacto positivo nos clientes, seja como for, custe o que custar. Inegociável.

Com o impacto "garantido", a segunda alavanca da perpetuidade é o **crescimento**. O crescimento é a consequência e é a confirmação de um impacto real. Quando você acerta na criação de valor, o crescimento vem a reboque. E ele é chave, porque mantém a "máquina" gerando fluxos financeiros relevantes e uma rentabilidade escalável crescente. Por causa disso, energiza a moral do time com a "sensação de vitória" e com as recompensas financeiras.

Com um resultado financeiro positivo e um time engajado, tudo se mostra pronto para a terceira e mais importante alavanca: a **transformação**. Não existe perpetuidade sem transformação. E ela ocorre de duas formas: a Transformação Tecnológica, em que a empresa repactua suas estratégias de negócio para que possam absorver novas tecnologias e plataformas digitais; e a Transformação Cultural, que garante as condições para que a primeira ocorra, com os talentos sendo retreinados com novos modelos mentais e competências e reorganizados em novas estruturas e processos mais ágeis e modernos.

E, com isso, temos, então, a roda da perpetuidade girando: a **transformação** garante que continuemos gerando o **impacto** em clientes, adaptando-se às mudanças de contexto. Com esse impacto positivo sendo gerado, vem o **crescimento**, que, por sua vez, garante novos recursos financeiros para que novas transformações aconteçam sempre que for necessário.

Mas isso não é fácil.

Perpetuidade é um mecanismo de insistência. É um comprometimento claro e persistente na estratégia que age contra a grande tendência à irrelevância que todas as nossas empresas naturalmente têm hoje em dia. Não se adaptar de forma intencional significa deixar o curso da história seguir e, de modo conivente, tornar-se a cada dia menos relevante.

Por isso, um líder hoje não pode mais se dar ao luxo de viver no meio de suas confortáveis certezas absolutas, aparentemente protegido pelo seu *status* e ego. Deve, sim, tornar-se um obcecado por perguntas difíceis e dolorosas que possam gerar um real movimento de mudança. Não existe mudança sem dor, portanto, não há mais espaço para uma liderança que não seja corajosa para enfrentar isso pela frente.

Dificilmente empresas "caem" por falta de visão. Elas caem por falta de coragem de se fazer o que é necessário.

E aí? Qual parte do seu negócio você vai matar hoje para que outra possa nascer?

POSFÁCIO
JURÍDICO 5.0: DIVERSIDADE E INCLUSÃO COMO CHAVE PARA AS ORGANIZAÇÕES EXPONENCIAIS

Dione Assis[1]

Ao encerrarmos esta jornada literária pela transformação exponencial no mercado jurídico, aproveito este espaço para compartilhar algumas reflexões e considerações finais. Como fundadora da *BlackSisters in Law* (BSL), uma comunidade global que se propõe a promover a diversidade e a inclusão no campo do Direito, é emocionante testemunhar a convergência de ideias e esforços neste livro que se propõe a ser o ponto de referência jurídica no cenário das Organizações Exponenciais.

Em termos simples, a exponencialidade refere-se ao crescimento acelerado e progressivo, em que uma mudança pequena em um determinado período de tempo pode resultar em um impacto significativo no longo prazo. Quando aplicado à diversidade e à inclusão, esse conceito sugere que a promoção da diversidade e da inclusão pode desencadear um crescimento exponencial em diversos aspectos da vida humana e corporativa.

No ambiente empresarial contemporâneo, as organizações exponenciais estão na vanguarda da inovação e do progresso. Elas não apenas buscam se destacar, mas também se reinventam constantemente para alcançar um crescimento acelerado e sustentável. No cerne desse sucesso, deve estar a valorização da diversidade e da inclusão, fatores-chave que impulsionam o desenvolvimento exponencial das organizações.

A diversidade, tanto em termos de características demográficas quanto de experiências e perspectivas, é uma fonte inestimável de vantagem competitiva para as organizações. Ao reunir indivíduos com origens variadas, habilidades diversas e pontos de vista únicos, as

---

[1] Advogada e fundadora da *BlackSisters in Law*, rede global de advogadas negras. Contatos da BSL: Site: www.blacksistersinlaw.com. *E-mail*: blacksistersinlaw@gmail.com.

organizações exponenciais criam um ambiente propício à inovação e à resolução criativa de problemas. A diversidade de pensamento resultante permite que essas organizações abordem desafios de maneiras não convencionais, identificando oportunidades onde outros enxergam apenas obstáculos.

Além disso, a inclusão desempenha papel fundamental na transformação das organizações em entidades exponenciais. Ao garantir que todos os membros da equipe se sintam valorizados e respeitados, independentemente de sua origem, gênero, raça ou orientação sexual, as organizações criam um ambiente de trabalho que promove a colaboração, a confiança e a inovação. Quando todos os colaboradores têm voz e oportunidades iguais de contribuir, o potencial criativo da organização é amplificado, impulsionando seu crescimento exponencial.

Além dos benefícios óbvios para a cultura organizacional, a diversidade e a inclusão também têm um impacto tangível nos resultados financeiros das organizações exponenciais. Estudos mostram que empresas com equipes diversas superam seus concorrentes em termos de desempenho financeiro, inovação e satisfação do cliente. Ao atrair e reter talentos diversos, as organizações exponenciais são capazes de se adaptar rapidamente às mudanças no mercado e antecipar as necessidades emergentes dos clientes, garantindo, assim, sua posição de liderança no setor.

No entanto, apesar dos muitos benefícios evidentes, a jornada rumo à diversidade e à inclusão não é isenta de desafios. Muitas organizações ainda lutam para superar preconceitos arraigados e implementar políticas eficazes de diversidade e inclusão. É fundamental que essas organizações reconheçam a importância da diversidade e da inclusão não apenas como um imperativo moral, mas também como uma estratégia de negócios essencial para o sucesso a longo prazo.

Ao abraçar a diversidade de talentos e perspectivas, as organizações podem desbloquear um potencial ilimitado de inovação, crescimento e sucesso sustentável. Ao fazê-lo, elas não apenas se tornam mais resilientes e adaptáveis às mudanças no mercado, mas também assumem um papel de liderança na criação de um futuro mais inclusivo e exponencialmente diverso para todos. E isso não é diferente no mercado jurídico...

A evolução de nosso setor é uma história de adaptação e inovação. Como prestadora de serviços jurídicos, testemunhei a transição de métodos convencionais para abordagens que priorizam a eficiência e a produtividade. A exponencialidade, que antes era um conceito abstrato, agora se manifesta em cada aspecto do nosso trabalho, impulsionando-nos a superar os limites tradicionais e a buscar a excelência.

Ao longo dos últimos anos, testemunhamos uma evolução notável na forma como o mercado jurídico abraça a inovação e a tecnologia para impulsionar a eficiência e a produtividade. É inegável que vivemos em uma era em que a velocidade da mudança é exponencial, e o mercado daqueles que trabalham com o Direito não pode ficar à margem dessa transformação. Assim como as organizações exponenciais reinventaram suas operações para se tornarem dez vezes melhores, mais rápidas e mais baratas, o Jurídico também precisa se adaptar e se reinventar para acompanhar o ritmo acelerado do mundo contemporâneo.

Posfácio

Entendo que uma das chaves para essa transformação é a valorização da diversidade e da inclusão. As organizações exponenciais prosperam quando são compostas por equipes diversas, que trazem perspectivas únicas e soluções criativas para os desafios enfrentados. É nesse contexto que a *BlackSisters in Law* **desempenha papel fundamental**.

A *BlackSisters in Law* surgiu da convicção de que a diversidade é a chave para a inovação no setor jurídico. Nossa organização é dedicada a empoderar mulheres negras, proporcionando-lhes as ferramentas e o suporte necessários para que se tornem líderes e agentes de mudança. Cada vitória é uma celebração da inclusão, e cada obstáculo superado reforça nosso compromisso com a transformação do setor.

Hoje, com mais de três mil integrantes presentes em todos os estados do Brasil e também no exterior, a BSL entendeu a necessidade de criar um espaço em que mulheres negras no mercado jurídico pudessem se conectar, compartilhar experiências e promover mudanças significativas na profissão. Desde a sua fundação, em meados de 2022, a BSL tem sido uma força motriz na promoção da diversidade e da inclusão, não apenas nas empresas, mas também na comunidade em geral. Ao oferecer mentorias, *networking* e oportunidades de desenvolvimento profissional, a BSL tem capacitado mulheres negras a alcançar todo o seu potencial no mercado jurídico, brindando-o com profissionais negras de excelência.

Mas o impacto da BSL vai além das fronteiras do mundo jurídico. Ao promover a diversidade e a inclusão, estamos construindo um futuro mais justo e equitativo para todos. E é aqui que o mercado jurídico tem muito a ensinar às demais organizações que buscam a exponencialidade dos seus negócios.

A verdadeira exponencialidade se enraíza na diversidade de pensamentos e experiências. No setor jurídico, isso significa abraçar uma variedade de perspectivas e conhecimentos, criando um ambiente em que a inovação não é apenas possível, mas inevitável. *Jurídico 5.0 e Operações Exponenciais* é mais do que um livro; é um manifesto para a mudança. Ele nos desafia a adotar novas tecnologias, a repensar nossos processos e a cultivar uma mentalidade que busca constantemente ultrapassar barreiras.

As tecnologias emergentes são as grandes aliadas do Jurídico moderno. Elas nos permitem escalar novas alturas, oferecendo soluções inovadoras para desafios antigos. A Inteligência Artificial, o *blockchain* e a análise de dados, em especial a área de *Legal Ops*, são apenas alguns exemplos de como a tecnologia pode transformar a prática jurídica, tornando-a mais eficiente e eficaz.

Uma cultura organizacional que valoriza a agilidade e a adaptabilidade é essencial para a sobrevivência e o sucesso em um mundo em constante mudança. As organizações que prosperam são aquelas que cultivam uma cultura de inovação e estão sempre prontas para se adaptar às novas demandas do setor e do público consumidor.

E isso também passa pela liderança. A liderança eficaz no futuro do Jurídico será definida pela capacidade de inspirar e capacitar as equipes a abraçar a diversidade e a buscar a inovação. Os líderes do futuro são aqueles que reconhecem o valor da inclusão e estão comprometidos em criar um ambiente onde todos possam prosperar.

Os desafios enfrentados por nós são complexos, mas as oportunidades são ilimitadas. A mentalidade exponencial nos permite ver além dos obstáculos e identificar caminhos inovadores para a eficiência, a eficácia e o impacto social positivo.

Este livro é um chamado para que nós, profissionais do Direito, nos comprometamos com a diversidade e a inclusão. É um convite para aplicarmos as lições aprendidas e para transformarmos nossas práticas jurídicas, tornando-as mais justas e representativas.

Ao olhar para o futuro, vejo um setor jurídico que refletirá a diversidade e a riqueza da sociedade que serve. Vejo organizações exponenciais que não apenas prosperam, mas também promovem a equidade e a justiça. Que este livro seja o início de uma jornada que todos nós faremos juntos, rumo a um futuro em que as oportunidades estejam ao alcance de todos.

À medida que encerramos esta obra, convido todos os leitores a se juntarem a nós nessa jornada rumo a um futuro mais inclusivo e exponencial. Se você se identifica com nossa missão e deseja fazer parte dessa comunidade, convido-o a se juntar à *BlackSisters in Law* e ser parte dessa transformação.

Mas a jornada rumo à inclusão e à exponencialidade não é isenta de desafios. É importante reconhecer que ainda há muito trabalho a ser feito para garantir que todas as vozes sejam ouvidas e todas as pessoas tenham oportunidades iguais de sucesso no campo jurídico. Devemos continuar a defender ativamente a diversidade e a inclusão em todas as suas formas, e nunca nos contentarmos com o *status quo*.

É oportuno deixar ainda uma reflexão final: cada um de nós tem o poder de fazer a diferença. Se cada um de nós se comprometer a ser um agente de mudança em nosso próprio círculo de influência, podemos construir um mundo mais justo, inclusivo e exponencial para todos.

Agora, ao encerrar esta leitura, inicia-se um ponto de partida. Sim, é o início de discussões frutíferas e ações concretas em direção a um Jurídico mais produtivo, ágil e eficiente. Que cada um de nós se comprometa a ser parte da mudança que desejamos ver no mundo e **que aqui tenhamos um ponto de partida para uma jornada rumo a um mundo mais justo, igualitário e exponencialmente diverso.**

Com esperança e determinação.

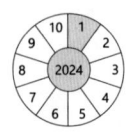